DIGESTO DE LA DEMOCRACIA
JURISPRUDENCIA DE LA CORTE INTERAMERICANA
DE DERECHOS HUMANOS
1987-2014

ASDRÚBAL AGUIAR

Doctor en Derecho y Profesor Titular (Catedrático)
Ex Juez de la Corte Interamericana de Derechos Humanos
Ex Ministro de Relaciones Interiores de la República de Venezuela
Académico Correspondiente de la Real Academia Hispanoamericana de Ciencias, Artes y
Letras y de las Academias Nacionales de Ciencias Morales y Políticas
y de Derecho y Ciencias Sociales de Buenos Aires
Miembro de la Academia Internacional de Derecho Comparado de La Haya

DIGESTO DE LA DEMOCRACIA

JURISPRUDENCIA DE LA CORTE INTERAMERICANA DE DERECHOS HUMANOS 1987-2014

Colección Derecho Público Iberoamericano
N° 2

Editorial Jurídica Venezolana
Observatorio Iberoamericano de la Democracia
Buenos Aires / Caracas, 2014

© Asdrúbal Aguiar
Depósito Legal: IF54020143402466
ISBN: 978-980-365-264-7

Impreso por Ligthning Source, an Ingram Content company
Distribuido por: Editorial Jurídica Venezolana International Inc.
Panamá, República de Panamá.
Email: editorialjuridicainternational@gmail.com
Editado por: Editorial Jurídica Venezolana
Avda. Francisco Solano López, Torre Oasis, P.B., Local 4, Sabana Grande,
Apartado 17.598 - Caracas, 1015, Venezuela
Teléfono (058) (02) 762-25-53 / 762-38-42/ Fax. (058) (02) 763-52-39
Email: fejv@cantv.net
http://www.editorialjuridicavenezolana.com.ve

Diagramación, composición y montaje
por: Mirna Pinto de Naranjo, en letra Times New Roman, 10,5
Interlineado exacto 11 Mancha 18 x 11,5

A Rafael Caldera, *in memoriam*

A Mariela, *mi compañera de tránsito en la Ciudad del Hombre*

SUMARIO

PRÓLOGO de Manuel E. Ventura Robles
Juez y Ex Vicepresidente de la Corte Interamericana de Derechos Humanos

INTRODUCCIÓN

DIGESTO DE LA JURISPRUDENCIA

PRÓLOGO

Por: Manuel E. VENTURA ROBLES[1]

Es para mi un gran placer y honor tener la distinción de escribir el Prólogo de la presente publicación "*Jurisprudencia de la Corte Interamericana de Derechos Humanos Sobre la Democracia*" del connotado investigador, conferencista y Exjuez de la Corte Interamericana de Derechos Humanos, Asdrúbal Aguiar Aranguren, amigo desde hace muchos años.

En el libro, el autor realiza un recorrido histórico por los orígenes constitucionales de América Latina y su desarrollo a través de la evolución democrática continental, hasta llegar a sistematizar un compendio de las principales decisiones y criterios vertidos por la Corte Interamericana de Derechos Humanos, en relación con la democracia y sus respectivos temas correlativos.

La obra rescata importantes antecedentes conceptuales de la democracia en nuestro continente, recordando que la democracia es un orden institucional que se compromete con las ideas de libertad individual y justicia social.

En este repaso y análisis histórico, el autor nos recuerda que en la última década del siglo pasado y la primera del presente, la democracia vivió una importante crisis frente a nuevas formas de autoritarismo, ya no con el empoderamiento de dictaduras militares, sino de democracias teatrales o de utilería, como bien atina a llamarlas.

En la presente publicación se destacan 681 párrafos o textos extraídos de las opiniones consultivas y sentencias de la Corte Interamericana de Derechos Humanos más relevantes sobre la materia, tales como las distintas fortalezas de la democracia y su naturaleza, en el sentido de ser una forma de vida social y no solo un régimen político. Además, el autor resalta que la jurisprudencia de

---

[1] Juez y Exvicepresidente de la Corte Interamericana de Derechos Humanos; Miembro *ex-officio* del Instituto Interamericano de Derechos Humanos; Miembro de la "International Law Association"; Miembro de la "American Society of International Law"; Miembro del "Instituto Hispano-Luso-Americano y Filipino de Derecho Internacional"; Miembro Honorario de la "Asociación Costarricense de Derecho Internacional" y reconocido por ésta con el Premio "Manuel María de Peralta"; Miembro Correspondiente de la Asociación Argentina de Derecho Internacional; Miembro del "Consejo Editorial de la Revista do Instituto Brasileiro de Direitos Humanos", Miembro del Consejo Editorial del Boletín de la Sociedad Brasileña de Derecho Internacional y Presidente Honorario del Instituto Colombiano de Derechos Humanos. Correo electrónico: manuelventura@corteidh.or.cr

la Corte es la prueba del carácter jurídico vinculante que atribuyen los instrumentos regionales sobre derechos humanos a la democracia y que ha venido desarrollando con apego a los criterios de progresividad e inherencia que presiden al derecho internacional de los derechos humanos.

Señala Aguiar Aranguren que el desafío actual de la democracia en América Latina es exigente e impostergable. La doctrina sobre la materia, ordenada y debidamente clasificada por el autor, a la luz de los elementos esenciales de la democracia y los componentes fundamentales para su ejercicio, es la mejor base para una consideración actual de la misma. En este compendio se toman en cuenta desde los primeros fallos dictados por el Tribunal interamericano, hasta su jurisprudencia más reciente, de la cual destaca su carácter innovador, el cual es testimonio de la sensibilidad de los jueces de la Corte por la problemática de la democracia en nuestros tiempos.

El autor destaca claramente el elemento esencial de la democracia: la subordinación constitucional de todas las instituciones del Estado al poder civil constituido, y lo que es indispensable para la existencia y el ejercicio de la misma: el respeto al Estado de Derecho. Asimismo, resalta la importancia de la interrelación de los derechos humanos con la democracia ya que el aseguramiento de éstos y otros derechos inherentes a la persona humana, se derivan de una forma democrática representativa de gobierno.

Asimismo, nos señala uno de los más importantes criterios vertidos por la Corte Interamericana, según el cual en una sociedad democrática los derechos y libertades inherentes a la persona, sus garantías y el Estado de Derecho constituyen una tríada donde cada uno de cuyos componentes se define, completa y adquiere sentido en función de los otros. Lo que implica que el principio de legalidad, las instituciones democráticas y el Estado de Derecho son inseparables.

De acuerdo con Aguiar Aranguren, en relación con la realidad latinoamericana que vivimos, la cual está caracterizada por la violencia y el espíritu autoritario como por la repetición de los atentados al derecho a la vida y a la integridad personal, la Corte Interamericana ha sido una institución sensible a las llamadas transiciones democráticas y sus respectivas necesidades. Al respecto, se señalan algunos aspectos centrales sobre la cuestión democrática y se fijan algunos criterios relevantes. Entre ellos cabe mencionar: las amnistías y la lucha contra el terrorismo, el funcionamiento y las competencias de las distintas ramas del poder público y la propia administración de justicia democrática.

El autor nos recuerda acertadamente, que la administración de justicia democrática se encuentra debidamente limitada, entre otros, por los derechos al debido proceso y la tutela judicial efectiva, los cuales están interrelacionados funcionalmente por los principios y garantías de reserva legal, legalidad, Estado de Derecho, no retroactividad de las leyes, independencia y autonomía judiciales, juez natural y el derecho a un recurso judicial efectivo.

Además, resalta el criterio de la Corte en relación a que la libertad de pensamiento y expresión constituye una piedra angular en la existencia de una sociedad democrática. El autor reseña criterios doctrinarios en el sentido que la protección especial de que es objeto esta libertad no sólo es dictada en beneficio de los periodistas y comunicadores en general, sino de la misma democracia. Lo anterior debido a que formación de la opinión pública, que se alcanza con la libertad de expresión y prensa, es una función constitucional que forma parte del sistema de pesos y contrapesos de la democracia.

También destaca el autor el criterio de la Corte de profundizar la vinculación de la democracia con la llamada democracia social, al fijar el carácter interdependiente entre ésta y el desarrollo económico y social, los cuales se refuerzan mutuamente. Asimismo, pone énfasis en el sentido que la democracia representativa se refuerza y profundiza con la participación permanente, ética y responsable de la ciudadanía.

La obra nos muestra además los importantes criterios jurisprudenciales vertidos por la Corte Interamericana en relación con el derecho a la verdad, el cual se constituye a su vez en un estándar transversal del llamado derecho a la democracia, que es, a criterio de Aguiar Aranguren, el eje transversal de la Convención Americana. En este sentido, señala acertadamente, que este derecho a la verdad se encuentra basado en la efectividad integral y constante de un sistema de respeto y garantía de derechos humanos en el que dicha verdad funcione como derecho transversal, dándole sustento y contenido a la misma experiencia democrática y obligando a fundarla en la vigencia y certeza que le aporta el Estado de Derecho. Lo anterior, tomando especial consideración la idea de la transparencia que demanda la propia democracia de los gobiernos como componente fundamental de su ejercicio.

Cabe destacar además, el análisis que realiza el autor de la más reciente jurisprudencia interamericana, su carácter innovador y hasta en ocasiones involutivo. En este estudio Aguiar Aranguren estudia las últimas sentencias de la Corte Interamericana relativas a la democracia, la división de poderes, el papel de los jueces, la seguridad, los límites a la jurisdicción penal militar, la justicia democrática y el orden público democrático, sin pasar por alto, algunos casos en los que el autor considera se han regresiones en la jurisprudencia del Alto Tribunal.

Por último, no quiero dejar de señalar la importancia de la presente obra para un estudio detallado de la jurisprudencia, que a la largo de más de 30 años, la Corte Interamericana de Derechos ha construido en torno al amplio concepto de la democracia, como derecho humano y como eje transversal del sistema interamericano de protección de los derechos humanos, de la Carta de la Organización de los Estados Americanos y de la Carta Democrática Interamericana.

Invito de esta manera al lector a adentrarse, en primer término, en la introducción realizada a esta obra por el mismo autor en la cual nos describe la evolución conceptual, constitucional y convencional de la democracia, lo cual, junto con sus valiosas apreciaciones y aportes nos da una idea clara del pasado, presente y futuro de una de las instituciones jurídicas y sociales más importantes de la sociedad humana, la democracia misma. Lo anterior da paso, a un detallado estudio de la jurisprudencia del Tribunal interamericano sobre la materia, el cual ha sido debidamente sistematizado para la profundización en los conceptos vertidos por la propia Corte.

San José, Costa Rica, mayo de 2014

INTRODUCCIÓN

Iberoamérica o América Latina, en su conjunto y en el curso de casi dos siglos desde la Independencia, hace de la democracia una suerte de proceso maleable e inacabado en cuanto a lo sustancial. Avanza y retrocede sobre sus exigencias y estándares fundamentales a la par de las circunstancias, de sus falencias culturales o materiales, de sus desencuentros y traiciones políticas intestinas o de los mitos que hincan sobre la piel de su realidad geográfica y humana desde el más lejano amanecer. La procura de su identidad política y su noción de la libertad, además, se le revela como una tragedia sin solución de continuidad y bifronte, a un punto tal que la asume ante los otros con obsesión existencial a la vez que pondera la libertad propia y entre los suyos como gracia o privilegio prescindible, que se tiene o se pierde según el dictado de los tiempos o la lealtad a sus "gendarmes".

No es fácil desentrañar esa personalidad huidiza que nos distingue a los latinoamericanos, en estos aspectos básicos de la vida ciudadana.

El mito de El Dorado, de origen precolombino, nos hace creer –al denominador común de los hijos de esta España del otro hemisferio, como reza la Constitución de Cádiz de 1812– que formamos un grupo social o amasijo de privilegiados, cuyas riquezas excusan del trabajo creador cotidiano; asimismo, nos presentamos como víctimas expoliadas por enemigos ajenos y poseídas mediante la violencia o el engaño y a cuyo efecto apelamos al caudillo, al cacique o chamán quien ha de apaciguarnos y proteger en la desventura. El precio del bienestar, en suma, es la dependencia sin condiciones a quien todo lo decide y por todos, quien permanece oculto o diluido tras las formas abstractas del Estado tutelar y redistribuidor que apenas le sirve de mampara. A tenor de los entendidos se trata de taras que prenden en el alma indoamericana durante la hora del descubrimiento y la conquista, y toman su fuerza en el no muy lejano período colonial y luego emancipador.

En ensayo que redacto hacia 1978: "De la integración colonial a la desintegración republicana", junto a mi ilustre y finado coautor, Eddie Morales Crespo, afirmo que "si brillante es en América la generación que realiza la Independencia, tanto en el norte como en el centro y en el sur del Continente, pálidas y grises son las generaciones que inmediatamente después les toca la suerte de conducirnos. La América hispana, en lo particular, no logra alcanzar de un solo golpe jerarquía universal pues habiendo transcurrido sus hombres entre la sumisión y el obligado sosiego de la colonia, habiendo invertido ellos en su liberación las mejores energías creadoras, el resultado posterior es que coronada la empresa, éstos malgastan el tiempo en inútiles contiendas domésticas y ejercicios de oralidad épica contra los intrusos; de donde nuestro Continente medra en la más absoluta ignorancia de sí mismo, desde los años de su independencia hasta inicios y mediados del siglo XX"[1].

Somos los latinoamericanos, en suma, hijos de un "encuentro" que a ras transformamos en desencuentro, trastornando o confundiendo el Ser que somos, el mismo concepto que nos forjamos acerca de nuestra participación en la vida de la polis y las expectativas que tenemos como sociedad de hombres libres, madura y responsable.

Un elemento de juicio que ilustra lo dicho es el mismo tiempo emancipador americano, el de la final liberación del continente y la consolidación de nuestros Estados como noveles y experimentales repúblicas. Son lúcidas y preclaras las mentes universitarias y civiles que forjan nuestro primario constitucionalismo y lo sustentan como ideario sobre cartas de derechos previas y sus garantías sucesivas por medio de organizaciones públicas desconcentradas y balanceadas en sus poderes, tanto en el mismo Cádiz como en las provincias del Nuevo Mundo. El esfuerzo de orientación e ilustración que realiza el Precursor y padre del célebre Incanato constitucional, Francisco de Miranda, es consistente con esas premisas; las que si bien se nos presentan inéditas y divorciadas del absolutismo monárquico dominante –de allí la justicia de la empresa de la emancipación– sus fuentes mediatas tienen sede en los antiguos fueros españoles y las inmediatas en el ideario de la revolución de la revolución americana y la revolución francesa, antes de que el jacobinismo la secuestre. No obstante, ni Miranda ni los Padres Fundadores –en el caso de Venezuela cabe citar a Juan Germán Roscio, Francisco Xavier Yanes, Cristóbal Mendoza, Juan Toro, Francisco Iznardy o Martín Tovar y Ponte– logran sostener y salvar ese amago instintivo de libertad alcanzada y decantada por nuestros pueblos; y al hacerse el espacio inevitable para las armas o "espadas de la libertad" éstas, primero, cortan de raíz las iniciativas constituyentes en curso para luego avanzar contra la Metrópolis y ganarse a sangre y fuego las preseas de la guerra.

"Las espadas" aprecian como débiles a las patrias en emergencia que son imaginadas bajo moldes democráticos desde 1810 y las desprecian como ejercicios de "repúblicas aéreas". Y una vez alcanzado el propósito arrasan y toman como cosa propia –suerte de botín de guerra– las tierras liberadas[2]. Ocurre

---

[1]   Asdrúbal Aguiar A., "De la integración colonial a la desintegración republicana: Una reflexión sobre la contemporaneidad de América Latina" (en colaboración con Eddie Morales Crespo). Caracas, *Revista de Economía Latinoamericana*, nº 53, BCV, enero de 1978; *ídem*, Caracas, *Revista Nacional de Cultura*, 235, marzo-abril 1978.

[2]   En Venezuela, mediante ley de 3 de septiembre de 1817, se secuestran y confiscan a favor de la República los bienes del gobierno español y sus vasallos o servidores de origen europeo o americano, a la que sigue la ley de 10 de octubre del mismo año que ordena repartir dichos bienes entre los militares proporcionalmente. Luego, con ley del 6 de enero de 1820, el Congreso de Angostura, que dicta la Constitución de 1819, ordena asimismo repar-

el paroxismo del despojo y nace así una oligarquía militar terrateniente y dominante. Son dictadas leyes de secuestro y se instalan comisiones para el reparto de las tierras entre los soldados. En esta hora es desarticulada la sociedad civil y son destruidas y abandonadas las haciendas con sus siembras y ganados. Trescientos años de historia y sincretismo son arrasados y no se permite que dejen saldo fértil alguno. La empresa "liberadora" es, desde entonces, como en Sísifo, tarea épica que nunca concluye y a diario comienza, desde cero, bajo la guía de un "padre bueno" como llaman sus colaboradores, a manera de ejemplo, al general dictador quien manda a los venezolanos durante los primeros 35 años del siglo XX, Juan Vicente Gómez[3].

No obstante lo anterior, como lo explica a profundidad y con dominio intelectual admirable sobre los clásicos el catedrático chileno Miguel Castillo Didier[4], "uno de los rasgos que definen la cultura occidental es el hecho de que los hombres vuelven a realizar de manera más o menos consciente los grandes gestos y movimientos simbólicos configurados antes por las formulaciones e imágenes de los antiguos"; y en nuestro caso, el regreso a los orígenes para corregir el rumbo trastornado por el volcán de lo que somos por obra de un accidente que le abre las puertas a la razón de la fuerza, de tanto en tanto nos aproxima a Ulises y su férrea "voluntad de regreso, del *nostos*, la decisión de Ulises de volver a toda costa a su patria y a su casa". La llamarada civil de la libertad, por lo mismo, sigue siendo terca y no se apaga en América Latina.

El memorial redactado por el intelectual liberal Tomás Lander, amigo de Miranda y miembro que es de la Secretaría del Libertador Simón Bolívar, dirigido en 1826 al doctor Francisco Xavier Yanes, Ministro de la Corte de Justicia del Estado de Venezuela y antes firmante del Acta de Independencia y la Constitución de 1811, muestra bien la firmeza de criterio y las luces de esos nuestros Padres Fundadores; pero igualmente es testimonio del parte aguas señalado, que aún hoy condiciona nuestra agónica evolución constitucional y democrática continental.

"Los artículos 76 y 79 de la Constitución dictada en Chuquisaca por el Libertador Presidente para la República de Bolivia, es lo que ha sobresaltado nuestro celo, porque S.E. la ha considerado adaptable a Colombia, y como tal recomendándola para su establecimiento a los hombres públicos de ella", comenta Lander, antes de agregar que "los mencionados artículos erigen un Pre-

_____

tir los bienes nacionales a título de recompensas entre los servidores de patria durante la guerra de independencia. Tales disposiciones son ratificadas, posteriormente, por el Congreso de la Villa del Rosario de Cúcuta con ley de 28 de septiembre de 1821, que legitima las confiscaciones y la repartición hecha entre los soldados patriotas (*Vid.* Allan R. Brewer Carías, "El régimen de las tierras baldías y la adquisición del derecho de propiedad privada sobre tierras rurales en Venezuela", septiembre de 2005).

[3] Asdrúbal Aguiar (Director), *De la revolución restauradora a la revolución bolivariana*, Caracas, UCAB/Diario El Universal, 2009.

[4] Miguel Castillo Didier, "El mito de Odiseo", Atenea 487, I Semestre, 2003.

sidente *vitalicio e irresponsable* con la facultad de nombrar su sucesor en la persona del Vicepresidente, y de conmutar las penas capitales, sin acuerdo de los tribunales que las impusieren"[5].

En su texto, dicho prócer civil, quien además ejerce como presidente del primer Congreso Nacional venezolano, agrega: "Creemos que al hacer tal recomendación el ínclito patriota, el Hijo de Caracas, parece que perdió de vista, entre la vasta extensión del territorio a que su espada y sus talentos han dado libertad, los caracteres distintivos de su querida patria, de la ilustrada Venezuela, pues los arroyos de sangre inmaculada con que esta región heroica, desde el 19 de abril de 1810 está escribiendo constante las calidades del gobierno que intentó establecer, *electivo y responsable*, no dejan duda sobre el voto de sus pueblos y el objeto de sus sacrificios. Pero, ¿por ventura fue dada a los héroes –a los hombres de armas, agregaríamos– la cualidad sólo divina de la infalibilidad? Sus grandezas no los hacen superiores a los errores y equivocaciones; y sus glorias quedan intactas a pesar de las nubecillas pasajeras que osen transitar por sus entendimientos", concluye.[6]

En fin, por encima del panorama que domina la historia de nuestra región, ahogando las voces de la democracia –a secas– las más de las veces, los pequeños intersticios temporales que ellas conquistan le bastan para sostener esa memoria acerca de unos orígenes nada bastardos que nos anudan a una idea de libertad responsable, fundada en las virtudes de la moderación civil y política, de la tolerancia mutua, que mal pueden fertilizarse inmunes a las taras con sangre fratricida y arrestos revolucionarios. No por azar los constituyentes venezolanos de 1811, los gaditanos de 1812, y el mismo Miranda, le huyen a la demagogia, la violencia y el dogmatismo, característicos –según José Enrique Rodó[7]– de la citada corriente partidaria que preña de excesos a la empresa de modernización política y humanización que emprenden los franceses en 1789.

LA LARGA NOCHE Y SU AMANECER

Habrán de transcurrir casi 150 años y superarse el panorama de ominosas dictaduras de derechas e izquierdas que prenden en el corazón de las Américas, manipulando la memoria de nuestros Libertadores, patriotas de uniforme, y prosternando a los señalados Padres Fundadores e hijos de la civilidad, los hombres de 1810, para que, sucesivamente, bajo la necesidad vital y social de imponerle un "cordón sanitario" a la desviación genética que nos significa el "gendarme necesario", fragüe hacia 1959 un claro entendimiento sobre los desafíos de la democracia, como tarea pendiente y, más que inacabada, perfectible.

---

[5]   Congreso de la República (Editor), *La doctrina liberal: Tomás Lander*, Pensamiento Político Venezolano del siglo XIX, tomo 4, Caracas, 1983.

[6]   *Loc.cit.*

[7]   José Enrique Rodo, *Liberalismo y jacobinismo*, Montevideo, Librería y Papelería La Anticuaria, 1902, pp. 72 y ss.

Hasta entonces y donde ella –la democracia– prende como excepción, no va más allá de la experiencia procedimental electoral y el respeto a la legalidad formal. Los derechos de la persona humana son desiderata –vertidos en la Declaración Americana de 1948– y la misma democracia es un orden institucional que se compromete para lo venidero –según se infiere de la Carta de Bogotá del mismo año e instituyente de la Organización de los Estados Americanos (OEA)– con las ideas de libertad individual y justicia social.

La Declaración de Santiago de Chile, adoptada por la Quinta Reunión de Consulta de Ministros de Relaciones Exteriores de la OEA, en la misma oportunidad en que nace la Comisión Interamericana de Derechos Humanos y tiene como su primer Presidente al eximio escritor y ex mandatario venezolano Rómulo Gallegos, define una pauta sustantiva sobre la democracia que debe considerarse doctrina pionera en el Hemisferio Occidental. Es, cambiando lo cambiable, una suerte de oportuna recreación de las enseñanzas inaugurales y de un tiempo que ya es bicentenario.

La democracia, como propósito y derecho que cabe a los gobiernos asegurarlo, se entiende, tal y como reza la Declaración, como sujeción a la ley mediante la independencia de los poderes y la fiscalización de los actos del gobierno por órganos jurisdiccionales del Estado; surgimiento de los gobiernos mediante elecciones libres; incompatibilidad con el ejercicio de la democracia de la perpetuación en el poder o el ejercicio de éste sin plazo determinado o con manifiesto propósito de perpetuación; deber de los gobiernos de sostener un régimen de libertad individual y justicia social fundado en el respeto a los derechos humanos; protección judicial eficaz de los derechos humanos; contrariedad con el orden democrático de la proscripción política y sistemática; ejercicio de la libertad de prensa, información y expresión en tanto que condición esencial para la existencia del mismo sistema democrático; en fin, desarrollo de estructuras económicas que aseguren condiciones justas y humanas de vida para los pueblos.[8]

Entre marchas y regresos –inspirada en los iguales ideales que desde 1826[9] la obligan a la defensa de la república y la proscripción definitiva de las monarquías, a cuyo efecto se fija desde Panamá el principio de la No intervención asignándosele su adecuada teleología, la región logra entender a la democracia, asimismo, como fundamento de la propia cooperación internacional interamericana; correspondiéndole a la opinión pública nacional e internacional identificar los regímenes y gobiernos que no se adecúen a los enunciados prin-

---

[8]   *Vid.* numerales 1 a 8 de la declaración, en la obra del autor, Asdrúbal Aguiar, *El derecho a la democracia*, Caracas, Editorial Jurídica Venezolana/Observatorio Iberoamericano de la Democracia, 2008, pp. 537-539, o en F.V. García Amador (Compilador), *Sistema Interamericano, a través de tratados, convenciones y otros documentos*, Vol. I, Washington D.C., OEA, 1981.

[9]   Congreso Anfictiónico de Panamá, convocado por Simón Bolívar y celebrado en el Istmo, entre el 22 de junio y el 15 de julio, en el antiguo Convento de San Francisco.

cipios y atributos de ella, en modo de contribuir a la erradicación, como reza dicha Declaración, "de las formas de dictadura, despotismo o tiranía sin quebrantar el respeto a la facultad que tienen los propios pueblos de escoger libremente sus formas de gobierno". En otras palabras, es deber de los gobiernos y derecho de los ciudadanos determinar sus formas políticas, pero dentro de la república democrática y conforme a sus estándares. No fuera de ellos o vaciándolos de contenido.

En tal orden, progresivamente se forja en las Américas un verdadero sistema jurídico de seguridad colectiva de la democracia –primero de orden jurisdiccional y en adición de carácter político y diplomático, ajeno a la fuerza o, mejor aún, fundado en la fuerza del Derecho– que encuentra sus manifestaciones más actuales en la Convención Americana de Derechos Humanos (1969)[10] y en la Carta Democrática Interamericana (2001)[11].

Aquélla, de modo preciso, señala en su Preámbulo que los derechos humanos valen y tienen entidad más allá de los Estados partes y sus gobiernos y que su respeto y garantía sólo es posible dentro del cuadro de las instituciones democráticas. Y en sus artículos 29.c y 32.2 dispone que los derechos humanos han de interpretarse –para determinar sus núcleos pétreos y posibles límites– a la luz de lo que es inherente a la forma democrática representativa de gobierno y conforme a las justas exigencias del bien común en una democracia. De acuerdo a sus disposiciones convencionales y mediante el asentimiento soberano de los Estados partes en la Convención, éstos, al efecto, le confían a los órganos convencionales de interpretación y aplicación –la Comisión y la Corte Interamericanas de Derechos Humanos– la competencia de velar, subsidiariamente, por el derecho a la democracia –el derecho a los derechos humanos y sus garantías– una vez como es vulnerado por los propios órganos de los Estados o cuando éstos se muestran incapaces de proveer a su adecuada tutela, declarándolos al efecto internacionalmente responsables por hechos internacionalmente ilícitos.

La Carta Democrática Interamericana, por su parte, adoptada como resolución y mediante consenso por los Estados miembros de la OEA, preterida por los gobiernos quienes ahora la incumplen o desconocen pero la usan para sancionar a sus "enemigos ideológicos", es la obra de una larga maduración sobre los predicados de la misma democracia según el entendimiento que de ella tienen la doctrina política y judicial regional más autorizadas. Se trata, como lo precisan las reglas del Derecho y la jurisprudencia internacionales constantes, de un instrumento jurídicamente vinculante por ser interpretación auténtica sea

---

[10] Suscrita en la Conferencia Especializada Interamericana de Derechos Humanos, celebrada en San José, Costa Rica, del 7 al 22 de noviembre de 1969.

[11] Aprobada mediante resolución de la Asamblea General de la OEA, en la primera sesión plenaria de su 28° Período de Sesiones Extraordinarias, en Lima, Perú, el 11 de septiembre de 2001.

de la Carta de la misma OEA o Pacto de Bogotá, sea de la citada Convención Americana[12].

La Carta Democrática, no muy distante del ideal democrático que prende durante la empresa constitucional pionera y de emancipación americanas, mirándose en su precedente –la citada Declaración de Santiago– discierne entre la democracia de origen, atada a elementos esenciales, y la democracia de ejercicio, que predica la efectividad de su ejercicio y como derecho humano de las personas y los pueblos. Por lo demás, encomienda a los órganos políticos de la OEA: su Asamblea General, el Consejo Permanente, y/o el Secretario General, el despliegue de acciones de intensidad diversa y creciente –dentro de las que predominan las gestiones diplomáticas y los buenos oficios– hasta alcanzar sea el fortalecimiento y preservación de la democracia, sea su normalización institucional, o bien su restablecimiento en los Estados donde se haya visto vulnerada.

Pues bien, es un dato de la realidad que a lo largo de la última década del siglo pasado y la primera del corriente, la democracia vive otra crisis profunda, pero esta vez, según algunos, dentro de la misma democracia y, según otros, fuera de ella pero manipulando sus formas. Sea lo que fuere, a la tradicional oposición *democracia v. dictadura militar* sobreviene la oposición *democracia v. democracia teatral o de utilería*. Ella es coetánea al igual debilitamiento y agonía, casi terminal, que padece el Estado moderno por obra de la revolución global de las comunicaciones y según los desafíos e iguales peligros que aquejan a la misma, como el terrorismo desnacionalizado o el narcotráfico, entre otros. Y a la mirada de todos, en una hora de tránsito admirable e inédito entre una historia que llega a su término y otra que se abre bajo signos radicalmente distintos, que no se reducen a una simple deriva inter-generacional o política y hablan más de nuestro paso hacia una sociedad de vértigo y virtual o digital, la coyuntura es ocupada por ventrílocuos del poder contemporáneo declinante y sus reglas atentatorias de la ética democrática e incluso de la moral personal. En el instante, para éstos, el fin justifica los medios. Avanzan hacia la instalación apresurada de neo-dictaduras de carácter personal y populista. Es lo novedoso. Usan medios democráticos formales y le dan vida a una suerte de "demo-autocracias", manipulando las formas del Estado de Derecho para consolidarlas, desnudándolo de esencia y finalidades.

---

[12] Bástenos señalar, como suficiente, que en el Preámbulo de la Carta se hace constar que es su propósito "precisar las disposiciones contenidas en la Carta de la Organización de los Estados Americanos e instrumentos básicos concordantes, relativas a la preservación y defensa de las instituciones democráticas"; lo que, en línea con lo observado en su momento por el Comité Jurídico Interamericano, indica que la resolución de marras bien cabe dentro de aquellas que tienen efecto obligatorio por "interpretar disposiciones convencionales, [amén de] constituir prueba de la existencia de normas consuetudinarias" (*vid.* "Observaciones y comentarios del Comité Jurídico Interamericano sobre el proyecto de Carta Democrática Interamericana", documento CJI/doc.76/01, en la obra de Humberto La Calle –Coordinador Editorial– *La Carta Democrática Interamericana: documentos e interpretaciones*, Washington D.C., OEA, 2003, pp. 243 y ss). Apud. Aguiar, *op.cit.*, p. 138.

No por azar, el ex presidente de la Corte Interamericana de Derechos Humanos y reconocido jurista mexicano, Sergio García Ramírez, en sus aportes postreros a la doctrina del Alto Tribunal de las Américas, previene –en el Caso *Escher y otros v. Brasil* de 2009– sobre lo que observa preocupado y a la espera de que lleguen a consolidarse pronto los paradigmas constitucionales y democráticos del porvenir. Habla sobre las *nuevas formas de autoritarismo* presentes en la región y al efecto dice que "para favorecer sus excesos, las tiranías clásicas que abrumaron a muchos países de nuestro Hemisferio, invocaron motivos de seguridad nacional, soberanía, paz pública. Con ese razonamiento escribieron su capítulo en la historia... Otras formas de autoritarismo, más de esta hora, invocan la seguridad pública, la lucha contra la delincuencia (o la pobreza, cabe añadirlo), para imponer restricciones a los derechos y justificar el menoscabo de la libertad. Con un discurso sesgado, atribuyen la inseguridad a las garantías constitucionales y, en suma, al propio Estado de Derecho, a la democracia y a la libertad"[13], concluye.

El "memorial" de García Ramírez, paradójicamente y como puede apreciarse, no se aleja del criterio de Lander quien defiende la obra intelectual que realizan los primeros repúblicos desde 1810 hasta 1812, ante quienes, usando las armas para el fin inevitable de la libertad al paso reniegan de las virtudes de la democracia y sojuzgan a las que califican –tomando prestada la expresión de Mariano Picón Salas– de "patrias bobas"[14].

En la circunstancia corriente es obvio que no podemos escapar a las reflexiones que en cuanto a la democracia demandan esas realidades históricas distintas y sobrevenidas, pues como lo plantea Laurence Whitehead[15], catedrático de Oxford, si la democracia no es discutible deja de ser tal, y por ser humana –me permito agregarlo– y de suyo perfectible, es a todas luces "un mecanismo de corrección de errores"; del menos malo de los regímenes políticos, como lo observa Sir Winston Churchill.

"La democratización debe entenderse como un proceso de final abierto. La democracia es «esencialmente discutible» no sólo porque nuestros valores puedan diferir, o porque nuestros conceptos políticos puedan carecer de validación lógica o empírica final, sino también porque nuestra cognición política es en sí misma crítica y reflexiva, finaliza Whitehead.

---

[13]   Serie C, n° 200, Voto del juez García Ramírez, párr.13

[14]   Mariano Picón Salas, *Francisco de Miranda*, Caracas, Colección Historia 6, Universidad Católica Andrés Bello, 2009, p.213 y ss.: "La mayoría de los hombres que por fin estuvieron de acuerdo para firmar el Acta de Independencia de Venezuela el 5 de julio de 1811 no alcanzaban a prever todo lo que tras sí acarreaba el elegante documento puesto bajo la protección de Dios Todopoderoso y vestido con las mejores y más nuevas teorías del Derecho público".

[15]   Laurence Whitehead, *Democratización, teoría y experiencia*, México, Fondo de Cultura Económica, 2011, *passim*

Al hablar y debatir sobre la democracia, pues, hemos de tener presente la metáfora del ancla que nos refiere este profesor, ya que indica cómo incluso en el mundo físico una entidad puede estar restringida [en sus movimientos] sin ser fija".

La democracia, en suma, tiene componentes indispensables en cuyo defecto su noción queda hueca, vacía. "Se tienen que resistir los intentos de apropiarse del término que produzcan significados fuera de esa corriente, principalmente porque destruirían, exactamente, las posibilidades de diálogo reflexivo sobre el cual se debe apoyar cualquier democracia"[16]. Ese es el desafío y esta su hora nona.

LOS ALCANCES DEL DIGESTO

Suman 681 las enseñanzas de la Corte Interamericana de Derechos Humanos, tomadas de sus opiniones consultivas y sentencias contenciosas más relevantes, que muestran a la democracia en sus fortalezas y como lo que es, no solo un régimen político sino, por sobre todo, una forma de vida social y un estado personal del espíritu. Las mismas, así como las recoge y destaca mi libro –El derecho a la democracia– citado a pie de página, uno de cuyos capítulos las ordena como digesto desde 1987 hasta 2007 y en su presente actualización, hasta 2014, que consta en las páginas siguientes, en sus rasgos más detallados revelan ser consistentes plenamente con los estándares que prescribe la Carta Democrática Interamericana a título de componentes esenciales y elementos fundamentales. Por lo que cabe afirmar que ésta no es un salto al vacío o a destiempo, si no la síntesis de la cultura democrática que se cuece a fuego lento –con no pocos traspiés y amenazas de destrucción aún presentes– en las Américas.

Tan amplia e ilustrativa jurisprudencia es, además, la prueba palpable del carácter jurídico vinculante e indiscutible que acompaña a los principios y atributos que a la democracia le asignan los diversos instrumentos internacionales regionales, convencionales o declarativos actualmente en vigor; sobre todo es el testimonio de una obra de reflexión serena, ajena a lo momentáneo o la audacia irresponsable, que la propia Corte Interamericana viene desarrollando sostenidamente, con apego a los criterios de progresividad e inherencia que presiden al Derecho de los derechos humanos. Aquélla se adelanta y le otorga contenido cierto, según lo dicho, a las prescripciones que luego recoge y codifica, escanciando el vino de la tradición democrática interamericana, la mencionada Carta Democrática adoptada por los Estados americanos.

Pero así como la Carta en cuestión es un libro abierto hacia el porvenir, la jurisprudencia es el producto de un esfuerzo exegético sobre supuestos reales y no meramente académicos o aisladamente normativos, representados aquéllos

---

[16]   *Loc.cit.*

en las miles de denuncias de violaciones de derechos humanos que ocurren a lo largo y ancho de todo el Continente. Lo dice el mismo magistrado García Ramírez, en voto razonado de reciente fecha, al recordar sobre el juicio informado y ponderado, el análisis lúcido cumplido con buena fe por la propia Corte al elaborar sus dictados y hacerlo con celoso apego a las justas exigencias de la democracia, tal y como se lo exige la Convención Americana de Derechos Humanos.

"Conviene redefinir el quehacer de los Estados en esta hora, que es tiempo de tensiones; redefinir para progresar, no para regresar. Cabría reflexionar sobre su estrategia en el proceso, si se conviene en que el gran propósito del Estado democrático es la protección de los derechos humanos. Asimismo es pertinente reflexionar sobre el papel de la Organización de los Estados Americanos, que ha proclamado la prioridad de la democracia y los derechos humanos y que podría cultivar aún más el arraigo de esa prioridad y mejorar los medios con que las atienden las instituciones interamericanas, modestamente dotadas", es la reflexión conclusiva del magistrado mexicano en su voto dentro de la *Opinión Consultiva* OC-20/2009 sobre el Artículo 55 de la Convención Americana de Derechos Humanos[17].

El desafío, pues, es exigente e impostergable, y la doctrina establecida, ordenada y clasificada adecuadamente, a la luz de los elementos esenciales de la democracia y de los componentes fundamentales de su ejercicio, es la mejor base para una consideración actual de la democracia y para que tenga lugar lejos del templo pagano de los oportunismos, morigerados y excusados bajo una premisa profundamente antidemocrática y extraña a la democracia moral, como la es la neo-medieval y muy conocida *real politik*. El carácter innovador y de los *dicta* más recientes (2008-2014) que integran a la mencionada jurisprudencia es testimonio de la sensibilidad de los jueces interamericanos por la problemática democrática de nuestro tiempo.

LOS FALLOS DE MAYOR TRADICIÓN[18]

La doctrina inaugural y sustantiva de la Corte sobre la democracia es delineada desde antes de 1987, a partir de 1982, una vez como se dictan las *Opiniones consultivas* OC-1/82 sobre "Otros tratados internacionales", la OC-2/82 sobre "Reservas a la Convención Americana", la OC-3/83 sobre "Restricciones a la pena de muerte", la OC-4/84 sobre la "Modificación de la Constitución de

---

[17]   Serie A, n° 20, voto juez García Ramírez, párr. 74

[18]   Las citas jurisprudenciales sucesivas y a continuación indican, en su pie, la letra y número del fallo respectivo de la Corte Interamericana de Derechos Humanos *(Opiniones Consultivas*: Serie A o *Sentencias*: Serie C), luego de lo cual se mencionan el párrafo correspondiente al mismo, pudiendo ser identificado y revisado *in extensu* en la página web de la misma Corte (www.corteidh.or.cr)

Costa Rica" y las célebres OC-5/85 sobre "Colegiación Obligatoria de los Periodistas", OC-6/86 sobre "La expresión leyes en el artículo 30 de la Convención" y OC-7/86 sobre "El derecho de rectificación y respuesta".

Luego de citar la norma contenida en el artículo 29 de la Convención, a cuyo tenor nunca puede interpretarse ésta en el sentido de "excluir otros derechos y garantías que son inherentes al ser humano o que se derivan de la forma democrática representativa de gobierno", la Corte destaca el carácter prescriptivo del Preámbulo convencional que dice sobre el propósito de "consolidar en este Continente y dentro del cuadro de las instituciones democráticas un régimen de libertad personal y de justicia social, fundado en el respeto de los derechos esenciales del hombre". Y complementa la atadura democrática de los derechos humanos, reiterando no pocas veces el contenido del artículo 32.2 convencional que fija como límites de los derechos a "las justas exigencias del bien común, en una sociedad democrática", que han interpretarse, lo dice la Corte, como "necesidades legítimas de las sociedades e instituciones democráticas"[19].

Al sostener esto provoca la Corte una primera ruptura con la concepción formal sobre la democracia, pues previene sobre los intentos de limitación indebida de los derechos humanos reconocidos, prohibiendo y dificultando cualquier disminución del núcleo pétreo de éstos por contraria a la Convención Americana.

El juez Cançado Trindade, ex presidente del Tribunal, sostiene con firme convicción que a pesar de estar prevista la facultad de denuncia de los tratados de derechos humanos, una vez incorporados al orden interno del Estado y en razón de los propios controles del derecho interno, mal pueden enervarse luego los mayores niveles sustantivos y de protección alcanzados de tal forma por los derechos humanos constitucionalmente reconocidos[20]. La democracia, en consecuencia, es una operación de suma, no de resta, por atada a las ideas de la dignidad humana y la perfectibilidad del hombre, varón o mujer.

En su Voto Separado dentro del Caso *Castillo Petruzzi v. Perú* de 1999, el Juez De Roux Rengifo le recuerda a la Corte, por lo anterior, que "el tema de la vinculación de la protección de los derechos humanos a un contexto político e institucional democrático tendría... que ser objeto de desarrollo jurisprudencial antes de que pudieran emitirse condenas específicas de violación de la Convención Americana"[21].

La Corte, al situarse dentro de esta línea de argumentación fija como reglas dos conceptos que mejor se comprenden hoy a la luz de los predicados de la Carta Democrática de 2001.

---

[19] Serie A, n° 5, párrs. 29, 41, 42.

[20] Serie C, n° 36, voto, párr. 22.

[21] Serie C, n° 52, voto, párrs. 2do., 3er., 5to.

Uno lo hace presente en su *Opinión consultiva* OC-9/97 sobre las Garantías Judiciales en los Estados de Emergencia, al declarar que "las garantías... que se derivan de la forma democrática de gobierno,..., no implican solamente una determinada organización política contra la cual es ilegítimo atentar"[22]. La tesis luego la hace propia el Juez Abreu Burelli en su voto a propósito de la *Opinión consultiva* OC-18/03 sobre la "Condición jurídica y derechos de los trabajadores migrantes indocumentados", remitiendo al Informe del PNUD adoptado en 1992 en el que se dice "que la democracia depende de algo más que [de] las urnas"[23].

El otro tiene que ver con las ideas del orden público y del Bien Común, tratadas ambas como nociones clave en las *Opiniones Consultivas* OC-5/85 y OC-6/86. El orden público y el bien común, según la Corte reclaman de "[un]a organización política ... sobre la base del ejercicio efectivo de la democracia representativa" y su no utilización –la del orden público y el bien común– "como medios para suprimir un derecho ... o para desnaturalizarlo o privarlo de contenido real"[24].

Por ende, así como el Bien Común dice sobre las "condiciones de la vida social que permiten a los integrantes de la sociedad alcanzar el mayor grado de desarrollo personal y la mayor vigencia de los valores democráticos"[25] el orden público no dice sobre el Estado en sí mismo sino sobre sus fines, a saber: el respeto de los derechos humanos y la garantía de una tutela judicial efectiva.

Se entiende así que la democracia, en su estricta acepción y a la luz de los dictados de la Corte, antes que "organización política" como la expresa el artículo 5 de la Carta de Bogotá de 1948, vale en su teleología, como lo indica la misma norma del instrumento constitucional de la OEA al exigir el "ejercicio efectivo de la democracia representativa"[26].

---

[22] Serie A, n° 9, párr. 37.

[23] Serie A, n° 18, voto, párr. IV.

[24] Serie A, n° 6, párr. 30.

[25] *Ídem*, párr. 31.

[26] *Cf.* artículo 3, de la Carta de la OEA (1948), reformada por el Protocolo de Reformas a la Carta de la Organización de los Estados Americanos "Protocolo de Buenos Aires", suscrito el 27 de febrero de 1967, en la Tercera Conferencia Interamericana Extraordinaria, por el Protocolo de Reformas a la Carta de la Organización de los Estados Americanos "Protocolo de Cartagena de Indias", aprobado el 5 de diciembre de 1985, en el decimocuarto período extraordinario de sesiones de la Asamblea General, por el Protocolo de Reformas a la Carta de la Organización de los Estados Americanos "Protocolo de Washington", aprobado el 14 de diciembre de 1992, en el decimosexto período extraordinario de sesiones de la Asamblea General, y por el Protocolo de Reformas a la Carta de la Organización de los Estados Americanos "Protocolo de Managua", adoptado el 10 de junio de 1993, en el decimonoveno período extraordinario de sesiones de la Asamblea General.

La Carta Democrática Interamericana, que es –según lo ya señalado– interpretación auténtica de la Carta de la OEA y de la propia Convención Americana, no podía menos que disponer en su artículo 1, en consecuencia, que "los pueblos de América tienen derecho a la democracia y sus gobiernos la obligación de promoverla y defenderla". No puede obviar, asimismo, la sistematización que hace de la democracia en sus artículos 3 y 4, retomando los predicados de la Declaración de Santiago de 1959[27], al declarar los elementos esenciales de la democracia y determinar los componentes fundamentales del ejercicio democrático.

En defecto de los primeros la democracia deja de ser lo que es *ipso iure*, es decir cuando faltan el respeto a los derechos humanos, el acceso y ejercicio del poder conforme al Estado de Derecho, la celebración de elecciones libres y justas, el régimen plural tanto de partidos como de organizaciones políticas, y, lo que es invariable, la separación e independencia de los poderes públicos.

A falta de los segundos, la democracia y su Constitución, como lo dice la Carta Democrática, sufren alteraciones graves que afectan a la legitimidad del desempeño democrático y ya no a la legitimidad originaria, a saber, cuando menguan la transparencia gubernamental, la probidad, el principio de responsabilidad por la gestión pública, el respeto a los derechos sociales, la libertad de expresión y de prensa: que también es elemento esencial de la democracia, la subordinación constitucional de todas las instituciones del Estado al poder civil constituido y, de nuevo, lo que es vertebral a la existencia pero también al ejercicio de la democracia: el respeto al Estado de Derecho.

Expresa la democracia, entonces, como evidente derecho humano integrador y en conclusión, el derecho de todos a todos los derechos humanos y su garantía institucional, doméstica y supranacional.

I. DEMOCRACIA Y ESTADO DE DERECHO

En el contexto que fija la hermenéutica de la democracia para el aseguramiento dentro de esta del respeto y la garantía de los derechos humanos, surgen –como primera exigencia sustantiva o la primera que en términos prácticos aborda la jurisprudencia de San José– el amparo y el habeas corpus: garantías judiciales por excelencia, según la Corte, para la preservación de la legalidad en una sociedad democrática.

El *dictum* correspondiente se origina en la sentencia del Caso *Neira Alegría v. Perú* de 1995[28]. Anteriormente, en el ámbito de lo contencioso, la Corte se expide sobre la "cuestión democrática" desde 1987 hasta dicho año sólo en términos nominales y en cuatro oportunidades: en los Casos de *Honduras*, en

---

[27]   Se le conoce, según su texto, como la Declaración de Santiago de Chile, *cit. supra.*

[28]   Serie C, nº 20, párr. 82

los Casos de *Suriname* y a propósito de una Resolución en el Caso *Maqueda v. Argentina*, relativa a la aplicación de la Ley de Defensa de la Democracia n° 23.077 dictada durante la administración del Presidente Raúl Alfonsín.

Luego de fijar y de reiterar el papel crítico del amparo y del *habeas corpus*, la Corte extrema su significación previniendo, desde el Caso *Loaiza Tamayo v. Perú* de 1997, que no pueden ser suspendidos ni siquiera en situaciones de emergencia constitucional[29]. La suspensión de las garantías en modo alguno implica o puede significar una suspensión temporal del Estado de Derecho, lo dice la Corte en su *Opinión consultiva* OC-8/87.

La jurisprudencia *in comento*, siguiendo al pie las disposiciones del Pacto de José y narrando lo alegado entonces por la Comisión Interamericana de Derechos Humanos, hace presente que la norma del artículo 27 *ejusdem* sobre suspensión de garantías en caso de guerra, de peligro público o de otra emergencia que amenace la independencia o seguridad de un Estado parte, si bien prohíbe, textualmente, sólo la suspensión de las garantías judiciales correlativas a los derechos que no pueden ser suspendidos, como el derecho a la vida o el derecho a la integridad y a la libertad personales, a la par recuerda que la interpretación de tal dispositivo ha de hacerse con sujeción a las exigencias del ejercicio efectivo de la democracia representativa y la preservación de los valores superiores de la sociedad democrática[30].

De modo que, en desarrollo extensivo de tal previsión y a la luz de los criterios ya señalados, la Corte sostiene que el *hábeas corpus*, en lo particular, adquiere su mayor significación para los derechos susceptibles de suspensión durante la emergencia: como el derecho a la libertad personal. Al respecto explica que si la suspensión de las garantías no puede exceder la medida de lo necesario para atender legítimamente una emergencia, mal puede predicarse la ausencia de controles judiciales que permitan, conforme a la legalidad excepcional, determinar si una medida de restricción de derechos teóricamente procedente desborda los límites de temporalidad, razonabilidad, necesariedad y proporcionalidad que hacen parte de las justas exigencias de una sociedad democrática[31].

La enseñanza, en síntesis, no se hace esperar.

La tutela judicial efectiva de los derechos humanos no es separable del derecho a las garantías judiciales, de donde las normas de los artículos 25 y 8 de la Convención han de ser interpretadas de conjunto y a la luz del artículo 29, que limita toda interpretación del Pacto al aseguramiento de otros derechos

---

[29] Serie C, n° 33, párr. 50

[30] Serie A, n° 8, párrs. 12, 20

[31] Serie A, n° 9, passim

inherentes a la persona humana o "que se derivan de la forma democrática representativa de gobierno"[32].

"El concepto de derechos y libertades y, por ende, el de sus garantías, [se considera, según la Corte] inseparable del sistema de valores y principios que lo inspira"[33]. El amparo y el *habeas corpus* hacen parte "de aquellas garantías judiciales indispensables para la protección de varios derechos cuya suspensión está vedada..." y sirven, cabe repetirlo, a tenor de la *Opinión consultiva supra* mencionada, "para preservar la legalidad en una sociedad democrática"[34].

En cuanto a dicho principio de la legalidad cabe decir que la Corte, desde su *Opinión Consultiva* OC-6/86 acerca de la expresión leyes en el artículo 30 de la Convención Americana, recuerda que ya desde 1935 la Corte Permanente de Justicia Internacional precisa que el mismo "se encuentra en casi todas las Constituciones americanas elaboradas desde finales del siglo XVIII, que es consustancial con la vida y el desarrollo del Derecho en el mundo democrático y que tiene como corolario la aceptación de la llamada reserva de ley". De modo que, no solo es contrario a la experiencia de la democracia intentar restringir derechos humanos al margen de la "voluntad de la nación"[35], sino que, tal y como lo refiere la Corte en los Casos *Fermín Ramírez v. Guatemala* (2005) e *Ivon Neptune v. Haiti* (2008), "en un sistema democrático es preciso extremar las precauciones para que las sanciones penales se adopten con estricto apego a los derechos básicos de las personas y previa una cuidadosa verificación de la efectiva existencia de la conducta ilícita"[36].

A partir de entonces y hasta su posterior fallo de 2006, en el Caso *Ximenes Lopes v. Brasil*, la jurisprudencia recuerda "la obligación de los Estados de garantizar a todas las personas bajo su jurisdicción un recurso judicial efectivo contra actos violatorios de sus derechos fundamentales"[37]. Y dice que "no basta con la existencia formal de los recursos, sino que éstos deben ser efectivos, es decir, deben ser capaces de producir resultados o respuestas a las violaciones de derechos contemplados en la Convención"[38]. Dicha garantía, la de un "recurso sencillo, rápido y efectivo" según los términos convencionales y lo establecido *v.g.* en la sentencia del Caso *Bámaca Velásquez v. Guatemala*, en

---

[32]   Serie C, n° 36, párrs. 96, 101, 102. En el mismo sentido Serie C, n° 140, párrs. 49, 58.

[33]   Serie A, n° 8, párr. 26

[34]   Serie A, n° 9, párr. 33

[35]   Serie A, n° 6, párr. 23

[36]   Serie C, n° 126, párr. 90 y Serie C, n° 180, párr. 125

[37]   Serie C, n° 97, párr. 52

[38]   Serie C, n° 149, párr. 192

2000, en suma, constituye "uno de los pilares básicos, no solo de la Convención Americana, sino del propio Estado de Derecho en una sociedad democrática"[39].

La Corte de San José alcanzó a construir, sobre sus anteriores consideraciones, la célebre tesis de la "tríada", explayada inicialmente en la *Opinión consultiva* OC-8/87 y reiterada sucesivamente hasta la *Opinión consultiva* OC-18/03, a cuyo tenor "[e]n una sociedad democrática los derechos y libertades inherentes a la persona, sus garantías y el Estado de Derecho constituyen una tríada, cada uno de cuyos componentes se define, completa y adquiere sentido en función de los otros"[40]. Lo que implica, *mutatis mutandi*, afirmar que "el principio de la legalidad, las instituciones democráticas y el Estado de Derecho son inseparables", conforme a los términos que constan en la primera Opinión citada en este párrafo[41].

II. TRANSICIONES POLÍTICAS E INSTITUCIONALIDAD DEMOCRÁTICA

La evaluación de los estándares democráticos por la Corte Interamericana no se reducen a lo nominal u operativo ni a despecho de la circunstancia histórica y social de cada uno los Estados partes en la Convención.

El juez Piza Escalante, fallecido, en el voto que acompañara a la *Opinión consultiva* OC-4/84, refiriéndose a la No discriminación y al reclamo de justificaciones objetivas y razonables para el tratamiento diferenciado de las personas, que han de ser evaluadas –tales justificaciones– a la luz de los principios prevalecientes en sociedades democráticas, a saber: finalidades legítimas, proporcionalidad y relación entre medios y fines, ambos legítimos, dice bien que no han de ignorarse en el escrutinio judicial democrático "los datos de hecho y de Derecho que caractericen la vida en sociedad en el Estado, que en calidad de parte, responde de [una] medida impugnada"[42].

De cara a la realidad latinoamericana dominante, signada por la violencia y el espíritu autoritario como por la reiteración de los atentados del derecho a la vida y a la integridad personal, la Corte, por lo mismo, es muy sensible a las llamadas "transiciones democráticas" y sus necesidades. De allí que aborde tres aspectos centrales sobre la cuestión democrática y acerca de los que fija criterios relevantes.

---

[39]   Serie C, n° 70, párr. 191

[40]   Serie A, n° 18, voto juez Abreu Burelli, párr. IV

[41]   Serie A, n° 8, párr. 24

[42]   Serie A, n° 4, voto, párr. 10. Lo mismo, Serie A, n° 18, párr. 90, Serie C, n° 127, voto juez García Sayán, párr. 7

El primero tiene que ver con las amnistías y la lucha en contra del terrorismo.

El juez García Ramírez, en voto que acompaña en 1998 a la sentencia del Caso *Castillo Páez v. Perú*, hace presente la validez de las amnistías para el restablecimiento de la paz y el rescate del hilo democrático cuando ha sido fracturado, pero sin dejar de advertir que a la luz de la Convención lo censurable son las auto-amnistías; no las "que resultan de un proceso de pacificación con sustento democrático", según los términos del Caso *Barrios Altos v. Perú* de 2001[43].

Ramírez señala, textualmente, lo siguiente: "Cabe distinguir entre las llamadas "autoamnistías", expedidas en favor de quienes ejercen la autoridad y por éstos mismos, y las amnistías que resultan de un proceso de pacificación con sustento democrático y alcances razonables, que excluyen la persecución de conductas realizadas por miembros de los diversos grupos en contienda, pero dejan abierta la posibilidad de sancionar hechos gravísimos, que ninguno de aquellos aprueba o reconoce como adecuados"[44].

Añade, sí, la intangibilidad en tales circunstancias del derecho a la verdad, que no sólo beneficia a las víctimas o a los familiares de las víctimas de violaciones de derechos humanos, sino que es también un derecho colectivo, como se afirma en el fallo dictado en 2000 en el Caso *Bámaca Velásquez v. Guatemala*. El derecho a la verdad, lo recuerda García Ramírez, "acoge una exigencia legítima de la sociedad a saber lo sucedido, genérica o específicamente, en cierto período de la historia colectiva, regularmente una etapa dominada por el autoritarismo, en la que no funcionaron adecuada o suficientemente los canales de conocimiento, información y reacción característicos de la democracia"[45].

Para el pleno de la Corte, por consiguiente, tales leyes de autoamnistía, por incompatibles con la Convención Americana, "carecen de efectos jurídicos y no pueden seguir representando un obstáculo para la investigación" de los hechos criminales graves que estuvieran en su origen y las hayan motivado[46].

En cuanto al terrorismo, que la Corte entiende como una práctica criminal no exclusiva de los Estados –como lo ha querido sostener la doctrina jurídico internacional auspiciada por el marxismo y validada por el Profesor moscovita Igor Karpets[47]– afirma que "un Estado ‹‹tiene el derecho y el deber de garantizar su propia seguridad››...; aunque debe ejercerlos dentro de los límites y conforme a los procedimientos que permiten preservar tanto la seguridad

[43] Serie C, n° 43, voto García R., párr. 9. En igual sentido, Serie C, n° 75, voto juez García Ramírez, párr. 10

[44] *Loc. cit.*

[45] Serie C, n° 70, voto, párr. 19

[46] Serie C, n° 75, párr. 44

[47] Igor Karpets, *Delitos de carácter internacional*, Moscú, Editorial Progreso, 1983

pública como los derechos fundamentales de la persona humana"[48]. Lo esencial reside, según tal jurisprudencia, que mejor se expresa en el voto de García Ramírez agregado al Caso *Maritza Urrutia v. Guatemala* de 2003, en despejar el falso dilema entre el respeto a los derechos humanos y la seguridad pública o nacional. El combate enérgico contra los delitos, incluidos los que ponen en peligro la subsistencia de la misma sociedad, no se puede hacer "con menoscabo del Estado de Derecho, el sistema democrático y los derechos esenciales de los ciudadanos"[49].

Se trata, en concreto, de tener presente la regla de oro o el parte aguas entre la democracia y las dictaduras reales o encubiertas: sólo "la legitimidad de los medios justifica el fin alcanzado"[50], tal y como reza la *Opinión consultiva* OC-16/99, y además, según los términos de la jurisprudencia europea, ha de haber "una relación razonable de proporcionalidad entre los medios utilizados y el fin que se busca llevar a cabo"[51]. O como lo precisa otra vez García Ramírez, en su voto anejo a la OC-18/03, "el fin plausible no justifica el empleo de medios ilegítimos"[52].

La Corte Interamericana, dadas sus competencias limitadas, pues únicamente le corresponde determinar la responsabilidad internacional de los Estados por hechos internacionalmente ilícitos sin avanzar hacia el establecimiento de responsabilidades penales individuales, admite que el juzgamiento que hace de las acciones u omisiones estatales en modo alguno puede interpretarse como justificativo de la violencia terrorista ejercida por grupos no estatales, la cual, antes bien, "merece el más enérgico rechazo" y ha de ser castigada por la "jurisdicción nacional"[53].

El segundo aspecto o la segunda línea argumental sustantiva sobre la cuestión democrática y las transiciones, en orden a la jurisprudencia de la Corte, tiene que ver con el funcionamiento y las competencias de las distintas ramas del poder público. La indispensable "coherencia" funcional de éstas en sus relaciones mutuas y con vistas a las obligaciones internacionales sobre derechos humanos asumidas por el Estado, es recordada de modo preferente por el juez Pacheco Cisneros, en la *Opinión consultiva* OC-15/97 sobre los Informes de la Comisión Interamericana de Derechos Humanos[54].

En lo atinente a la función ejecutiva subraya la Corte la debida "subordinación de los organismos de seguridad –las Fuerzas Armadas y de Policía– a

---

[48]   Serie C, n° 52, párr. 89
[49]   Serie C, n° 103, voto, párr. 6
[50]   Serie A, n° 16, voto García R., párr. noveno
[51]   Serie A, n° 18, párr. 90. Lo mismo, Serie A, n° 4, voto Piza, párr. 12
[52]   Serie A, n° 18, voto, párr. 41
[53]   Serie C, n° 52, párrs. 89, 90
[54]   Serie A, n° 15, voto, párr. 30

32

las normas del orden constitucional democrático", en particular, la sujeción de los organismos y actividades de inteligencia a los tratados internacionales de derechos humanos[55].

La jurisprudencia recuerda, puntualmente, que así como una eventual suspensión de garantías carecería de legitimidad si se la usa para atentar contra el sistema democrático, como lo dice la *Opinión consultiva* OC-8/87[56], ha de tenerse presente que la protección de los derechos de los detenidos, según lo indica la *Opinión consultiva* OC-16/99 relativa al Derecho a la información sobre la asistencia consultar, es "una piedra angular en la consolidación de la democracia"[57].

En la sentencia del Caso *López Álvarez v. Honduras* de 2006, la Corte vuelve sobre el asunto: "Una persona ilegalmente detenida se encuentra en una situación agravada de vulnerabilidad, de la cual surge un riesgo cierto de que se le vulneren otros derechos, como el derecho a la integridad física y a ser tratada con dignidad". El detenido, según esta jurisprudencia, ve restringido su derecho a la libertad personal, pero no puede verse desnudado de derechos que le son inherentes y en virtud de lo cual cualquier restricción sólo se justifica "cuando es absolutamente necesaria en el contexto de una sociedad democrática"[58].

El privado de libertad debe contar con la garantía del Estado para el desarrollo de "una vida digna" y para el ejercicio de los derechos "cuya restricción no es consecuencia necesaria de la privación de libertad"[59].

La legislatura se encuentra igualmente atada en el desempeño de sus funciones constitucionales a las justas exigencias de la democracia y a los dictados de la Corte Interamericana, visto que "la sola determinación del poder público no basta para restringir" los derechos humanos, según lo advierte la *Opinión consultiva* OC-6/86 sobre La expresión leyes en el artículo 30 de la Convención Americana[60].

Así como los derechos humanos reconocidos, sea por la Convención, sea por los ordenamientos constitucionales de los Estados, no pueden ser restringidos más allá de los límites previstos por el Pacto de San José y en sus compatibilidades con la democracia, cualquier medida en tal sentido sólo puede alcanzarse mediante leyes, que no es "sinónimo de cualquier norma jurídica". Han de ser adoptadas, lo dice la Corte, "por órganos democráticamente elegidos y

---

55   Serie C, n° 101, voto juez García Ramírez, párr. 48
56   Serie A, n° 8, párr. 20
57   Serie A, n° 16, párr. 26
58   Serie C, n° 141, párr. 104
59   *Ídem*, párr. 167
60   Serie A, n° 6, párr. 26

constitucionalmente facultados" (Principio de la reserva legal, OC-6/86), ceñida [la susodicha ley] al Bien Común como parte del orden público del Estado democrático, "cuyo fin principal es "la protección de los derechos esenciales del hombre y la creación de circunstancias que le permitan progresar espiritual y materialmente y alcanzar la felicidad", según el texto de la Declaración Americana[61].

La función legislativa no puede realizarse *legibus solutus*, no puede ser arbitraria ni derivar de un arropamiento por mayorías coyunturales. En una democracia verdadera la mitad más uno no puede cargarse legítimamente los derechos de la mitad menos unos de los ciudadanos[62].

El juez García Ramírez, en su voto anexo a la *Opinión consultiva* OC-17/02 sobre la Condición jurídica y derechos del niño, ha dicho bien que la legislación no está sujeta "al libre arbitrio del legislador" cuando define hipótesis normativas y determina sus consecuencias[63].

La democracia, el Estado de Derecho, las libertades, los derechos humanos y las garantías "son valores que entran en juego al confrontarse el poder público con el individuo", en especial si se trata de un delincuente, de un marginal o de un desvalido[64].

En el arbitrio de las posibilidades normativas, visto que todas inciden sobre los derechos de las personas, el legislador no puede situarse al margen de los criterios de necesariedad social y colectiva; de necesidad imperiosa: pues se intenta satisfacer con la ley un interés público que prepondera legítimamente y por razón de la misma democracia; de proporcionalidad o adecuación de cualquier restricción normativa de derechos al interés que la justifica y al exclusivo logro de su objetivo legítimo; de especificidad, dado que las restricciones normativas han de ser expresas y taxativas como de interpretación restrictivas; de razonabilidad como de congruencia entre los medios y los fines de la legislación, según puede leerse, *mutatis mutandi* y contextualmente, ora en la *Opinión consultiva* OC-5/85, ora en la sentencia del Caso del *Tribunal Constitucional v. Perú* de 2001, sea en la del Caso *Herrera Ulloa v. Costa Rica* de 2004.

Por, ende, entre varias opciones y por reclamo de las justas exigencias de la democracia, el legislador tiene la obligación impretermitible, bajo riesgo de afectar en su legitimidad las leyes que dicta, de optar por la forma o medio que menos afecte el núcleo de los derechos humanos reconocidos o inherentes a la persona o que se desprenden de la forma democrática representativa de gobierno.

---

[61]   *Ídem*, párrs. 26, 29, 35
[62]   *Vid. infra*, nota al pie 100
[63]   Serie A, n° 17, voto, párr. 2
[64]   *Ídem*, párr. 7

No huelga referir como último aspecto relativo a la función de los parlamentos democráticos, el tratamiento dado por la Corte, en 2001, a los denominados "juicios políticos" realizados en sede parlamentaria. Con apego a la Convención Americana, se encuentran viciados si con ellos se intenta controlar, como lo alegara la Comisión, "el ejercicio de la jurisdicción... constitucional" o "ejercer presión contra [los] magistrados". Ello, de suyo, representa una interferencia ilegítima en la función de los jueces, con claro debilitamiento del sistema democrático de gobierno[65].

La Corte, casi haciendo suya la reflexión del Tribunal Constitucional peruano, en cuanto a que no es objetable que un parlamento ejerza como acto privativo, según su respectiva Constitución, destituir altos funcionarios dentro del marco de las llamadas "cuestiones políticas no justiciables", afina tal previsión observando que la potestad judicial política no es ilimitada o arbitraria en los parlamentos democráticos; ha de ser razonable y por lo mismo quedar sujeta al control judicial ordinario y constitucional para los supuestos en los que se "denote una manifiesta trasgresión" de las garantías del debido proceso legal o del citado principio de razonabilidad[66].

El Tribunal interamericano, por consiguiente, declara que "la destitución de los magistrados y la omisión... de designar a los sustitutos" conculca *erga omnes* el control jurisdiccional democrático, vale decir, "el examen de la adecuación de la conducta del Estado a la Constitución"[67].

La Administración de Justicia democrática, en fin, está igualmente limitada: no solo por los derechos al debido proceso y la tutela judicial efectiva previstos en la Convención, ambos atados y relacionados funcionalmente y cuya falta, cabe destacarlo, subyace en la mayoría de la denuncias sobre violaciones a derechos humanos conocidas por los órganos del Pacto de San José.

Sin mengua de los principios clásicos de reserva legal, de legalidad o primado de las normas (Estado de Derecho) y de no retroactividad de las leyes, de independencia y autonomía judiciales, de juez natural, de aseguramiento de un recurso judicial sencillo, breve y expedito para la tutela de los derechos como pilar básico de la Convención, la Corte, en varias de sus decisiones contenciosas y en su más reciente sentencia en el Caso de la *Masacre de Pueblo Bello v. Colombia* de 2006, hace un primer deslinde al afirmar el carácter excepcional y restrictivo que ha de asignársele a la justicia militar[68]. Nunca debe alcanzar a los civiles afectándoles en sus jueces naturales, pues –como lo explica el Juez Roux en el fallo del Caso *Castillo Petruzzi v. Perú* dictado en 1999– tal prácti-

---

[65] Serie C, n° 71, párr. 64

[66] *Ídem*, párr. 95

[67] *Ibídem*, párr. 112

[68] Serie C, n° 140, párr. 182. Asimismo, Serie C, n° 68, párr. 117; Serie C, n° 69, párr. 113; Serie C, n° 119, párr. 142; Serie C, n° 135, párr. 139

ca "atenta contra el principio democrático de la división de poderes" y afecta nocivamente "la estructura y funcionamiento de porciones más amplias de la institucionalidad democrática"[69].

Luego insiste en varios aspectos cruciales para la justicia y para la justicia penal en lo particular, a la que haremos igual referencia en el apartado siguiente:

a) La presunción de inocencia como fundamento de las garantías de los derechos en la democracia;

b) El consenso acerca de la disminución de la prisión preventiva como exigencia mínima del sistema penal en una sociedad democrática, visto que tal medida "es la más severa que se pueda aplicar"[70], y riñe con la presunción de inocencia y con los principios de necesidad y proporcionalidad democráticas, según lo indica el fallo en el Caso del *Instituto de Reeducación del Menor v. Paraguay*, de 2004;

c) La verificación cuidadosa por los jueces, como lo recuerda el Caso *De la Cruz Florez v. Perú*, de 2004, de la efectiva existencia de las conductas ilícitas, dado que las sanciones en la democracia deben ser graduales, proporcionadas y adoptarse con estricto respeto a los derechos de la persona;

d) La importancia de la publicidad de los procesos, como esencial a los sistemas penales acusatorios y al mismo régimen de garantías de los derechos, como se lee en el Caso *Palamara Iribarne v. Chile*, de 2005, y que admite como excepción la protección de la niñez, según los términos de la *Opinión consultiva* OC-17/02 sobre La Condición jurídica y derechos del niño;

e) El cuidado –tanto por los jueces como por los órganos de policía– del tratamiento debido de los detenidos, sus derechos a la vida y a la integridad personal –inderogables– y cuyas condiciones dignas de reclusión, como lo declara la Corte en el Caso *Montero Aranguren v Venezuela*, de 2006, no admite en el Estado el "alegato de las dificultades económicas"[71];

f) Finalmente, como lo señala, entre otras, la sentencia de reparaciones del Caso *Bámaca Velásquez v. Guatemala*, de 2002, el entendimiento de la Justicia, en su publicidad señalada y en su función de alcanzar el desagravio y la reparación de las violaciones de derechos humanos, como "servicio a la verdad"[72] y al "derecho a la verdad"[73] judicial: expediente para la preservación de los valores democráticos y para la prevención de las desviaciones en el ejercicio de la democracia y el funcionamiento del Estado de Derecho.

---

[69] Serie C, n° 52, voto, cuarto párr.

[70] Serie C, n° 112, párr. 228

[71] Serie C, n° 150, párr. 85

[72] Serie C, n° 91, voto juez García Ramírez, párr. 3

[73] Serie C, n° 70, párr. 201

III. IGUALDAD, NO DISCRIMINACIÓN Y JUSTICIA PENAL DE-MOCRÁTICA

La salvaguarda del principio de igualdad y No discriminación ante la ley, en la ley y en la aplicación de la ley es motivo de preocupación por la Corte Interamericana.

Se ha referido al asunto desde su *Opinión consultiva* OC-4/84 sobre la modificación de la Constitución de Costa Rica y en las Opiniones Consultivas OC-17/02 y OC-18/02, por tratarse de derechos que derivan directamente de "la unidad de dignidad y naturaleza de la persona"[74]. Pero aclara que no todo tratamiento distinto atenta contra la regla, cuando viene respaldado por una justificación objetiva y razonable medida, como tal justificación, a la luz de los principios prevalecientes en sociedades democráticas, en su práctica jurídica, como a la luz de los aspectos "fácticos que caracterizan la vida de la socie-dad"[75] respectiva, a saber, lo repetimos: finalidades legítimas y proporcionali-dad de medios y fines.

La Corte, todavía más, abordando el asunto de la penas dispuestas por la ley para los delitos, incluidos los que atentan directamente contra la democra-cia, ha delineado las exigencias de la justicia penal democrática, que no solo prescribe la ya citada restricción de la justicia militar, sino que apunta cada vez menos al expediente punitivo como regla y más a su disposición como *ultima ratio*. En el Caso *Flores v. Perú*, de 2004, García Ramírez insiste en que la Corte no es contraria a la tipificación de delitos. Aún más, desde el Caso *Hila-rie, Constantine v. Trinidad y Tobago*, de 2002, al comentar sobre el régimen penal moderno de raíz democrática y garantista, a propósito de las tipificacio-nes recuerda la distinción indispensable entre "delitos graves" como el homici-dio y "delitos más graves", "de insuperable gravedad" y "de insuperable puni-ción"[76], casi para recordar que la impunidad, como se dijera en un peritaje ane-jo a la sentencia de reparaciones del Caso *Molina Thiessen v. Guatemala,* de 2004, lleva al "descrédito de la democracia"[77].

Lo esencial para la jurisprudencia interamericana, sin embargo, es que se tenga en cuenta "la gradación adecuada de las reacciones punitivas" como reclamo de toda sociedad democrática, según se lee en el fallo del Caso *Caesar v. Trinidad*, de 2005[78].

En este orden, como lo declara el Tribunal en el caso *Fermín Ramírez v. Guatemala*, en 2005 y cabe reiterarlo, preponderan las garantías "que informan

---

[74] Serie A, nº 4, párr. 56

[75] Serie A, nº 18, párr. 90

[76] Serie C, nº 94, voto, párr. 9

[77] Serie C, nº 109, párr. 30 f

[78] Serie C, nº 123, voto, párr. 34

el debido proceso y significan el límite [estricto] a la regulación del poder penal estatal en una sociedad democrática"[79], amén del principio de legalidad objetiva –fundado en el acto o hecho propio y no en la idea de la peligrosidad– en tanto que elemento de la persecución penal en la democracia[80].

IV. LA LIBERTAD DE EXPRESIÓN, PIEDRA ANGULAR DE LA DEMOCRACIA

No profundizo sobre la libertad de pensamiento y de expresión, de la cual se ocupa la Corte de un modo preferente desde su fundación y en su jurisprudencia contenciosa y consultiva, a un punto de reconocerla como "piedra angular en la existencia de una sociedad democrática"[81].

La misma Carta Democrática Interamericana la dispone como elemento esencial de la existencia de la democracia, por ser derecho humano, y como componente fundamental del ejercicio democrático. Es, por así decirlo, el derecho que logra vertebrar al plexo de todos los derechos humanos justificándolos sustantivamente, pues permite que el derecho a la vida, el primero de todos, pueda entenderse como derecho a la vida humana y no solo biológica; amén de que le da textura, juntamente, al derecho de toda persona al desarrollo de su personalidad, permitiéndole avanzar desde su condición inicial como individuo –uno y único– hacia su realización, como persona, en la "otredad".

Basta decir, al respecto, que la jurisprudencia interamericana es extensa en cuanto a los temas de acceso a la información, sobre la censura previa como eliminación radical de la libertad *in comento*, sobre el derecho al silencio y a la verdad, sobre las informaciones veraces o inexactas o agraviantes, sobre la llamada libertad de expresión procesal, sobre la unidad sustantiva de la opinión y la información, sobre el derecho a la lengua, sobre la formación de la opinión pública y el honor de los funcionarios, sobre periodismo y medios de comunicación, entre otros asuntos relevantes. Son emblemáticas las *Opiniones Consultivas* OC-5/85 sobre Colegiación Obligatoria de Periodistas y OC-7/87 sobre el Derecho de Rectificación y Respuesta, como los fallos contenciosos en los Casos *La última tentación de Cristo v. Chile*, de 2001, *Ivcher Bronstein v. Perú*, del mismo año, *Herrera Ulloa v. Costa Rica* y *Ricardo Canese v. Paraguay*, ambos de 2004, *Palamara Iribarne v. Chile*, de 2005 y, en 2006, *Claude Reyes v. Chile*.

La materia reclama de una exposición particular y a profundidad, dada su influencia directa sobre la vida democrática en su conjunto, la transparencia democrática, la celebración de elecciones, la participación como el pluralismo y la tolerancia democráticas.

---

[79]   Serie C, n° 126, párr. 78

[80]   *Ídem,* párr. 94

[81]   Serie A, n° 5, párr. 70

Valga, a todo evento, como apretada síntesis de las líneas más importantes de la jurisprudencia y dentro de los límites de este escrito, mencionar algunos aspectos puntuales pero determinantes.

La Convención y la jurisprudencia de la Corte están atadas a la Doctrina de Blackstone o de responsabilidades ulteriores, dado el carácter no absoluto de dicho derecho a la libertad de expresión. Pero, dada su función configuradora de los espacios democráticos, no cabe en la materia tutela preventiva. Ella no está prevista normativamente. Es un sacrificio que la sociedad y sus miembros rinden en favor de la democracia como sistema y como derecho, pues sin aquella el resto de los derechos mengua por ausencia de su mayor garantía: el control por la opinión pública.

La jurisprudencia constitucional española, a la que adhiere en partes el criterio ilustrado del constitucionalista argentino Gregorio Badeni[82], dice bien que la protección especial de que es objeto esta libertad no esta dictada en beneficio de los periodistas y comunicadores en general sino de la misma democracia; porque la formación de la opinión pública, que se alcanza con la libertad de expresión y de prensa, "es una función constitucional, que forma parte del sistema de pesos y de contrapesos de la democracia"[83], según el criterio del juzgador hispano.

No es un accidente que la antigua libertad de imprenta esté situada en los orígenes mismos de la República y del Estado moderno democrático como de su secularización y sea el centro neurálgico, como objeto de debate, de las Revoluciones Francesa, Americana y Gaditana[84].

Así las cosas, las responsabilidades ulteriores, que han de ser taxativas, estar previstas por una ley democrática de interpretación restrictiva y sujetas a los criterios de no censura ni de inducción indirecta a ella, de necesidad, de necesariedad imperiosa y de proporcionalidad, léase a las justas exigencias del Bien Común en una sociedad democrática, deben estar orientadas, ora al aseguramiento del derecho o la reputación de los demás, ora al sostenimiento de la seguridad nacional o el orden público.

En cuanto a lo último, ya he señalado lo que entiende el Tribunal de San José por seguridad y orden público: noción distinta de la seguridad del Estado y que apunta al régimen de garantías de los derechos humanos como teleología de la democracia.

---

[82]   Gregorio Badeni, "La despenalización de la injuria", *La Ley*, Buenos Aires, 1° de septiembre de 2005.

[83]   STC 176/95 de 11 de diciembre, FJ2, en Tomás Gui Mori, *Jurisprudencia constitucional 1981-1995*, Madrid, Civitas, 1997.

[84]   *Cf.* nuestro libro, *La libertad de expresión: de Cádiz a Chapultepec*, Caracas/Miami, UCAB/SIP, 2002.

Ahora bien, en cuanto a la posible colisión entre el derecho a la libre expresión y el derecho al honor o la intimidad, la Corte aclara que los motivos que inspiran las responsabilidades ulteriores nunca pueden entenderse como excepciones al derecho a la expresión libre ni como derechos sobrepuestos a éste. La preferencia por uno u otro derecho, en doctrina hecha propia por los jueces interamericanos e inspirada en la establecida por la Corte Europea, depende de las particularidades de cada caso y de la aplicación del método de balance: de apreciar si se está en presencia o no de expresiones concernientes al escrutinio democrático incluso tratándose de expresiones ofensivas e irritantes, y si se refieren o no a actores o temas de interés públicos, no solo en cuanto a los miembros del Estado o a los afectados por la prolongación de las funciones de éste.

En tal sentido, como lo aprecia la Corte en el Caso *Ricardo Canese* mencionado, no es que no cuente el derecho al honor de los funcionarios, sino que el mismo debe protegerse "de manera acorde con los principios del pluralismo democrático"[85]. Ya que, "sin una efectiva garantía de la libertad de expresión, se debilita el sistema democrático", como lo precisa la misma Corte, a manera de ejemplo, en el Caso *Ríos y otros v. Venezuela* (2009)[86]. Por lo mismo, es lógico que "las expresiones concernientes a funcionarios públicos u otras personas que ejercen funciones de naturaleza pública gocen... de una mayor protección", incluso siendo irritantes o desconsideradas[87].

Por virtud de lo anterior, en sus pronunciamientos hasta 2008 la Corte aboga por la despenalización de los delitos de opinión y de desacato, de la difamación, de la injuria, de la calumnia. Considera que "el derecho penal es el medio más restrictivo y severo... y no cumple con el requisito de necesariedad en una sociedad democrática"[88].

La protección de la reputación de quienes hacen parte de la vida pública incluidos los particulares que se han involucrado en "asuntos de interés público"[89], por ende y en criterio de la Corte Interamericana, ha de ser canalizada por los predios de la responsabilidad civil legalmente acotada, como lo indica la Declaración de Principios sobre Libertad de Expresión[90] de la Comisión Interamericana de Derechos Humanos, y con sujeción a los límites previstos en el artículo 13 de la Convención Americana.

---

[85] Serie C, n° 111, párr. 100

[86] Serie C, n° 194, párr. 105

[87] Serie C, n° 135, párr. 82

[88] *Ídem*, párr. 104

[89] *Ibídem*, párr. 98

[90] Numeral 10 de la Declaración, adoptada por la Comisión Interamericana de Derechos Humanos durante su 108° Período de Sesiones, en Washington D.C., octubre de 2000.

V. DERECHOS POLÍTICOS, DE PROPIEDAD Y DE PROPIEDAD COMUNAL

Paradójicamente, tratándose de la "cuestión democrática", es sólo en el año 2005 y después de un desarrollo jurisprudencial que cubre casi cinco lustros cuando la Corte Interamericana se ocupa del tratamiento de los derechos políticos. Lo hace en buena hora para definir, con base en la progresividad interpretativa, los nuevos desafíos de la democracia en cuanto a sus enunciados elementos esenciales y a su legitimidad de origen como de sus vínculos con el desempeño democrático.

En el caso *Yatama v. Nicaragua* de 2005, cuyo debate introduce la noción de democracia comunitaria y al precisar la Corte, de seguidas, que la democracia representativa es determinante en el sistema del que hace la Convención o Pacto de San José, trae a colación las normas de la Carta de la OEA sobre la democracia y descubre en su validez prescriptiva –como lo hace en su amplio voto el Juez García Sayán– los estándares internacionales que sobre la democracia y su ejercicio efectivo fija la novísima Carta Democrática Interamericana.

Haciendo regla las normas de este último texto internacional que disponen la "participación de la ciudadanía en las decisiones relativas a su propio desarrollo" como un derecho y una responsabilidad, según el tenor del artículo 6 y conforme al artículo 2 *ejusdem*, donde reza que la participación refuerza y profundiza "la democracia representativa", la Corte extrae una enseñanza innovadora.

En el fallo de marras reconoce el derecho a la participación política de las comunidades indígenas, por poseer formas de organización tradicionales y propias. En tal sentido, sostiene que "no existe disposición en la Convención Americana que permita sostener que los ciudadanos sólo pueden ejercer el derecho a postularse como candidatos a un cargo electivo a través de un partido político"[91] y por lo mismo, en su criterio, "la participación en los asuntos públicos de organizaciones diversas de los partidos, ..., es esencial para garantizar la expresión política legítima y necesaria cuando se trata de grupos de ciudadanos que de otra forma podrían quedar excluidos de esa participación..."[92]. Yendo más allá, el Juez Jackman, a propósito del derecho de elegir y de ser elegido, que viene atado en algunas Constituciones a la membresía y/o la postulación de un partido o de varios partidos, observa que tal derecho político, según los términos de la Convención, lo tiene el individuo, el ciudadano y no un grupo.

---

[91]   Serie C, n° 127, párr. 215
[92]   *Ídem*, párr. 217

Pero la Corte no se queda en el eventual intento de renovar la democracia en su perspectiva liberal, sino que la profundiza vinculándola a la democracia social, como lo hace la Carta Democrática al fijar el carácter interdependiente "entre la democracia y el desarrollo económico y social": conceptos que, según ésta, se refuerzan mutuamente[93].

Luego de insinuarlo como tema pertinente el Juez Salgado Pesantes, ex Presidente de la Corte (Voto en el Caso de la *Comunidad Mayagna v. Nicaragua*, de 2001), la Corte se expide, por lo mismo, acerca del derecho a la propiedad privada consagrado por el artículo 21 de la Convención.

Dice al respecto, que el uso y goce de la propiedad individual se encuentra subordinado al interés social pero no puede ser menoscabado, como tal derecho y en consonancia con la doctrina tradicional, sin que medien una justa indemnización, razones de utilidad pública o interés general y en los casos y formas prescritas por la ley. Pero dispone –he aquí la innovación– su conciliación necesaria y dentro de los parámetros anteriores con el complejo asunto del "derecho histórico"[94] de las comunidades indígenas "a las tierras tradicionales"[95].

Los casos líderes sentenciados hasta hoy v. Paraguay son el Caso de la *Comunidad Indígena Yakye Aza*, de 2005 y 2006, y el Caso de la *Comunidad Indígena Sawhoyamaxa*, de 2006.

En consecuencia, luego de reiterar las exigencias de legalidad, necesidad y proporcionalidad indispensables para la procedencia de las expropiaciones en una democracia, por tratarse de restricciones a derechos humanos reconocidos, admite la categoría de la "propiedad comunal indígena"[96] como distinta y no excluyente, fundándose para ello en los objetivos legítimos de la democracia: entre otros "el objetivo colectivo de preservar las identidades culturales en una sociedad pluralista"[97]. Mas, como lo agrega en su voto el Juez Abreu Burelli, ha de tenerse en cuenta que el citado derecho a la identidad cultural y sus consecuencias sobre la propiedad pueden estar sujetos a las mismas limitaciones de los demás derechos humanos con vistas a las justas exigencias del bien común en una sociedad democrática.

Finalmente, emergen de la jurisprudencia interamericana dentro un igual contexto dos *dicta* sugestivos y apropiados para un cuidadoso estudio doctrinal. Uno dice sobre el derecho a una pensión nivelada (Caso de los *5 pensionistas v. Perú de 2003*), invocándose para ello el Protocolo de San Salvador sobre derechos económicos, sociales y culturales, y, el otro, sobre el derecho al

---

[93]   Artículo 11
[94]   Serie C, n° 127, párr. 124.11
[95]   Serie C, n° 146, párr. 138
[96]   Serie C, n° 125, párr. 144
[97]   *Ídem*, párr. 148

respeto de la vida privada y familiar y del domicilio (Caso de la *Masacre de Ituango v. Colombia de 2006*), cuyas violaciones, según la Corte, habrán de ser valoradas en conexión con el derecho a la propiedad privada.

VI. HACIA LA DEMOCRACIA PROFUNDA E INTEGRADORA, DE SERVICIO A LA "VERDAD"

La Corte Interamericana se ha planteado como *desideratum* avanzar alguna vez, afirmado como se encuentre el desarrollo y la estabilidad de la cultura democrática en las Américas, hacia otros temas, y ocuparse de la tuición de otros derechos como lo hace la Corte Europea, superando el tiempo en el que la sangre tiñe la mayoría de sus enseñanzas judiciales. Así lo deja entrever en el Caso de *Myrna Mack v. Guatemala*, de 2003.

Resienten algunos de sus jueces, además, la falta de mecanismos políticos efectivos –diríamos que lamentan la indiferencia de los órganos políticos de la OEA– para asegurar el cumplimiento de los fallos de la Corte. Eso lo muestran en el Caso *Caesar v. Trinidad*, de 2005.

Sin embargo, frente al debilitamiento acusado desde principios del presente siglo por la experiencia democrática o su relativismo, cabe oponer un espíritu de renovación signado por la idea de la perfectibilidad. Ante el pesimismo, hemos de ser militantes de la esperanza.

La Corte nos muestra con su amplia jurisprudencia principios permanentes, universales por atados a la dignidad de la persona humana, susceptibles de abonar el camino en medio de la incertidumbre. Uno de ellos, no cabe duda, es el germinal y transversal derecho a la verdad ya referido, que ocupa parte especial de su actuación contenciosa a partir de 2009.

No se olvide que, a la caída de la experiencia comunista de Europa oriental, sobre el terreno de las violaciones graves de derechos humanos que ocurren a propósito de la misma y con vistas al proceso de establecimiento de la democracia, Vaclav Havel, quien es presidente de Checoslovaquia y luego de la república checa, se pregunta si acaso es un sueño querer fundar un Estado en la verdad; con lo cual apunta a la esencia misma de la perfectibilidad humana y el ejercicio profundo del don de la libertad. El propio Peter Häberle, en su famoso ensayo sobre la verdad en el Estado constitucional[98], se interroga a sí sobre las fronteras que este puede y debe establecer para que el espíritu de la tolerancia no implique renuncia por la sociedad y el Estado a un mínimo de verdad en sus procederes. Y ese es, justamente, el desafío presente, en una hora en la que se trucan las democracias en América Latina y manipulan sus exigencias para ocultar los arrestos dictatoriales de siempre, que intentan volver por los fueros perdidos.

---

[98] Peter Häberle, *Verdad y Estado constitucional*, México, Instituto de Investigaciones Jurídicas de la UNAM, 2006.

A título de aproximación cabe decir que el derecho a la verdad, forjado por la jurisprudencia de la Corte Interamericana de Derechos Humanos, encuentra su mejor fundamento y teleología al entenderse como estándar transversal del llamado derecho a la democracia[99]; que es, según lo antes dicho y en mi criterio, el eje transversal de la Convención Americana de Derechos Humanos a la vez que marco o criterio normativo rector para la determinación de la mayor o menor gravedad que acusen las violaciones de los derechos humanos singulares y para la determinación e integración de núcleo pétreo de éstos.

Por lo pronto cabe señalar que la Corte Interamericana de Derechos Humanos, a partir de su sentencia de fondo en el Caso *Bámaca Velásquez v. Guatemala* de 2000, a pedido de la Comisión Interamericana de Derechos Humanos reconoce el "derecho a la verdad" y lo justifica como parte del desarrollo progresivo propio del Derecho internacional de los derechos humanos y de suyo de la misma Convención Americana de Derechos Humanos o Pacto de San José, que no lo prevé expresamente. Incluso lo esboza de modo incipiente, sin precisarlo todavía, como tal derecho a la verdad, en su emblemática e inaugural sentencia del Caso *Velásquez Rodríguez v. Honduras* de 1988, cuando al referirse al deber del Estado de investigar las desapariciones forzadas de personas e incluso, ante la hipótesis de que el mismo Estado, por razones legítimas de Derecho interno, no pueda sancionar a los responsables de aquéllas, afirma que subsiste en todo caso "el derecho de los familiares de la víctima de conocer cuál fue el destino de ésta... [lo que] representa una justa expectativa que el Estado debe satisfacer con los medios a su alcance"[100]. La realización de la Justicia, su certeza y publicidad equivale, así y en un primer momento, a la verdad dentro del Derecho; con lo cual, sin que lo diga la misma Corte, ella postula en propiedad un derecho a la verdad judicial.

La Corte también, sin admitirlo pero sin rechazarlo de plano, se plantea considerar el denominado derecho a la verdad dentro del marco de la libertad de pensamiento y expresión (artículo 13 del Pacto de San José), tal y como se lo piden repetidas veces tanto la Comisión Interamericana de Derechos Humanos como representantes de las víctimas, cuando media la negativa del Estado de investigar los hechos que dan lugar a violaciones de derechos humanos y fijarlos judicialmente. La Comisión, en efecto, a propósito del referido Caso *Bámaca Velásquez*, califica el derecho a la verdad como derecho colectivo, pues "conlleva el derecho de la sociedad a tener acceso a la información esencial para el desarrollo de los sistemas democráticos"[101].

---

[99] *Vid*. nuestro libro *Memoria, Verdad y Justicia*: derechos humanos transversales de la democracia, Caracas, Editorial Jurídica Venezolana/Academia de Ciencias Políticas y Sociales/Universidad Metropolitana/Acceso a la Justicia.Org, Caracas, 2012.

[100] Serie C, n° 4, párr. 181

[101] Serie C, n° 70, párr. 197

Sucesivamente, en el Caso *Anzualdo v. Perú* de 2009, los representantes de la víctima insisten ante la Corte que "la evolución del derecho internacional contemporáneo en el ámbito universal e interamericano apoya una visión más amplia del derecho a la verdad, que otorga al mismo carácter de derecho autónomo y lo vincula a un rango más amplio de derechos" [102], que en su criterio son los contenidos en los artículos 8 [Garantías judiciales], 13 [Libertad de pensamiento y de expresión] y 25 [Protección judicial] de la Convención Americana y en relación con el artículo 1.1 *ejusdem*, que fija la obligación de respeto de los derechos por los Estados partes.

Recientemente, en el Caso *Gomes Lund (Guerrilha do Araguaia) v. Brasil* decidido en 2010, la Corte hace lugar a una primera aproximación jurisprudencial en el sentido de vincular, efectivamente, el derecho a la verdad con el derecho a la libertad de pensamiento y expresión, que tutela el artículo 13 convencional. En la sentencia respectiva explica que "el artículo 13 de la Convención, al estipular expresamente los derechos a buscar y a recibir informaciones, protege el derecho que tiene toda persona a solicitar el acceso a la información bajo el control del Estado, con las salvedades permitidas bajo el régimen de restricciones de la Convención". Ajusta que "dicho artículo ampara el derecho de las personas a recibir dicha información y la obligación positiva del Estado de suministrarla, de forma tal que la persona pueda tener acceso y conocer esa información o reciba una respuesta fundamentada cuando, por algún motivo permitido por la Convención, el Estado pueda limitar el acceso a la misma para el caso concreto"[103].

Arguyendo las exigencias de la democracia y las orientaciones que fija el propio Sistema Interamericano[104], la Corte concluye que "toda persona, incluyendo los familiares de las víctimas de graves violaciones a derechos humanos, tiene el derecho a conocer la verdad. En consecuencia, los familiares de las víctimas, y la sociedad, deben ser informados de todo lo sucedido con relación a dichas violaciones"[105].

Se aprecia, en suma, que el derecho a la verdad, por ligado asimismo a la necesidad de la verdad histórica, surge por defecto o mejor aún como contexto o premisa de la Convención Americana. Es decir, más que plantear la negación de un derecho convencional en lo particular, urgido de reparación, demanda –por ser estándar del llamado derecho a la democracia– la efectividad integral y constante de un sistema de respeto y garantía de derechos humanos en el que

---

[102] Serie C, n° 202, párr. 117

[103] Serie C, n° 219, párr. 197

[104] Resoluciones de la Asamblea General de la Organización de los Estados Americanos (AG/RES) sobre El Derecho a la verdad, 2175 de 6 de junio de 2006, 2267 de 5 de junio de 2007, 2406 de 3 de junio de 2008, 2509 de 4 de junio de 2009, 2595 de 8 de junio de 2010, y 2662 de 7 de junio de 2011.

[105] Serie C, n° 219, párr. 200

dicha verdad sirva u opere, si se quiere, como derecho transversal; dándole sustento y contenido a la misma experiencia democrática y obligando fundarla en la vigencia y certeza que le aporta el Estado de Derecho, sobre todo la idea de transparencia que demanda la propia democracia de los gobiernos y como componente fundamental de su ejercicio.

LO MÁS RECIENTE, INNOVADOR O INVOLUTIVO

A partir de 2008 hasta el presente, atendiendo a *la democracia y sus instituciones*, en casos emblemáticos –*Anzualdo Castro v. Perú* de 2009, *Manuel Cepeda Vargas v. Colombia* de 2010, y *Gelman v. Uruguay* de 2011– el criterio de los jueces se expresa alrededor de los derechos propios al juego democrático, citando al efecto que ante los derechos políticos, la libertad de expresión y el derecho de asociación, se "hace necesario analizarlos en su conjunto"[106]; acerca del límite de las mayorías en la democracia arguye lo esencial, a saber que "la protección de los derechos humanos constituye un límite infranqueable a la regla de las mayorías, es decir, a la esfera de lo «susceptible de ser decidido» por parte de las mayorías en instancias democráticas"[107]; sobre las nuevas formas de autoritarismo y el sobreviniente "derecho penal del enemigo", a lo ya dicho supra por el juez García Ramírez, éste añade que el último –de espaldas a la democracia– se viene construyendo "para sancionar, con disposiciones especiales, a los adversarios"[108]; y analizando el rol de la oposición democrática, precisa la Corte que sin ella "no es posible el logro de acuerdos que atiendan a las diferentes visiones que prevalecen en una sociedad" libre y por ende "debe ser garantizada por los Estados"[109].

El principio democrático de la división de poderes, en lo particular el de la independencia de la judicatura, son abordados por la Corte a partir de 1997 a fin de situarles, al primero, como característica del Estado democrático, y al segundo, como uno de los objetivos de la referida separación o especialización en las funciones del Estado. Seguidamente, ajusta lo esencial en cuanto al último, a saber, que "el ejercicio autónomo [de los jueces, como parte del derecho al debido proceso] debe ser garantizado por el Estado[110], sea en su faceta institucional, esto es, en relación con el Poder Judicial como sistema, sea en conexión con su vertiente individual, cabe decir, con relación a la persona del juez", como lo prescribe en el Caso *Reverón Trujillo v. Venezuela* (2009)[111]. Mas, a partir de los recientes Casos de la *Corte Suprema de Justicia y del Tri-*

---

[106] Serie C, n° 213, párr. 171

[107] Serie C, n° 221, párr. 239

[108] Serie C, n° 202, Voto juez García Ramírez, párr. 2

[109] Serie C, n° 213, párr. 173

[110] Serie C, n° 52, párr. 129

[111] Serie C, n° 197, párr. 67

bunal Constitucional v. Ecuador (2013), avanza la Corte a profundidad para señalar, ante "el cese masivo de jueces, particularmente de Altas Cortes", que ello "constituye no solo "un atentado contra la independencia judicial sino también contra el orden democrático", provocando su "desestabilización"; a cuyo efecto, por vez primera y de modo innovador le da carácter operativo y vinculante a la Carta Democrática Interamericana[112]. Entiende, al efecto, que ha lugar a una "violación multifrontal" de la Convención Americana, sea a las normas que consagran derechos, sea al contexto democrático que las encierra, tal y como lo precisa el voto concurrente del juez Eduardo Ferrer Mc-Gregor P. Así, la Corte, cuando menos, admite en la práctica el planteamiento al respecto que años atrás hiciera suyo el antiguo juez De Rouaix Rengifo, mencionado *supra*.

En cuanto al *Estado de Derecho*, destacando los Casos *Yvon Neptune v. Haití* de 2008, *Penal Miguel Castro Castro v. Perú* de 2008, y *López Mendoza v. Venezuela* de 2011, el voto del juez Cançado Trindade avanza en lo relativo a las conceptualizaciones y desafíos de los derechos humanos, para anotar que "nadie está sustraído a la protección del Derecho", aunque el derecho aplicable "sea distinto en diferentes situaciones, de perpetración de ilícitos imputables a agentes estatales o a grupos no-estatales"[113]. A propósito del control judicial y la motivación de las sentencias, la jurisprudencia de la misma Corte precisa, por una parte, que "el control judicial inmediato es una medida tendiente a evitar la arbitrariedad o ilegalidad de las detenciones, tomando en cuenta que en un Estado de Derecho corresponde al juzgador garantizar los derechos del detenido, autorizar la adopción de medidas cautelares o de coerción, cuando sea estrictamente necesario, y procurar, en general, que se trate al inculpado de manera consecuente con la presunción de inocencia"[114], y por la otra, que "el deber de motivar las resoluciones es una garantía vinculada con la correcta administración de justicia, que protege el derecho de los ciudadanos a ser juzgados por las razones que el Derecho suministra, y otorga credibilidad de las decisiones jurídicas en el marco de una sociedad democrática"[115].

Acerca de lo último, a saber, la motivación de las decisiones que afectan derechos de la persona, en el Caso *J. v. Perú* (2013) recuerda que ha de ser "suficiente" como justificación de la exteriorización razonada que permite llegar a una conclusión, y como "una garantía vinculada a la recta administración de justicia". Por lo mismo, para desechar cualquier indicio de arbitrariedad en toda decisión del Estado, el fallo respectivo "debe permitir conocer cuáles son los hechos, motivos y normas en las que se basó el órgano que lo

---

[112] Serie C, n° 266, párr. 179 y Serie C, n° 268, párrs. 207 y 221

[113] Serie C, n° 181, Voto juez Cançado Trindade, párrs.14 y 22

[114] Serie C, n° 180, párr. 107

[115] Serie C, n° 233, párr. 141

dictó"[116]. Asimismo, en dicho caso y también en *Mémoli v. Argentina* (2013), junto con ratificar su jurisprudencia constante acerca del principio de la legalidad, en la sentencia de éste destaca la sincronía que se da –al integrarlos dentro un mismo dicta– entre dicho principio y el de irretroactividad de las leyes; lo muestra como consecuencia del primero: "nadie puede ser condenado por acciones u omisiones que en el momento de cometerse no fueran delictivos"[117], de donde cabe "impedir que una persona sea penada por un hecho que cuando fue cometido no era delito o no era punible"[118].

Revisando *la seguridad y el orden público democrático* la Corte Interamericana se reitera en la exigencia del empleo necesario de medios adecuados para enfrentar amenazas o actos de violencia con instrumentos y procedimientos legítimos y dentro del orden jurídico propio de una democracia, dado lo cual "quien sufre los efectos de una conducta injusta, cualquiera que sea su origen, es víctima de un abuso que debe ser sancionado"[119]. Es emblemático, a tal efecto, el citado Caso *Gelman*.

En varios casos –Bayarrí v. Argentina de 2008, Valle Jaramillo y otros v. Colombia de 2008, Vélez Loor v. Panamá de 2010– y en línea con el respeto a la dignidad humana y la justicia democrática, el tribunal pone su énfasis en el papel crucial de los defensores de derechos humanos "cuya labor es fundamental para el fortalecimiento de la democracia y el Estado de Derecho"[120] En lo atinente al control de las detenciones, recuerda que "el derecho a la libertad personal exige que los Estados recurran a la privación de libertad sólo en tanto sea necesario para satisfacer una necesidad social apremiante y de forma proporcionada a esa necesidad"[121] y ajusta, igualmente, que la prisión preventiva "es la medida más severa que se puede aplicar a una persona acusada de delito, por lo cual su aplicación debe tener carácter excepcional, limitado por el principio de legalidad, la presunción de inocencia, la necesidad y proporcionalidad, de acuerdo con lo que es estrictamente necesario en una sociedad democrática"[122].

La Corte, en igual orden, que antes ha tratado la cuestión de las medidas privativas de libertad de carácter punitivo para el control de los flujos migratorios, ahora precisa, en el Caso *Familia Pacheco Tineo v. Estado Plurinacional de Bolivia* (2013), que "la detención de personas por incumplimiento de las leyes migratorias nunca debe ser con fines punitivos" en una sociedad de-

---

[116] Serie C, n° 275, párr. 158 y 224
[117] Serie C, n° 272, párr. 235
[118] Serie C, n° 265, párr. 154
[119] Serie C, n° 181, Voto juez García Ramírez, párr. 8
[120] Serie C, n° 192, párr. 87
[121] Serie C, n° 218, párr. 170
[122] Serie C, n° 187, párr. 69

mocrática[123]; tanto como recuerda, en el Caso *Liakat Ali Alibux v. Suriname* (2014), el contenido del artículo 22.2 de la Convención Americana: "Toda persona tiene derecho a salir libremente de cualquier país, inclusive del propio"[124].

Luego, en el citado Caso *J. v. Perú*, la Corte hace presente de nuevo a la garantía de la publicidad como "elemento esencial del sistema procesal penal acusatorio en un Estado de Democrático"; lo que exige –durante la etapa oral de los juicios– de la "intermediación con el juez y las pruebas" y el acceso al público, quedando proscrita "la administración de justicia secreta"[125].

Dos temas o cuestiones de crucial significación, que cabe reseñar en lo relativo a la justicia democrática y en materia de derechos humanos y sus garantías, son avanzados por los jueces Eduardo Vio Grossi y Ferrer Mc Gregor en sus votos disidente y concurrente, respectivamente, dentro del Caso *Liakat Ali Alibux* citado: (1) La del control de convencionalidad por los jueces nacionales, como derecho de los justiciables, en interpretación del artículo 25 de la Convención Americana, relativo a la tutela judicial efectiva[126]; y (2) la relativa al agotamiento de recursos internos, a fin de destacar lo sabido, es decir, que "no es menester agotar previamente tales recursos" cuando a) la legislación no los contemple; b) se les haya impedido ejercerlos a la víctima; o c) medie retardo en las decisiones judiciales, y dentro de dicho contexto, "en aquellos casos en que, en el correspondiente Estado, no impere el estado de Derecho o no se permite el efectivo ejercicio de la democracia... o en los que los derechos humanos se violen de forma sistemática y generalizada". No obstante, advierte el juez Vio Grossi que tales excepciones al principio del agotamiento de recursos internos no deben constituirse en reglas, pues además de dejarlo sin efecto real incide para que en los Estados democráticos se postergue o retarde "aún más el efectivo, pronto y definitivo cumplimiento" de las obligaciones que tienen conforme a la Convención Americana[127].

Finalmente, en el Caso *Dadeze Dorzema y otros v. República Dominicana*, cuya sentencia se dicta a finales de 2012, en el marco de los límites progresivos que la Corte impone a la jurisdicción penal militar –que llama ahora justicia penal militar– establece esta vez una restricción más amplia y expresa, determinando que sólo la jurisdicción penal ordinaria puede conocer de las violaciones de derechos humanos; con lo cual indica, sin decirlo expresamente, que a ésta quedan atados, incluso, los militares en actividad y quienes en ejercicio de sus funciones incurran en las mismas. El texto respectivo es preciso:

---

[123] Serie C, n° 272, párr. 131
[124] Serie C, n° 276, párr. 131
[125] Serie C, n° 275, párr. 217
[126] Voto Concurrente Juez Eduardo Ferrer Mc-Gregor Poisot, párr. 91
[127] Voto Disidente del Juez Eduardo Vio Gross, passim

"Es jurisprudencia constante de esta Corte que la jurisdicción militar no es el fuero competente para investigar y, en su caso, juzgar y sancionar a los autores de violaciones de derechos humanos, sino que el procesamiento de los responsables corresponde siempre a la justicia ordinaria. Esta conclusión se aplica a todas las violaciones de derechos humanos"[128]. Y en el Caso *Osorio Rivera y Familiares v. Perú* (2013), precisa que el fuero militar sólo sirve para "juzgar a militares activos por la comisión de delitos o faltas que por su propia naturaleza atenten contra bienes jurídicos propios del orden militar"[129]. Nada más.

Dentro de los *derechos inmateriales o de la personalidad* sobresale –en el Caso *Contreras y otros v. El Salvador* de 2011– el tema del derecho a la identidad, que a pesar de no estar contemplado expresamente en la Convención Americana la Corte lo reconoce mediante un reenvío normativo que hace a la Convención de los Derechos del Niño[130]; y asimismo, en otros casos –*Ríos y otros v. Venezuela* de 2009, *Usón Ramírez v. Venezuela* de 2009, y el *Gomes Lund* mencionado–, resalta la cuestión crucial del acceso a la información en manos de los gobiernos, a propósito de la cual media un consenso entre los Estados quienes lo aceptan como "requisito indispensable para el funcionamiento mismo de la democracia"[131]. Son vertebrales, también, los dicta relativos a los límites de la crítica democrática a los funcionarios públicos y sobre la responsabilidad grave que éstos asumen en el ejercicio de sus propias libertades de expresión y opinión, cuando afectan a quienes se les oponen. De modo que, tanto como se reconoce sobre lo primero que cabe el llamado "examen de proporcionalidad"[132], en cuanto a lo segundo precisa la Corte que "en una sociedad democrática no sólo es legítimo, sino que en ocasiones constituye un deber de las autoridades estatales, pronunciarse sobre cuestiones de interés público. Sin embargo, al hacerlo están sometidas a ciertas limitaciones en cuanto deben constatar en forma razonable, aunque no necesariamente exhaustiva, los hechos en los que fundamentan sus opiniones, y deberían hacerlo con una diligencia aún mayor a la empleada por los particulares, en razón de su alta investidura, del amplio alcance y eventuales efectos que sus expresiones pueden tener en ciertos sectores de la población, y para evitar que los ciudadanos y otras personas interesadas reciban una versión manipulada de determinados hechos"[133].

Concluyendo el 2012, aplicando su doctrina constante, vuelve a referirse la Corte al abuso de la vía penal para impedir o limitar el ejercicio de la libertad de expresión, pero con un sesgo que adquiere novedad al censurar la cir-

---

[128] Serie C, n° 251, párr. 186
[129] Serie C, n° 274, párr. 187
[130] Serie C, n° 232, párr. 112
[131] Serie C, n° 219, párr. 198
[132] Serie C, n° 207, párr. 83
[133] Serie C, n° 194, párr. 139, *ídem* C195/2009, párr. 151

cunstancia de incertidumbre e inseguridad de quienes son sujetos pasivos de procesos punitivos instaurados de modo personal por autoridades del Estado y al efecto hace propia la enseñanza europea, a cuyo tenor, "aún si es legítimo que las instituciones estatales, como garantes del orden público institucional, sean protegidas por las autoridades competentes, la posición dominante ocupada por tales instituciones requiere de las autoridades una mayor auto-restricción en el recurso a procedimientos penales" (Corte Europea de Derechos Humanos, Caso *Otegi Mondragon v. España*, n° 2034/07, 15 de marzo de 2011, párr. 58). La Corte, por ende, en el *Caso Uzcátegui y otros v. Venezuela* observa lo siguiente: "el señor (...) fue mantenido en una situación de incertidumbre, inseguridad e intimidación por la existencia de un proceso penal en su contra, en atención al alto cargo que ocupaba quien presentó la querella, señalado a su vez en dichas expresiones como uno de los presuntos responsables de los hechos, en el referido contexto y ante los actos de amenaza, hostigamiento y detenciones ilegales. Así, el proceso penal pudo haber generado un efecto intimidador o inhibidor en el ejercicio de su libertad de expresión, contrario a la obligación estatal de garantizar el libre y pleno ejercicio de este derecho en una sociedad democrática"[134].

Sin mengua de lo anterior, a propósito de la libertad de expresión –columna vertebral de la democracia– consagrada en el artículo 13 de la Convención Americana, cabe recordar –para mejor apreciar las innovaciones introducidas por la Corte al respecto, desde 2008 en lo adelante– que, en el Caso *Ivcher Bronstein* (2001) ya citado, la misma sitúa a los medios de comunicación social en el contexto de las dos dimensiones que acusa dicho derecho, la individual y la colectiva, en tanto que ahora, con el Caso *Fontevecchia y D'Amico v. Argentina* (2011), prefiere entenderlos como "vehículos para el ejercicio de la dimensión social de la libertad de expresión en una sociedad democrática"[135]. Obvia, así, como consideración obligante y crucial para la democracia, el significado que tiene la persona moral de los medios, por exigencias de la modernidad jurídica y comunicacional, a fin de que los periodistas puedan organizarse o ampararse para el ejercicio eficaz de sus oficios y libertades: "El periodista profesional no es, ni puede ser, otra cosa que una persona que ha decidido ejercer la libertad de expresión de modo continuo, estable y remunerado", reza la sentencia del Caso *Vélez Restrepo v. Colombia* (2012)[136] y se repite en el Caso *Mémoli* citado supra[137].

En la misma línea temática, si bien la Corte rescata, otra vez, el principio a cuyo tenor las expresiones relativas a la vida pública "gozan de mayor protección" –lo que en cierta forma morigera a partir del Caso *Kimel v. Argentina*

---

[134] Serie C, n° 249, párr. 189
[135] Serie C, n° 238, párr. 44
[136] Serie C, n° 248, párr. 140
[137] Serie C, n° 265, párr. 122

(2008), una vez como reivindica el método de balance (*fair balance*)[138] y demanda al efecto la realización de un "juicio de proporcionalidad"[139] para resolver sobre la oposición entre expresiones acerca de "temas de interés público" y el derecho al honor o la intimidad– luego insiste, a raíz del Caso *Mémoli* mencionado, por una parte, en la idea del equilibrio o armonización entre tales derechos y su resolución mediante mecanismos sancionatorios; y por otra parte, rompe, una vez más y después de *Kimel*, con su precedente avance hacia la despenalización de la libertad de expresión[140].

Lo que es más preocupante, a pesar de admitir el carácter excepcional que han atribuírsele a las sanciones relativas al ejercicio de la libertad de expresión, imponiéndose la misma Corte el deber de "analizar[las] con cautela", en el Caso *Mémoli* se limita a la mera revisión formal de los extremos convencionales establecidos para la fijación de responsabilidades por abuso de dicha libertad, arguyendo el "carácter coadyuvante" de la jurisdicción internacional con relación a los tribunales de cada Estado parte de la Convención Americana. Evita, incluso, abordar su mismo método de balance o, cuando menos, efectuar una ponderación autónoma e independiente del caso, tal y como la realizara varias veces en el pasado, *v.g.* en el Caso *Loaiza Tamayo v. Perú* (1997). Al efecto, se limita a señalar que "las autoridades judiciales internas estaban en mejor posición para valorar el mayor grado de afectación de un derecho u otro"[141].

A renglón seguido, restringiendo peligrosamente el ámbito de protección de las expresiones relativas a los "temas de interés público" –expresión también constante en el Caso *Kimel*– o en los que la sociedad tiene un legítimo interés porque "afecta derechos e intereses generales o le acarrea consecuencias importantes", a partir de *Mémoli* acepta la sanción impuesta a las víctimas denunciantes por cuanto las mismas "no involucraban a funcionarios públicos o figuras públicas ni versaban sobre el funcionamiento de las instituciones del Estado"[142]. Ello, a pesar de que el asunto bajo debate se relacionaba con el funcionamiento de un cementerio, gestionado, eso sí, por una entidad privada concesionaria de dicha actividad social.

Por último, cabe decir que en su jurisprudencia reiterada sobre libertad de expresión y en cuanto a las responsabilidades ulteriores por su abuso, la Corte ha sostenido reiteradamente que las mismas, dado su carácter excepcional y la circunstancia de ser tal libertad crucial para el sistema democrático, han de estar expresamente tipificadas por la ley[143], como lo establece el artículo 13.2

---

[138] Serie C, nº 179, Voto Juez Ventura, s/párr.

[139] Serie C, nº 177, párr. 51

[140] Serie C, nº 265, párr. 126

[141] *Ídem*, párrs. 139, 140 y 143

[142] *Ibídem*, párr. 146

[143] Serie C, nº 107, párr. 120

de la Convención Americana. Sin embargo, a propósito de la responsabilidad civil y en el Caso *Fontevecchia* antes señalado, obvia tal exigencia y acepta la previsión de ley "redactada en términos generales", para admitirla como ley material aplicable al supuesto de hecho[144]. Lo que es más preocupante, antes, en el mismo caso, la Corte se repite en la innovación que introduce desde el Caso *Kimel*, demonizando el "poder de los medios"[145] de comunicación social y pidiendo su regulación normativa por los Estados, no siendo aquellos los sujetos pasivos de la misma Convención. Y al paso, seguidamente, copiando la enseñanza europea estatuye, por vía jurisprudencial, sobre la actividad periodística, desbordando al efecto los límites conocidos sobre la mala fe o falta de debida diligencia (doctrina Sullivan) en el ejercicio de las tareas comunicacionales": Existe un deber del periodista –dice la Corte en el Caso Mémoli– de constatar en forma razonable, aunque no necesariamente exhaustiva, los hechos en que fundamenta sus opiniones. Es decir, resulta válido reclamar equidad y diligencia en la confrontación de las fuentes y la búsqueda de información. Esto implica el derecho de las personas a no recibir una versión manipulada de los hechos. En consecuencia, los periodistas tienen el deber de tomar alguna distancia crítica respecto a sus fuentes y contrastarlas con otros datos relevantes. En sentido similar, el Tribunal Europeo ha señalado que la libertad de expresión no garantiza una protección ilimitada a los periodistas, inclusive en asuntos de interés público. Aún cuando están amparados bajo la protección de la libertad de expresión, los periodistas deben ejercer sus labores obedeciendo a los principios de un periodismo responsable, es decir, actuar de buena fe, brindar información precisa y confiable, reflejar de manera objetiva las opiniones de los involucrados en el debate público y abstenerse de caer en sensacionalismos"[146].

La Corte, con vistas a los *derechos políticos*, que trata con detenimiento en los Casos *Castañeda v. México* de 2008 y el señalado *López Mendoza* "considera que el ejercicio efectivo de [éstos]…constituye un fin en sí mismo y, a la vez, un medio fundamental que las sociedades democráticas tienen para garantizar los demás derechos humanos previstos en la Convención"[147]. Y refiriéndose en lo particular a las elecciones y su autenticidad, apunta que "más allá de estas características del proceso electoral (elecciones periódicas y auténticas) y de los principios del sufragio (universal, igual, secreto, que refleje la libre expresión de la voluntad popular), la Convención Americana no establece una modalidad específica o un sistema electoral particular mediante el cual los derechos a votar y ser elegido deben ser ejercidos"[148]. En la cuestión de las candidaturas en la democracia sentencia, de un lado, que "ambos sistemas, uno

---

[144] Serie C, n° 238, párr. 52
[145] Serie C, n° 238, párr. 45
[146] Serie C, n° 265, párr. 122
[147] Serie C, n° 184, párr. 143
[148] *Ídem*, párr. 149

construido sobre la base exclusivamente de partidos políticos, y otro que admite también candidaturas independientes, pueden ser compatibles con la Convención y, por lo tanto, la decisión de cuál sistema escoger está en las manos de la definición política que haga el Estado, de acuerdo con sus normas constitucionales"[149]; y por el otro, mediando la figura de las inhabilitaciones políticas, observa "la obligación [del Estado] de garantizar con medidas positivas que toda persona que formalmente sea titular de derechos políticos tenga la oportunidad real para ejercerlos"[150]. No deja de advertir, en suma, lo que es máxima de la experiencia: "en la región existe una profunda crisis en relación con los partidos políticos, los poderes legislativos y con quienes dirigen los asuntos públicos, por lo que resulta imperioso un profundo y reflexivo debate sobre la participación y la representación política, la transparencia y el acercamiento de las instituciones a las personas, en definitiva, sobre el fortalecimiento y la profundización de la democracia"[151].

Y en el fallo –Caso *García v. Guatemala*– con el que se cierra este digesto, penúltimo del año, sin innovar en cuanto al fondo la Corte trae sobre la mesa lo relativo al derecho de *asociación* de los niños, no contemplado expresamente en la Convención Americana, pero sin relacionarlo ni extenderlo al campo de los señalados derechos políticos. No obstante, hace constar que el artículo 19 de ésta –que consagra el derecho del niño a medidas de protección– debe ser completado con las normas de la Convención sobre los Derechos del Niño, en lo particular su artículo 15 sobre el citado derecho de asociación, entendiendo que forman parte de un mismo *corpus iuri* y advirtiendo que solo cabe limitar dicho derecho mediante ley y atendiendo a las necesidades dentro de una sociedad democrática[152].

La doctrina judicial interamericana sobre la democracia, en el marco de sus avances inmediatos se refiere, por último, a la necesidad sentida y actual de encontrar un justo equilibrio entre los intereses colectivos –en lo particular los relativos a los derechos de las comunidades indígenas al uso y goce de sus tierras– e individuales cuando el Estado debe disponer de *la propiedad privada*, sin afectar a su contenido esencial e indemnizaciones. En el fallo respectivo –Caso *Salvador Chiriboga v. Ecuador* de 2008– declara, categóricamente, que "el derecho a la propiedad privada debe ser entendido dentro del contexto de una sociedad democrática, donde para la prevalencia del bien común y los derechos colectivos deben existir medidas proporcionales que garanticen los derechos individuales"[153]. Y, a todo evento, más allá de la cita que la Corte ha hecho de los derechos sociales en una sociedad democrática, invocando, sea el

---

149 *Ib.*, párr. 204
150 Serie C, n° 233, párr. 108
151 Serie C, n° 184, párr. 204
152 Serie C, n° 258, párr. 184
153 Serie C, n° 179, párr. 60

contenido de la Carta Democrática Interamericana, sea el del Pacto de San Salvador, vale la reciente advertencia del Juez Ferrer Mc-Gregor, a propósito del Caso Suárez Peralta v. Ecuador (2013) y en su voto concurrente, a cuyo tenor "el Tribunal Interamericano no puede quedar al margen del debate contemporáneo sobre los derechos sociales fundamentales –que tienen un largo camino andado en la historia de los derechos humanos– y que son motivo de continua transformación para su plena realización y efectividad en las democracias constitucionales de nuestros días"[154].

MIRANDO HACIA EL HORIZONTE

Cedo a la tentación de repetirme en las consideraciones que constan en uno de mis libros recientes –*La democracia del siglo XXI y el final de los Estados*[155]– pues allí, sin mengua de una mirada a lo esencial, como lo es recrear la idea de civilidad que prende en Iberoamérica hace doscientos años, de seguidas al diagnóstico a profundidad del statu quo democrático en mi obra citada infra *El derecho a la democracia*, preciso y aclaro que el porvenir será acaso distinto; pero tampoco puede construirse con saltos en el vacío.

Son innumerables, en efecto, los asuntos e interrogantes por resolver acerca de la democracia y su crisis. Hasta los gobiernos que mayores falencias acusan hoy o muestran un déficit democrático elevado no dejan de rendirle culto y hasta justifican sus dislates y arbitrariedades arguyendo, incluso falazmente, su lealtad al ideal democrático. Pero la democracia se agota, progresivamente, como experiencia instrumental dentro de los odres de la república conocida y en las cárceles de ciudadanía en que han derivado los Estados Naciones de nuestra contemporaneidad. Ello es inocultable. Pero la realidad histórica de aquélla y la de éstos no deja de aportar una lección extraordinaria. El tiempo de la democracia se hace generoso y los peligros que hoy la acechan disminuyen cuando la misma –a manos de sus verdaderos hacedores, la gente– se funda en los equilibrios y niega a los extremos.

No sabemos aún sobre las nuevas formas o los intereses distintos que es necesario re-equilibrar de cara a la renovación de la democracia y a la luz del siglo ya en curso, de sus tendencias globales y también de sus muchos nichos sociales o cavernas, casi todos recreadores de una suerte de Medioevo posmoderno. Pero la regla del equilibrio vale, hoy como nunca antes. Lo cierto es la reprobación que sufre la democracia ante la opinión pública global dominante y que el eminente filósofo del Derecho italiano, Norberto Bobbio, ausculta, oponiendo el ideal democrático con la realidad democrática. No obstante, co-

---

[154] Serie C, nº 261, Voto concurrente, párr. 105

[155] Asdrúbal Aguiar, *La democracia del siglo XXI y el final de los Estados*, Caracas, 2009; DF, México, Observatorio Iberoamericano de la Democracia/Rumbo a la democracia, 2012.

mo cabe anotarlo, la reprobación ha lugar porque el común de nuestros pueblos asimila la expresión democrática a su instrumental histórico: el Estado, los poderes públicos, los partidos políticos, el voto periódico y su ineficacia para conjurar las urgencias y exigencias de la vida cotidiana.

No es la primera vez que ocurre una crisis de fe en la democracia y su largo trayecto a lo largo la historia de los hombres y de los pueblos. El fallecido ex presidente venezolano, Rafael Caldera, recuerda en su hora que *el mundo más adelantado* la vive en los años 10 al 40 del siglo XX, a un punto que, en 1939, la opción fatal es el totalitarismo de izquierda o derecha. Y dos razones abonan al respecto. Una, la mala fortuna de coincidir la Revolución Liberal con el auge del capitalismo, incriminándose a aquélla de las culpas de éste. Otra, las dificultades derivadas de la falta de elasticidad de las estructuras políticas para amoldarlas a las necesidades de la gente[156]. Sea lo que fuere, lo veraz es que si se le pregunta a la misma gente si acaso está dispuesta a renunciar a la libertad recibiendo a cambio mayor bienestar económico, a buen seguro dice que no; porque en el fondo lo que se reclama de la democracia es lo que Protágoras predica de ella: su identidad con la naturaleza humana, con las cosas simples en pocas palabras.

Se trata, entonces, de no perder el rumbo frente a esas reglas universales de la decencia, inscritas en el mismo Decálogo, que en nada sufre o mengua bajo el peso de su milenaria tradición. El respeto a los otros –que pueden ser discrepantes o adversarios pero no enemigos– nos aleja de las verdades absolutas, no le da tregua a los fanatismos, y en el debate libre de las ideas se procuran los cambios de poder sin sangre y ha lugar al espíritu de la convivencia, a la posibilidad de la creación en común en medio de las diferencias. La perfectibilidad, el saber que nuestra condición de humanos nos torna obras inacabadas y de quehacer constante, por ende nos impulsa asimismo, a la restauración periódica de la experiencia humana y también democrática, como ocurre desde hace 2.500 años.

Sobre tal telón de fondo, Jean-Marie Guéhenno[157] escribe en 1995 sobre el fin de la democracia arguyendo lo espectacular y complejo del momento presente; pues 1989, antes que cerrar el tiempo iniciado en 1945, superada la Segunda Gran Guerra, o en 1917, con la instalación del comunismo en Rusia, le "pone fin a la era de los Estados-naciones, se clausura aquello que se institucionalizó gracias a 1789". Y dice bien que la nación no tiene más definición que la histórica, "es el lugar de una historia común, de comunes desgracias y de comunes alegrías", pero a fin de cuentas es el lugar. Pero lo inocultable, como lo desnuda la experiencia, es que en este tiempo de relaciones mundiales que marchan a ritmo de vértigo, el territorio y la proximidad territorial pierden importancia. El mundo se hace más abstracto e inmaterial, señala Guéhenno,

---

[156] Rafael Caldera, *Reflexiones de la Rábida*, Caracas, Seix Barral, 1976.

[157] Jean-Marie Guéhenno, *El fin de la democracia*, Barcelona, Paidós, 1995.

para luego ajustar que la nación "está amenazada como espacio natural y del control político". Su observación no deja ser pertinente y preocupante en medio de la cruda realidad que dice tener ante sí. Habla de *libanización* del mundo, pues las comunidades se convierten en fortalezas y prisiones, a un punto tal que las *líneas punteadas* que separan a los Estados surgen al interior de cada Estado, sin que por ello mengüe la actividad relacional, incluso global, pero, eso sí, entre individuos semejantes por necesidades o en su indignación común –¿acaso el *Tea Party Movement* o los acampados de la Puerta del Sol en Madrid?– y no entre diferentes, aun siendo compatriotas.

Las conclusiones del autor son terminantes y las comparto cabalmente. Señala que de la antigua ciudadanía política y democrática "dentro del Estado" nada queda y es "un cómodo medio de manifestar mal humor hacia unos dirigentes". Durante dos siglos, en efecto, hemos pensado en la libertad, léase la democracia, a través de la esfera política que había de organizarla. Y advierte, por otra parte, que "se ha entablado una carrera entre la difusión de la técnica a nivel global, que aumenta los medios de la violencia, y la difusión relacional del poder por obra de la anomia o la ruptura del tejido social que soporta a nuestros Estados Naciones, que la desactiva" en una suerte de paradoja.

Ha lugar, en síntesis, a un cambio de ciclo en la historia de la civilización. Más allá de su vocación universal o de su consecuencia: el agotamiento del Estado y de su organización republicana, por impersonal y patrimonial e hija del espacio material, tiene por objeto y sujetos al individuo o individuos y a la Humanidad Totalizante. Deja en espera o sujeta a revisión a todas las formas sociales, geopolíticas intermedias y subsidiarias conocidas: las regiones, las provincias, las municipalidades y hasta las comunas. Los individuos quedan libres de ataduras y sujeciones asociativas, abandonan sus identidades *ciudadanas* o correspondencias con la *patria de bandera* y en paralelo pierden las seguridades que les aportan el propio Estado o la sociedad política moderna. De suyo, en lo sucesivo medran huérfanos, solitarios, en espera de otras seguridades que sustituyan a las anteriores pero que no llegan con la urgencia reclamada. De allí el regreso a la "tribu", cabe reiterarlo, y los nuevos miedos o angustias que al igual que los sufre el hombre primitivo y el medieval hacen presa del hombre de la generación digital.

La diatriba reciente sobre la democracia intenta fijar el debate, otra vez y como en el siglo pasado, en una suerte de mera oposición entre la democracia representativa y la democracia adjetivada de participativa, o popular. Pero el asunto reviste mayor complejidad, aun cuando, para resolver tanto el problema de la impersonalidad histórica del Estado como el distanciamiento de los representantes políticos con relación a sus electores, la Carta Democrática Interamericana prevea una regla adecuada: *La democracia representativa se refuerza y profundiza con la participación permanente, ética y responsable de la ciudadanía.*

Los paradigmas instrumentales de la democracia a buen seguro serán otros durante el siglo corriente o por alcanzar. Mas cabe observar que así como la idea de la representación se hace necesaria e imprescindible para sacar a la democracia de sus límites comunitarios y hacerla extensiva a grandes espacios geográficos y humanos, la idea de la participación permanente de la ciudadanía y hasta la absorción por la política del mundo íntimo del individuo también hace morir a la democracia, cuando deriva aquélla –la participación– en trivial por exceso. Así ocurre, en su primera experiencia, durante la Grecia de los antiguos.

De modo que, la idea del alejamiento de los extremos se impone por lo pertinente y ha de machacarse sin tregua. La representatividad debe llevarse hasta el punto que reclama la eficacia en la gestión de los objetivos democráticos complejos y de dimensiones espaciales importantes como las globales y regionales en boga, pero no puede ser desplegada hasta el extremo en que la democracia pierda su sentido como proyecto político e intente reducir el conjunto de la vida humana a "ciudadanía totalitaria": tesis que, cambiando lo cambiable, es común al pensamiento de Marx y de Rousseau.

En síntesis, anudados a cuanto piensa el mismo Ghéhenno, con cuya obra nos topamos de modo reciente, queda pendiente una auténtica revolución democrática en este espacio de la prehistoria del tiempo naciente. Se trata de realizar, cabe apuntarlo, una revolución que no es meramente política sino espiritual o ética. Y si volver a las fuentes del orden constitucional e institucional que desaparece es un desatino, pues a falta del orden político superado no hay capacidad para reproducirlo, que no sea para jugar al engaño durante un tiempo magro y dejarle campo libre a los impostores, es absurdo prescindir de la génesis misma de la democracia, que reside en el hombre hecho persona, por ende ser social y naturalmente político.

Los debates sobre la democracia por venir *se referirán a la relación del hombre con el mundo*. Se trata de debates morales –a los que se adelanta sabiamente la jurisprudencia de la Corte Interamericana de Derechos Humanos por anclar su sistema jurídico en una premisa moral, a saber, la dignidad de la persona humana– y acaso es por vía de éstos que habrá de renacer la política "en un proceso que partirá de abajo, de la democracia local distinta de la vieja institucionalidad municipal, regional y nacional y de la definición que una comunidad dará de sí misma para elevarse", y para que encuentre junto a sus pares, como lo creemos, ese hilo de Ariadna que les aproxime, relacionándolas y ofreciéndoles a todas las localidades o retículas sociales en emergencia una identidad en cuanto a los objetivos democráticos que las trasciendan.

Diría con Plutarco, a propósito de la democracia, como colofón de estas notas escritas con líneas gruesas y como suerte de recensión de una magna obra jurisprudencial que deriva en digesto de la democracia interamericana y constante de seguidas, que el peligro que acecha a la misma democracia no reside tanto en la discusión, consustancial a lo que ella es, ni en cuanto a los estándares mínimos que demanda a título de basamento y sin que su nave pierda movilidad, sino en la ignorancia y en quienes la explotan para beneficio propio, como medio de dominación política y de irrespeto sistemático a la dignidad de la persona humana.

Hago constar mi personal gratitud a los amigos y colegas, en la academia y en la docencia, y a mis alumnos de los programas de maestría y doctorado de la Universidad Católica Andrés Bello, de Caracas, y de las Universidades argentinas de Buenos Aires y del Salvador, por animarme a la revisión de esta obra de jurisprudencia que consideran de utilidad. Le doy gracias, igualmente, a la Fundación Mezerhane y a la Fundación Editorial Jurídica Venezolana, por hacer posible su edición.

Buenos Aires/Caracas, mayo de 2014

DIGESTO DE LA DEMOCRACIA

ADVERTENCIA

En las citas jurisprudenciales ordenadas a continuación, de manera sucesiva y conforme a los temas, se indican entre corchetes la letra y número del fallo respectivo de la Corte Interamericana de Derechos Humanos *(Opiniones Consultivas*: Serie A o *Sentencias*: Serie C), luego de lo cual se citan el año y párrafo correspondientes al mismo. En índice situado al final del libro pueden identificarse las partes y demás referencias de la opinión o sentencia de la que se trata. Sin perjuicio de la sistematización del presente digesto en títulos y subtítulos, es posible ampliar el rango de los temas que sugiere cada glosa apelando al buscador electrónico de la página web de la mencionada Corte (www.corteidh.or.cr).

I. DEMOCRACIA E INSTITUCIONES

Actividad legislativa democrática

§ 1

No es ocioso señalar que la frontera entre esos supuestos debe subordinarse a la naturaleza de los hechos o las situaciones correspondientes a cada uno, desde la perspectiva de los bienes reconocidos y tutelados por el orden jurídico –en mi concepto, desde el plano mismo de la Constitución nacional– y de la gravedad de la lesión que se cause a éstos o del peligro en que se les coloque. En una sociedad democrática, la autoridad legislativa debe observar cuidadosamente los límites de cada hipótesis, conforme a su naturaleza, y establecer en consecuencia la regulación que corresponda. No es aceptable que la ubicación de una conducta dentro de alguna de las categorías mencionadas dependa sólo del libre arbitrio del órgano legislativo, sin tomar en cuenta los principios y las decisiones constitucionales, que gobiernan la tarea del legislador a la hora de "seleccionar" las conductas que deben ser consideradas delictuosas, así como las consecuencias jurídicas correspondientes.

[A17/2002: Voto Juez García Ramírez, párr. 2]

§ 2

La Corte Europea ha puesto énfasis en que el artículo 10.2 de la Convención Europea, referente a la libertad de expresión, deja un margen muy reducido a cualquier restricción del debate político o del debate sobre cuestiones de interés público. Según dicho Tribunal, [...] los límites de críticas aceptables son más amplios con respecto al gobierno que en relación a un ciudadano privado o inclusive a un político. En un sistema democrático las acciones u omisiones del gobierno deben estar sujetas a exámenes rigurosos, no sólo por las autoridades legislativas y judiciales, sino también por la opinión pública. (traducción no oficial).

[C74/2001, párr. 155]

§ 3

Es importante destacar que el derecho a la libertad de expresión no es un derecho absoluto, este puede ser objeto de restricciones, tal como lo señala el artículo 13 de la Convención en sus incisos 4 y 5. Asimismo, la Convención Americana, en su artículo 13.2, prevé la posibilidad de establecer restricciones a la libertad de expresión, que se manifiestan a través de la aplicación de responsabilidades ulteriores por el ejercicio abusivo de este derecho, las cuales no deben de modo alguno limitar, más allá de lo estrictamente necesario, el alcance pleno de la libertad de expresión y convertirse en un mecanismo directo o indirecto de censura previa. Para poder determinar responsabilidades ulteriores es necesario que se cumplan tres requisitos, a saber: 1) deben estar expresamente fijadas por la ley; 2) deben estar destinadas a proteger ya sea los derechos o la reputación de los demás, o la protección de la seguridad nacional, el orden público o la salud o moral pública; y 3) deben ser necesarias en una sociedad democrática.

[A107/2004, párr. 120; C265/2013, párr. 130]

§ 4

Si las cosas se plantean de esta manera, cabría afirmar: a) que la caracterización de la infracción punible que trae consigo el ejercicio desviado de la libertad de expresión debe tomar en cuenta el dolo específico de causar descrédito, lesionar la buena fama o el prestigio, inferir perjuicio al sujeto pasivo, y no limitarse a prever e incriminar cierto resultado; b) que es debido, como lo requiere el Derecho penal de orientación democrática, poner la carga de la prueba en las manos de quien acusa y no de quien recibe y rechaza la acusación amparado por el principio de inocencia; c) que la eventual regulación de una *exceptio veritatis*, en su caso, no debe significar inversión en la carga de la prueba que contradiga las derivaciones probatorias de ese principio; y d) que el ejercicio de la profesión periodística, que implica derechos y deberes vinculados a la información –entre ellos, determinadas obligaciones de cuidado, como corresponde al desempeño de cualquier actividad– y se encuentra previsto y amparado por la ley –existe un interés social y una consagración estatal de ese interés–, puede constituir una hipótesis de exclusión del delito, por licitud de la conducta, si se adecua a las condiciones que consigna la regulación de esta excluyente, similares o idénticas a las previstas para la plena satisfacción de otras causas de justificación. Desde luego, al examinar ese deber de cuidado es preciso acotar su alcance con ponderación. Que deba existir no implica que vaya más allá de lo razonable. Esto último traería consigo una inhibición absoluta: el silencio sustituiría al debate.

[A107/2004: Voto Juez García Ramírez, párr. 13]

§ 5

En un "ambiente político autoritario" se recurre con frecuencia al expediente punitivo: éste no constituye el último recurso, sino uno de los primeros, conforme a la tendencia a "gobernar con el Código penal en la mano", una proclividad que se instala tanto sobre el autoritarismo, confeso o encubierto, como sobre la ignorancia, que no encuentra mejor modo de atender la legítima demanda social de seguridad. Lo contrario sucede en un "ambiente democrático": la tipificación penal de las conductas y la aplicación de penas constituyen el último recurso, una vez agotados los restantes o demostrado que son ineficientes para sancionar las más graves lesiones a los bienes jurídicos de mayor jerarquía. Es entonces, y sólo entonces, cuando se acepta el empleo del remedio penal: porque es indispensable e inevitable. E incluso en esta circunstancia, la tipificación debe ser cuidadosa y rigurosa, y la punición debe ser racional, ajustada a la jerarquía de los bienes tutelados, a la lesión que se les causa o al peligro en el que se les coloca y a la culpabilidad del agente, y elegida entre diversas opciones útiles que están a la mano del legislador y del juzgador, en sus respectivos momentos. Por supuesto, se debe distinguir entre la "verdadera necesidad" de utilizar el sistema penal, que debe tener un claro sustento objetivo, y la "falsa necesidad" de hacerlo, apenas como consecuencia de la ineficacia de la autoridad, que se pretende "corregir" con el desbocamiento del aparato represivo.

[A107/2004: Voto Juez García Ramírez, párr. 16]

Agotamiento de recursos internos dentro del Estado

§ 6

Ciertamente, la Convención contempla las lógicas excepciones a la norma general del previo agotamiento de los recursos internos. Ellas consisten en que no es menester agotar previamente tales recursos en el evento de que la legislación estatal correspondiente no los contemple, que se haya impedido al acceso a ellos o que se sean agotados o, por último, que haya retardo en la decisión sobre el ejercicio de los mismos. En otros términos, tales excepciones se pueden alegar en las situaciones en que esos recursos sean evidentemente inexistentes, ineficaces o inútiles o que no sean efectivos, adecuados o no estén disponibles.

[C276/2014, Voto Juez Vio Grossi, párr. s/n]

§ 7

Indudablemente, las referidas excepciones le proporcionan a la regla del previo agotamiento de los recursos internos la necesaria flexibilidad en su aplicación, al separarla de un sentido y alcance estrictamente formalista, en especial, aunque, por cierto, no exclusivamente, en aquellos casos en que, en el correspondiente Estado, no impere el estado de derecho o en no se permite el efectivo ejercicio de la democracia representativa o en que los derechos humanos se violen en forma sistemática y generalizada o en que no se celebren elecciones periódicas, libres, justas y basadas en el sufragio universal y secreto o en que no existe el régimen plural de partidos y organizaciones política o que no hay separación e independencia de los poderes públicos, en suma, que en tal Estado se vulnere lo prescrito en la Carta Democrática Interamericana.

[C276/2014, Voto Juez Vio Grossi, párr. s/n]

§ 8

Empero, procede advertir que, por lo mismo, transformar en la práctica esas excepciones en norma de general o habitual aplicación, podría conducir a dejar sin efecto a la regla en cuestión y, consecuentemente, a retardar aún más el efectivo, pronto y definitivo cumplimiento, por parte del Estado concernido, en especial si es democrático, de su obligación internacional de respetar y garantizar el respeto de los derechos humanos presuntamente violados, objeto y fin de la Convención.

[C276/2014, Voto Juez Vio Grossi, párr. s/n]

Atentados contra el orden democrático

Véase: Independencia y autonomía de la judicatura § 86

Nuevas formas de autoritarismo y derecho penal del enemigo § 124

DIGNIDAD HUMANA Y JUSTICIA DEMOCRÁTICA: Reparaciones y derecho a la verdad **§ 475**

§ 9

La Corte ha hecho algunas precisiones sobre la faceta institucional y la dimensión objetiva de la independencia judicial (*supra* párrs. 150 a 155). Sin embargo, en las circunstancias del presente caso, que se diferencia de otros casos anteriores referidos a la destitución arbitraria de jueces en forma aislada, es fundamental desarrollar con más detalle en qué medida el cese masivo de jueces, particularmente de Altas Cortes, constituye no sólo un atentado contra la independencia judicial sino también contra el orden democrático.

[C266/2013, párr. 170]

§ 10

El Tribunal estima que, en las circunstancias del presente caso, el haber destituido en forma arbitraria a toda la Corte Suprema constituyó un atentado contra la independencia judicial, alteró el orden democrático, el Estado de Derecho e implicó que en ese momento no existiera una separación real de poderes. Además, implicó una desestabilización tanto del poder judicial como del país en general (*supra* párrs. 91, 94 y 97) y desencadenó que, con la profundización de la crisis política, durante siete meses no se contara con la Corte Suprema de Justicia (*supra* párr. 99), con los efectos negativos que ello implica en la protección de los derechos de los ciudadanos.

[C266/2013, párr. 178]

§ 11

La Corte destaca que el artículo 3 de la Carta Democrática Interamericana dispone que "[s]on elementos esenciales de la democracia representativa, entre otros, el respeto a los derechos humanos y las libertades fundamentales; el acceso al poder y su ejercicio con sujeción al estado de derecho; [...] y la separación e independencia de los poderes públicos". La destitución de todos los miembros de la Corte Suprema de Justicia implicó una desestabilización del orden democrático existente en ese momento en Ecuador, por cuanto se dio una ruptura en la separación e independencia de los poderes públicos al realizarse un ataque a las tres Altas Cortes de Ecuador en ese momento. Esta Corte resalta que la separación de poderes guarda una estrecha relación, no sólo con la consolidación del régimen democrático, sino además busca preservar las libertades y derechos humanos de los ciudadanos.

[C266/2013, párr. 179]

§ 12

Como se destaca en la presente *Sentencia de excepciones preliminares, fondo, reparaciones y costas* (en adelante "la Sentencia"), esta destitución masiva "constituye no sólo un atentado contra la independencia judicial sino también contra el orden democrático", lo que "constituye un actuar intempestivo totalmente inaceptable" provocando "una desestabilización del orden democrático existente". Y se enfatiza que "la separación de poderes guarda una estrecha relación, no solo con la consolidación del régimen democrático, sino además busca preservar las libertades y derechos humanos".

[C268/2013, Voto Juez Ferrer Mac Gregor, párr. 2]

§ 13

Al respecto, en la Sentencia se estudia de manera expresa la faceta institucional de la independencia judicial, para determinar en qué medida el cese masivo de los jueces de las tres Altas Cortes del Ecuador constituye "no sólo un atentado contra la independencia judicial sino también contra el orden democrático". La Corte IDH llega a la conclusión de que los vocales del Tribunal Constitucional fueron destituidos mediante una resolución del Congreso Nacional sin que éste estuviera facultado para ello, sin sustento normativo y sin que fueran oídos. Asimismo, constata irregularidades en los juicios políticos, los cuales se sustentaron, además, en decisiones jurisdiccionales adoptadas por los vocales, lo que resultaba incluso prohibido por el ordenamiento interno".

[C268/2013, Voto Juez Ferrer Mac Gregor, párr. 63]

Carta Democrática Interamericana

§ 14

En este sentido valga resaltar que los Jefes de Estado y de Gobierno de las Américas aprobaron el 11 de septiembre de 2001 la Carta Democrática Interamericana, en la cual, *inter alia*, señalaron que [s]on componentes fundamentales del ejercicio de la democracia la transparencia de las actividades gubernamentales, la probidad, la responsabilidad de los gobiernos en la gestión pública, el respeto por los derechos sociales y la libertad de expresión y de prensa.

[C107/2004, párr. 115; C111/2004, párr.85]

§ 15

Este Tribunal ha expresado que "[l]a democracia representativa es determinante en todo el sistema del que la Convención forma parte", y constituye "un 'principio' reafirmado por los Estados americanos en la Carta de la OEA, instrumento fundamental del Sistema Interamericano". Los derechos políticos protegidos en la Convención Americana, así como en diversos instrumentos internacionales, propician el fortalecimiento de la democracia y el pluralismo político.[Algunos de estos instrumentos internacionales son: Carta Democrática Interamericana (artículos 2, 3 y 6); Convención Americana sobre Derechos Humanos (artículo 23); Declaración Americana de los Derechos y Deberes del Hombre (artículo XX); Declaración Universal de Derechos Humanos (artículo 21); Pacto Internacional de Derechos Civiles y Políticos (artículo 25); Convención Internacional sobre la Eliminación de todas las Formas de Discriminación Racial (artículo 5.c); Convención Internacional sobre la Protección de los Derechos de Todos los Trabajadores Migratorios y de sus Familiares (artículo 42); Convención sobre la Eliminación de Todas las Formas de Discriminación contra la Mujer (artículo 7); Convención sobre los Derechos Políticos de la Mujer (artículos I, II y III); Declaración de las Naciones Unidas sobre la Eliminación de Todas las Formas de Discriminación Racial (artículo 6); Declaración sobre los Derechos de las Personas Pertenecientes a Minorías Nacionales o Étnicas, Religiosas y Lingüísticas (artículos 2 y 3); Convenio n° 169 de la Organización Internacional del Trabajo (OIT) sobre Pueblos Indígenas y Tribales (artículo 6); Proclamación de Teherán, Conferencia Internacional de Derechos Humanos de Teherán, 13 de mayo de 1968 (párr. 5); Declaración y Programa de Acción de Viena, Conferencia Mundial de Derechos Humanos, 14 a 25 de junio de 1993 (I.8, I.18, I.20, II.B.2.27); Protocolo n° 1 al Convenio Europeo para la Protección de los Derechos Humanos y de las Libertades Fundamentales (artículo 3); y Carta Africana de los Derechos Humanos y de los Pueblos "Carta de Banjul" (artículo 13).

[C127/2005, párr. 192]

§ 16

Los Ministros de Relaciones Exteriores de las Américas aprobaron el 11 de septiembre de 2001 durante la Asamblea Extraordinaria de la OEA la Carta Democrática Interamericana, en la cual se señala que: [s]on elementos esenciales de la democracia representativa, entre otros, el respeto a los derechos humanos y las libertades fundamentales; el acceso al poder y su ejercicio con sujeción al Estado de derecho; la celebración de elecciones periódicas, libres, justas y basadas en el sufragio universal y secreto como expresión de la soberanía del pueblo; el régimen plural de partidos y organizaciones políticas; y la separación e independencia de los poderes públicos.

[C127/2005, párr. 193]

§ 17

Los Estados pueden establecer estándares mínimos para regular la participación política, siempre y cuando sean razonables de acuerdo a los principios de la democracia representativa. Dichos estándares, deben garantizar, entre otras, la celebración de elecciones periódicas, libres, justas y basadas en el sufragio universal, igual y secreto como expresión de la voluntad de los electores que refleje la soberanía del pueblo, tomando en que cuenta que, según lo dispuesto en el artículo 6 de la Carta Democrática Interamericana, "[p]romover y fomentar diversas formas de participación fortalece la democracia", para lo cual se pueden diseñar normas orientadas a facilitar la participación de sectores específicos de la sociedad, tales como los miembros de las comunidades indígenas y étnicas.

[C127/2005, párr. 207]

§ 18

No existe disposición en la Convención Americana que permita sostener que los ciudadanos sólo pueden ejercer el derecho a postularse como candidatos a un cargo electivo a través de un partido político. No se desconoce la importancia que revisten los partidos políticos como formas de asociación esenciales para el desarrollo y fortalecimiento de la democracia, pero se reconoce que hay otras formas a través de las cuales se impulsan candidaturas para cargos de elección popular con miras a la realización de fines comunes, cuando ello es pertinente e incluso necesario para favorecer o asegurar la participación política de grupos específicos de la sociedad, tomando en cuenta sus tradiciones y ordenamientos especiales, cuya legitimidad ha sido reconocida e incluso se halla sujeta a la protección explícita del Estado. Incluso, la Carta Democrática Interamericana señala que para la democracia es prioritario "[e]l fortalecimiento de los partidos y de otras organizaciones políticas".

[C127/2005, párr. 215]

§ 19

A lo largo de la década del 90 se reafirmaron a nivel global e interamericano los valores democráticos. En el ámbito del sistema interamericano se adoptaron importantes decisiones en las Cumbres hemisféricas y en las Asambleas Generales de la OEA orientadas a afianzar los principios democráticos dándose los primeros pasos para la generación de lo que después, con la Carta Democrática Interamericana, se denominó "defensa colectiva de la democracia". Destacan en ese devenir la Resolución 1080 de 1991, el Protocolo de Washington de 1992 y la Resolución 1753 de 2000 en relación al caso del Perú. En ese curso se ha consolidado gradualmente la concepción de que no existe oposición entre el principio de no intervención, la defensa de la democracia y los derechos humanos, entre otras razones porque los compromisos en materia de defensa de los derechos humanos y de la democracia son contraídos por los países en el libre ejercicio de su propia soberanía.

[C127/2005: Voto García Sayán, párr. 6]

§ 20

Es hecho conocido que el catálogo de los derechos humanos nunca ha sido estático. Se ha ido definiendo y consagrando según el desarrollo histórico de la sociedad, de la organización del Estado y la evolución de los regímenes políticos. Ello explica que actualmente asistamos al desarrollo y profundización de los derechos políticos identificándose, incluso, lo que algunos han denominado el "derecho humano a la democracia". Ese desarrollo se expresa en la Carta Democrática Interamericana, el instrumento jurídico que el sistema interamericano ha generado para fortalecer la democracia y los derechos a ella vinculados, en cuyo primer artículo se estipula que *"Los pueblos de América tienen derecho a la democracia y sus gobiernos la obligación de promoverla y defenderla".*

[C127/2005: Voto García Sayán, párr. 7]

§ 21

A inicios del siglo XXI los países integrantes del sistema interamericano comparten una característica importante, que era más bien la excepción cuando se aprobó la Convención Americana sobre Derechos Humanos en 1969: todos los gobiernos son democráticamente elegidos. El actual contexto, resultante de complejos procesos políticos y sociales, han dado lugar a nuevo problemas y retos en materia de participación de los ciudadanos en la dirección de los asuntos públicos. Esto ha tenido su impacto en las disposiciones de los instrumentos jurídicos fundamentales del sistema interamericano.

[C127/2005: Voto García Sayán, párr. 14]

§ 22

Es en ese contexto que surge la Carta Democrática Interamericana, aprobada por consenso de todos los países del sistema en el 2001 luego de un amplio proceso de consultas a la sociedad civil del continente. La Carta recogió en este y otros aspectos los desarrollos conceptuales que a ese momento se habían ido derivando de esta nueva situación dándole formalmente una nueva dimensión a una serie de categorías jurídicas constituyéndose en un hito trascendental en el sistema interamericano en lo que atañe al contenido evolutivo de los derechos políticos. Entre otros aspectos, en la Carta Democrática se desarrollan el concepto del mencionado derecho a la participación en la dirección de los asuntos públicos y, como contrapartida, los deberes del Estado en esa materia.

[C127/2005: Voto García Sayán, párr. 15]

§ 23

En la Carta Democrática Interamericana se enfatiza la importancia de la participación ciudadana como un proceso permanente que refuerza a la democracia. Así, se declara en la Carta que *"La democracia representativa se refuerza y profundiza con la participación permanente, ética y responsable de la ciudadanía en un marco de legalidad conforme al respectivo orden constitucional"* (artículo 2º). Esta declaración general adquiere un sentido teleológico fundamental para el desarrollo conceptual de los derechos políticos que la propia Carta produce en el artículo 4º de la Carta Democrática. Todo ello configura un enfoque de expresión consensual que tiene relación directa con la interpretación y aplicación de una disposición amplia como la contenida en el artículo 23º de la Convención Americana.

[C127/2005: Voto García Sayán, párr. 16]

§ 24

En efecto, en el artículo 4º de la Carta Democrática Interamericana se enumera un conjunto de "componentes fundamentales" del ejercicio de la democracia que expresan el desarrollo conceptual del derecho a la participación en los asuntos públicos que se condensan en este instrumento interamericano. Se pone allí de relieve un conjunto de deberes de los Estados, que no son otra cosa que la contrapartida de derechos de los ciudadanos: *"...la transparencia de las actividades gubernamentales, la probidad, la responsabilidad de los gobiernos en la gestión pública, el respeto por los derechos sociales y la libertad de expresión y de prensa"*. De no avanzarse en precisiones como éstas que la comunidad americana consensualmente ha adoptado, resulta evidente que el mencionado derecho a la participación en los asuntos públicos se estaría congelando en el tiempo sin expresar los cambiantes requerimientos de las democracias en nuestra región.

[C127/2005: Voto García Sayán, párr. 17]

§ 25

Así, pues, como en otros componentes de los derechos políticos expresados en el artículo 23.1 de la Convención, el concepto fundamental de "libre expresión de la voluntad de los electores" se ha ido enriqueciendo al calor de importantes evoluciones institucionales en el derecho interno y en el propio sistema interamericano a la luz de las cuales tiene que ser interpretada y aplicada esta disposición general de la Convención, tanto en lo que respecta a los derechos de los ciudadanos como a los deberes del Estado. En lo que atañe al derecho a la participación en los asuntos públicos, la Carta Democrática Interamericana ha condensado y expresado el estado consensual vigente en el sistema interamericano en lo que respecta a la "libre expresión de la voluntad de los electores".

[C127/2005: Voto García Sayán, párr. 21]

§ 26

En efecto, en la Carta se reitera principios gruesamente coincidentes con los contenidos en la Convención cuando se señala que *"Son elementos esenciales de la democracia representativa, entre otros, el respeto a los derechos humanos y las libertades fundamentales; el acceso al poder y su ejercicio con sujeción al estado de derecho; la celebración de elecciones periódicas, libres, justas y basadas en el sufragio universal y secreto como expresión de la soberanía del pueblo; el régimen plural de partidos y organizaciones políticas; y la separación e independencia de los poderes públicos"* (artículo 3°).

[C127/2005: Voto García Sayán, párr. 22]

§ 27

Como se ve, los requisitos ya contenidos en la Convención, fueron precisados y desarrollados por la Carta Democrática Interamericano al menos en dos aspectos importantes: a) no sólo el acceso al poder sino su ejercicio debe sujetarse al Estado de Derecho; se agrega, así, la "legitimidad de ejercicio" como principio interamericano a la ya reconocida "legitimidad de origen"; b) el régimen plural de partidos y organizaciones políticas. Los partidos políticos, por su parte, merecen una consideración específica adicional en la Carta ya que se estipula que *"El fortalecimiento de los partidos y de otras organizaciones políticas es prioritario para la democracia. Se deberá prestar atención especial a la problemática derivada de los altos costos de las campañas electorales y al establecimiento de un régimen equilibrado y transparente de financiación de sus actividades"* (artículo 5°, subrayado añadido). Leída la Convención Americana a la luz de estas evoluciones conceptuales que el consenso interamericano ha expresado en la Carta Democrática resulta, pues, que la libre expresión de la voluntad de los electores se vería afectada si autoridades elegidas conforme al Estado de Derecho (legitimidad de origen) ejercen sus funciones en contravención al Estado de Derecho.

[C127/2005: Voto García Sayán, párr. 23]

§ 28

A propósito de los partidos políticos y *"otras organizaciones políticas"*, un primer asunto a mencionar es que al ser considerados ingredientes esenciales para canalizar la libre expresión de los electores, resulta un deber del Estado generar las condiciones para el fortalecimiento de estas vías de representación; *contrario sensu*, abstenerse de adoptar medidas que pudieren debilitarlos. La Carta Democrática menciona explícitamente el tema de la financiación de las campañas electorales como un asunto a poner atención así como enfatiza la necesidad de asegurar *"un régimen equilibrado y transparente de financiación de sus actividades".* Sin mencionarlo la Carta Democrática está expresando que frente a eventuales desequilibrios o desigualdades, se debe procurar un régimen que contrapese ello con lo que se lograría la igualdad deseada.

De suyo se desprende que ello supondría acciones efectivas orientadas preferentemente en beneficio de los afectados por tales equilibrios y desigualdades.

[C127/2005: Voto García Sayán, 25]

§ 29

La Carta Democrática Interamericana destaca en su artículo 4 la importancia de "la transparencia de las actividades gubernamentales, la probidad, la responsabilidad de los gobiernos en la gestión pública, el respeto por los derechos sociales y la libertad de expresión y de prensa" como componentes fundamentales del ejercicio de la democracia. Asimismo, en su artículo 6 la Carta afirma que "[l]a participación de la ciudadanía en las decisiones relativas a su propio desarrollo [… es] una condición necesaria para el pleno y efectivo ejercicio de la democracia", por lo que invita a los Estados Parte a "[p]romover y fomentar diversas formas de participación [ciudadana]".

[C151/2006, párr. 79]

§ 30

Por ello, corresponde analizar el derecho que se alega violado por el representante en relación con dichos principios de interpretación. El representante alude a un "derecho a la democracia" relacionado con el ejercicio del poder según el Estado de Derecho, la separación de poderes y la independencia del Poder Judicial. Sin embargo, la Corte se ha referido al concepto de democracia en términos interpretativos. En efecto, el Tribunal ha señalado que "las justas exigencias de la democracia deben […] orientar la interpretación de la Convención y, en particular, de aquellas disposiciones que están críticamente relacionadas con la preservación y el funcionamiento de las instituciones democráticas". Asimismo, cuando la Corte en el caso del *Tribunal Constitucional* mencionó que el Preámbulo de la Convención reafirma el propósito de los Estados Americanos de "consolidar en [el] Continente, dentro del cuadro de las instituciones democráticas, un régimen de libertad personal y de justicia social fundado en el respeto de los derechos y deberes esenciales del hombre". Este requerimiento se ajusta a la norma de interpretación consagrada en el artículo 29.c de la Convención. Los hechos del presente caso contrastan con aquellas exigencias convencionales.

[C182/2008, párr. 222]

§ 31

Por lo tanto, la Corte encuentra que los problemas interpretativos que puedan relacionarse con el presente caso serían aquellos relativos a derechos ya analizados, tales como los derechos que se derivan de los artículos 8 y 25 de la Convención. En consecuencia, esta Corte no considera procedente la alegada violación del artículo 29.c) y 29.d) de la Convención Americana en relación con el artículo 3 de la Carta Democrática Interamericana.

[C182/2008, párr. 223]

§ 32

En el sistema interamericano la relación entre derechos humanos, democracia representativa y los derechos políticos en particular, quedó plasmada en la Carta Democrática Interamericana, aprobada en la primera sesión plenaria del 11 de septiembre de 2001, durante el Vigésimo Octavo Período Extraordinario de Sesiones de la Asamblea General de la Organización de los Estados Americanos. En dicho instrumento se señala que:

> *[s]on elementos esenciales de la democracia representativa, entre otros, el respeto a los derechos humanos y las libertades fundamentales; el acceso al poder y su ejercicio con sujeción al Estado de derecho; la celebración de elecciones periódicas, libres, justas y basadas en el sufragio universal y secreto como expresión de la soberanía del pueblo; el régimen plural de partidos y organizaciones políticas; y la separación e independencia de los poderes públicos.*

[C184/2008, párr. 142]

Componentes fundamentales del ejercicio democrático

Véase: Carta Democrática Interamericana §§ 14, 24, 29

§ 33

Más allá del caso mismo, no cabe duda que la vigencia de los derechos políticos y de los componentes fundamentales de la democracia son delicados asuntos que en el pasado y en el presente han tocado aspectos medulares de la vida de la población en la región. Quedaron atrás los gobiernos surgidos de golpes militares pero la realidad nos da cuenta de una multiplicidad de amenazas a la democracia y a los derechos políticos que plantea retos cotidianos a ser enfrentados en casi todos los países de la región. La Corte con esta sentencia refuerza y desarrolla los aspectos medulares de los derechos políticos estipulados en la Convención. Por todas estas razones creo necesario emitir este voto concurrente que busca agregar consideraciones y enfoques a los ya contenidos en la sentencia cuyo contenido comparto en su integridad.

[C127/2005: Voto Juez García Sayán, párr. 2]

Condiciones para el respeto y la garantía de los derechos humanos

§ 34

Gilson Nogueira de Carvalho era un abogado defensor de derechos humanos, quien fue objeto de amenazas de muerte y fue víctima de un homicidio, en una emboscada, el 20 de octubre de 1996. Tomando en cuenta que Gilson Nogueira de Carvalho se desempeñaba como defensor de derechos humanos, la Corte estima pertinente reiterar que los Estados tienen el deber de crear las condiciones necesarias para el efectivo goce y disfrute de los derechos establecidos en la Convención. El Tribunal considera que, en una sociedad democrática, el cumplimiento del deber de los Estados de crear las condiciones necesarias para el efectivo respeto y garantía de los derechos humanos de todas las personas bajo su jurisdicción, está intrínsecamente ligado a la protección y al reconocimiento de la importancia del papel que cumplen los defensores de derechos humanos, como ha sido establecido en la jurisprudencia constante de la Corte.

[C161/2004, párr. 74)

Contexto democrático de los derechos humanos

Véase: Delegación legislativa § 56

Democracia representativa formal y ejercicio efectivo §§ 45, 48, 50

Interpretación democrática de la Convención §§ 101, 107

Principios y valores del sistema democrático §139

Protección convencional de la democracia § 144

ESTADO DE DERECHO: Estado de Derecho y legislación democrática § 198

Leyes § 249

SEGURIDAD Y ORDEN PÚBLICO DEMOCRÁTICO: Orden público y bien común §§ 33, 342

Restricciones a los derechos §§ 348, 349, 373

DIGNIDAD HUMANA Y JUSTICIA DEMOCRÁTICA: Derechos de los detenidos e inconformidad democrática § 441

DERECHOS INMATERIALES O DE LA PERSONALIDAD: Límites y mayor protección de la crítica democrática a los funcionarios § 557

Protección de la honra y de la dignidad § 569

DERECHOS POLÍTICOS, DE ASOCIACIÓN Y DE PARTICIPACIÓN CIUDADANA:

Derecho a la participación ciudadana § 582

Derechos políticos y sus restricciones § 622

Elecciones libres y debate democrático § § 634

PROPIEDAD: Derecho de propiedad y expropiación § 671

§ 35

La importancia de tener en cuenta el contexto se debe a que éste es determinante al momento de decidir qué diseño institucional implementar en un determinado lugar, con el fin de aislar a los jueces de influencias indebidas. Entre los factores que pueden incidir en el ejercicio efectivo de la independencia judicial están: a) la existencia de un régimen autoritario, b) la existencia de patrones culturales que pueden minimizar la utilidad de la jurisdicción como mecanismo para la resolución de conflictos, c) el compromiso de la sociedad civil y de la política para con la independencia judicial, y d) la tradición jurídica, ya sea europeo continental o del *common law*. De hecho, en el caso de Latinoamérica en general, se ha señalado que existe una situación en la que la democracia sigue siendo endeble y en la que los poderes ejecutivos fuertes han sido fuente constante de ataques a la independencia judicial.

[C266/2013, Voto Juez Ferrer Mac Gregor, párr. 19; C268/2013, Voto Juez Ferrer Mac Gregor, párr. 25]

§ 36

Asimismo, la Sentencia debió avanzar en un desarrollo jurisprudencial más profundo de la propia Carta Democrática Interamericana, en específico, en relación a lo que consagra su artículo 3. La función contenciosa del Tribunal Interamericano consiste en resolver las controversias que la Comisión Interamericana y las partes le proponen en un caso en concreto; es indudable que también tiene como misión ser garante de los principios que integran el Sistema Interamericano de Derechos Humanos. Esto se logra, guiando con la interpretación el significado de dichos principios, a fin de esclarecerlos. De tal suerte, que decidir la litis y el alcance del derecho entre las partes es uno de los cometidos de la jurisdicción interamericana, pero no el único, ya que también tiene a su cargo la función interpretativa de la Convención Americana, cuya importancia se incrementa a partir del muy reducido número de casos de los que conoce.

[C266/2013, Voto Juez Ferrer Mac Gregor, párr. 63]

Control judicial (de constitucionalidad y de convencionalidad) de los juicios políticos

Véase: ESTADO DE DERECHO: Control judicial §§ 169 a 171

§ 37

Vale resaltar que el propio Tribunal Constitucional peruano al decidir los recursos de amparo de los magistrados destituidos señaló que: el ejercicio de la potestad de sanción, específicamente la de destitución de altos funcionarios, no puede ser abiertamente evaluada en sede jurisdiccional, pues constituye un acto privativo del Congreso de la República, equivalente a lo que en doctrina se denomina 'political [q]uestions' o cuestiones políticas no justiciables, [pero] también es cierto, que tal potestad no es ilimitada o absolutamente discrecional sino que se encuentra sometida a ciertos parámetros, uno de ellos y quizás el principal, el de su ejercicio conforme al principio de razonabilidad, pues no sería lógico ni menos justo, que la imposición de una medida de sanción, se adopte tras una situación de total incertidumbre o carencia de motivación. De allí que cuando existan casos en los que un acto de naturaleza política, como el que se cuestiona en la presente vía de amparo, denote una manifiesta transgresión de dicho principio y por extensión de otros como el del Estado Democrático de Derecho o el Debido Proceso Material, es un hecho inobjetable que este Colegiado sí puede evaluar su coherencia a la luz de la Constitución Política del Estado. De lo transcrito se deduce que el Tribunal Constitucional estimó posible la revisión judicial de actos vinculados con un juicio político a efecto de evaluar si en aquellos se había cumplido con las garantías propias del debido proceso legal. Sin embargo, consideró también que, en este caso, se habían respetado tales garantías y consecuentemente el recurso de amparo fue declarado infundado.

[C71/2001, párr. 95]

§ 38

Precisado el precedente del caso *Tribunal Constitucional vs. Perú*, la Corte procede a determinar, inicialmente, si la resolución adoptada por el Congreso en virtud de la cual declaró el cese de los vocales, así como los juicios políticos que se llevaron en contra de algunos de los vocales constituyeron un acto arbitrario que vulneró la garantía de competencia y el derecho a ser oído. Para realizar dicho análisis, la Corte considera necesario examinar: i) el sustento legal y la competencia del Congreso para cesar a los vocales. Posteriormente, ii) el alcance del derecho a ser oído tanto frente a la decisión sobre el cese como respecto a los juicios políticos, así como el principio *"ne bis in idem"*. Luego, la Corte expondrá iii) los estándares generales sobre independencia judicial, para finalmente analizar iv) la faceta institucional de la independencia judicial, separación de poderes y democracia.

[C268/2013, párr. 170]

§ 39

La Corte IDH estimó "oportuno ratificar los criterios fundamentales" contenidos en el importante precedente del caso *Tribunal Constitucional vs. Perú*, de hace más de una década, donde por primera vez se abordó la temática de violaciones a derechos que integran el debido proceso en el juicio político a jueces a la luz de la Convención Americana y los estándares internacionales. Esta es la segunda ocasión en la historia de la jurisdicción interamericana que resuelve sobre cuestiones de juicio político, independencia judicial y debido proceso. Resulta relevante destacar que en la Sentencia la Corte IDH consideró oportuno seguir los lineamientos abordados en aquella ocasión, lo que refleja una línea de continuidad en su jurisprudencia, a pesar de ser completamente distinto los jueces que hoy integramos este Tribunal Interamericano; si bien en el presente caso existieron particularidades muy importantes, especialmente enmarcadas en el mencionado contexto de "cese masivo de jueces" de las tres Altas Cortes, lo que tiene especial relevancia para la faceta institucional de la independencia judicial y su relación con la democracia.

[C268/2013, Juez Ferrer Mc Gregor, párr. 6]

§ 40

Como lo ha reconocido un sector de la doctrina, la posibilidad de que el congreso remueva a los jueces bajo criterios muy laxos y sin las debidas garantías del debido proceso, pone en peligro la facultad de los propios tribunales para ejercer el control de constitucionalidad –y agregamos también el control de convencionalidad– para proteger los derechos de las minorías. En efecto, para que los jueces puedan sentirse libres de interpretar la ley sin esperar la reacción del Congreso, deben establecerse límites al poder Legislativo para enjuiciar políticamente y remover a los jueces. En consecuencia, cualquier razonamiento en torno al análisis de una alegada violación a la independencia judicial y a las garantías judiciales de los propios jueces sometidos a juicios políticos en manos del Legislativo, deben analizar diversos estándares bajo el detallado escrutinio que exigen las garantías reforzadas de los jueces en el Estado constitucional y democrático de derecho.

[C268/2013, Juez Ferrer Mc Gregor, párr. 81]

§ 41

Es decir, los criterios de un enjuiciamiento a jueces o vocales del Tribunal Constitucional, para ser conformes a la Convención Americana, deberían ser claros y expresos. La vinculación entre la división de poderes, la independencia judicial y el principio de legalidad resulta, de este modo, fundamental para reconducir la institución del juicio político a jueces a la que debe ser su única configuración convencionalmente aceptable: la de una eventual sanción no arbitraria y que debe ser aplicada con las garantías consustanciales al Estado de Derecho, como también lo exige el artículo 3 de la Carta Democrática Interamericana (véase *supra* párr. 13).

[C268/2013, Juez Ferrer Mc Gregor, párr. 116]

Defensa colectiva de la democracia

Véase: Carta Democrática Interamericana § 19

Delegación legislativa

§ 42

En consecuencia, las **leyes** a que se refiere el artículo 30 son actos normativos enderezados al bien común, emanados del Poder Legislativo democráticamente elegido y promulgados por el Poder Ejecutivo. Esta acepción corresponde plenamente al contexto general de la Convención dentro de la filosofía del Sistema Interamericano. Sólo la ley formal, entendida como lo ha hecho la Corte, tiene aptitud para restringir el goce o ejercicio de los derechos reconocidos por la Convención.

[A6/1986, párr. 35]

§ 43

Lo anterior no se contradice forzosamente con la posibilidad de delegaciones legislativas en esta materia, siempre que tales delegaciones estén autorizadas por la propia Constitución, que se ejerzan dentro de los límites impuestos por ella y por la ley delegante, y que el ejercicio de la potestad delegada esté sujeto a controles eficaces, de manera que no desvirtúe, ni pueda utilizarse para desvirtuar, el carácter fundamental de los derechos y libertades protegidos por la Convención.

[A6/1986, párr. 36]

Democracia integral

§ 44

Obviamente, no se ha agotado ahora el examen de la democracia, que se halla en el cimiento y en el destino de la participación política, entendida a la luz de la Convención Americana. Es clara la necesidad de contar con medios de participación en los órganos del poder público, para intervenir en la orientación nacional y en la decisión comunitaria, y esto se vincula con el derecho al sufragio activo y pasivo, entre otros instrumentos participativos. Lograrlo significa un paso histórico desde la época –que aún se instala en el presente, como hemos visto en otros casos resueltos por la Corte Interamericana en el actual período de sesiones y mencionados en este *Voto*– en que la lucha por el derecho tenía que ver apenas con la subsistencia física, el patrimonio y el asentamiento de la comunidad. Sin embargo, el avance en el camino hacia la presencia electoral –un avance contenido, enfrentado, por medidas que prohíjan desigualdad y discriminación– no debe detener ni disuadir el acceso a la democracia integral, en la que se propicia el acceso de los individuos a los medios que propiciarán el desarrollo de sus potencialidades.

[C127/2005: Juez García Ramírez, párr. 32]

Democracia representativa formal y ejercicio efectivo

Véase: Carta Democrática Interamericana §§ 14, 15, 16, 17, 23, 26, 29, 32

Elementos esenciales de la democracia § 67

Interpretación democrática de la Convención §§ 96, 99, 100, 102, 104, 106, 107, 109, 110, 111

Límite de las mayorías § 121

DERECHOS POLÍTICOS: Derechos políticos y sus restricciones §§ 626, 632

§ 45

Esas disposiciones representan el contexto dentro del cual se deben interpretar las restricciones permitidas por el artículo 13.2. Se desprende de la reiterada mención a las "instituciones democráticas", "democracia representativa" y "sociedades democráticas" que el juicio sobre si una restricción a la libertad de expresión impuesta por un Estado es "necesaria para asegurar" uno de los objetivos mencionados en los literales a) o b) del mismo artículo, tiene que vincularse con las necesidades legítimas de las sociedades e instituciones democráticas.

[A5/1985, párr. 42]

§ 46

También en dichas consideraciones se hace ver que en el problema planteado Jugaría, además, la necesaria armonización de la Convención de San José con los demás instrumentos básicos del sistema jurídico interamericano, en particular la Carta, que hace del "ejercicio efectivo de la democracia representativa" (art. 3.d), uno de los principios de los Estados Americanos. Obviamente, la democracia representativa se asienta en el Estado de Derecho y éste presupone la protección vía ley de los derechos humanos.

[A6/1986, párr. 8]

§ 47

"Bien común" y "orden público" en la Convención son términos que deben interpretarse dentro del sistema de la misma, que tiene una concepción propia según la cual los Estados americanos "requieren la organización política de los mismos sobre la base del ejercicio efectivo de la democracia representativa" (Carta de la OEA, art. 3.d); y los derechos del hombre, que "tienen como fundamento los atributos de la persona humana", deben ser objeto de protección internacional (Declaración Americana, Considerandos, párr. 2; Convención Americana, Preámbulo, párr. 2).

[A6/1986, párr. 30]

§ 48

La ley en el Estado democrático no es simplemente un mandato de la autoridad revestido de ciertos necesarios elementos formales. Implica un contenido y está dirigida a una finalidad. El concepto de **leyes** a que se refiere el artículo 30, interpretado en el contexto de la Convención y teniendo en cuenta su objeto y fin, no puede considerarse solamente de acuerdo con el principio de legalidad. Este principio, dentro del espíritu de la Convención, debe entenderse como aquel en el cual la creación de las normas jurídicas de carácter general ha de hacerse de acuerdo con los procedimientos y por los órganos establecidos en la Constitución de cada Estado Parte, y a él deben ajustar su conducta de manera estricta todas las autoridades públicas. En una sociedad democrática el principio de legalidad está vinculado inseparablemente al de legitimidad, en virtud del sistema internacional que se encuentra en la base de la propia Convención, relativo al "ejercicio efectivo de la democracia representativa", que se traduce, **inter alia**, en la elección popular de los órganos de creación jurídica, el respeto a la participación de las minorías y la ordenación al bien común.

[A6/1986, párr. 31]

§ 49

No es posible desvincular el significado de la expresión **leyes** en el artículo 30 del propósito de todos los Estados americanos expresado en el Preámbulo de la Convención "de consolidar en este Continente, dentro del cuadro de las instituciones democráticas, un régimen de libertad personal y de justicia social, fundado en el respeto de los derechos esenciales del hombre" (Convención Americana, Preámbulo, párr. 1). La democracia representativa es determinante en todo el sistema del que la Convención forma parte. Es un "principio" reafirmado por los Estados americanos en la Carta de la OEA, instrumento fundamental del Sistema Interamericano. El régimen mismo de la Convención reconoce expresamente los derechos políticos (art. 23), que son de aquellos que, en los términos del artículo 27, no se pueden suspender, lo que es indicativo de la fuerza que ellos tienen en dicho sistema.

[A6/1986, párr. 34]

§ 50

La suspensión de las garantías puede ser, en algunas hipótesis, el único medio para atender a situaciones de emergencia pública y preservar los valores superiores de la sociedad democrática. Pero no puede la Corte hacer abstracción de los abusos a que puede dar lugar, y a los que de hecho ha dado en nuestro hemisferio, la aplicación de medidas de excepción cuando no están objetivamente justificadas a la luz de los criterios que orientan el artículo 27 y de los principios que, sobre la materia, se deducen de otros instrumentos interamericanos. Por ello, la Corte debe subrayar que, dentro de los principios que informan el sistema interamericano, la suspensión de garantías no puede desvincularse del "ejercicio efectivo de la democracia representativa" a que alude el artículo 3 de la Carta de la OEA. Esta observación es especialmente válida en el contexto de la Convención, cuyo Preámbulo reafirma el propósito de "consolidar en este Continente, dentro del cuadro de las instituciones democráticas, un régimen de libertad personal y de justicia social, fundado en el respeto de los derechos esenciales del hombre". La suspensión de garantías carece de toda legitimidad cuando se utiliza para atentar contra el sistema democrático, que dispone límites infranqueables en cuanto a la vigencia constante de ciertos derechos esenciales de la persona.

[A8/1987, párr. 20]

§ 51

La Corte ya se ha referido al Estado de Derecho, a la democracia representativa y al régimen de libertad personal y ha puntualizado cómo son consustanciales con el Sistema Interamericano y en particular con el régimen de protección de los derechos humanos contenido en la Convención (véase **La colegiación obligatoria de periodistas (arts. 13 y 29 Convención Americana sobre Derechos Humanos)**, *Opinión consultiva* OC-5/85 del 13 de noviembre de 1985. Serie A, n° 5, párr. 66; **La expresión "leyes" en el artículo 30 de la Convención Americana sobre Derechos Humanos**, *Opinión consultiva* OC-6/86 del 9 de mayo de 1986. Serie A, n° 6, párrs. 30 y 34 y **El** *hábeas corpus* **bajo suspensión de garantías,** supra 16, párr. 20). En esta oportunidad considera pertinente reiterar lo que sigue: En una sociedad democrática los derechos y libertades inherentes a la persona, sus garantías y el Estado de Derecho constituyen una tríada, cada uno de cuyos componentes se define, completa y adquiere sentido en función de los otros (**El** *hábeas corpus* **bajo suspensión de garantías,** supra 16, párr. 26). Estando suspendidas las garantías, algunos de los límites legales de la actuación del poder público pueden ser distintos de los vigentes en condiciones normales, pero no deben considerarse inexistentes ni cabe, en consecuencia, entender que el gobierno esté investido de poderes absolutos más allá de las condiciones en que tal legalidad excepcional está autorizada. Como ya lo ha señalado la Corte en otra oportunidad, el principio de legalidad, las instituciones democráticas y el Estado de Derecho son inseparables (*Ibid.*, párr. 24; véase además **La expresión "leyes"**, supra, párr. 32).

[A9/1987, párr. 35]

§ 52

Esta delimitación de las atribuciones de la Comisión de manera alguna afecta el vínculo entre el estado de derecho y la Convención. Como ya lo ha dicho la Corte: *"[e]l concepto de derechos y libertades y, por ende el de sus garantías, [según el Pacto de San José] es [. . .] inseparable del sistema de valores y principios que lo inspira"* **[El** *hábeas corpus* **bajo suspensión de garantías (arts. 27.2, 25.1 y 7.6 Convención Americana sobre Derechos Humanos)**, *Opinión consultiva* OC-8/87 del 30 de enero de 1987. Serie A, n° 8, párr. 26]. Dentro de tales valores y principios aparece que *"la democracia representativa es determinante en todo el sistema del que la Convención forma parte"* (**La expresión "leyes" en el artículo 30 de la Convención Americana sobre Derechos Humanos, supra 25, párr. 34**). Ha señalado también la Corte que el principio de la legalidad, las instituciones democráticas y el Estado de

Derecho son inseparables [y que] [e]n una sociedad democrática los derechos y libertades inherentes a la persona, sus garantías y el Estado de Derecho constituyen una tríada, cada uno de cuyos componentes se define, completa y adquiere sentido en función de los otros (*El hábeas corpus bajo suspensión de garantías,* párrs. 24 y 26*).*

[A13/1993, párr. 31]

§ 53

Como bien se señala en la sentencia, la democracia representativa es determinante en todo el sistema del que la Convención Americana sobre Derechos Humanos forma parte. En efecto, desde el inicio de la Organización de Estados Americanos (OEA) fue explícito que la democracia y su promoción es uno de sus objetivos fundamentales de la organización. La Carta de la OEA proclamó ya en 1948 los derechos fundamentales de la persona, sin distinción de raza, nacionalidad, credo o sexo y estipuló que respetar los derechos de la persona es uno de los deberes fundamentales de los Estados. Entre los objetivos primigenios de la OEA figuraba el de *"...promover y consolidar la democracia representativa".*

[C127/2005: Voto García Sayán, párr. 3]

§ 54

El derecho a participar en la dirección de los asuntos públicos, como todas las categorías jurídicas, ha evolucionado y se ha recreado con la marcha histórica y social. En efecto, entraña hoy una conceptualización que se ha ido enriqueciendo en su contenido en el tiempo transcurrido desde la aprobación de la Convención hace casi cuarenta años. Si bien en los instrumentos primigenios de la OEA, la referencia a la democracia representativa y los derechos políticos casi se agotaba en el derecho de votar y ser elegido, el texto de la Convención ya fue un paso importante en el sentido evolutivo de los derechos políticos abarcando otros componentes importantes como la naturaleza de las elecciones ("… periódicas auténticas, realizadas por sufragio universal e igual y por voto secreto que garantice la libre expresión de la voluntad de los electores…"; art. 23.1 b).

[C127/2005: Voto García Sayán, párr. 12]

§ 55

El segundo componente de los derechos políticos, conforme se encuentran expresados en el artículo 23° de la Convención, es el de *"votar y ser elegidos en elecciones periódicas auténticas, realizadas por sufragio universal e igual y por voto secreto que garantice la libre expresión de la voluntad de los electores"* (subrayado añadido). Esta disposición nos remite a uno de los requisitos fundamentales de la democracia representativa que inspira la normativa y propósitos del sistema interamericano desde sus inicios. Se destaca allí la pe-

riodicidad y autenticidad de las elecciones así como las características del sufragio: universal, igual y secreto. Ello para cumplir un requerimiento que se
expresa también en el mismo artículo 23°: garantizar la libre expresión de la
voluntad de los electores. Es evidente que sin el cumplimiento de este ingrediente fundamental, se debilitarían otras formas de participación que no encontrarían en el sufragio una forma de construir fuentes democráticas para la asunción y ejercicio de la función pública.

[C127/2005: Voto García Sayán, párr. 18]

§ 56

En cuanto a los partidos y organizaciones políticas, este es un asunto absolutamente medular que tiene directa repercusión en la afectación de los derechos de quienes pretendieron infructuosamente ser candidatos por YATAMA
en la Costa Atlántica de Nicaragua. Este tema, curiosamente, no aparece mencionado explícitamente en la Carta de la OEA ni en la Convención Americana.
Sin embargo, la propia esencia conceptual de la democracia representativa
supone y exige vías de representación que, a la luz de lo estipulado en la Carta
Democrática, serían los partidos y *"otras organizaciones políticas"* a los que
se trata no sólo de proteger sino de fortalecer conforme se estipula en el artículo 5°.

[C127/2005: Voto García Sayán, párr. 24]

§ 57

Este Tribunal ha expresado que "[l]a democracia representativa es determinante en todo el sistema del que la Convención forma parte", y constituye
"un 'principio' reafirmado por los Estados americanos en la Carta de la OEA,
instrumento fundamental del Sistema Interamericano". La Asamblea General
de la OEA en diversas resoluciones consideró que el acceso a la información
pública es un requisito indispensable para el funcionamiento mismo de la democracia, una mayor transparencia y una buena gestión pública, y que en un
sistema democrático representativo y participativo, la ciudadanía ejerce sus
derechos constitucionales, a través de una amplia libertad de expresión y de un
libre acceso a la información.

[C151/2006, párr. 84]

Derecho constitucional democrático

Véase: Actividad legislativa democrática § 1

Independencia de la judicatura § 84

§ 58

La reserva de ley para todos los actos de intervención en la esfera de la libertad, dentro del constitucionalismo democrático, es un elemento esencial

para que los derechos del hombre puedan estar jurídicamente protegidos y existir plenamente en la realidad. Para que los principios de legalidad y reserva de ley constituyan una garantía efectiva de los derechos y libertades de la persona humana, se requiere no sólo su proclamación formal, sino la existencia de un régimen que garantice eficazmente su aplicación y un control adecuado del ejercicio de las competencias de los órganos.

[A6/1986, párr. 24]

§ 59

Ya en 1789, la Declaración de los Derechos del Hombre y del Ciudadano expresaba en su artículo 4 que La libertad consiste en poder hacer todo lo que no perjudica a otro; así, el ejercicio de los derechos naturales de cada hombre no tiene otros límites que los que garantizan a los demás miembros de la sociedad el goce de esos mismos derechos. Estos límites sólo pueden ser determinados por la Ley. Desde entonces este criterio ha constituido un principio fundamental del desarrollo constitucional democrático.

[A6/1986, párr. 25]

§ 60

En tal perspectiva no es posible interpretar la expresión **leyes**, utilizada en el artículo 30, como sinónimo de cualquier norma jurídica, pues ello equivaldría a admitir que los derechos fundamentales pueden ser restringidos por la sola determinación del poder público, sin otra limitación formal que la de consagrar tales restricciones en disposiciones de carácter general. Tal interpretación conduciría a desconocer límites que el derecho constitucional democrático ha establecido desde que, en el derecho interno, se proclamó la garantía de los derechos fundamentales de la persona; y no se compadecería con el Preámbulo de la Convención Americana, según el cual "los derechos esenciales del hombre... tienen como fundamento los atributos de la persona humana, razón por la cual justifican una protección internacional, de naturaleza convencional coadyuvante o complementaria de la que ofrece el derecho interno de los Estados americanos".

[A6/1986, párr. 26]

§ 61

El artículo 27 de la Convención Americana regula la suspensión de garantías en los casos de guerra, peligro público u otra emergencia que amenace la independencia o seguridad de un Estado Parte, para lo cual éste deberá informar a los demás Estados Partes por conducto del Secretario General de la OEA, *"de las disposiciones cuya aplicación haya suspendido, de los motivos que hayan suscitado la suspensión y de la fecha en que haya dado por terminada tal suspensión"*. Si bien es cierto que la libertad personal no está incluida expresamente entre aquellos derechos cuya suspensión no se autoriza en ningún caso, también lo es que esta Corte ha expresado que: los procedimientos de *hábeas corpus* y de amparo son de aquellas garantías judiciales indispensables para la protección de varios derechos cuya suspensión está vedada por el Artículo 27.2 y sirven, además, para preservar la legalidad en una sociedad democrática [y que] aquellos ordenamientos constitucionales y legales de los Estados Partes que autoricen, explícita o implícitamente, la suspensión de los procedimientos de *hábeas corpus* o de amparo en situaciones de emergencia, deben considerarse incompatibles con las obligaciones internacionales que a esos Estados impone la Convención (*El hábeas corpus bajo suspensión de garantías (arts. 27.2, 25.1 y 7.6 Convención Americana sobre Derechos Humanos), Opinión consultiva* OC-8/87 del 30 de enero de 1987. Serie A, n° 8, párrs. 42 y 43). ... las garantías judiciales indispensables para la protección de los derechos humanos no susceptibles de suspensión, según lo dispuesto en el artículo 27.2 de la Convención, son aquéllas a las que ésta se refiere expresamente en los artículos 7.6 y 25.1, consideradas dentro del marco y según los principios del artículo 8, y también las inherentes a la preservación del Estado de Derecho, aun bajo la legalidad excepcional que resulta de la suspensión de garantías (Garantías judiciales en estados de emergencia (arts. 27.2, 25 y 8 Convención Americana sobre Derechos Humanos), *Opinión consultiva* OC-9/87 del 6 de octubre de 1987. Serie A, n° 9, párr. 38).

[C33/1997, párr. 50]

Derecho humano a la democracia

Véase: Carta Democrática Interamericana §§ 20, 30, 31

§ 62

Por ello, corresponde analizar el derecho que se alega violado por el representante en relación con dichos principios de interpretación. El representante alude a un "derecho a la democracia" relacionado con el ejercicio del poder según el Estado de Derecho, la separación de poderes y la independencia del Poder Judicial. Sin embargo, la Corte se ha referido al concepto de democracia en términos interpretativos. En efecto, el Tribunal ha señalado que "las justas exigencias de la democracia deben […] orientar la interpretación de la Convención y, en particular, de aquellas disposiciones que están críticamente relacionadas con la preservación y el funcionamiento de las instituciones democráticas". Asimismo, cuando la Corte en el caso del *Tribunal Constitucional* mencionó que el Preámbulo de la Convención reafirma el propósito de los Estados Americanos de "consolidar en [el] Continente, dentro del cuadro de las instituciones democráticas, un régimen de libertad personal y de justicia social fundado en el respeto de los derechos y deberes esenciales del hombre". Este requerimiento se ajusta a la norma de interpretación consagrada en el artículo 29.c de la Convención. Los hechos del presente caso contrastan con aquellas exigencias convencionales.

[C182/2008, párr. 222]

§ 63

Por lo tanto, la Corte encuentra que los problemas interpretativos que puedan relacionarse con el presente caso serían aquellos relativos a derechos ya analizados, tales como los derechos que se derivan de los artículos 8 y 25 de la Convención. En consecuencia, esta Corte no considera procedente la alegada violación del artículo 29.c) y 29.d) de la Convención Americana en relación con el artículo 3 de la Carta Democrática Interamericana.

[C182/2008, párr. 223]

§ 64

Cabría incluso considerar si es posible configurar una suerte de derecho de los justiciables a condiciones democráticas de las instituciones públicas, con sustento no sólo en el referido artículo 3 de la Carta Democrática, sino también en el 29 de la Convención Americana; el cual se sostendría con las obligaciones internacionales de los Estados al ejercicio del poder de conformidad con el Estado de derecho, la separación de poderes y, por supuesto, la independencia de los jueces, tal como ha llegado a proponerse en otros casos en que se han dilucidado temas análogos por el Tribunal Interamericano. Un criterio de este alcance iría más allá del concepto de democracia en términos interpretativos, como la Corte IDH ha señalado en el sentido de que "las justas exigencias de la democracia deben […] orientar la interpretación de la Convención y, en particular, de aquellas disposiciones que están críticamente relacionadas con la preservación y el funcionamiento de las instituciones democráticas".

[C266/2013, Voto Juez Ferrer Mac Gregor, párr. 13; C268/2013, Voto Juez Ferrer Mac Gregor, párr. 20]

Derechos propios al juego democrático

§ 65

Si bien cada uno de los derechos contenidos en la Convención tiene su ámbito, sentido y alcance propios, en ciertas ocasiones, por las circunstancias particulares del caso o por la necesaria interrelación que guardan, se hace necesario analizarlos en conjunto para dimensionar apropiadamente las posibles violaciones y sus consecuencias. En el presente caso, la Corte analizará la controversia subsistente por las alegadas violaciones de los derechos políticos, la libertad de expresión y la libertad de asociación conjuntamente, en el entendido que estos derechos son de importancia fundamental dentro del Sistema Interamericano por estar estrechamente interrelacionados para posibilitar, en conjunto, el juego democrático. Además, el Senador Cepeda Vargas era, a la vez, dirigente de la UP y del PCC, comunicador social y parlamentario, por lo que no es necesario escindir sus actividades para determinar cuál de ellas fue origen o causa de cada una de estas violaciones alegadas, pues ejercía esos derechos en un mismo período, contexto y situación de desprotección ya señalada.

[C213/2010, párr. 171]

Diferencias de trato en la democracia

Véase: Ética democrática (medios y fines) §§ 71, 73

Elementos esenciales de la democracia

Véase: Carta Democrática Interamericana §§ 16, 26, 32

§ 66

[*Omissis*] La libertad de pensamiento y de expresión (art. 13) constituye uno de los elementos esenciales de una sociedad democrática y una de las condiciones primordiales de su progreso y del pleno desenvolvimiento de la personalidad de cada uno de sus miembros. Hay que reconocerla, incluso cuando su ejercicio provoque, choque o inquiete. Como ha dicho la Corte Europea de Derechos Humanos, es ello una exigencia del "pluralismo, la tolerancia y el espíritu abierto, sin los cuales no es posible la existencia de una sociedad democrática" (Eur. Court H. R., **Lingens case**, judgment of 8 July 1986, Series A, n° 103, párr. 41). Pero esta libertad debe estar equilibrada, dentro de los límites posibles en una sociedad democrática, con el respeto de la reputación y de los derechos de los demás (art. 13). Este equilibrio tiene como uno de sus medios de realización el reconocimiento, en la Convención, del derecho de rectificación o respuesta (art. 14), que juega en el caso de "informaciones inexactas o agraviantes".

[A7/86: Juez Gros Espiell, párr. 5]

§ 67

Los Ministros de Relaciones Exteriores de las Américas aprobaron el 11 de septiembre de 2001 durante la Asamblea Extraordinaria de la OEA la Carta Democrática Interamericana, en la cual se señala que: [s]on elementos esenciales de la democracia representativa, entre otros, el respeto a los derechos humanos y las libertades fundamentales; el acceso al poder y su ejercicio con sujeción al Estado de derecho; la celebración de elecciones periódicas, libres, justas y basadas en el sufragio universal y secreto como expresión de la soberanía del pueblo; el régimen plural de partidos y organizaciones políticas; y la separación e independencia de los poderes públicos.

[C127/2005, párr. 193]

§ 68

Los ciudadanos tienen el derecho de participar en la dirección de los asuntos públicos por medio de representantes libremente elegidos. El derecho al voto es uno de los elementos esenciales para la existencia de la democracia y una de las formas en que los ciudadanos ejercen el derecho a la participación política. Este derecho implica que los ciudadanos puedan elegir libremente y en condiciones de igualdad a quienes los representarán.

[C127/2005, párr. 198]

§ 69

La Corte considera que la Convención protege los elementos esenciales de la democracia, entre los que se encuentra "el acceso al poder y su ejercicio con sujeción al Estado de Derecho". Entre otros derechos políticos, el artículo 23 de la Convención protege el derecho a ser elegido, el cual supone que el titular de los derechos tenga la oportunidad real de ejercerlos, para lo cual debe adoptar medidas efectivas para garantizar las condiciones necesarias para su pleno ejercicio. En estrecha relación con lo anterior, la Corte ha establecido que es posible que la libertad de expresión se vea ilegítimamente restringida por condiciones de facto que coloquen, directa o indirectamente, en situación de riesgo o mayor vulnerabilidad a quienes la ejerzan. Por ello, el Estado debe abstenerse de actuar de manera tal que propicie, estimule, favorezca o profundice esa vulnerabilidad y ha de adoptar, cuando sea pertinente, medidas necesarias y razonables para prevenir violaciones o proteger los derechos de quienes se encuentren en tal situación. Igualmente, la libertad de expresión, particularmente en asuntos de interés público, garantiza la difusión de información o ideas, incluso las que resultan ingratas para el Estado o cualquier sector de la población. A su vez, el artículo 16 de la Convención protege el derecho de asociarse con fines políticos, por lo que una afectación al derecho a la vida o a la integridad personal atribuible al Estado podría generar, a su vez, una violación del artículo 16.1 de la Convención, cuando la misma haya sido motivada en el ejercicio legítimo del derecho a la libertad de asociación de la víctima.

[C213/2010, párr. 172]

Endeblez de la democracia

§ 70

De hecho, en el caso de Latinoamérica en general, se ha señalado que existe una situación en la que la democracia sigue siendo endeble y en la que los poderes ejecutivos fuertes han sido fuente constante de ataques a la independencia judicial.

[C268/2013, Voto Juez Ferrer Mac Gregor, párr. 30]

Ética democrática (medios y fines)

Véase: Carta Democrática Interamericana § 18

§ 71

A pesar de la formulación muy general de su versión francesa "sans distinction aucune" (sin distinción alguna), el artículo 14 no prohíbe toda diferencia de trato en el ejercicio de los derechos y libertades reconocidos. Esta versión debe leerse a la luz del texto, más restringido, de la versión inglesa "without discrimination" (sin discriminación). Además, y sobre todo, se llegaría a resultados absurdos si se diese al artículo 14 una interpretación tan amplia como la que su versión francesa parece implicar. Se llegaría así a considerar contrarias al Convenio cada una de las numerosas disposiciones legales o reglamentarias que no aseguran a todos una completa igualdad de trato en el goce de los derechos y libertades reconocidos. Ahora bien, las autoridades nacionales competentes se ven a menudo frente a situaciones o problemas cuya diversidad reclama soluciones jurídicas distintas; ciertas desigualdades de derecho, además, no tienden sino a corregir desigualdades de hecho. En consecuencia, la interpretación extensiva arriba citada no puede adoptarse. Importa, por tanto, buscar los criterios que permitan determinar si una diferencia de trato dada, relativa, por supuesto, al ejercicio de uno de los derechos y libertades reconocidas, contraviene o no el artículo 14. A este respecto, el Tribunal, siguiendo en la materia los principios que se deducen de la práctica judicial de un gran número de países democráticos, considera que la igualdad de trato queda violada cuando la distinción carece de justificación objetiva y razonable. La existencia de una justificación semejante debe apreciarse en relación con la finalidad y los efectos de la medida examinada en atención a los principios que generalmente prevalecen en las sociedades democráticas. Una diferencia de trato en el ejercicio de un derecho consagrado por el Convenio no sólo debe perseguir una finalidad legítima: el artículo 14 se ve también violado cuando resulta claramente que no existe una razonable relación de proporcionalidad entre los medios empleados y la finalidad perseguida. Al indagar si, en un caso determinado, ha habido o no distinción arbitraria, el Tribunal no puede ignorar los datos de hecho y de derecho que caractericen la vida de la sociedad en el Estado que, en calidad de Parte Contratante, responde de la medida impugnada. Al proceder así, no ha de sustituirse a las autoridades nacionales competentes, con olvido del carácter subsidiario del mecanismo internacional de garantía colectiva instaurado por el Convenio. Las autoridades nacionales siguen siendo libres de elegir las medidas que estimen apropiadas en las materias regidas por el Convenio. El control del Tribunal no se refiere sino a la conformidad de estas medidas con las exigencias del Convenio. [*Eur.Court H.R., Case "relating to certain aspects of the laws on the use of languages in education in Belgium"* (Merits), judgment of 23rd July 1968, p. 34]."

[A4/1984: Juez Piza Escalante, párr. 10]

§ 72

La ausencia o el desconocimiento de esos derechos destruyen el debido proceso y no pueden ser subsanados con la pretensión de acreditar que a pesar de no existir garantías de enjuiciamiento debido ha sido justa la sentencia que dicta el tribunal al cabo de un procedimiento penal irregular. Considerar que es suficiente con lograr un resultado supuestamente justo, es decir, una sentencia conforme a la conducta realizada por el sujeto, para que se convalide la forma de obtenerla, equivale a recuperar la idea de que "el fin justifica los medios" y la licitud del resultado depura la ilicitud del procedimiento. Hoy día se ha invertido la fórmula: "la legitimidad de los medios justifica el fin alcanzado"; en otros términos, sólo es posible arribar a una sentencia justa, que acredite la justicia de una sociedad democrática, cuando han sido lícitos los medios (procesales) utilizados para dictarla.

[A16/1999: Juez García Ramírez, s/p; C126/2005:
Voto García Ramírez, párr. 14]

§ 73

Al respecto, la Corte Europea indicó también que: "Es importante, entonces, buscar los criterios que permitan determinar si una diferencia de trato, relacionada, por supuesto, con el ejercicio de uno de los derechos y libertades establecidos, contraviene el artículo 14 (art.14). Al respecto, la Corte, siguiendo los principios que pueden deducirse de la práctica jurídica de un gran número de Estados democráticos, ha sostenido que el principio de igualdad de trato se viola si la distinción carece de justificación objetiva y razonable. La existencia de tal justificación debe evaluarse en relación con el propósito y los efectos de la medida en consideración, tomando en cuenta los principios que normalmente prevalecen en las sociedades democráticas. Una diferencia de trato en el ejercicio de un derecho establecido en la Convención no sólo debe buscar un fin legítimo: el artículo 14 (art.14) se viola igualmente cuando se establece de manera clara que no hay una relación razonable de proporcionalidad entre los medios utilizados y el fin que se busca llevar a cabo". "En su intento de encontrar en un caso concreto si ha habido o no una distinción arbitraria, la Corte no puede hacer caso omiso de los aspectos jurídicos y fácticos que caracterizan la vida de la sociedad en el Estado que, como Parte Contratante, tiene que responder por la medida en discusión. Al hacerlo, no puede asumir el papel de las autoridades nacionales competentes, ya que perdería de vista la naturaleza subsidiaria de la maquinaria internacional de aplicación colectiva establecida por la Convención. Las autoridades nacionales son libres de elegir las medidas que consideren apropiadas en las materias sometidas a la Convención. El análisis de la Corte se limita a la conformidad de dichas medidas con los requisitos de la Convención".

[A18/2003, párr. 90]

§ 74

Surge un problema, sin embargo, cuando algunos aspectos específicos de una política del Estado entran en colisión con los derechos humanos de cierto sector de la población. Evidentemente, esto no debiera ocurrir en ninguna circunstancia. Es función del Estado que responde a una vocación democrática y reconoce y garantiza los derechos humanos de sus habitantes, llevar adelante las diversas políticas públicas de manera que se preserven esos derechos y al mismo tiempo se procuren y alcancen los legítimos objetivos que aquellas políticas pretenden. Digamos, de nueva cuenta, que el fin plausible no justifica el empleo de medios ilegítimos. En tales casos prevalecen los compromisos esenciales del Estado con los derechos humanos, cuya preservación constituye la razón de ser de la organización política, como se ha manifestado constantemente a partir de los más importantes documentos políticos de la etapa moderna, generados por los grandes movimientos insurgentes y revolucionarios de Estados Unidos y Francia en el último tercio del siglo XVIII. Si este es el dato ético y jurídico esencial de la sociedad política, un Estado no podría vulnerar los derechos humanos de las personas sujetas a su jurisdicción aduciendo para ello determinadas políticas.

[A18/2003: Voto García Ramírez, párr. 41]

§ 75

En mi concepto, no es posible que la Corte admita probanzas que no reúnen los mencionados requisitos mínimos de admisibilidad, con el argumento de que el tribunal dispone de amplia facultad para analizarlos y valorarlos, vinculados con otros datos o circunstancias. En efecto, la admisión de pruebas manifiestamente viciadas alteraría el carácter de un proceso gobernado por principios democráticos y conduciría, llevado el punto a sus naturales consecuencias, a aceptar también otros medios de prueba reprobados por la ley u obtenidos ilícitamente. Así, se llegaría a la conclusión de que son admisibles una confesión o un testimonio obtenidos con intimidación, o incluso tortura del declarante, si a juicio de la Corte aparecen corroborados por otras probanzas y contribuyen a esclarecer los hechos. De esta manera se desvirtuaría el proceso y se retornaría a un régimen probatorio ampliamente superado y condenado. En suma, en materia probatoria –como en tantas otras– el fin no justifica los medios. Por el contrario la legitimidad de éstos concurre a legitimar el fin alcanzado. La obtención de una hipotética –y más bien remota– verdad histórica no exime de cumplir los requerimientos que imponen la ley y la buena fe con la que debe conducirse el juzgador.

[C70/2000: Juez García Ramírez, párr. 29]

§ 76

Con ello, el condenado deviene víctima de la función penal del Estado, desviada de su cauce y objetivo. No se cuestiona, por supuesto, la necesidad –y el deber público– de enfrentar con firmeza la delincuencia y sancionar a quienes perpetran delitos. Lo que se rechaza es que esta función punitiva, en sí misma legítima, se despliegue en una forma y con unos métodos que lesionan la dignidad humana y pugnan con la condición ética que debe caracterizar al Estado democrático en el cumplimiento de todas sus atribuciones, incluso la de carácter punitivo. Como otras veces he dicho, en el orden punitivo quedan de manifiesto, acaso más que en otros, la convicción política y el designio moral del Estado.

[C123/2005: Voto García Ramírez, párr. 11]

§ 77

Esta manera de ejercer los medios que la ley pone al servicio de la defensa, ha sido tolerada y permitida por los órganos judiciales intervinientes, con olvido de que su función no se agota en posibilitar un debido proceso que garantice la defensa en juicio, sino que debe además asegurar en tiempo razonable, el derecho de la víctima o sus familiares a saber la verdad de lo sucedido y que se sancione a los eventuales responsables.

[C100/2003, párr. 114]

§ 78

Ciertamente el principio de proporcionalidad constituye un importante criterio o herramienta de aplicación e interpretación de normativa interna y de instrumentos internacionales, para determinar la atribución de responsabilidad al Estado. Ello depende de la naturaleza del derecho que se alega violado, de las limitaciones generales o específicas que admita su goce y ejercicio, y de las particularidades de cada caso. Sin embargo, el presente caso no constituye una decisión acerca de la legitimidad de una injerencia, restricción o limitación estatal en la esfera de un derecho individual protegido por la Convención, en atención a determinados fines en una sociedad democrática. Tampoco se trata de determinar la necesidad del uso de la fuerza por parte de fuerzas de seguridad estatales, en casos en que deba determinarse el carácter arbitrario de la muerte de personas y sea necesario juzgar la proporcionalidad de las medidas tomadas para controlar una situación de afectación del orden público o un estado de emergencia. En estas hipótesis sí tendría clara aplicación el principio de proporcionalidad.

[C140/2006, párr. 133]

§ 79

Volvemos, pues, al dilema que ha poblado muchos debates y decisiones clave en el ámbito penal: ¿el fin justifica los medios? Hemos sostenido la proposición inversa, fincada en los principios del orden penal de una sociedad democrática: la legitimidad de los medios concurre a legitimar el fin. Esto tiene importantes repercusiones en todo el horizonte: las medidas precautorias –que ahora examinamos–, pero también en la tipificación penal, la selección de consecuencias jurídicas del delito, la organización del proceso, la admisión y valoración de las pruebas, la ejecución de penas y medidas, etcétera.

[C170/2007: Voto García Ramírez, párr. 19]

§ 80

Quien sufre los efectos de una conducta injusta, cualquiera que sea su origen, es víctima de un abuso que debe ser sancionado. Hay vías legítimas para ello, en la doble escena nacional e internacional, a través de procesos seguidos con arreglo a las normas correspondientes. Otro tanto cabe decir sobre el empleo de medios adecuados para enfrentar amenazas o actos de violencia, con instrumentos y procedimientos legítimos y dentro del orden jurídico propio de una sociedad democrática.

[C181/2008: Voto Juez García Ramírez, párr.8]

Independencia y autonomía de la judicatura

Véase: Derecho humano a la democracia § 62

§ 81

Constituye un principio básico relativo a la independencia de la judicatura que toda persona tiene derecho a ser juzgada por tribunales de justicia ordinarios con arreglo a procedimientos legalmente establecidos. El Estado no debe crear "tribunales que no apliquen normas procesales debidamente establecidas para sustituir la jurisdicción que corresponda normalmente a los tribunales ordinarios".

[C52/1999, párr. 129]

§ 82

El juez encargado del conocimiento de una causa debe ser competente, independiente e imparcial de acuerdo con el artículo 8.1 de la Convención Americana. En el caso en estudio, las propias fuerzas armadas inmersas en el combate contra los grupos insurgentes, son las encargadas del juzgamiento de las personas vinculadas a dichos grupos. Este extremo mina considerablemente la imparcialidad que debe tener el juzgador. Por otra parte, de conformidad con la Ley Orgánica de la Justicia Militar, el nombramiento de los miembros del Consejo Supremo de Justicia Militar, máximo órgano dentro de la justicia castrense, es realizado por el Ministro del sector pertinente. Los miembros del Consejo Supremo Militar son quienes, a su vez, determinan los futuros ascensos, incentivos profesionales y asignación de funciones de sus inferiores. Esta constatación pone en duda la independencia de los jueces militares.

[C52/1999, párr. 130]

§ 83

Ahora bien, los jueces, a diferencia de los demás funcionarios públicos, cuentan con garantías reforzadas debido a la independencia necesaria del Poder Judicial, lo cual la Corte ha entendido como "esencial para el ejercicio de la función judicial". El Tribunal ha dicho que uno de los objetivos principales que tiene la separación de los poderes públicos es la garantía de la independencia de los jueces. Dicho ejercicio autónomo debe ser garantizado por el Estado tanto en su faceta institucional, esto es, en relación con el Poder Judicial como sistema, así como también en conexión con su vertiente individual, es decir, con relación a la persona del juez específico. El objetivo de la protección radica en evitar que el sistema judicial en general y sus integrantes en particular se vean sometidos a posibles restricciones indebidas en el ejercicio de su función por parte de órganos ajenos al Poder Judicial o incluso por parte de aquellos magistrados que ejercen funciones de revisión o apelación. Adicionalmente, el Estado está en el deber de garantizar una apariencia de independencia de la

magistratura que inspire legitimidad y confianza suficiente no sólo al justiciable, sino a los ciudadanos en una sociedad democrática.

[C197/2009, párr. 67]

§ 84

El juez natural deriva su existencia y competencia de la ley, la cual ha sido
definida por la Corte como la "norma jurídica de carácter general", ceñida al
bien común, emanada de los órganos legislativos constitucionalmente previstos
y democráticamente elegidos, y elaborada según el procedimiento establecido
por las constituciones de los Estados Partes para la formación de las leyes".
Consecuentemente, en un Estado de Derecho sólo el Poder Legislativo puede
regular, a través de leyes, la competencia de los juzgadores.

[C206/2009, párr. 76]

§ 85

Finalmente, la Corte ha señalado que el ejercicio autónomo de la función
judicial debe ser garantizado por el Estado tanto en su faceta institucional, esto
es, en relación con el Poder Judicial como sistema, así como también en conexión con su vertiente individual. El Tribunal estima pertinente precisar que
la dimensión objetiva se relaciona con aspectos esenciales para el Estado de
Derecho, tales como el principio de separación de poderes, y el importante rol
que cumple la función judicial en una democracia. Por ello, esta dimensión
objetiva trasciende la figura del juez e impacta colectivamente en toda la sociedad. Asimismo, existe una relación directa entre la dimensión objetiva de la
independencia judicial y el derecho de los jueces a acceder y permanecer en
sus cargos en condiciones generales de igualdad, como expresión de su garantía de estabilidad.

[C268/2013, párr. 198]

§ 86

La Corte ha hecho algunas precisiones sobre la faceta institucional y la
dimensión objetiva de la independencia judicial (*supra* párrs. 188 a 199). Sin
embargo, en las circunstancias del presente caso, que se diferencia de otros
casos anteriores referidos a la destitución arbitraria de jueces en forma aislada,
es fundamental desarrollar con más detalle en qué medida el cese masivo de
jueces, particularmente de Altas Cortes, constituye no sólo un atentado contra
la independencia judicial sino también contra el orden democrático.

[C268/2013, párr. 207]

§ 87

Por otra parte, la Corte destaca que el artículo 3 de la Carta Democrática
Interamericana dispone que "[s]on elementos esenciales de la democracia representativa, entre otros, el respeto a los derechos humanos y las libertades

fundamentales; el acceso al poder y su ejercicio con sujeción al estado de derecho; [...] y la separación e independencia de los poderes públicos". La Corte concluye que la destitución de todos los miembros del Tribunal Constitucional implicó una desestabilización del orden democrático existente en ese momento en Ecuador, por cuanto se dio una ruptura en la separación e independencia de los poderes públicos al realizarse un ataque a las tres altas Cortes de Ecuador en ese momento. Esta Corte resalta que la separación de poderes guarda una estrecha relación, no solo con la consolidación del régimen democrático, sino además busca preservar las libertades y derechos humanos de los ciudadanos.

[C268/2013, párr. 221]

§ 88

El presente caso pone de relieve la importancia de uno de los principios definitorios del Estado constitucional y democrático de derecho, como es el de la independencia de los jueces. En términos generales, puede iniciarse afirmando que un juez es independiente si toma sus decisiones basado solamente en el caso, sin estar influido por consideraciones particulares relativas a las partes que no resulten relevantes para el asunto concreto, y si decide libre de consideraciones relacionadas con su propio interés o con intereses de la persona o cuerpo que lo nombró.

[C2686/2013, Voto Juez Ferrer Mac Gregor, párr. 1]

§ 89

La función que tiene la independencia judicial en el Estado democrático de derecho no pudo pasar desapercibida, desde luego, para la Carta Democrática Interamericana (citada en la Sentencia), en la cual, tras reafirmarse a la democracia representativa como pieza indispensable para la estabilidad, la paz y el desarrollo de la región, en su artículo 3º, dispone lo siguiente:

Son elementos esenciales de la democracia representativa, entre otros, el respeto a los derechos humanos y las libertades fundamentales; el acceso al poder y su ejercicio con sujeción al estado de derecho; la celebración de elecciones periódicas, libres, justas y basadas en el sufragio universal y secreto como expresión de la soberanía del pueblo; el régimen plural de partidos y organizaciones políticas; y la separación e independencia de los poderes públicos (subrayado añadido).

[C2686/2013, Voto Juez Ferrer Mac Gregor, párr. 6]

§ 90

Así, la Carta Democrática Interamericana no se limita a reconocer como elementos esenciales de la democracia representativa al respeto de los derechos humanos y las libertades fundamentales, y a elementos propios de la democracia electoral, sino que exige también la separación e independencia de los poderes públicos, entre los que en este caso debe desatacarse la concerniente a la función jurisdiccional. El papel de los jueces en la gobernabilidad democrática de los Estados pasa por reconocerles una genuina separación e independencia del resto, esto es, en definitiva, del poder político, no sólo en el aspecto personal, que corresponde a cada uno de los miembros de la judicatura, *sino en su aspecto institucional*, en cuanto cuerpo de autoridad separado en el concierto de las que componen el Estado.

[C2686/2013, Voto Juez Ferrer Mac Gregor, párr. 7; C268/2013, Voto Juez Ferrer Mac Gregor, párr. 14]

§ 91

La Corte IDH en el caso concreto estimó que "la dimensión objetiva se relaciona con aspectos esenciales para el Estado de Derecho, tales como el principio de separación de poderes, y el importante rol que cumple la función judicial en una democracia. Por ello, esta dimensión objetiva trasciende la figura del juez e impacta colectivamente en toda la sociedad. Asimismo, existe una relación directa entre la dimensión objetiva de la independencia judicial y el derecho de los jueces a acceder y permanecer en sus cargos en condiciones generales de igualdad, como expresión de su garantía de estabilidad". De ahí que "cuando se afecta en forma arbitraria la permanencia de los jueces en su cargo, se vulnera el derecho a la independencia judicial consagrado en el artículo 8.1 de la Convención Americana, en conjunción con el derecho de acceso y permanencia en condiciones generales de igualdad en un cargo público, consagrado en el artículo 23.1.c de la Convención Americana". En este punto es relevante destacar que esta interpretación interactiva entre los artículos 8.1 y 23.1.c de la Convención Americana le permite a la Corte IDH complementar su jurisprudencia en el caso *Reverón Trujillo* al precisar que la garantía institucional de la independencia judicial, que se deriva del artículo 8.1 de la Convención Americana, se traduce en un derecho subjetivo del juez a que no se afecte en forma arbitraria su permanencia en las funciones públicas, en el marco del artículo 23.1.c. del mismo Pacto de San José.

[C2686/2013, Voto Juez Ferrer Mac Gregor, párr. 54; C268/2013, Voto Juez Ferrer Mac Gregor, párr. 61]

§ 92

Resulta evidente de los hechos probados una violación multifrontal a la independencia judicial tal como la protege la Convención Americana, y tal como ésta resulta fortalecida por la Carta Democrática Interamericana, en especial, en su faceta de independencia institucional de los magistrados de la Corte Suprema de Justicia del Ecuador. Así, la independencia institucional de la Corte Suprema de Justicia, en su condición de garante del propio sistema democrático interno, a partir del marco jurídico constitucional y legal del Ecuador vigente en el momento en que fueron originalmente designados los magistrados cesados por el Congreso Nacional. Al respecto, debieron vincularse con mayor fuerza estos aspectos con la jurisprudencia interamericana sobre la independencia judicial, ya referida en el presente voto, y en ese sentido, reprobar enfáticamente el flagrante abuso del poder político que hubo en este caso en contra de la Corte Suprema de Justicia y de su independencia.

[C2686/2013, Voto Juez Ferrer Mac Gregor, párr. 64; C268/2013, Voto Juez Ferrer Mac Gregor, párr. 68]

Instituciones judiciales

§ 93

En relación con lo anteriormente señalado, en el Programa de Acción de la Conferencia Internacional sobre la Población y el Desarrollo celebrada en El Cairo en 1994, se indicó que: "Los desequilibrios económicos internacionales, la pobreza y la degradación del medio ambiente, combinados con la falta de paz y seguridad, las violaciones de los derechos humanos y los distintos grados de desarrollo de las instituciones judiciales y democráticas son todos factores que afectan las migraciones internacionales. Si bien la mayoría de las migraciones internacionales se produce entre países vecinos, ha ido en aumento la migración interregional, especialmente hacia los países desarrollados".

[A18/2003, párr. 116]

§ 94

Además, ha quedado demostrado que la independencia e imparcialidad del Tribunal Constitucional, como una de las instituciones democráticas que garantizan el estado de derecho, se vieron coartadas con la destitución de algunos de sus magistrados, lo que "conculcó *erga omnes* la posibilidad de ejercer el control de constitucionalidad y el consecuente examen de la adecuación de la conducta del Estado a la Constitución". Todo ello generó una situación generalizada de ausencia de garantías e ineficacia de las instituciones judiciales para afrontar hechos como los del presente caso, con la consecuente desconfianza generada hacia dichas instituciones en esa época.

[C158/2006, párr. 109]

§ 95

Los hechos de La Cantuta y esa práctica sistemática se vieron además favorecidas por la situación generalizada de impunidad de las graves violaciones a los derechos humanos que existía entonces, propiciada y tolerada por la ausencia de garantías judiciales e ineficacia de las instituciones judiciales para afrontar las sistemáticas violaciones de derechos humanos. Fue verificada por la CVR una "suspen[sión de] la institucionalidad democrática del país a través de la abierta intervención en el Poder Judicial, en el Tribunal Constitucional, en el Ministerio Público y en otros órganos constitucionales", en el cual las acciones del denominado Gobierno de Emergencia y Reconstrucción Nacional "neutraliz[aban] en la práctica el control político y judicial sobre sus actos". La adopción de diversos dispositivos legales y situaciones de hecho se conjugaban para obstaculizar las investigaciones y propiciar o reproducir esa impunidad, tales como la derivación de investigaciones por hechos de este tipo al fuero militar; las destituciones de varios jueces y fiscales de todos los niveles llevadas a cabo por el poder ejecutivo; y la promulgación y aplicación de las leyes de amnistía. Esto tiene estrecha relación con la obligación de investigar los casos de ejecuciones extrajudiciales, desapariciones forzadas y otras graves violaciones a los derechos humanos (*infra* párrs. 110 a 112).

[C162/2006, párr. 92]

Interpretación democrática de la Convención

Véase: Carta Democrática Interamericana §§ 15, 17, 26, 27, 30, 31

Delegación legislativa § 42

Democracia representativa formal y ejercicio efectivo § 48

Derecho constitucional democrático § 60

Derecho humano a la democracia, §§ 62, 63

Elementos esenciales de la democracia § 59

§ 96

En la Convención se advierte una tendencia a integrar el sistema regional y el sistema universal de protección de los derechos humanos. En el Preámbulo se reconoce que los principios que sirven de base a ese tratado han sido también consagrados en la Declaración Universal de los Derechos Humanos y que "han sido reafirmados y desarrollados en otros instrumentos internacionales, tanto de ámbito universal como regional". Igualmente, varias disposiciones de la Convención hacen referencia a otras convenciones internacionales o al derecho internacional, sin restringirlas al ámbito regional (artículos 22, 26, 27 y 29, por ejemplo). Dentro de ellas, cabe destacar muy especialmente lo dispuesto por el artículo 29, que contiene las normas de interpretación de la Convención y que se opone, en términos bastante claros, a restringir el régimen de protección de los derechos humanos atendiendo a la fuente de las obligaciones que el Estado haya asumido en esa materia. Dicho artículo textualmente señala: Artículo 29. **Normas de Interpretación.** Ninguna disposición de la presente Convención puede ser interpretada en el sentido de: a) permitir a alguno de los Estados Partes, grupo o persona, suprimir el goce y ejercicio de los derechos y libertades reconocidos en la Convención o limitarlos en mayor medida que la prevista en ella; b) limitar el goce y ejercicio de cualquier derecho o libertad que pueda estar reconocido de acuerdo con las leyes de cualquiera de los Estados Partes o de acuerdo con otra convención en que sea parte uno de dichos Estados; c) excluir otros derechos y garantías que son inherentes al ser humano o que se derivan de la forma democrática representativa de gobierno, y d) excluir o limitar el efecto que puedan producir la Declaración Americana de Derechos y Deberes del Hombre y otros actos internacionales de la misma naturaleza.

[A1/1982, párr. 41]

§ 97

El análisis del régimen de la pena de muerte, permitida dentro de ciertos límites por el artículo 4, plantea problemas relativos a la medida en que es posible restringir el goce y el ejercicio de los derechos y libertades garantizados por la Convención, así como el alcance y sentido de la aplicación de tales restricciones. En tal virtud, resultan pertinentes en esta materia los criterios que se desprenden de los artículos 29 y 30 de la misma, que dicen: Artículo 29. **Normas de Interpretación** [*Omissis*, vid. supra]. Artículo 30. **Alcance de las Restricciones.** Las restricciones permitidas, de acuerdo con esta Convención, al goce y ejercicio de los derechos y libertades reconocidas en la misma, no pueden ser aplicadas sino conforme a leyes que se dictaren por razones de interés general y con el propósito para el cual han sido establecidas".

[A3/1983, párr. 51]

§ 98

El artículo 29 de la Convención contiene normas específicas de interpretación incorporadas en la misma: Artículo 29. **Normas de Interpretación** [*Omissis*, *vid*. supra] La redacción de esta disposición está hecha con el criterio central de que no se entienda que la misma tuvo por objeto, de alguna manera, permitir que los derechos y libertades de la persona humana pudieran ser suprimidos o limitados, en particular aquellos previamente reconocidos por un Estado.

[A4/1984, párr. 20]

§ 99

Antes de entrar a estudiar los literales a) y b) del artículo 13.2 de la Convención, a la luz de lo que interesa en la presente consulta, la Corte analizará el significado de la expresión "necesarias para asegurar", empleada en el mismo artículo. Para ello debe considerarse el objeto y el fin del tratado teniendo presentes los criterios de interpretación resultantes de los artículos 29 c) y d) y 32.2 según los cuales: Artículo 29. **Normas de Interpretación.** Ninguna disposición de la presente Convención puede ser interpretada en el sentido de: ... c) excluir otros derechos y garantías que son inherentes al ser humano o que se derivan de la forma democrática representativa de gobierno, y d) excluir o limitar el efecto que puedan producir la Declaración Americana de Derechos y Deberes del Hombre y otros actos internacionales de la misma naturaleza. Artículo 32. **Correlación entre Deberes y Derechos...** 2. Los derechos de cada persona están limitados por los derechos de los demás, por la seguridad de todos y por las justas exigencias del bien común, en una sociedad democrática. Igualmente debe tenerse presente lo señalado en el Preámbulo donde los Estados signatarios reafirman "su propósito de consolidar, en este Continente, dentro del cuadro de las instituciones democráticas, un régimen de libertad personal y de justicia social, fundado en el respeto de los derechos esenciales del hombre".

[A5/1985, párr. 41]

§ 100

Es cierto que la Convención Europea utiliza la expresión "necesarias en una sociedad democrática", mientras que el artículo 13 de la Convención Americana omite esos términos específicos. Sin embargo, esta diferencia en la terminología pierde significado puesto que la Convención Europea no contiene ninguna provisión comparable con el artículo 29 de la Americana, que dispone reglas para interpretar sus disposiciones y prohíbe que la interpretación pueda "excluir otros derechos y garantías... que se derivan de la forma democrática representativa de gobierno". Debe enfatizarse, también, que el artículo 29 d) de la Convención Americana prohíbe toda interpretación que conduzca a "excluir o limitar el efecto que puedan producir la Declaración Americana de Derechos y Deberes del Hombre...", reconocida como parte del sistema normativo por los Estados Miembros de la OEA en el artículo 1.2 del Estatuto de la Comisión. El artículo XXVIII de la Declaración Americana de los Derechos y Deberes del Hombre por su parte, dice lo siguiente: Los derechos de cada hombre están limitados por los derechos de los demás, por la seguridad de todos y por las justas exigencias del bienestar general y del desenvolvimiento democrático. Las justas exigencias de la democracia deben, por consiguiente, orientar la interpretación de la Convención y, en particular, de aquellas disposiciones que están críticamente relacionadas con la preservación y el funcionamiento de las instituciones democráticas.

[A5/1985, párr. 44]

§ 101

La Corte expresó al respecto en anterior ocasión que: Es posible entender el bien común, dentro del contexto de la Convención, como un concepto referente a las condiciones de la vida social que permiten a los integrantes de la sociedad alcanzar el mayor grado de desarrollo personal y la mayor vigencia de los valores democráticos. En tal sentido, puede considerarse como un imperativo del bien común la organización de la vida social en forma que se fortalezca el funcionamiento de las instituciones democráticas y se preserve y promueva la plena realización de los derechos de la persona humana... No escapa a la Corte, sin embargo, la dificultad de precisar de modo unívoco los conceptos de "orden público" y "bien común", ni que ambos conceptos pueden ser usados tanto para afirmar los derechos de la persona frente al poder público, como para justificar limitaciones a esos derechos en nombre de los intereses colectivos. A este respecto debe subrayarse que de ninguna manera podrían invocarse el "orden público" o el "bien común" como medios para suprimir un derecho garantizado por la Convención o para desnaturalizarlo o privarlo de contenido real (ver el art. 29.a de la Convención). Esos conceptos, en cuanto se invoquen como fundamento de limitaciones a los derechos humanos, deben ser objeto de una interpretación estrictamente ceñida a las "justas exigencias" de "una sociedad democrática" que tenga en cuenta el equilibrio entre los distintos intereses en juego y la necesidad de preservar el objeto y fin de la Convención (**La colegiación obligatoria de periodistas (arts. 13 y 29 Convención Americana sobre Derechos Humanos**), *Opinión consultiva* OC-5/85 del 13 de noviembre de 1985. Serie A, n° 5, párrs. 66 y 67).

[A6/1986, párr. 31]

§ 102

La Corte agrega que, además de lo expresado, existen otras garantías que resultan del artículo 29.c) de la Convención que dice: Artículo 29. **Normas de Interpretación.** Ninguna disposición de la presente Convención puede ser interpretada en el sentido de: ... c) excluir otros derechos y garantías que son inherentes al ser humano o que se derivan de la forma democrática representativa de gobierno.

[A9/87, párr. 34]

§ 103

Así entendidas, las "garantías... que se derivan de la forma democrática de gobierno", a que se refiere el artículo 29.c), no implican solamente una determinada organización política contra la cual es ilegítimo atentar, sino la necesidad de que ella esté amparada por las garantías judiciales que resulten indispensables para el control de legalidad de las medidas tomadas en situación de emergencia, de manera que se preserve el Estado de Derecho.

[A9/1987, párr. 37]

§ 104

En consecuencia **LA CORTE, ES DE OPINIÓN,** por unanimidad [*Omissis*]. 2. También deben considerarse como garantías judiciales indispensables que no pueden suspenderse, aquellos procedimientos judiciales, inherentes a la forma democrática representativa de gobierno (art. 29.c), previstos en el derecho interno de los Estados Partes como idóneos para garantizar la plenitud del ejercicio de los derechos a que se refiere el artículo 27.2 de la Convención y cuya supresión o limitación comporte la indefensión de tales derechos.

[A9/1987, párr. 41]

§ 105

Resultan igualmente pertinentes en esta materia los criterios que se desprenden del artículo 29 de la Convención Americana que dicen: [*Omissis*]

[A15/1997, párr. 30]

§ 106

Este Tribunal considera que el artículo 8.1 de la Convención debe interpretarse de manera amplia de modo que dicha interpretación se apoye tanto en el texto literal de esa norma como en su espíritu, y debe ser apreciado de acuerdo con el artículo 29, inciso c) de la Convención, según el cual ninguna disposición de la misma puede interpretarse con exclusión de otros derechos y garantías inherentes al ser humano o que se deriven de la forma democrática representativa de gobierno.

[C36/1998, párr. 96]

§ 107

El preámbulo de la Convención Americana comienza haciendo referencia a las instituciones democráticas, como marco general del régimen de libertades y derechos que busca consolidar la propia Convención. El artículo 29.c) de la misma establece, por otra parte, que ninguna de sus disposiciones puede ser interpretada en un sentido que permita "excluir [...] derechos o garantías [...] que se derivan de la forma democrática representativa de gobierno". Estas previsiones (y quizá también la contenida en el artículo 32.2, sobre la sujeción de los derechos de toda persona a las exigencias propias del bien común en una sociedad democrática) expresan un compromiso de la Convención con la democracia política representativa que va más allá de lo que podría colegirse del mero artículo 23, referente a los derechos políticos del individuo (votar y ser elegido, etc.). Todo esto conduce a la constatación de que la Convención Americana establece tres esquemas normativos de protección: en primer lugar, el que obra en los artículos referentes a los distintos derechos amparados (artículos 3 a 25); en segundo lugar, el plasmado en los artículos 1.1 y 2, que consagran el deber de respetar y garantizar dichos derechos y el de adoptar las disposiciones y medidas internas que sean necesarias para tales fines; y en tercer lugar, el que, de acuerdo con lo planteado en el párrafo anterior, vincula de alguna manera la protección de los correspondientes derechos a un entorno de democracia política. Pues bien: la atribución a los tribunales militares de la facultad de juzgar civiles representa para comenzar una ruptura con el principio democrático de la división de poderes, porque trae a la órbita gubernamental una función propia de otra rama del poder público, la judicial. De contera, en la situación sometida al examen de la Corte esa ruptura se ha efectuado bajo una modalidad particular, especialmente censurable, la que consiste en asignar a la institución que encarna la quintaesencia del poder ejecutivo y coercitivo del Estado, la delicada tarea de recoger pruebas sobre determinados hechos, apreciar el peso de las mismas y valorar, a luz de un determinado cuerpo de normas, lo que resulte probado, para deducir los efectos que correspondan en derecho. Esto implica ya de suyo colocar un segmento de la actividad estatal por fuera de los cánones de la moderna democracia política pero comporta, además, el riesgo de afectar nocivamente la estructura y el funcionamiento de porciones más amplias de la institucionalidad democrática. El tema de la vinculación de la protección de los derechos humanos a un contexto político e institucional democrático tendría, sin embargo, que ser objeto de desarrollo jurisprudencial antes de que pudieran emitirse condenas específicas de violación de la Convención Americana por motivos relacionados con dicha vinculación. Entre tanto, la Corte ha basado sus reproches a la aplicación de la justicia militar a los civiles en el sólido terreno que proporciona el artículo 8.1 de la Convención. No creo que pueda formularse reparo alguno por ello.

[C52/1999: Voto Juez De Roux Rengifo, s/p]

§ 108

Para establecer si la conducta del Estado en el caso en análisis se ajustó o no [a] la Convención Americana, esta Corte considera oportuno recordar que el Preámbulo de la Convención reafirma el propósito de los Estados Americanos de "consolidar en [el] Continente, dentro del cuadro de las instituciones democráticas, un régimen de libertad personal y de justicia social fundado en el respeto de los derechos y deberes esenciales del hombre". Este requerimiento se ajusta a la norma de interpretación consagrada en el artículo 29.c de la Convención. Los hechos del presente caso contrastan con aquellas exigencias convencionales.

[C71/2001]

§ 109

El Preámbulo de la Convención reafirma el propósito de los Estados americanos de "consolidar en [el] Continente [americano], dentro del cuadro de las instituciones democráticas, un régimen de libertad personal y de justicia social, fundado en el respeto de los derechos esenciales del hombre". Asimismo, el artículo 29.c de la Convención señala que ninguna disposición de este tratado puede ser interpretada en el sentido de "excluir otros derechos y garantías que son inherentes al ser humano o que se derivan de la forma democrática representativa de gobierno".

[C72/2001, párr. 105]

§ 110

Esa noción sustantiva deberá analizarse a la luz de varios preceptos de la Convención y de diversa jurisprudencia de la Corte. Entre aquéllas se hallan las disposiciones acerca de la interpretación del Pacto de San José, particularmente las que prohíben interpretarlo en forma que pudiera "excluir otros derechos y garantías que son inherentes al ser humano o que se derivan de la forma democrática representativa de gobierno" (art. 29, c), así como "excluir o limitar el efecto que puedan producir la Declaración Americana de Derechos y Deberes del Hombre y otros actos internacionales de la misma naturaleza" (art. 29, d); las que se refieren a restricciones admisibles, que "no pueden ser aplicadas sino conforme a leyes que se dictaren por razones de interés general y con el propósito para el cual han sido establecidas" (art. 30); y las que conciernen al límite de los derechos de cada uno: "los derechos de los demás, (…) la seguridad de todos y (…) las justas exigencias del bien común, en una sociedad democrática" (art. 32.2).

[C126/2005: Voto García Ramírez, párr. 3]

§ 111

La jurisprudencia de la Corte ha utilizado el artículo 29 de la Convención en tres ámbitos diferentes. En primer lugar, la Corte ha invocado las "Normas de Interpretación" del artículo 29 para precisar el contenido de ciertas disposiciones de la Convención. El literal a) ha sido utilizado para delimitar el alcance de las restricciones a las garantías establecidas en la Convención. De la misma forma, utilizando el literal b) de dicho artículo, la Corte ha interpretado las garantías de la Convención a la luz de estándares establecidos en otros instrumentos internacionales y en normas de derecho interno. Asimismo, se ha utilizado el literal c) para interpretar los derechos convencionales a la luz de los derechos que derivan de la forma democrática representativa de gobierno.

[C182/2008, párr. 217]

§ 112

Si bien cada uno de los derechos contenidos en la Convención tiene su ámbito, sentido y alcance propios, en ciertas ocasiones, por las circunstancias particulares del caso o por la necesaria interrelación que guardan, se hace necesario analizarlos en conjunto para dimensionar apropiadamente las posibles violaciones y sus consecuencias. En el presente caso, la Corte analizará la controversia subsistente por las alegadas violaciones de los derechos políticos, la libertad de expresión y la libertad de asociación conjuntamente, en el entendido que estos derechos son de importancia fundamental dentro del Sistema Interamericano por estar estrechamente interrelacionados para posibilitar, en conjunto, el juego democrático. Además, el Senador Cepeda Vargas era, a la vez, dirigente de la UP y del PCC, comunicador social y parlamentario, por lo que no es necesario escindir sus actividades para determinar cuál de ellas fue origen o causa de cada una de estas violaciones alegadas, pues ejercía esos derechos en un mismo período, contexto y situación de desprotección ya señalada.

[C213/2010, párr. 171]

§ 113

Sin embargo, estimo que la Sentencia debió poner mayor y detallado énfasis en el ataque antidemocrático que profirió el poder político al Tribunal Constitucional en este caso. Así, si bien la Corte IDH declaró la violación al artículo 8.1 de la Convención Americana, por la transgresión del derecho a ser oído y a la garantía de competencia en perjuicio de las ocho víctimas, como consecuencia de su cese arbitrario y los juicios políticos realizados; debió también profundizar sobre la violación del artículo 8 desde la perspectiva de la salvaguarda que profesa el Sistema Interamericano al Estado democrático de derecho y, en especial, a la independencia de los jueces que lo operan, y que lo hacen resistente a los embates del poder político. Asimismo, la Sentencia debió avanzar en un desarrollo jurisprudencial más profundo de la propia Carta Democrática Interamericana, en específico, en relación a lo que consagra su artículo 3. La función contenciosa del Tribunal Interamericano consiste en resolver las controversias que la Comisión Interamericana y las partes le proponen en un caso en concreto; es indudable que también tiene como misión ser garante de los principios que integran el Sistema Interamericano de Derechos Humanos. Esto se logra, guiando con la interpretación el significado de dichos principios, a fin de esclarecerlos. De tal suerte, que decidir la litis y el alcance del derecho entre las partes es uno de los cometidos de la jurisdicción interamericana, pero no el único, ya que también tiene a su cargo la función interpretativa de la Convención Americana, cuya importancia se incrementa a partir del muy reducido número de casos de los que conoce.

[C268/2013, Voto Ferrer Mac Gregor, párr. 67]

Justicia constitucional

Véase: ESTADO DE DERECHO: Control de constitucionalidad §§ 161, 165

§ 114

Como se ha demostrado, el Tribunal Constitucional quedó desarticulado e incapacitado para ejercer adecuadamente su jurisdicción, sobre todo en cuanto se refiere al control de constitucionalidad, ya que el artículo 4 de la Ley Orgánica de dicho Tribunal exige el voto conforme de seis de los siete magistrados que lo integran para la declaratoria de la inconstitucionalidad de las leyes. El Tribunal Constitucional es una de las instituciones democráticas que garantizan el Estado de Derecho. La destitución de los magistrados y la omisión por parte del Congreso de designar a los sustitutos conculcó *erga omnes* la posibilidad de ejercer el control de constitucionalidad y el consecuente examen de la adecuación de la conducta del Estado a la Constitución.

[C71/2001, párr. 112]

§ 115

En cierto sentido, la tarea de la Corte se asemeja a la que realizan los tribunales constitucionales. Estos examinan los actos impugnados –disposiciones de alcance general– a la luz de las normas, los principios y los valores de las leyes fundamentales. La Corte Interamericana, por su parte, analiza los actos que llegan a su conocimiento en relación con normas, principios y valores de los tratados en los que funda su competencia contenciosa. Dicho de otra manera, si los tribunales constitucionales controlan la "constitucionalidad", el tribunal internacional de derechos humanos resuelve acerca de la "convencionalidad" de esos actos. A través del control de constitucionalidad, los órganos internos procuran conformar la actividad del poder público –y, eventualmente, de otros agentes sociales– al orden que entraña el Estado de Derecho en una sociedad democrática. El tribunal interamericano, por su parte, pretende conformar esa actividad al orden internacional acogido en la convención fundadora de la jurisdicción interamericana y aceptado por los Estados partes en ejercicio de su soberanía.

[C114/2004: Juez García Ramírez, párr. 3]

§ 116

En otras ocasiones he cotejado la función de los tribunales internacionales de derechos humanos con la misión de las cortes constitucionales internas. Estas tienen a su cargo velar por el Estado de Derecho a través del juzgamiento sobre la subordinación de actos de autoridades a la ley suprema de la nación. En el desarrollo de la justicia constitucional ha aparecido una jurisprudencia de principios y valores –principios y valores del sistema democrático– que ilustra el rumbo del Estado, brinda seguridad a los particulares y establece el derrotero y las fronteras en el quehacer de los órganos del Estado. Desde otro ángulo, el control de constitucionalidad, como valoración y decisión sobre el acto de autoridad sometido a juicio, se encomienda a un órgano de elevada jerarquía dentro de la estructura jurisdiccional del Estado (control concentrado) o se asigna a los diversos órganos jurisdiccionales en lo que respecta a los asuntos de los que toman conocimiento conforme a sus respectivas competencias (control difuso).

[C158/2006: Juez García Ramírez, párr. 4]

Límites de la libertad

Véase: Actividad legislativa democrática § 3

Democracia representativa formal y ejercicio efectivo § 45

Derecho constitucional democrático § 60

Interpretación democrática de la Convención §§ 97, 110, 111

ESTADO DE DERECHO: Estado de derecho y legalidad democrática §§ 203, 210, 214. Leyes § 246 ss.

SEGURIDAD Y ORDEN PÚBLICO DEMOCRÁTICO:Orden público y bien común; § 344; Restricciones a los derechos (justas exigencias de la democracia y especificidades de la vida en sociedad) § 347 ss.

DIGNIDAD HUMANA Y JUSTICIA DEMOCRÁTICA: Derecho a la libertad personal § 402; Derecho penal y justicia democrática § 409

DERECHOS INMATERIALES O DE LA PERSONALIDAD: Acreditación de periodistas § 477; Despenalización de la injurias y calumnias y sus límites § 516; Libertad de pensamiento y expresión §§ 538, 543, 550, 552; Límites de la crítica por los funcionarios § 563; Protección de la honra y de la dignidad § 568

§ 117

La resolución adoptada por la Corte, que plenamente comparto, toma en cuenta, en un extremo, el doble valor de la libertad de expresión al que antes me referí, y en el otro, los límites que tiene el ejercicio de esa libertad. La proclamación de los derechos básicos como estatuto radical del ser humano –proclamación que marca el advenimiento del hombre moderno: ya no vasallo, sino ciudadano, titular de derechos en su simple condición de ser humano– se hizo conjuntamente con otra manifestación enfática recogida en los mismos documentos: la frontera que aquellos encuentran en los derechos de los otros hombres. Bien que se tenga y ejerza un derecho, a condición de que esa titularidad y ese ejercicio no despojen a los conciudadanos de la titularidad y el ejercicio de sus propios derechos. Este lindero, anunciado por las declaraciones clásicas y retenido por los instrumentos modernos, se expresa en diversos conceptos: sea el derecho subjetivo ajeno, sea la seguridad de todos y las justas exigencias del bienestar general y el desenvolvimiento democrático, para usar, ejemplificativamente, las palabras de la Declaración Americana (artículo XXVII), que repercute en el Pacto de San José (artículo 32.1).

[C107/2004: Juez Gacía Ramírez, párr. 7]

§ 118

El segundo límite de toda restricción se relaciona con la finalidad de la medida restrictiva; esto es, que la causa que se invoque para justificar la restricción sea de aquellas permitidas por la Convención Americana, previstas en disposiciones específicas que se incluyen en determinados derechos (por ejemplo las finalidades de protección del orden o salud públicas, de los artículos 12.3, 13.2.b y 15, entre otras), o bien, en las normas que establecen finalidades generales legítimas (por ejemplo, "los derechos y libertades de las demás personas", o "las justas exigencias del bien común, en una sociedad democrática", ambas en el artículo 32).

[C184/2008, párr. 180]

Límite de las mayorías

Véase: SEGURIDAD Y ORDEN PÚBLICO DEMOCRÁTICO: Amnistías (o autoamnistías) §§ 280 ss.

§ 119

El hecho de que la Ley de Caducidad haya sido aprobada en un régimen democrático y aún ratificada o respaldada por la ciudadanía en dos ocasiones no le concede, automáticamente ni por sí sola, legitimidad ante el Derecho Internacional. La participación de la ciudadanía con respecto a dicha Ley, utilizando procedimientos de ejercicio directo de la democracia –recurso de referéndum (párrafo 2° del artículo 79 de la Constitución del Uruguay)– en 1989 y –plebiscito (literal A del artículo 331 de la Constitución del Uruguay) sobre un proyecto de reforma constitucional por el que se habrían declarado nulos los artículos 1 a 4 de la Ley– el 25 de octubre del año 2009, se debe considerar, entonces, como hecho atribuible al Estado y generador, por tanto, de la responsabilidad internacional de aquél.

[C221/2011, párr. 238]

§ 120

La sola existencia de un régimen democrático no garantiza, *per se*, el permanente respeto del Derecho Internacional, incluyendo al Derecho Internacional de los Derechos Humanos, lo cual ha sido así considerado incluso por la propia Carta Democrática Interamericana. La legitimación democrática de determinados hechos o actos en una sociedad está limitada por las normas y obligaciones internacionales de protección de los derechos humanos reconocidos en tratados como la Convención Americana, de modo que la existencia de un verdadero régimen democrático está determinada por sus características tanto formales como sustanciales, por lo que, particularmente en casos de graves violaciones a las normas del Derecho Internacional de los Derechos, la protección de los derechos humanos constituye un límite infranqueable a la regla de mayorías, es decir, a la esfera de lo "susceptible de ser decidido" por parte de las mayorías en instancias democráticas, en las cuales también debe primar un "control de convencionalidad", que es función y tarea de cualquier autoridad pública y no sólo del Poder Judicial. En este sentido, la Suprema Corte de Justicia ha ejercido, en el Caso *Nibia Sabalsagaray Curutchet*, un adecuado control de convencionalidad respecto de la Ley de Caducidad, al establecer, inter alia, que "el límite de la decisión de la mayoría reside, esencialmente, en dos cosas: la tutela de los derechos fundamentales (los primeros, entre todos, son el derecho a la vida y a la libertad personal, y no hay voluntad de la mayoría, ni interés general ni bien común o público en aras de los cuales puedan ser sacrificados) y la sujeción de los poderes públicos a la ley". Otros tribunales nacionales se han referido también a los límites de la democracia en relación con la protección de derechos fundamentales.

[C221/2011, párr. 239]

§ 121

Lo anterior conduce a la tercera observación, a saber, que ese reconocimiento centraría la discusión básicamente en lo ocurrido durante los gobiernos democráticos que el Estado ha tenido desde 1985 a la actualidad y, en especial, en cuanto a la aplicación, en el caso en cuestión y en parte de esa época, de la Ley de Caducidad. En esta perspectiva, es que se deber tener presente que, con respecto al origen de las leyes y a su eventual ilicitud internacional, determinada conforme al Derecho Internacional y, en consecuencia, con prescindencia de lo que disponga el Derecho Nacional, el Estado incurre en responsabilidad internacional por todo hecho que le sea atribuible y que constituya una violación de una de sus obligaciones internacionales y a tales propósitos se considera hecho del Estado según el Derecho Internacional, en especial, la costumbre internacional, el comportamiento de todo órgano del Estado, ya sea que ejerza funciones legislativas, ejecutivas, judiciales o de otra índole. De ello se desprende, en consecuencia, que para que un hecho considerado internacionalmente ilícito sea atribuible al Estado, se atiende únicamente a que corresponda al comportamiento de uno de sus órganos, contemplando entre éstos a los que ejercen funciones legislativas, por lo que los pronunciamientos directos de la ciudadanía relativos a la aprobación o ratificación de una ley podrían ser estimados como parte de esas funciones y, por ende, que aquella, en el ejercicio de esa facultad, integra el órgano legislativo pertinente. A mayor abundamiento y siempre a que, a los efectos de atribuir el respectivo comportamiento al Estado, el órgano pertinente puede incluso ejercer funciones de "cualquier otra índole", esto es, distintas, por tanto, a las ejecutivas, legislativas o judiciales, con lo que podría incluirse entre aquellas funciones, entre otras, las que corresponden a la democracia directa. Por tanto, también la ciudadanía toda, en el ejercicio sea de ésta sea de la función legislativa, podría infringir una norma de Derecho Internacional y, consecuentemente, comprometer la responsabilidad internacional del Estado. Es por tal razón que se estima que la sola existencia de un régimen democrático no garantiza, per se, el permanente respeto del Derecho Internacional, incluyendo al Derecho Internacional de los Derechos Humanos. Así ha sido, por lo demás, considerado por la propia Carta Democrática Interamericana, la que si bien señala en su artículo 3° que el respeto de los derechos humanos es un elemento esencial de la democracia y en su artículo 7°, que ésta es indispensable para el ejercicio efectivo de las libertades fundamentales y los derechos humanos, igualmente reitera en su artículo 8°, el derecho de toda persona que considere que sus derechos humanos han sido violados a interponer las denuncias o peticiones pertinentes ante el sistema interamericano de derechos humanos, con lo que excluiría, para estos casos, el recurso ante los órganos políticos interamericanos encargados de velar por el ejercicio efectivo de la democracia representativa.

[C221/2011: Juez Vio Grossi, s/párr]

Mecanismos políticos de garantía internacional

§ 122

La Organización de los Estados Americanos es un foro de naturaleza política, destinado fundamentalmente a promover la democracia y, consecuentemente, la dignidad del ser humano.

[C123/2005: Juez Ventura Robles, párr. 35]

§ 123

Lo ocurrido con la falta de información sobre el cumplimiento de la sentencia en el Caso *Hilaire, Constantine, Benjamin y otros* contra Trinidad y Tobago, me ha motivado a exponer en este voto razonado en el Caso *Caesar contra Trinidad y Tobago*, las debilidades del sistema en este campo, con la esperanza de que situaciones como las aquí expuestas no se vuelvan a repetir y los Estados Miembros de la OEA, pero especialmente los Estados Partes en la Convención Americana, implementen el mecanismo necesario para que se cumplan cabalmente las sentencias que dicte la Corte Interamericana, porque como ya lo ha dicho reiteradamente este Tribunal, "en una sociedad democrática los derechos y libertades inherentes a la persona, sus garantías y el Estado de Derecho constituyen una tríada, cada uno de cuyos componentes se define, completa y adquiere sentido en función de los otros".

[C123/2005: Juez Ventura Robles, párr. 40]

Nuevas formas de autoritarismo y derecho penal del enemigo

§ 124

Para favorecer sus excesos, las tiranías "clásicas" –permítaseme calificarlas así– que abrumaron a muchos países de nuestro hemisferio, invocaron motivos de seguridad nacional, soberanía, paz pública. Con ese razonamiento escribieron su capítulo en la historia. En aquellas invocaciones había un manifiesto componente ideológico; atrás operaban intereses poderosos. Otras formas de autoritarismo, más de esta hora, invocan la seguridad pública, la lucha contra la delincuencia, para imponer restricciones a los derechos y justificar el menoscabo de la libertad. Con un discurso sesgado, atribuyen la inseguridad a las garantías constitucionales y, en suma, al propio Estado de Derecho, a la democracia y a la libertad.

[C200/2009: Voto Juez García Ramírez, párr. 13]

§ 125

La Sentencia del caso Anzualdo Castro y mi voto personal se suman a esta corriente de reprobación sin reservas. La desaparición forzada corresponde a una práctica que ha sido frecuente bajo regímenes fuertemente autoritarios que actúan más allá de los límites estrictos que caracterizan al sistema penal democrático en el Estado de Derecho. Esto guarda parentesco, muy cercano por cierto, con el Derecho penal del enemigo, que construye un orden jurídico para sancionar, con disposiciones especiales, a los adversarios (los "no ciudadanos"). La desaparición y otras expresiones del mismo linaje reaccionan sin arreglo al Derecho, de manera automática y brutal: no juzgan, suprimen.

[C202/2009: Voto Juez García Ramírez, párr. 2]

Nuevos desafíos del Estado y las organizaciones internacionales

§ 126

Conviene redefinir el quehacer de los Estados en esta hora, que es tiempo de tensiones; redefinir para progresar, no para regresar. Cabría reflexionar sobre su estrategia en el proceso, si se conviene en que el gran propósito del Estado democrático es la protección de los derechos humanos. Asimismo, es pertinente reflexionar sobre el papel de la Organización de los Estados Americanos, que ha proclamado la prioridad de la democracia y los derechos humanos y que podría cultivar aún más el arraigo de esa prioridad y mejorar los medios con que las atienden las instituciones interamericanas, modestamente dotadas. Desde luego, la Organización se vale de los recursos que le allegan sus miembros; esta es la principal dimensión de su fuerza, que pone rumbo y fija marco a sus proyectos. Sin esos recursos –que debieran llegar en forma sustancial y decisiva del propio Continente, no navegar desde otras fuentes– la voluntad política y el progreso efectivo parecen, por lo menos, frágiles.

[A20/2009: Juez García Ramírez, párr. 74]

§ 127

La comunidad interamericana debe observar, con objetividad y constancia, el desempeño del tribunal (Corte I.D.H). La conciencia crítica, el juicio informado y ponderado, el análisis lúcido cumplido con buena fe, son factores indispensables para el adecuado desempeño de este órgano jurisdiccional, como lo son para el buen ejercicio de cualquier instancia judicial doméstica que sirve a los fines de una sociedad democrática.

[A20/2009: Juez García Ramírez, párr. 82]

Oposición en una sociedad democrática

§ 128

En este sentido, es de resaltar que las voces de oposición resultan imprescindibles para una sociedad democrática, sin las cuales no es posible el logro de acuerdos que atiendan a las diferentes visiones que prevalecen en una sociedad. Por ello, la participación efectiva de personas, grupos y organizaciones y partidos políticos de oposición en una sociedad democrática debe ser garantizada por los Estados, mediante normativas y prácticas adecuadas que posibiliten su acceso real y efectivo a los diferentes espacios deliberativos en términos igualitarios, pero también mediante la adopción de medidas necesarias para garantizar su pleno ejercicio, atendiendo la situación de vulnerabilidad en que se encuentran los integrantes de ciertos sectores o grupos sociales.

[C213/2010, párr. 173]

§ 129

En atención a lo anterior, la Corte considera que las amenazas y la desprotección deliberada que enfrentó el Senador Cepeda Vargas, motivadas por su participación en los espacios democráticos a los que tenía acceso, se manifestaron en restricciones o presiones indebidas o ilegítimas de sus derechos políticos, de libertad de expresión y de libertad de asociación, pero también en un quebrantamiento de las reglas del juego democrático. A su vez, al estar reconocido el móvil político del homicidio (supra párr. 73), la Corte considera que la ejecución extrajudicial de un oponente por razones políticas no sólo implica la violación de diversos derechos humanos, sino que atenta contra los principios en que se fundamenta el Estado de Derecho y vulnera directamente el régimen democrático, en la medida que conlleva la falta de sujeción de distintas autoridades a las obligaciones de protección de derechos humanos reconocidos nacional e internacionalmente y a los órganos internos que controlan su observancia.

[C213/2010, párr. 177]

Orden constitucional democrático y sujeción del poder

§ 130

La Corte considera que las actividades de las fuerzas militares y de la policía, y de los demás organismos de seguridad, deben sujetarse rigurosamente a las normas del orden constitucional democrático y a los tratados internacionales de derechos humanos y de Derecho Internacional Humanitario. Esto es especialmente válido respecto a los organismos y las actividades de inteligencia. Estos organismos deben, *inter alia*: a) ser respetuosos, en todo momento, de los derechos fundamentales de la personas, y b) estar sujetos al control de las autoridades civiles, incluyendo no solo las de la rama ejecutiva, sino también las de los otros poderes públicos, en lo pertinente. Las medidas tendientes a controlar las labores de inteligencia deben ser especialmente rigurosas, puesto que, dadas las condiciones de reserva bajo las que se realizan esas actividades, pueden derivar hacia la comisión de violaciones de los derechos humanos y de ilícitos penales, tal y como ocurrió en el presente caso.

[C101/2003, párr. 284]

Piedra angular de la democracia

Véase: Principio de pluralismo democrático § 138

DIGNIDAD HUMANA Y JUSTICIA DEMOCRÁTICA: Derechos de los detenidos e inconformidad democrática § 439

DERECHOS INMATERIALES O DE LA PERSONALIDAD: Libertad de pensamiento y expresión §§ 530, 531, 548, 551, 553, 555

DERECHOS POLÍTICOS, DE ASOCIACIÓN Y DE PARTICIPACIÓN CIUDADANA: Derecho al voto y a ser elegido (sufragio activo y pasivo) § 588.

Partidos y otras organizaciones políticas, § 640

Poder fáctico de los medios de comunicación

Véase: DERECHOS INMATERIALES O DE LA PERSONALIDAD: Despenalización de las calumnias e injurias y sus límites § 522

Política del Estado Democrático

§ 131

Por eso prefiero hablar de "crímenes *desde* el Estado" o "terrorismo *desde* el Estado", es decir, crímenes y terrorismo a través del empleo del poder y de los medios e instrumentos con que cuentan quienes lo detentan, enfilados a delinquir. En forma semejante se puede examinar la expresión "política de Estado", que supone un consenso, una participación social y política, una admisión generalizada, o acaso unánime, generada a través de fines, metas y acuerdos democráticos, que no poseen y que jamás han tenido las conjuras criminales, los pactos de camarilla disfrazados con razones de Estado, consideraciones de bien común, motivos de unidad y paz pública que sólo tendrían sentido moral en una sociedad democrática.

[C153/2006: Juez García Ramírez, párr. 23]

Principio democrático de la división de poderes

Véase: Carta Democrática Interamericana §§ 26, 32

Elementos esenciales de la democracia § 67

Independencia y autonomía de la judicatura § 83

Separación e independencia de los poderes público §§ 154 a 157

SEGURIDAD Y ORDEN PÚBLICO DEMOCRÁTICO: Jurisdicción penal militar §§ 313 ss.

§ 132

En Estados democráticos, caracterizados por la separación de poderes, esa situación es cada vez más frecuente, lo que exige que la actividad del Poder

Ejecutivo –titular de la relación del Estado con los órganos del sistema– con los otros poderes del Estado sea coherente y no esté sujeta a las modificaciones que pueda, plantear la Comisión con posterioridad. Estas consideraciones, en la que el traslado mecánico de las causales de revisión de una sentencia a un informe de la CIDH, cuyo cumplimiento depende de la buena fe del Estado, confirman que el criterio aducido por la Corte para revisar una sentencia no resulta aplicable a un informe de la CIDH.

[A15/1997, párr. 30]

§ 133

Pues bien: la atribución a los tribunales militares de la facultad de juzgar civiles representa para comenzar una ruptura con el principio democrático de la división de poderes, porque trae a la órbita gubernamental una función propia de otra rama del poder público, la judicial. De contera, en la situación sometida al examen de la Corte esa ruptura se ha efectuado bajo una modalidad particular, especialmente censurable, la que consiste en asignar a la institución que encarna la quintaesencia del poder ejecutivo y coercitivo del Estado, la delicada tarea de recoger pruebas sobre determinados hechos, apreciar el peso de las mismas y valorar, a luz de un determinado cuerpo de normas, lo que resulte probado, para deducir los efectos que correspondan en derecho. Esto implica ya de suyo colocar un segmento de la actividad estatal por fuera de los cánones de la moderna democracia política pero comporta, además, el riesgo de afectar nocivamente la estructura y el funcionamiento de porciones más amplias de la institucionalidad democrática.

[C52/99: Juez De Roux Rengifo, 4to.párr]

§ 134

Quiero dejar bien establecido el sentido de las consideraciones que formulo en este momento. No ignoro, en modo alguno, que la Corte Interamericana no es un tribunal penal, ni está llamada a pronunciarse sobre responsabilidades penales individuales a cargo de personas que en el desempeño de sus cargos públicos violaron derechos humanos, incurriendo en conductas tipificadas como delitos o crímenes. Establecer estas responsabilidades individuales concierne sólo a la jurisdicción penal interna –aunque eventualmente pudiera corresponder a la justicia penal internacional, cuando se presentan los supuestos para que ésta intervenga–, y a este respecto el tribunal de derechos humanos no puede adelantar juicio condenatorio individual alguno. Tampoco supongo que un poder del Estado puede predeterminar la conducta de los otros en un régimen democrático de separación de poderes y distribución de funciones. Empero, el reconocimiento de hechos por parte del Estado implica que éste admite la veracidad de esos hechos y adquiere el deber de extraer de ahí las consecuencias correspondientes, tanto penales como de cualquier otro orden.

[C101/2003: Juez García Ramírez, párr. 29]

§ 135

La separación de poderes constituye un elemento sustancial de la democracia constitucional. La independencia judicial (en su faceta individual y colectiva) representa un aspecto indisoluble para la consolidación –y existencia misma– de un genuino Estado constitucional y democrático de Derecho. Particularmente importante es el contexto de este caso, que se relaciona con el "cese masivo de jueces" (en dos semanas) de las tres Altas Cortes de Ecuador, esto es, los integrantes del Tribunal Constitucional, de la Corte Suprema de Justicia y del Tribunal Electoral.

[C268/13: Juez Ferrer Mac Gregor, párr. 1]

§ 136

El presente caso pone de relieve la importancia de uno de los principios definitorios del Estado constitucional y democrático de derecho, como es el de la independencia de los jueces. En términos generales, puede iniciarse afirmando que un juez es independiente si toma sus decisiones basado solamente en el caso, sin estar influido por consideraciones particulares relativas a las partes que no resulten relevantes para el asunto concreto, y si decide libre de consideraciones relacionadas con su propio interés o con intereses de la persona o cuerpo que lo nombró.

[C268/13: Juez Ferrer Mac Gregor, párr. 8]

Principio de pluralismo democrático

Véase: Carta Democrática Interamericana § 15

Elementos esenciales de la democracia § 66

Protección convencional de la democracia § 145

Protección internacional de derechos humanos § 146

SEGURIDAD Y ORDEN PÚBLICO DEMOCRÁTICO: Responsabilidad del Estado § 346; Restricciones a los derechos (Justas exigencias de la democracia y especificidades de la vida en sociedad) § 352

DERECHOS INMATERIALES O DE LA PERSONALIDAD: Libertad de pensamiento y expresión §§ 543, 552

DERECHOS POLÍTICOS: Derechos políticos y sus restricciones §632

§ 137

La Corte reitera que su función es determinar, en ejercicio de su competencia contenciosa como tribunal internacional de derechos humanos, la responsabilidad del Estado bajo la Convención Americana por las violaciones alegadas, y no la responsabilidad de RCTV u otros medios de comunicación social, o de sus directivos, accionistas o empleados, en determinados hechos o sucesos históricos en Venezuela, ni su papel o desempeño como medio de comunicación social. La Corte no hace ninguna determinación de derechos de RCTV, en tanto empresa, corporación o persona jurídica. Aún si fuese cierto que RCTV o su personal han cometido los actos que el Estado les imputa, ello no justificaría el incumplimiento de las obligaciones estatales de respetar y garantizar los derechos humanos. El disenso y las diferencias de opinión e ideas son consustanciales al pluralismo que debe regir en una sociedad democrática.

[C194/2009, párr.62]

§ 138

La libertad de expresión, particularmente en asuntos de interés público, "es una piedra angular en la existencia misma de una sociedad democrática". No sólo debe garantizarse en lo que respecta a la difusión de información o ideas que son recibidas favorablemente o consideradas como inofensivas o indiferentes, sino también en lo que toca a las que resultan ingratas para el Estado o cualquier sector de la población. Tales son las demandas del pluralismo, que implica tolerancia y espíritu de apertura, sin los cuales no existe una sociedad democrática. Cualquier condición, restricción o sanción en esta materia deben ser proporcionadas al fin legítimo que se persigue. Sin una efectiva garantía de la libertad de expresión, se debilita el sistema democrático y sufren quebranto el pluralismo y la tolerancia; los mecanismos de control y denuncia ciudadana pueden volverse inoperantes y, en definitiva, se crea un campo fértil para que arraiguen sistemas autoritarios.

[C194/2009, párr.105, ídem: C195/2009, párr.116; C248/2012, párr. 141]

Principios y valores del sistema democrático

Véase: Actividad legislativa democrática § 1

Carta Democrática Interamericana §§ 17, 19, 26, 30

Democracia representativa formal y su ejercicio §§ 46, 47, 50, 52

Derecho humano a la democracia § 62

Ética democrática (medios y fines) §§ 71, 73, 75, 79

Interpretación democrática de la Convención § 96

Justicia constitucional § 116

Oposición en una sociedad democrática § 129

§ 139

Es posible entender el bien común, dentro del contexto de la Convención, como un concepto referente a las condiciones de la vida social que permiten a los integrantes de la sociedad alcanzar el mayor grado de desarrollo personal y la mayor vigencia de los valores democráticos. En tal sentido, puede considerarse como un imperativo del bien común la organización de la vida social en forma que se fortalezca el funcionamiento de las instituciones democráticas y se preserve y promueva la plena realización de los derechos de la persona humana. De ahí que los alegatos que sitúan la colegiación obligatoria como un medio para asegurar la responsabilidad y la ética profesionales y, además, como una garantía de la libertad e independencia de los periodistas frente a sus patronos, deben considerarse fundamentados en la idea de que dicha colegiación representa una exigencia del bien común.

[A5/85, párr. 66; A6/86, párr.31; C126/2005:
Voto Juez García Ramírez, párr.4]

§ 140

El concepto de derechos y libertades y, por ende, el de sus garantías, es también inseparable del sistema de valores y principios que lo inspira. En una sociedad democrática los derechos y libertades inherentes a la persona, sus garantías y el Estado de Derecho constituyen una tríada, cada uno de cuyos componentes se define, completa y adquiere sentido en función de los otros.

[A8/1987, párr. 26; A9/1987, párr. 35; A13/1993, párr. 31; A17/2002,
párr.92; A18/2003: Voto Juez Abreu Burelli, párr. IV; C101/2002: Juez
Abreu Burelli, párr. III; C123/2005: Juez Ventura Robles, párr. 40;
C126/2005: Juez García Ramírez, párr. 4; C127/2005, párr. 191]

§ 141

Obviamente, el Estado debe proveer a la seguridad pública y a la seguridad nacional, cuya protección constituye un deber fundamental del Estado. Sin embargo, no es menos obvio que se debe cumplir esa obligación sin menoscabo del Estado de Derecho y del respeto escrupuloso de los derechos humanos, que también constituye un deber fundamental del poder público en la medida en que, como se ha afirmado a partir de las grandes declaraciones de derechos del siglo XVIII –de las que proviene el concepto contemporáneo de los derechos humanos y que se hallan en el origen y el fundamento del Estado moderno– la protección de los derechos humanos es la finalidad de la asociación política. El combate enérgico contra los delitos que agravian a la sociedad y ponen en peligro su propia subsistencia y sus valores más elevados, no debe hacerse con menoscabo del propio Estado de Derecho, el sistema democrático y los derechos esenciales de los ciudadanos.

[C103/2003: Juez García Ramírez, párr. 6]

§ 142

Como se ha dicho –y conviene insistir en ello–, lo que caracteriza al Estado de Derecho en el marco de una sociedad democrática y en atención a los valores y principios que caracterizan a ésta, es el reconocimiento o la asignación de funciones y papeles propios, debidamente caracterizados, al Estado, la sociedad y los individuos, y la específica relación, con todas sus expresiones y consecuencias, que existe entre esos tres sujetos. El carácter de aquellas funciones y la naturaleza de esa relación –y su prueba de "fuego", si se permite la expresión– quedan de manifiesto sobre todo en circunstancias críticas, tales como las que se plantean cuando la autoridad del Estado interviene, con toda su potencia, en la custodia de inculpados, la ejecución de condenas y el control de movimientos colectivos, espontáneos o provocados.

[C160/2006: Juez García Ramírez, párr. 34]

§ 143

Tratándose del debido proceso y garantías, esta Corte ha señalado que los Estados tienen la obligación de reconocer y respetar los derechos y libertades de la persona humana, así como proteger y asegurar su ejercicio a través de las respectivas garantías (artículo 1.1), medios idóneos para que aquéllos sean efectivos en toda circunstancia, tanto el *corpus iuris* de derechos y libertades como las garantías de éstos, son conceptos inseparables del sistema de valores y principios característico de la sociedad democrática. Entre estos valores fundamentales figura la salvaguarda de los niños, tanto por su condición de seres humanos y la dignidad inherente a éstos, como por la situación especial en que se encuentran. En razón de su nivel de desarrollo y vulnerabilidad, requieren protección que garantice el ejercicio de sus derechos dentro de la familia, de la sociedad y con respecto al Estado. Estas consideraciones se deben proyectar sobre la regulación de los procesos, judiciales o administrativos, en los que se resuelva acerca de derechos de los niños y, en su caso, de las personas bajo cuya potestad o tutela se hallan aquéllos.

[C260/2013, párr. 144]

Protección convencional de la democracia

Véase: Agotamiento de recursos internos dentro del Estado § 7

Atentados contra el orden democrático §§ 11, 12, 13

Carta Democrática Interamericana § 19

Contexto democrático de los derechos humanos §§ 35, 36

Control judicial (de constitucionalidad y de convencionalidad) de los juicios políticos § 41

Democracia representativa formal y su ejercicio § 50

Derecho humano a la democracia § 64

Interpretación democrática de la Convención §§ 99, 100, 113

§144

El tema de la vinculación de la protección de los derechos humanos a un contexto político e institucional democrático tendría, sin embargo, que ser objeto de desarrollo jurisprudencial antes de que pudieran emitirse condenas específicas de violación de la Convención Americana por motivos relacionados con dicha vinculación. Entre tanto, la Corte ha basado sus reproches a la aplicación de la justicia militar a los civiles en el sólido terreno que proporciona el artículo 8.1 de la Convención. No creo que pueda formularse reparo alguno por ello.

[C52/1999: Juez de Roux Rengifo, 5to. Párr.]

§ 145

La Corte Europea de Derechos Humanos ha señalado que [la] función supervisora [de la Corte le] impone [...] prestar una atención extrema a los principios propios de una 'sociedad democrática'. La libertad de expresión constituye uno de los fundamentos esenciales de tal sociedad, una de las condiciones primordiales para su progreso y para el desarrollo de los hombres. El artículo 10.2 [de la Convención Europea de Derechos Humanos] es válido no sólo para las informaciones o ideas que son favorablemente recibidas o consideradas como inofensivas o indiferentes, sino también para aquellas que chocan, inquietan u ofenden al Estado o a una fracción cualquiera de la población. Tales son las demandas del pluralismo, la tolerancia y el espíritu de apertura, sin las cuales no existe una 'sociedad democrática'. Esto significa que toda formalidad, condición, restricción o sanción impuesta en la materia debe ser proporcionada al fin legítimo que se persigue. Por otra parte, cualquiera que ejerce su libertad de expresión asume 'deberes y responsabilidades', cuyo ámbito depende de su situación y del procedimiento técnico utilizado.

[C73/2001, párr. 91]

Protección internacional de derechos humanos

Véase: Tratados sobre derechos humanos y voluntarismo estatal §§ 159, 160

ESTADO DE DERECHO: Debido proceso y garantías § 188; Sujeción constitucional a los tratados de derechos humanos §§ 278, 279

SEGURIDAD Y ORDEN PÚBLICO DEMOCRÁTICO: Defensa y seguridad nacional § 310

§ 146

La Corte reitera que su función es determinar, en ejercicio de su competencia contenciosa como tribunal internacional de derechos humanos, la responsabilidad del Estado bajo la Convención Americana por las violaciones alegadas, y no la responsabilidad de RCTV u otros medios de comunicación social, o de sus directivos, accionistas o empleados, en determinados hechos o sucesos históricos en Venezuela, ni su papel o desempeño como medio de comunicación social. La Corte no hace ninguna determinación de derechos de RCTV, en tanto empresa, corporación o persona jurídica. Aún si fuese cierto que RCTV o su personal han cometido los actos que el Estado les imputa, ello no justificaría el incumplimiento de las obligaciones estatales de respetar y garantizar los derechos humanos. El disenso y las diferencias de opinión e ideas son consustanciales al pluralismo que debe regir en una sociedad democrática.

[C194/2009, párr.62, C195/2009, párr.74]

§ 147

Este Tribunal ha establecido que la salvaguarda de la persona frente al ejercicio arbitrario del poder público es el objetivo primordial de la protección internacional de los derechos humanos. En este sentido, el artículo 25.1 de la Convención contempla la obligación de los Estados Partes de garantizar, a todas las personas bajo su jurisdicción, un recurso judicial efectivo contra actos violatorios de sus derechos fundamentales. A su vez, estos recursos deben ser sustanciados de conformidad con las reglas del debido proceso legal (artículo 8.1), todo ello dentro de la obligación general, a cargo de los mismos Estados, de garantizar el libre y pleno ejercicio de los derechos reconocidos por la Convención a toda persona que se encuentre bajo su jurisdicción (artículo 1.1). La existencia de esta garantía "constituye uno de los pilares básicos, no sólo de la Convención Americana, sino del propio Estado de Derecho en una sociedad democrática en el sentido de la Convención". Lo contrario, es decir, la inexistencia de tales recursos efectivos, coloca a una persona en estado de indefensión , particularmente al enfrentarse al poder punitivo del Estado.

[C207/2009, párr. 128]

§ 148

Tal como ha sido formulada, la reserva al artículo IX de la CIDFP implica el desconocimiento del derecho humano al juez natural en la debida investigación y eventual sanción de los responsables de la comisión de desaparición forzada de personas. La necesidad de asegurar que este tipo de casos sean investigados ante las instancias competentes de conformidad con las obligaciones internacionales, trasciende los intereses de los Estados. La erradicación de la impunidad de las violaciones graves de derechos humanos, como la ocurrida en el presente caso, cuenta con una garantía colectiva, reflejada en el claro y creciente interés de toda la sociedad y de todo Estado democrático de Derecho en fortalecer los mecanismos internacionales de protección en esta materia. La Corte estima que el derecho al juez natural, reconocido en el artículo IX de esta Convención, es indispensable para la consecución de los fines propuestos en la misma.

[C209/2009, párr. 311]

§ 149

La Corte puede rendir buenas cuentas que abarcan tanto las etapas de establecimiento y desarrollo inicial como de consolidación. Sin duda, es un órgano jurisdiccional independiente. En el cumplimiento de este deber –que es una cuestión de principio para la administración de justicia– no ha habido salvedad alguna. Por otra parte, es un tribunal permanente, porque es constante el ejercicio de su jurisdicción, aunque no sea cotidiana la reunión formal del colegio de magistrados. Ha sabido renovar sin extraviar el rumbo, emprender interpretaciones plausibles sin incurrir en aventuras, conciliar las exigencias de la razón con el impulso creativo de la imaginación, justificar su condición de tribunal de derecho sin ignorar la circunstancia en la que actúa y la necesidad de abrir el espacio de los derechos humanos y afianzar el imperio de la democracia. En el haber de estos años –un formidable capítulo en la historia del Derecho interamericano de los derechos humanos– figura la creciente recepción de la jurisprudencia de la Corte en el orden jurídico nacional. Por supuesto, hay que esperar, procurar y exigir más, mucho más.

[A20/2009: Juez García Ramírez, párr. 67]

§ 150

El futuro de la Corte, al que muchos dirigen sus vaticinios, se halla asociado al futuro de una serie de datos de la vida contemporánea, con profunda raíz histórica. Sobre él gravitan los movimientos que se produzcan en conceptos, políticas y prácticas a propósito de la democracia, los derechos humanos, la comunicación entre los órdenes jurídicos nacionales e internacional, la seguridad, las jurisdicciones domésticas, las corrientes y las vertientes de la mundialización. Son diversos los escenarios de estos movimientos, que influirán en el desenvolvimiento y la fuerza de la jurisdicción interamericana: el mundo, América, los Estados de este hemisferio.

[A20/2009: Juez García Ramírez, párr. 71]

§ 151

El tribunal interamericano vigila con rigor el ejercicio de su propia competencia. No se atribuye facultades jurisdiccionales que no le han sido conferidas –atribución que pondría en crisis la seguridad jurídica y, a la postre, el prestigio y la eficacia misma del sistema– ni es foro para la confrontación política entre las fuerzas que disputan el poder en un país, que pueden y deben zanjar sus diferencias por la vía democrática interna.

[A20/2009: Juez García Ramírez, párr. 80]

§ 152

El tribunal internacional –al igual que el juez constitucional interno– está llamado a cumplir una función de primer orden en la sociedad emergente y el Estado que aquélla genera. Esta función, creciente y compleja, concurre a integrar los nuevos espacios para el ejercicio del poder en la democracia.

[A20/2009: Juez García Ramírez, párr. 83]

Roles del Estado, la sociedad y los individuos

Véase: Principios y valores del sistema democrático § 142

DIGNIDAD HUMANA Y JUSTICIA DEMOCRÁTICA: Defensores de derechos humanos §§ 381 ss.

Reorganización de las instituciones del Estado

§ 153

Asimismo, la Corte puntualiza que los hechos del presente caso ocurrieron en el marco de la llamada "racionalización del personal del Congreso de la República", el cual fue justificado por el llamado Gobierno de Emergencia y Reconstrucción Nacional, *inter alia*, como una reorganización o restructuración del órgano legislativo del Estado. La Corte considera que ciertamente los Estados disponen de facultades discrecionales para reorganizar sus instituciones y, eventualmente, para remover personal en función de las necesidades del servicio público y la gestión de intereses de orden público en una sociedad democrática, si bien el ejercicio de esas facultades no puede ser sustraído del pleno respeto a las garantías del debido proceso y protección judicial, pues lo contrario podría someter a los afectados a una actuación arbitraria. No obstante, el Tribunal ha señalado los términos en que analizará la controversia existente en este caso a la luz de las obligaciones estatales derivadas de los artículos 8 y 25 de la Convención Americana, en relación con los artículos 1.1 y 2 de la misma. Por ende, la Corte no entrará a determinar los alcances de ese "proceso de racionalización" como tal, sino si en el contexto histórico señalado y bajo la normativa bajo la cual fueron cesadas, las presuntas víctimas pudieron determinar con certeza jurídica la vía a la cual se podía o se debía acudir para reclamar los derechos que consideraran vulnerados y si les fue garantizado un real y efectivo acceso a la justicia.

[C158/2006, párr. 110]

Separación e independencia de los poderes públicos

Véase: DEMOCRACIA E INSTITUCIONES: Atentados contra el orden democrático....

Carta Democrática Interamericana §§ 16, 26, 32

Derecho humano a la democracia § 62

Independencia y autonomía de la judicatura §§ 83 a 85, 87, 89 a 91

Principio democrático de la división de poderes § Loc.cit

DERECHOS POLÍTICOS, DE ASOCIACIÓN Y DE PARTICIPACIÓN CIUDADANA: *Derecho al voto y a ser elegido (sufragio activo y pasivo)* § 591

Partidos y otras organizaciones políticas § 641

§ 154

La Corte destaca que el artículo 3 de la Carta Democrática Interamericana dispone que "[s]on elementos esenciales de la democracia representativa, entre otros, el respeto a los derechos humanos y las libertades fundamentales; el acceso al poder y su ejercicio con sujeción al estado de derecho; [...] y la separación e independencia de los poderes públicos". La destitución de todos los miembros de la Corte Suprema de Justicia implicó una desestabilización del orden democrático existente en ese momento en Ecuador, por cuanto se dio una ruptura en la separación e independencia de los poderes públicos al realizarse un ataque a las tres Altas Cortes de Ecuador en ese momento. Esta Corte resalta que la separación de poderes guarda una estrecha relación, no sólo con la consolidación del régimen democrático, sino además busca preservar las libertades y derechos humanos de los ciudadanos.

[C266/2013, párr. 179]

§ 155

Desde sus orígenes históricos más remotos, la separación de los poderes no ha dejado de implicar, en relación con el poder judicial, la independencia de éste respecto del poder político. La independencia del poder judicial siempre se ha entendido como una consecuencia necesaria de la separación de los poderes dirigida a garantizar la resistencia de los jueces frente a las presiones o embates tanto del legislativo como del ejecutivo. Así, desde su germen, la independencia de los jueces constituyó una esencia de la separación de los poderes. La independencia de la función judicial puede concebirse como una pieza insustituible del Estado democrático de derecho que además implica otras exigencias adyacentes, como un sistema procesal regular, ordenado y coherente, así como garante de la seguridad jurídica y de los derechos humanos de las personas.

[C266/2013, Voto Juez Ferrer Mac Gregor, párr. 4; C268/2013, Voto Juez Ferrer Mac Gregor, párr. 11]

§ 156

La Corte Interamericana de Derechos Humanos (en adelante "Corte IDH" o "Tribunal Interamericano") ha destacado las raíces democráticas de la independencia judicial en diversas sentencias y opiniones consultivas, y también ha utilizado la Carta Democrática Interamericana para explicitar la importancia de la independencia judicial en los sistemas constitucionales de la región. Al respecto considero importante mencionar que la separación de poderes guarda una estrecha relación no solo con la consolidación del régimen democrático, sino además busca preservar las libertades y derechos humanos de los individuos, evitar la concentración de poder que pueda transformarse en tiranía y opresión, así como permitir el cumplimiento adecuado y eficiente de las finalidades asignadas a cada rama del poder público. Sin embargo, la separación de poderes no solamente implica una especialización de las labores estatales de acuerdo a como hayan sido asignadas, sino que a su vez implica la existencia de un sistema de "frenos y contrapesos", mediante el cual se constituya un control y fiscalización recíproco entre cada rama del poder. De la separación de poderes se desprende, entonces, el ejercicio de un poder limitado, así como susceptible de control y organizado en distintas instancias encargadas de diferentes funciones, con la finalidad esencial de asegurar la libertad de las personas frente al Estado, dentro de un marco de democracia participativa y pluralista.

[C266/2013, Voto Juez Ferrer Mac Gregor, párr. 8; C268/2013, Voto Juez Ferrer Mac Gregor, párr. 15]

§ 157

En lo que interesa destacar en este momento, la Corte IDH ha sostenido que la independencia judicial *constituye una garantía institucional en un régimen democrático que va unido al principio de separación de poderes*, consagrado ahora en el artículo 3 de la Carta Democrática Interamericana. En el caso que nos ocupa, además, debe tenerse en cuenta que la Corte Suprema de Justicia, de la que formaban parte las víctimas en su calidad de magistrados, es ella misma una institución democrática llamada a garantizar el Estado de derecho.

[C266/2013, Voto Juez Ferrer Mac Gregor, párr. 12; C268/2013, Voto Juez Ferrer Mac Gregor, párr. 19]

Suspensión de la institucionalidad democrática

§ 158

Al respecto, cabe destacar la creación de la Comisión de la Verdad y la Reconciliación (en adelante "CVR") en el 2001, la cual tenía la finalidad, inter alia, de esclarecer el proceso, los hechos y responsabilidades de la violencia terrorista y de la violación de los derechos humanos producidos desde mayo de 1980 hasta noviembre de 2000, imputables tanto a las organizaciones terroristas como a los agentes del Estado. Del análisis de miles de denuncias que recibió, dicha Comisión determinó que la mayoría de violaciones correspondió a acciones atribuidas a funcionarios del Estado o personas que actuaron bajo su aquiescencia. En su informe final de 2003 la CVR dedicó un apartado a los hechos sucedidos en el penal Miguel Castro Castro titulado "Las ejecuciones extrajudiciales en el penal de Canto Grande (1992)". En cuanto al contexto presente en mayo de 1992, época de los hechos, es ilustrativo lo señalado por la CVR en el sentido de que a partir del golpe de Estado de 5 de abril de 1992, y con el fin de combatir a grupos subversivos y terroristas, el Estado implementó en las prisiones prácticas incompatibles con la efectiva protección del derecho a la vida y otros derechos, tales como ejecuciones extrajudiciales y tratos crueles e inhumanos, así como el "uso desproporcionado de la fuerza en circunstancias críticas". En cuanto a un contexto más general la CVR también indicó que a partir del golpe de Estado del 5 de abril de 1992 se estableció un régimen de facto que suspendió la institucionalidad democrática del país a través de la abierta intervención en el Poder Judicial, en el Tribunal Constitucional, en el Ministerio Público y en otros órganos constitucionales. Se gobernó por decreto a través del denominado "Gobierno de Emergencia y Reconstrucción Nacional", que concentró durante un breve lapso las funciones ejecutivas y legislativas del Estado, neutralizando en la práctica el control político y judicial sobre sus actos.

[C160/2006, párr. 205]

Tratados sobre derechos humanos y voluntarismo estatal

Véase: Protección internacional de derechos humanos §§ 146 ss.

§ 159

La Corte debe enfatizar, sin embargo, que los tratados modernos sobre derechos humanos, en general, y, en particular, la Convención Americana, no son tratados multilaterales de tipo tradicional, concluidos en función de un intercambio recíproco de derechos, para el beneficio mutuo de los Estados contratantes. Su objeto y fin son la protección de los derechos fundamentales de los seres humanos, independientemente de su nacionalidad, tanto frente a su propio Estado como frente a los otros Estados contratantes. Al aprobar estos tratados sobre derechos humanos, los Estados se someten a un orden legal dentro del cual ellos, por el bien común, asumen varias obligaciones, no en relación con otros Estados, sino hacia los individuos bajo su jurisdicción. El carácter especial de estos tratados ha sido reconocido, entre otros, por la Comisión Europea de Derechos Humanos cuando declaró que las obligaciones asumidas por las Altas Partes Contratantes en la Convención (Europea) son esencialmente de carácter objetivo, diseñadas para proteger los derechos fundamentales de los seres humanos de violaciones de parte de las Altas Partes Contratantes en vez de crear derechos subjetivos y recíprocos entre las Altas Partes Contratantes (*Austria vs. Italy*, Application nº 788/60, European-Yearbook of Human Rights, (1961), vol. 4, p. 140). La Comisión Europea, basándose en el Preámbulo de la Convención Europea, enfatizó, además, que el propósito de las Altas Partes Contratantes al aprobar la Convención no fue concederse derechos y obligaciones recíprocas con el fin de satisfacer sus intereses nacionales sino realizar los fines e ideales del Consejo de Europa... y establecer un orden público común de las democracias libres de Europa con el objetivo de salvaguardar su herencia común de tradiciones políticas, ideas y régimen de derecho (*Ibid.*, p. 138).

[A2/1982, párr. 29]

§ 160

En definitiva, también en el derecho de los tratados, –en relación, *v.g.*, con las reservas y la denuncia (*supra*), así como con otros aspectos,– el voluntarismo de los Estados tiene límites, sin los cuales difícilmente se realizarían el objeto y propósito de los tratados de derechos humanos. En todo caso, si un Estado Parte cumplió efectivamente con el deber general de adecuar su derecho interno a la normativa internacional de protección, muy difícilmente podría efectuar la denuncia, en razón de controles del propio derecho interno en un Estado democrático. Ningún Estado Parte en un tratado de derechos humanos contemplaría, de sana conciencia, la facultad de denuncia (aunque prevista), dado el efecto altamente negativo que tendría ésta sobre el régimen objetivo de protección, inspirado en valores comunes superiores y aplicado en conformidad con la noción de garantía colectiva, que dicho Estado ayudó a establecer y consolidar al ratificar el tratado en cuestión, o al adherir al mismo.

[C36/1998: Juez Cançado Trindade, párr. 22]

Tríada democrática

Véase: Democracia representativa formal y ejercicio efectivo § 43;

Principios y valores del sistema democrático § 112

II. ESTADO DE DERECHO

Conceptualización y desafíos sobre derechos humanos

§ 161

Todos están sometidos al Derecho, en una sociedad democrática en el sentido de la Convención Americana sobre Derechos Humanos, –tanto los gobernados como los gobernantes–. Nadie está sustraído a la protección del Derecho; están protegidas, y con derecho a reparación, tanto las víctimas de violaciones de derechos humanos como las víctimas de actos terroristas. Hay, sin embargo, precisiones a ser formuladas, en cuanto al *derecho aplicable* a las situaciones de unas y otras, como indicaré más adelante (*cf. infra*). Las necesidades contemporáneas de protección se han visto revestidas de dificultades alegadas ante el actual fenómeno de la diversificación de fuentes, estatales y no-estatales, de violaciones de los derechos humanos.

[C181/2008: Voto Juez CançadoTrindade, párr.14]

§ 162

Aunque el *derecho aplicable* sea distinto en diferentes situaciones, de perpetración de ilícitos imputables a agentes estatales o a grupos no-estatales (*cf. infra*), todas las víctimas encuéntranse bajo el manto protector del Derecho (precisamente para evitar la trágica escena de la túnica ensangrentada de Agamemnón). Y todos los responsables, tanto los grupos no-estatales como el propio Estado, encuéntranse bajo el Derecho (el *rule of Law*, la *préeminence du Droit*, en una sociedad democrática), nadie encuéntrase sustraído a la protección o a las prescripciones (incluso punitivas por ilícitos perpetrados) del Derecho. Las propias relaciones jurídicas no pueden ser consideradas *in abstracto*, haciendo abstracción de los justiciables; la "administración" de justicia no puede perder de vista a los justiciables.

[C181/2008: Voto Juez CançadoTrindade, párr.22]

§ 163

Entre tales dificultades, se han identificado algunas, como, por ejemplo: a) los memoriales no garantizan que los abusos y atrocidades del pasado no vuelvan a ocurrir; b) ni siempre ha habido consenso sobre la inclusión de nombres de víctimas en memoriales (*v.g.*, la búsqueda de identificación de "víctimas inocentes"); c) ni siempre la memoria histórica es más aguda poco después de la ocurrencia de los hechos violatorios de los derechos humanos (puede ocurrir que se torne más aguda con el pasar del tiempo); d) la percepción de hechos pasados se altera con el pasar del tiempo; y e) todavía no hay mucha claridad en cuanto a la correlación entre la memorialización de atrocidades pasadas y la creación de un Estado de Derecho estable en sociedades democráticas (en los términos de los tratados de derechos humanos).

[C181/2008: Voto Juez CançadoTrindade, párr.122]

Control de constitucionalidad

Véase: DEMOCRACIA E INSTITUCIONES: Control judicial (de constitucionalidad y de convencionalidad) de los juicios políticos § 40

Instituciones judiciales § 94

Justicia constitucional §§ 114, 116

ESTADO DE DERECHO: Control de convencionalidad § 166

Sujeción constitucional a los tratados de derechos humanos § 279

DIGNIDAD HUMANA Y JUSTICIA DEMOCRÁTICA: Imparcialidad de la justicia § 447

§ 164

En cierto sentido, la tarea de la Corte se asemeja a la que realizan los tribunales constitucionales. Estos examinan los actos impugnados –disposiciones de alcance general– a la luz de las normas, los principios y los valores de las leyes fundamentales. La Corte Interamericana, por su parte, analiza los actos que llegan a su conocimiento en relación con normas, principios y valores de los tratados en los que funda su competencia contenciosa. Dicho de otra manera, si los tribunales constitucionales controlan la "constitucionalidad", el tribunal internacional de derechos humanos resuelve acerca de la "convencionalidad" de esos actos. A través del control de constitucionalidad, los órganos internos procuran conformar la actividad del poder público –y, eventualmente, de otros agentes sociales– al orden que entraña el Estado de Derecho en una sociedad democrática. El tribunal interamericano, por su parte, pretende conformar esa actividad al orden internacional acogido en la convención fundadora de la jurisdicción interamericana y aceptado por los Estados partes en ejercicio de su soberanía.

[C114/2004: Voto Juez García Ramírez, párr. 3]

§ 165

Además, ha quedado demostrado (*supra* párr. 89.27) que la independencia e imparcialidad del Tribunal Constitucional, como una de las instituciones democráticas que garantizan el estado de derecho, se vieron coartadas con la destitución de algunos de sus magistrados, lo que "conculcó *erga omnes* la posibilidad de ejercer el control de constitucionalidad y el consecuente examen de la adecuación de la conducta del Estado a la Constitución". Todo ello generó una situación generalizada de ausencia de garantías e ineficacia de las instituciones judiciales para afrontar hechos como los del presente caso, con la consecuente desconfianza generada hacia dichas instituciones en esa época.

[C158/2006, párr. 109]

Control de convencionalidad

Véase: DEMOCRACIA E INSTITUCIONES: Protección internacional de derechos humanos §§ 146 ss.

§ 166

Se trata de un "sistema de control extenso (vertical y general)" como acertadamente lo ha puesto de relieve el ex juez interamericano Sergio García Ramírez. Al respecto, resultan ilustrativas sus reflexiones vertidas en el voto razonado que formuló con motivo de la Sentencia emitida en el Caso *Trabajadores Cesados del Congreso (Aguado Alfaro y otros) vs. Perú*: 4. En otras ocasiones he cotejado la función de los tribunales internacionales de derechos humanos con la misión de las cortes constitucionales internas. Estas tienen a su cargo velar por el Estado de Derecho a través del juzgamiento sobre la subordinación de actos de autoridades a la ley suprema de la nación. En el desarrollo de la justicia constitucional ha aparecido una jurisprudencia de principios y valores –principios y valores del sistema democrático– que ilustra el rumbo del Estado, brinda seguridad a los particulares y establece el derrotero y las fronteras en el quehacer de los órganos del Estado. Desde otro ángulo, el control de constitucionalidad, como valoración y decisión sobre el acto de autoridad sometido a juicio, se encomienda a un órgano de elevada jerarquía dentro de la estructura jurisdiccional del Estado (control concentrado) o se asigna a los diversos órganos jurisdiccionales en lo que respecta a los asuntos de los que toman conocimiento conforme a sus respectivas competencias (control difuso) (*Omissis*).

[C220/2010: Juez Ad Hoc Ferrer Mc Gregor, párr. 23]

§ 167

En definitiva, la trascendencia de la nueva doctrina sobre el "control difuso de convencionalidad" es de tal magnitud, que probablemente en ella descanse el futuro del Sistema Interamericano de Protección de los Derechos Humanos y, a su vez, contribuirá al desarrollo constitucional y democrático de los Estados nacionales de la región. La construcción de un auténtico "diálogo jurisprudencial" –entre los jueces nacionales y los interamericanos–, seguramente se convertirá en el nuevo referente jurisdiccional para la efectividad de los derechos humanos en el siglo XXI. Ahí descansa el porvenir: en un punto de convergencia en materia de derechos humanos para establecer un auténtico *ius constitutionale commune* en las Américas.

[C220/2010: Juez Ad Hoc Ferrer Mc Gregor, párr. 88]

§ 168

Si bien el control de convencionalidad tiene como característica que puede ser ejercido por las autoridades y tribunales en diversos grados de intensidad (según sean sus competencias y facultades legales), el artículo 25 de la Convención Americana establece claramente el derecho de todas las personas a contar con un recurso judicial efectivo para que la autoridad competente y capaz de emitir una decisión vinculante, determine si ha habido o no una violación a algún derecho fundamental que la persona que reclama estima tener y que en caso de ser encontrada una violación, el recurso sea útil para restituir al interesado en el goce de su derecho y repararlo. Como fue mencionado anteriormente, la existencia de estas garantías, y por extensión de un modelo de ejercicio del control de convencionalidad "constituye uno de los pilares básicos, no sólo de la Convención Americana, sino del propio Estado de Derecho en una sociedad democrática en el sentido de la Convención".

[C276/2014: Juez Ferrer Mc Gregor, párr. 91]

Control judicial

Véase: DEMOCRACIA E INSTITUCIONES: Control judicial (de constitucionalidad y de convencionalidad) de los juicios políticos §§ 37 a 41

§ 169

También estudió la Corte en este caso –e invocó el precedente establecido en otros– las características del acto de control judicial, es decir, de la presencia, actividad y diligencia del juzgador que controla la detención: forma y tiempo. Evidentemente, lo que quiere la normativa garantista de la Convención y de los ordenamientos propios de la sociedad democrática, que cuida los derechos y establece sus garantías, no es la apariencia de control, que pudiera derivar de la mera presencia de una autoridad judicial en determinada actuación, de manera más o menos distante y hasta sigilosa. Lo que se demanda es una efectiva comparecencia –consciente, explicativa, requirente, asistida– del sujeto ante el juez y una verdadera toma de conocimiento por parte de éste, como requisito para un control genuino a través de una resolución motivada y fundada.

[C170/2007: Voto García Ramírez, párr.14]

§ 170

La parte inicial del artículo 7.5 de la Convención dispone que la detención de una persona debe ser sometida sin demora a revisión judicial. La Corte ha entendido que el control judicial inmediato es una medida tendiente a evitar la arbitrariedad o ilegalidad de las detenciones, tomando en cuenta que en un Estado de Derecho corresponde al juzgador garantizar los derechos del detenido, autorizar la adopción de medidas cautelares o de coerción, cuando sea estrictamente necesario, y procurar, en general, que se trate al inculpado de manera consecuente con la presunción de inocencia. En este sentido también se ha pronunciado la Corte Europea, la cual además ha equiparado el término "sin dilación" ("aussitôt") con el término "inmediatamente" ("immédiatement"), y ha establecido que la flexibilidad en la interpretación de este término debe ser limitada. Esto es así, dado que la detención preventiva "es la medida más severa que se puede aplicar a una persona acusada de delito, por lo cual su aplicación debe tener carácter excepcional, limitado por el principio de legalidad, la presunción de inocencia, la necesidad y proporcionalidad, de acuerdo con lo que es estrictamente necesario en una sociedad democrática", pues "es una medida cautelar, no punitiva".

[C180/2008, párr. 107]

§ 171

El artículo 7 de la Convención consagra garantías que representan límites al ejercicio de la autoridad por parte de agentes del Estado. Esos límites se aplican a los instrumentos de control estatales, uno de los cuales es la detención. Dicha medida debe estar en concordancia con las garantías consagradas en la Convención, siempre y cuando su aplicación tenga un carácter excepcional y respete el principio a la presunción de inocencia y los principios de legalidad, necesidad y proporcionalidad, indispensables en una sociedad democrática.

[C229/2011, párr. 71; C237/2011, párr. 53]

Debido proceso y garantías

Véase: DEMOCRACIA E INSTITUCIONES: Control judicial de los juicios políticos §§ 37, 39, 40

Derecho [de acceso] a la justicia § 192

§ 172

Todo esto revela el rol prominente reservado al debido proceso legal en el Estado democrático de Derecho. Por consiguiente, jamás se justificaría una interpretación restrictiva del mismo. La Corte Interamericana siempre ha otorgado un amplio alcance al artículo 8 de la Convención Americana. Lo hizo, con especial énfasis, *v.g.*, en el Caso *Baena Ricardo y Otros versus Panamá* (Sentencia del 02-02-2001, párrs. 124-127), ponderando que, en última instancia, la justicia se realiza a través del debido proceso legal, como "verdadero valor jurídicamente protegido" (párr. 129). A mi juicio, la amplia dimensión del debido proceso legal se desprende de su íntima relación con el derecho de acceso (*lato sensu*) a la justicia.

[C112/2004: Juez CançadoTrindade, párr. 26]

§ 173

Este último encuentra expresión precisamente en el artículo 25 de la Convención Americana. En mi Voto Disidente en el Caso *Genie Lacayo versus Nicaragua* Revisión de Sentencia, Resolución del 29-01-1997), me permití destacar el sentido y alcance del artículo 25 de la Convención Americana en los siguientes términos: "El derecho a un recurso sencillo y rápido y efectivo ante los jueces o tribunales nacionales competentes, consagrado en el artículo 25 de la Convención, es una garantía judicial fundamental mucho más importante de lo que uno pueda *prima facie* suponer, y que jamás puede ser minimizada. Constituye, en última instancia, uno de los pilares básicos no sólo de la Convención Americana, como del propio Estado de Derecho en una sociedad democrática (en el sentido de la Convención). Su correcta aplicación tiene el sentido de perfeccionar la administración de la justicia a nivel nacional, con los cambios legislativos necesarios a la consecución de este propósito. El origen –poco conocido– de esta garantía judicial es latinoamericano: de su consagración originalmente en la Declaración Americana sobre los Derechos y Deberes del Hombre (de abril de 1948), fue trasplantada a la Declaración Universal de los Derechos Humanos (de diciembre de 1948), y de ahí a las Convenciones Europea y Americana sobre Derechos Humanos (artículos 13 y 25, respectivamente), así como al Pacto de Derechos Civiles y Políticos de Naciones Unidas (artículo 2(3)). Bajo la Convención Europea de Derechos Humanos, en particular, ha generado un considerable jurisprudencia, a la par de un denso debate doctrinal".

[C112/2004: Juez CançadoTrindade, párr. 27; C158/2006: Juez CançadoTrindade, párr.1]

§ 174

Habíamos ganado un amplísimo terreno en la procuración del debido proceso. La Corte se ha referido a éste –así, en la *Opinión consultiva* OC-16/99, acerca de "El derecho a la información sobre la asistencia consular", del 1 de octubre de 1999, a la que agregué un *Voto* particular en el que analizo este punto– como un sistema de garantía con poder expansivo. La estática del debido proceso, guarecido en ciertos actos, derechos y garantías inderogables, se ha reforzado con la dinámica moderna de ese concepto: un progreso constante que ha traído consigo, al paso de la consolidación de la democracia y el Estado de Derecho, nuevos derechos y garantías emergentes, que concurren a formar la idea y la práctica más avanzadas del debido proceso.

[C114/2004: Juez García Ramírez, párr. 28]

§ 175

El desvalimiento en el proceso mismo –que es preciso arbolar todos los días, con paciencia y constancia infinitas– se muestra en el asedio sobre algunos de los derechos y garantías que conforman la versión democrática, civilizada, evolucionada del enjuiciamiento. Uno de ellos es el derecho a la información acerca de los cargos que se lanzan sobre el justiciable, y en los que se sustenta la acción del Estado, información que va de la mano del derecho a la defensa oportuna y al silencio del imputado. No se comprende cómo, a estas alturas, en medio del cúmulo de disposiciones constitucionales, legales y convencionales que acreditan esos derechos, de la jurisprudencia que los reivindica, del discurso político que los proclama, todavía persiste su exclusión sistemática.

[C114/2004: Juez García Ramírez, párr. 39]

§ 176

En un sistema democrático es preciso extremar las precauciones para que las sanciones penales se adopten con estricto respeto a los derechos básicos de las personas y previa una cuidadosa verificación de la efectiva existencia de la conducta ilícita.

[C115/2004, párr. 81]

§ 177

El respeto al conjunto de garantías que informan el debido proceso y significan el límite a la regulación del poder penal estatal en una sociedad democrática, se hace especialmente infranqueable y riguroso cuando venga al caso la imposición de la pena de muerte.

[C126/2005, párr. 78]

§ 178

La publicidad de los actos del juicio, entre los que figura la sentencia, constituye un rasgo característico del debido proceso en una sociedad democrática. No son pocos los instrumentos internacionales que enuncian en un mismo giro concentrado "fair trial" y "publichearing". Se trata de incorporar en el enjuiciamiento los ojos y los oídos del pueblo –sin perjuicio de que éste intervenga en el juicio mismo, como sucede cuando la causa se tramita ante el jurado– a título de garantía democrática de la buena marcha de la justicia. La observación pública apoya el despacho adecuado de la función jurisdiccional, a condición de que el juzgador mantenga la vista en los hechos y el derecho, que no deben someterse a ninguna "relectura" bajo la presión pública, y sólo consulte a su razón y a su conciencia. Este es otro de los grandes temas de la impartición de justicia en la sociedad democrática, siempre analizado e insuficientemente resuelto en la práctica.

[C132/2005: Juez García Ramírez, párr. 23]

§ 179

El derecho al proceso público consagrado en el artículo 8.5 de la Convención es un elemento esencial de los sistemas procesales penales acusatorios de un Estado democrático y se garantiza a través de la realización de una etapa oral en la que el acusado pueda tener inmediación con el juez y las pruebas y que facilite el acceso al público.

[C135/2005, párr. 167]

§ 180

Bajo esta perspectiva, se ha señalado que para que el Estado cumpla con lo dispuesto en el citado artículo 25.1 de la Convención no basta con que los recursos existan formalmente, sino es preciso que sean efectivos, es decir, se debe brindar a la persona la posibilidad real de interponer un recurso sencillo y rápido que permita alcanzar, en su caso, la protección judicial requerida ante la autoridad competente. Esta Corte ha manifestado reiteradamente que la existencia de estas garantías "constituye uno de los pilares básicos, no sólo de la Convención Americana, sino del propio Estado de Derecho en una sociedad democrática en el sentido de la Convención".

[C135/2005, párr. 184;C114/2004, párr. 131;
C127/2005, párr. 169; C129/2005, párr. 193]

§ 181

Establecido que el tribunal ha de reunir internamente dichos rasgos de idoneidad, es preciso avanzar sobre los datos externos –ya implícitos en aquéllos– de su desempeño. En este orden figuran las conexiones entre la competencia y la igualdad ante la ley. Se trata, en fin de cuentas, de proyectar sobre el ejercicio de la función judicial otro de los principios radicales del orden democrático: esa igualdad de todas las personas ante la ley, que reclama la existencia de un mismo patrón de enjuiciamiento, sin detrimento de las singularidades derivadas de la materia del litigio y de la incorporación de elementos de igualación cuando contienden individuos con natural "desigualdad de armas", como he manifestado en *Votos* anteriores, en aquellas hipótesis en que la desigualdad real milita contra la igualdad formal.

[C135/2005: Juez García Ramírez, párr. 10]

§ 182

Efectivamente, la protección judicial (artículo 25) y las garantías judiciales (artículo 8) forman conceptualmente un todo orgánico, y conforman el *rule of law* en una sociedad democrática. Los recursos efectivos ante las instancias judiciales nacionales competentes (el *habeas corpus*, el *amparo* en la mayoría de los países latinoamericanos, el *mandado de segurança* en Brasil, entre otros, todos ellos en el sentido del artículo 25 de la Convención Americana) deben ejercerse en el marco, y según los principios, del debido proceso legal (consignados en el artículo 8 de la Convención).

[**C140/2006: Juez Cançado Trindade, párr. 48; C 141/2006: Juez Cançado Trindade, párr. 37**]

§ 183

En la misma línea de razonamiento, también en mi anterior Voto Disidente en el Caso *Caballero Delgado y Santana versus Colombia* (reparaciones, Sentencia del 29-01-1997), desarrollé una hermenéutica integradora de los artículos 8, 25, 1(1) y 2 de la Convención Americana, de nuevo tomándolos en conjunto (párrs. 2-4 y 7-9 del referido Voto), y sosteniendo, al contrario de la Corte, la violación por el Estado demandado de estas cuatro disposiciones convencionales relacionadas inter se. Sobre el derecho a un recurso efectivo bajo el artículo 25 de la Convención, en particular, me permití formular, en mi supra citado Voto Disidente en el Caso *Genie Lacayo versus Nicaragua*, el siguiente señalamiento: "El derecho a un recurso sencillo y rápido y efectivo ante los jueces o tribunales nacionales competentes, consagrado en el artículo 25 de la Convención, es una garantía judicial fundamental mucho más importante de lo que uno pueda prima facie suponer, y que jamás puede ser minimizada. Constituye, en última instancia, uno de los pilares básicos no sólo de la Convención Americana, como del propio Estado de Derecho en una sociedad democrática (en el sentido de la Convención). Su correcta aplicación tiene el sentido de perfeccionar la administración de la justicia a nivel nacional, con los cambios legislativos necesarios a la consecución de este propósito. El origen – poco conocido– de ésta garantía judicial es latinoamericano: de su consagración originalmente en la Declaración Americana sobre los Derechos y Deberes del Hombre (de abril de 1948), fue trasplantada a la Declaración Universal de los Derechos Humanos (de diciembre de 1948), y de ahí a las Convenciones Europea y Americana sobre Derechos Humanos (artículos 13 y 25, respectivamente), así como al Pacto de Derechos Civiles y Políticos de Naciones Unidas (artículo 2(3)). Bajo la Convención Europea de Derechos Humanos, en particular, ha generado un considerable jurisprudencia, a la par de un denso debate doctrinal. Se podría argumentar que, para que el artículo 25 de la Convención Americana pueda tener efectos vis-à-vis actos del Poder Legislativo, por ejemplo, se requiere la incorporación de la Convención Americana en el derecho interno de los Estados Partes. Tal incorporación es indudablemente deseable y necesaria, pero, por el hecho de no haberla efectuado, un Estado Parte no estaría por eso eximido de aplicar siempre la garantía judicial estipulada en el artículo 25. Encuéntrase éste íntimamente ligado a la obligación general del artículo 1(1) de la Convención Americana, el cual, a su vez, atribuye funciones de protección al derecho interno de los Estados Partes. Los artículos 25 y 1(1) de la Convención se refuerzan mutuamente, en el sentido de asegurar el cumplimiento de uno y de otro en el ámbito del derecho interno. Los artículos 25 y 1(1) requieren, conjuntamente, la aplicación directa de la Convención Americana en el derecho interno de los Estados Partes. En la hipótesis de supuestos obstáculos de derecho interno, entra en operación el artículo 2 de la Convención, que requiere la armonización con ésta del derecho interno de los Estados Partes. Éstos últimos se encuentran obligados, por los artículos 25 y 1(1) de la Convención, a establecer un sistema de recursos internos sencillos y rápidos, y a dar aplicación efectiva a los mismos. Si de facto no lo hacen, debido a supuestas lagunas o insuficiencias del derecho interno, incurren en violación de los artículos 25, 1(1) y 2 de la Convención".

[C140/2006: Cançado Trindade, párr. 25; ídem sus otros votos en C45/1997, párr. 18; C112/2004, párr. 27; C141/2006, párr. 12]

§ 184

Pretender amnistiar los responsables por la perpetración de dichos crímenes de Estado es una afrenta al Estado de Derecho en una sociedad democrática. Como sostuve en mi Voto Concurrente en el Caso de *Barrios Altos*, "Las llamadas autoamnistías son, en suma, una afrenta inadmisible al derecho a la verdad y al derecho a la justicia (empezando por el propio acceso a la justicia). Son ellas manifiestamente incompatibles con las obligaciones generales –indisociables– de los Estados Partes en la Convención Americana de respetar y garantizar los derechos humanos por ella protegidos, asegurando el libre y pleno ejercicio de los mismos (en los términos del artículo 1 (1) de la Convención), así como de adecuar su derecho interno a la normativa internacional de protección (en los términos del artículo 2 de la Convención). Además, afectan los derechos protegidos por la Convención, en particular los derechos a las garantías judiciales (artículo 8) y a la protección judicial (artículo 25). (...). Hay otro punto que me parece aún más grave en relación con la figura degenerada –un atentado en contra del propio Estado de Derecho– de las llamadas leyes de autoamnistía. Como los hechos del presente Caso *Barrios Altos* lo revelan –al llevar la Corte a declarar, en los términos del reconocimiento de responsabilidad internacional efectuado por el Estado demandado, las violaciones de los derechos a la vida y a la integridad personal–, dichas leyes afectan derechos inderogables –el *mínimum* universalmente reconocido–, que recaen en el ámbito del *jus cogens*".

[C154/2006: Cançado Trindade, párr. 15]

§ 185

Asimismo, la Corte puntualiza que los hechos del presente caso ocurrieron en el marco de la llamada "racionalización del personal del Congreso de la República", el cual fue justificado por el llamado Gobierno de Emergencia y Reconstrucción Nacional, *inter alia*, como una reorganización o restructuración del órgano legislativo del Estado. La Corte considera que ciertamente los Estados disponen de facultades discrecionales para reorganizar sus instituciones y, eventualmente, para remover personal en función de las necesidades del servicio público y la gestión de intereses de orden público en una sociedad democrática, si bien el ejercicio de esas facultades no puede ser sustraído del pleno respeto a las garantías del debido proceso y protección judicial, pues lo contrario podría someter a los afectados a una actuación arbitraria. No obstante, el Tribunal ha señalado los términos en que analizará la controversia existente en este caso a la luz de las obligaciones estatales derivadas de los artículos 8 y 25 de la Convención Americana, en relación con los artículos 1.1 y 2 de la misma (*supra* párr. 107). Por ende, la Corte no entrará a determinar los alcances de ese "proceso de racionalización" como tal, sino si en el contexto histórico señalado y bajo la normativa bajo la cual fueron cesadas, las presuntas víctimas pudieron determinar con certeza jurídica la vía a la cual se podía o se debía acudir para reclamar los derechos que consideraran vulnerados y si les fue garantizado un real y efectivo acceso a la justicia.

[C158/2006, párr. 110]

§ 186

De ahí la importancia que reviste el debido proceso y la necesidad de insistir en la definición y el análisis de sus diversos componentes, piedra de toque para el acceso a la justicia –formal, material y cautelar–, asunto que interesa profundamente a la preservación del sistema democrático, sobre todo cuando se proyecta sobre la relación entre el poder público y el ciudadano en un ámbito crítico para la vigencia de los derechos, como es el procedimiento penal, donde entran en riesgo los bienes más relevantes –vida, integridad, libertad– y se elevan los más severos alegatos del autoritarismo para la reducción, la relativización o la supresión de los derechos y las libertades.

[C170/2007: Voto García Ramírez, párr. 2]

§ 187

El artículo 25.1 de la Convención establece, en términos amplios, la obligación a cargo de los Estados de ofrecer, a todas las personas sometidas a su jurisdicción, un recurso judicial efectivo contra actos violatorios de sus derechos fundamentales. Dispone, además, que la garantía allí consagrada se aplica no sólo respecto de los derechos contenidos en la Convención, sino también de aquéllos que estén reconocidos por la Constitución o por la ley. La existencia de esta garantía "constituye uno de los pilares básicos, no sólo de la Convención Americana, sino del propio Estado de Derecho en una sociedad democrática en el sentido de la Convención".

[C197/2009, párr. 59]

§ 188

Este Tribunal ha establecido que la salvaguarda de la persona frente al ejercicio arbitrario del poder público es el objetivo primordial de la protección internacional de los derechos humanos. En este sentido, el artículo 25.1 de la Convención contempla la obligación de los Estados Partes de garantizar, a todas las personas bajo su jurisdicción, un recurso judicial efectivo contra actos violatorios de sus derechos fundamentales. A su vez, estos recursos deben ser sustanciados de conformidad con las reglas del debido proceso legal (artículo 8.1), todo ello dentro de la obligación general, a cargo de los mismos Estados, de garantizar el libre y pleno ejercicio de los derechos reconocidos por la Convención a toda persona que se encuentre bajo su jurisdicción (artículo 1.1). La existencia de esta garantía "constituye uno de los pilares básicos, no sólo de la Convención Americana, sino del propio Estado de Derecho en una sociedad democrática en el sentido de la Convención". Lo contrario, es decir, la inexistencia de tales recursos efectivos, coloca a una persona en estado de indefensión, particularmente al enfrentarse al poder punitivo del Estado.

[C207/2009, párr. 128]

§ 189

Tratándose del debido proceso y garantías, esta Corte ha señalado que los Estados tienen la obligación de reconocer y respetar los derechos y libertades de la persona humana, así como proteger y asegurar su ejercicio a través de las respectivas garantías (artículo 1.1), medios idóneos para que aquéllos sean efectivos en toda circunstancia, tanto el *corpus iuris* de derechos y libertades como las garantías de éstos, son conceptos inseparables del sistema de valores y principios característico de la sociedad democrática. Entre estos valores fundamentales figura la salvaguarda de los niños, tanto por su condición de seres humanos y la dignidad inherente a éstos, como por la situación especial en que se encuentran. En razón de su nivel de desarrollo y vulnerabilidad, requieren protección que garantice el ejercicio de sus derechos dentro de la familia, de la sociedad y con respecto al Estado. Estas consideraciones se deben proyectar sobre la regulación de los procesos, judiciales o administrativos, en los que se resuelva acerca de derechos de los niños y, en su caso, de las personas bajo cuya potestad o tutela se hallan aquéllos.

[C260/2013, párr. 144]

Derecho [de acceso] a la justicia

Véase: Debido proceso y garantías §§ 172, 179, 185, 186

Garantías judiciales y legitimidad de la emergencia §§ 220, 221, 224, 225, 227, 228, 229

Impugnación de normas § 243

Leyes § 252

Leyes contrarias a la Convención Americana y su nulidad § 265

SEGURIDAD Y ORDEN PÚBLICO DEMOCRÁTICO: Amnistías (o autoamnistías) §§ 283, 285, 288, 294, 295, 298; Jurisdicción penal militar §§ 318, 319; Lucha contra el terrorismo y crímenes de lesa humanidad (violaciones graves de derechos humanos) § 326

DIGNIDAD HUMANA Y JUSTICIA DEMOCRÁTICA: Derecho al juez
natural e imparcial § 408; Derecho penal y justicia democrática § 435

§ 190

La Corte Interamericana ha reconocido la importancia del derecho de acceso a la justicia; tanto es así que, desde su Sentencia del 03-11-1997 (párr. 82), en el Caso *Castillo Páez versus Perú*, hasta la fecha, ha reiteradas veces señalado que el derecho de toda persona de acceso a un recurso sencillo y rápido o efectivo ante jueces o tribunales competentes que la amparen sus derechos fundamentales (artículo 25 de la Convención) "constituye uno de los pilares básicos, no sólo de la Convención Americana, sino del propio Estado de Derecho en una sociedad democrática en el sentido de la Convención". En el presente caso, la Corte ha acertadamente establecido una violación del artículo 25 de la Convención (párr. 251).

[C112/2004: Juez Cançado Trindade, párr. 28; C158/2006: Juez Cançado Trindade párr.1; C245/2012, párr. 230]

§ 191

El referido artículo 8 de la Declaración Universal consagra, en último análisis, el *derecho de acceso a la justicia* (en el plano del derecho interno), elemento esencial en toda sociedad democrática. El proyecto de artículo que se transformó en el mencionado artículo 8 de la Declaración Universal, a pesar de su relevancia, sólo fue insertado en el texto en la etapa final de los *travaux préparatoires* de la Declaración Universal, cuando la materia ya se encontraba bajo examen en la III Comisión de la Asamblea General de Naciones Unidas. Sin embargo, significativamente no encontró objeción alguna, habiendo sido aprobado en la III Comisión por 46 votos a cero y tres abstenciones, y en el plenario de la Asamblea General por unanimidad. La iniciativa, tardía pero tan exitosa, provino de Delegaciones de los Estados latinoamericanos. Se puede incluso considerar que el artículo 8 (sobre el derecho a un recurso efectivo) representa la contribución latinoamericana *par excellence* a la Declaración Universal.

[C140/2006: Juez Cançado Trindade, párr. 17; C141/2006: Juez Cançado Trindade, párr.6]

§ 192

El Tribunal ha establecido que en un Estado democrático de derecho la jurisdicción penal militar ha de tener un alcance restrictivo y excepcional y estar encaminada a la protección de intereses jurídicos especiales, vinculados con las funciones que la ley asigna a las fuerzas militares. Por ello, sólo se debe juzgar a militares por la comisión de delitos o faltas que por su propia naturaleza atenten contra bienes jurídicos propios del orden militar. Al respecto, la Corte ha dicho que "[c]uando la justicia militar asume competencia sobre un asunto que debe conocer la justicia ordinaria, se ve afectado el derecho al juez natural y, *a fortiori*, el debido proceso", el cual, a su vez, se encuentra íntimamente ligado al propio derecho de acceso a la justicia.

[C154/2006, párr. 115; ídem C162/2006, párr. 142; C165/2007, párr. 105]

§ 193

Es claro para la Corte que las presuntas víctimas se vieron afectadas por las disposiciones cuestionadas en este proceso internacional. La prohibición de impugnar los efectos del Decreto Ley n° 25640, contenida en el artículo 9 señalado, constituye una norma de aplicación inmediata, en tanto sus destinatarios se ven impedidos *ab initio* de impugnar cualquier efecto que estimaren perjudicial a sus intereses. La Corte estima que una normativa que contenga una prohibición de impugnar los eventuales efectos de su aplicación o interpretación no puede ser considerada en una sociedad democrática como una limitación válida al derecho a un real y efectivo acceso a la justicia de los destinatarios de esa normativa, el cual, a la luz de los artículos 8 y 25 de la Convención, en relación con los artículos 1.1 y 2 de la misma, no puede ser arbitrariamente restringido ni reducido o derogado.

[C158/2006, párr. 119]

§ 194

El artículo 25.1 de la Convención establece, en términos generales, la obligación de los Estados de garantizar un recurso judicial efectivo contra actos que violen derechos fundamentales. Al interpretar el texto del artículo 25 de la Convención, la Corte ha sostenido que la obligación del Estado de proporcionar un recurso judicial no se reduce simplemente a la mera existencia de los tribunales o procedimientos formales o aún a la posibilidad de recurrir a los tribunales, sino que los recursos deben tener efectividad, es decir, debe brindarse a la persona la posibilidad real de interponer un recurso, en los términos de aquel precepto. La existencia de esta garantía "constituye uno de los pilares básicos, no sólo de la Convención Americana, sino del propio Estado de Derecho en una sociedad democrática en el sentido de la Convención". Asimismo, conforme al artículo 25.2.b de la Convención, los Estados se comprometen a desarrollar las posibilidades del recurso judicial.

[C184/2008, párr. 78]

§ 195

En una etapa importante de la jurisprudencia del propio Tribunal Interamericano, se llegó a determinar que el artículo 8 a la par del artículo 25 de la Convención Americana consagran el derecho de acceso a la justicia. Así la Corte IDH determinó que el artículo 8.1 del Pacto de San José guardaría relación directa con el artículo 25 en relación con el artículo 1.1, ambos del mismo tratado, que asegura a toda persona un recurso rápido y sencillo para lograr, entre otros resultados, que los responsables de las violaciones de los derechos humanos sean juzgados y para obtener una reparación por el daño sufrido. Como ha dicho esta Corte IDH, el artículo 25 "constituye uno de los pilares básicos, no sólo de la Convención Americana, sino del propio Estado de Derecho en una sociedad democrática en el sentido de la Convención", toda vez que contribuye decisivamente a asegurar el acceso a la justicia. En el Caso *La Cantuta*, el Tribunal Interamericano llegó a determinar que el acceso a la justicia constituye una norma imperativa de Derecho Internacional (*ius cogens*) y, como tal, genera obligaciones erga omnes para los Estados de adoptar las medidas que sean necesarias para no dejar en la impunidad esas violaciones, ya sea ejerciendo su jurisdicción para aplicar su derecho interno y el Derecho Internacional para juzgar y, en su caso, sancionar a los responsables de hechos de esa índole, o colaborando con otros Estados que lo hagan o procuren hacerlo, en lo que constituye un "mecanismo de garantía colectiva".

[C276/2014, Voto Juez Mac Gregor, párr. 42]

Estado de Derecho y legalidad democrática

Véase: DEMOCRACIA E INSTITUCIONES: Independencia y autonomía de la judicatura §§ 85 a 89, 91

§ 196

También en dichas consideraciones se hace ver que en el problema planteado Jugaría, además, la necesaria armonización de la Convención de San José con los demás instrumentos básicos del sistema jurídico interamericano, en particular la Carta, que hace del "ejercicio efectivo de la democracia representativa" (art. 3.d), uno de los principios de los Estados Americanos. Obviamente, la democracia representativa se asienta en el Estado de Derecho y éste presupone la protección vía ley de los derechos humanos.

[A6/86, párr. 8]

§ 197

Lo anterior se deduciría del principio –así calificado por la Corte Permanente de Justicia Internacional (**Consistency of Certain Danzig Legislative Decrees with the Constitution of the Free City**, Advisory Opinion, 1935, P.C.I.J., Series A/B, nº 65, p. 56)– de legalidad, que se encuentra en casi todas las constituciones americanas elaboradas desde finales del Siglo XVIII, que es consubstancial con la idea y el desarrollo del derecho en el mundo democrático y que tiene como corolario la aceptación de la llamada reserva de ley, de acuerdo con la cual los derechos fundamentales sólo pueden ser restringidos por ley, en cuanto expresión legítima de la voluntad de la nación.

[A6/86, párr. 23]

§ 198

La ley en el Estado democrático no es simplemente un mandato de la autoridad revestido de ciertos necesarios elementos formales. Implica un contenido y está dirigida a una finalidad. El concepto de **leyes** a que se refiere el artículo 30, interpretado en el contexto de la Convención y teniendo en cuenta su objeto y fin, no puede considerarse solamente de acuerdo con el principio de legalidad (ver supra 23). Este principio, dentro del espíritu de la Convención, debe entenderse como aquel en el cual la creación de las normas jurídicas de carácter general ha de hacerse de acuerdo con los procedimientos y por los órganos establecidos en la Constitución de cada Estado Parte, y a él deben ajustar su conducta de manera estricta todas las autoridades públicas. En una sociedad democrática el principio de legalidad está vinculado inseparablemente al de legitimidad, en virtud del sistema internacional que se encuentra en la base de la propia Convención, relativo al "ejercicio efectivo de la democracia representativa", que se traduce, inter alia, en la elección popular de los órganos de creación jurídica, el respeto a la participación de las minorías y la ordenación al bien común (ver supra 22).

[A6/86, párr. 32]

§ 199

La necesaria existencia de los elementos propios del concepto de ley en el artículo 30 de la Convención, permite concluir que los conceptos de legalidad y legitimidad coinciden a los efectos de la interpretación de esta norma, ya que sólo la ley adoptada por los órganos democráticamente elegidos y constitucionalmente facultados, ceñida al bien común, puede restringir el goce y ejercicio de los derechos y libertades de la persona humana.

[A6/86, párr. 37]

§ 200

La suspensión de garantías constituye también una situación excepcional, según la cual resulta lícito para el gobierno aplicar determinadas medidas restrictivas a los derechos y libertades que, en condiciones normales, están prohibidas o sometidas a requisitos más rigurosos. Esto no significa, sin embargo, que la suspensión de garantías comporte la suspensión temporal del Estado de Derecho o que autorice a los gobernantes a apartar su conducta de la legalidad a la que en todo momento deben ceñirse. Estando suspendidas las garantías, algunos de los límites legales de la actuación del poder público pueden ser distintos de los vigentes en condiciones normales, pero no deben considerarse inexistentes ni cabe, en consecuencia, entender que el gobierno esté investido de poderes absolutos más allá de las condiciones en que tal legalidad excepcional está autorizada. Como ya lo ha señalado la Corte en otra oportunidad, el principio de legalidad, las instituciones democráticas y el Estado de Derecho son inseparables (*cf.*, **La expresión "leyes" en el artículo 30 de la Conven-**

146

ción **Americana sobre Derechos Humanos**, *Opinión consultiva* OC-6/86 del 9 de mayo de 1986. Serie A, n° 6, párr. 32).

[A8/1987, párr. 24]

§ 201

La Corte ya se ha referido al Estado de Derecho, a la democracia representativa y al régimen de libertad personal y ha puntualizado cómo son consustanciales con el Sistema Interamericano y en particular con el régimen de protección de los derechos humanos contenido en la Convención (véase **La colegiación obligatoria de periodistas (arts. 13 y 29 Convención Americana sobre Derechos Humanos)**, *Opinión consultiva* OC-5/85 del 13 de noviembre de 1985. Serie A, n° 5, párr. 66; La expresión "leyes" en el artículo 30 de la Convención Americana sobre Derechos Humanos, *Opinión consultiva* OC-6/86 del 9 de mayo de 1986. Serie A, n° 6, párrs. 30 y 34 y El *hábeas corpus* bajo **suspensión de garantías,** supra 16, párr. 20).

[A9/1987, párr. 35]

§ 202

Así entendidas, las "garantías... que se derivan de la forma democrática de gobierno", a que se refiere el artículo 29.c), no implican solamente una determinada organización política contra la cual es ilegítimo atentar (*Ibid.*, párr. 20), sino la necesidad de que ella esté amparada por las garantías judiciales que resulten indispensables para el control de legalidad de las medidas tomadas en situación de emergencia, de manera que se preserve el Estado de Derecho (*Ibid.*, párr. 40).

[A9/1987, párr. 37]

§ 203

En una opinión consultiva la Corte tuvo oportunidad de referirse in extenso al sentido de la palabra "leyes" en el artículo 30 de la Convención, es decir, aquellas mediante las cuales se adoptan restricciones a los derechos y libertades reconocidos en ella. En aquella oportunidad definió la ley como *"norma jurídica de carácter general, ceñida al bien común, emanada de los órganos legislativos constitucionalmente previstos y democráticamente elegidos, y elaborada según el procedimiento establecido por las constituciones de los Estados Partes para la formación de las leyes"* **(La expresión "leyes" en el artículo 30 de la Convención Americana sobre Derechos Humanos,** (*Opinión consultiva* OC-6/86 del 9 de mayo de 1986. Serie A, n° 6, párr. 38), definición a la que llegó con base en el análisis de los principios de "legalidad" y "legitimidad" y del régimen democrático dentro del cual hay que entender el sistema interamericano de derechos humanos **(párrs. 23 y 32)**. Estas interpretaciones de la Corte se refirieron exclusivamente al sentido de la palabra "ley" en el artículo 30 y nada autoriza para extenderlas a otros supuestos en los cuales la Convención se refiera a la "ley" o, en cualquier otro contexto, se hable de "ley". Habría que entender, entonces, que la expresión, utilizada en la consulta, *"leyes internas, adoptadas de acuerdo con lo dispuesto por la Constitución"* se refiere a cualquier disposición de carácter general y no exclusivamente a la ley en sentido estricto. La Corte entiende la expresión *"regularidad jurídica de leyes internas, adoptadas de acuerdo con la Constitución"*, como referida, en términos generales, a la conformidad de las mismas con el ordenamiento jurídico interno e internacional.

[A13/1993, párr. 25]

§ 204

Esta delimitación de las atribuciones de la Comisión de manera alguna afecta el vínculo entre el estado de derecho y la Convención. Como ya lo ha dicho la Corte: *"[e]l concepto de derechos y libertades y, por ende el de sus garantías, [según el Pacto de San José] es [...] inseparable del sistema de valores y principios que lo inspira" [El hábeas corpus bajo suspensión de garantías (arts. 27.2, 25.1 y 7.6 Convención Americana sobre Derechos Humanos), Opinión consultiva OC-8/87 del 30 de enero de 1987. Serie A, nº 8, párr. 26].* Dentro de tales valores y principios aparece que *"la democracia representativa es determinante en todo el sistema del que la Convención forma parte" (La expresión "leyes" en el artículo 30 de la Convención Americana sobre Derechos Humanos, supra 25, párr. 34).* Ha señalado también la Corte que el principio de la legalidad, las instituciones democráticas y el Estado de Derecho son inseparables [y que] [e]n una sociedad democrática los derechos y libertades inherentes a la persona, sus garantías y el Estado de Derecho constituyen una tríada, cada uno de cuyos componentes se define, completa y adquiere sentido en función de los otros (*El hábeas corpus bajo suspensión de garantías, párrs. 24 y 26).*

[A13/1993, párr. 31]

§ 205

Evidentemente, las cuestiones que mencioné en el párrafo 1, supra, interesarían también si se tratara de un adulto o "mayor de edad", y de hecho han determinado algunos de los más prolongados, intensos e importantes desarrollos vinculados con la democracia, el Estado de Derecho, las libertades, los derechos humanos y las garantías. Estos temas –con sus correspondientes valores– entran en la escena cuando se enfrenta el poder público con el individuo "delincuente", por una parte, o "marginal o desvalido", por la otra. En este enfrentamiento, tan antiguo como dramático, quedan en peligro los derechos individuales más relevantes –vida, libertad, integridad, patrimonio– y se elevan los más impresionantes argumentos, no necesariamente justificados o persuasivos, para legitimar la actuación del Estado, así como las características y objetivos (confesados o inconfesables) de aquélla.

[A17/2002: Voto Juez García Ramírez, párr. 7]

§ 206

[*Omissis*]. Si bien es cierto que la libertad personal no está incluida expresamente entre aquellos derechos cuya suspensión no se autoriza en ningún caso, también lo es que esta Corte ha expresado que: los procedimientos de *hábeas corpus* y de amparo son de aquellas garantías judiciales indispensables para la protección de varios derechos cuya suspensión está vedada por el Artículo 27.2 y sirven, además, para preservar la legalidad en una sociedad democrática [y que] aquellos ordenamientos constitucionales y legales de los Estados Partes que autoricen, explícita o implícitamente, la suspensión de los procedimientos de *hábeas corpus* o de amparo en situaciones de emergencia, deben considerarse incompatibles con las obligaciones internacionales que a esos Estados impone la Convención (*El hábeas corpus bajo suspensión de garantías (arts. 27.2, 25.1 y 7.6 Convención Americana sobre Derechos Humanos), Opinión consultiva* OC-8/87 del 30 de enero de 1987. Serie A, n° 8, párrs. 42 y 43). ... las garantías judiciales indispensables para la protección de los derechos humanos no susceptibles de suspensión, según lo dispuesto en el artículo 27.2 de la Convención, son aquéllas a las que ésta se refiere expresamente en los artículos 7.6 y 25.1, consideradas dentro del marco y según los principios del artículo 8, y también las inherentes a la preservación del Estado de Derecho, aun bajo la legalidad excepcional que resulta de la suspensión de garantías (*Garantías judiciales en estados de emergencia (arts. 27.2, 25 y 8 Convención Americana sobre Derechos Humanos), Opinión consultiva* OC-9/87 del 6 de octubre de 1987. Serie A, n° 9, párr. 38).

[C33/1997, párr. 50; C20/1995, párr.82; C68/2000, párr. 106; C110/2004, párr. 97; C114/2004, párr. 128; C129/2005, párr. 90; C137/2005, párr. 112; C141/2006, párr. 92; C158/2006, párr. 123]

§ 207

El artículo 25 de la Convención Americana establece que toda persona tiene derecho a un recurso sencillo y rápido o a cualquier otro recurso efectivo ante los jueces o tribunales competentes. La Corte ha declarado que esta disposición constituye uno de los pilares básicos, no sólo de la Convención Americana, sino del propio Estado de Derecho en una sociedad democrática en el sentido de la Convención. El artículo 25 se encuentra íntimamente ligado con la obligación general del artículo 1.1 de la Convención Americana, al atribuir funciones de protección al derecho interno de los Estados Partes. El *hábeas corpus* tiene como finalidad, no solamente garantizar la libertad y la integridad personales, sino también prevenir la desaparición o indeterminación del lugar de detención y, en última instancia, asegurar el derecho a la vida (Caso *Castillo Páez,* Sentencia de 3 de noviembre de 1997. Serie C, n° 34, párrs. 82 y 83).

[C35/1997, párr. 65; C34/1997, párr. 82; C36/1998, párr. 102; C37/1998, párr. 164; C42/1998, párr. 169; C45/1997, párr. 18; C48/1999, párr. 63; C52/1999, párr. 184; C56/1999, párr. 121; C63/1999, párr. 234; C68/1999, párr. 101; C69/2000, párr. 163; C70/2000, párr. 191; C71/2001, párr. 90; C74/2001, párr. 135; C78/2001, párr. 66; C79/2001, párr. 112; C94/2002,

párr. 150; C97/2002, párr. 52; C99/2003, párr. 121; C103/2003, párr. 117;
C112/2004: Juez Cançado Trindade, párr. 27; C114/2004, párr. 131;
C127/2005, párr. 169; C135/2005, párr. 184; C140/2006: Juez Cançado
Trindade, párr. 19; C141/2006, párr. 138; C146/2006: Juez Cançado
Trindade, párr. 35; C147/2006, párr. 144; C149/2006, párr. 192;
C151/2006, párr. 131; C245/2012, párr. 230]

§ 208

En relación con lo anterior, conviene analizar si el artículo 9 de la Convención es aplicable a la materia sancionatoria administrativa, además de serlo, evidentemente, a la penal. Los términos utilizados en dicho precepto parecen referirse exclusivamente a esta última. Sin embargo, es preciso tomar en cuenta que las sanciones administrativas son, como las penales, una expresión del poder punitivo del Estado y que tienen, en ocasiones, naturaleza similar a la de éstas. Unas y otras implican menoscabo, privación o alteración de los derechos de las personas, como consecuencia de una conducta ilícita. Por lo tanto, en un sistema democrático es preciso extremar las precauciones para que dichas medidas se adopten con estricto respeto a los derechos básicos de las personas y previa una cuidadosa verificación de la efectiva existencia de la conducta ilícita. Asimismo, en aras de la seguridad jurídica es indispensable que la norma punitiva, sea penal o administrativa, exista y resulte conocida, o pueda serlo, antes de que ocurran la acción o la omisión que la contravienen y que se pretende sancionar. La calificación de un hecho como ilícito y la fijación de sus efectos jurídicos deben ser preexistentes a la conducta del sujeto al que se considera infractor. De lo contrario, los particulares no podrían orientar su comportamiento conforme a un orden jurídico vigente y cierto, en el que se expresan el reproche social y las consecuencias de éste. Estos son los fundamentos de los principios de legalidad y de irretroactividad desfavorable de una norma punitiva.

[C72/2001, párr. 106; C268/2013, Juez Ferrer Mc Gregor, párr. 113]

§ 209

La Corte ha reiterado que no basta con que se prevea la existencia de recursos, si estos no resultan efectivos para combatir la violación de los derechos protegidos por la Convención. La garantía de un recurso efectivo "constituye uno de los pilares básicos, no sólo de la Convención Americana, sino del propio Estado de Derecho en una sociedad democrática en el sentido de la Convención". Esta garantía de protección de los derechos de los individuos no supone sólo el resguardo directo a la persona vulnerada sino, además, a los familiares, quienes por los acontecimientos y circunstancias particulares del caso, son quienes ejercen la reclamación en el orden interno.

[C109/2004, párr. 193, C120/2005, párr. 75;
C129/2005, párr. 93; C255/2012, párr. 82]

§ 210

En primer término, la Corte destaca la importancia de la vigencia del principio de legalidad en el establecimiento de una restricción al derecho de salir del país en una sociedad democrática, dada la alta incidencia que dicha restricción tiene en el ejercicio de la libertad personal. Por ello, es necesario que el Estado defina de manera precisa y clara mediante una ley los supuestos excepcionales en los que puede proceder una medida como la restricción de salir del país. La falta de regulación legal impide la aplicación de tales restricciones, puesto que no se encontrará definido su propósito y los supuestos específicos en los cuales se hace indispensable aplicar la restricción para cumplir con alguno de los fines indicados en el artículo 22.3 de la Convención, así como también impide al procesado presentar los alegatos que estime pertinentes sobre la imposición de tal medida. No obstante, cuando la restricción se encuentre contemplada por ley, su regulación debe carecer de ambigüedad de tal forma que no genere dudas en los encargados de aplicar la restricción permitiendo que actúen de manera arbitraria y discrecional realizando interpretaciones extensivas de la restricción, particularmente indeseable cuando se trata de medidas que afectan severamente bienes fundamentales, como la libertad.

[C111/2004, párr. 125]

§ 211

El principio de legalidad constituye uno de los elementos centrales de la persecución penal en una sociedad democrática. Al establecer que "nadie puede ser condenado por acciones u omisiones que en el momento de cometerse no fueran delictivos según el derecho aplicable", el artículo 9 de la Convención obliga a los Estados a definir esas "acciones u omisiones" delictivas en la forma más clara y precisa que sea posible. Al respecto, la Corte ha establecido: […] Con respecto al principio de legalidad en el ámbito penal, […] la elaboración de los tipos penales supone una clara definición de la conducta incriminada, que fije sus elementos y permita deslindarla de comportamientos no punibles o conductas ilícitas sancionables con medidas no penales. En un Estado de Derecho, los principios de legalidad e irretroactividad presiden la actuación de todos los órganos del Estado, en sus respectivas competencias, particularmente cuando viene al caso el ejercicio de su poder punitivo. En un sistema democrático es preciso extremar las precauciones para que las sanciones penales se adopten con estricto respeto a los derechos básicos de las personas y previa una cuidadosa verificación de la efectiva existencia de la conducta ilícita. En este sentido, corresponde al juez penal, en el momento de la aplicación de la ley penal, atenerse estrictamente a lo dispuesto por ésta y observar la mayor rigurosidad en el adecuamiento de la conducta de la persona incriminada al tipo penal, de forma tal que no incurra en la penalización de actos no punibles en el ordenamiento jurídico.

[C126/2005, párr. 90; C255/2012, párr. 130; C268/2013, Juez Ferrer Mc Gregor, párr. 114; C272/2013, párr. 235]

§ 212

La previsión y aplicación de requisitos para ejercitar los derechos políticos no constituyen, *per se,* una restricción indebida a los derechos políticos. Esos derechos no son absolutos y pueden estar sujetos a limitaciones. Su reglamentación debe observar los principios de legalidad, necesidad y proporcionalidad en una sociedad democrática. La observancia del principio de legalidad exige que el Estado defina de manera precisa, mediante una ley, los requisitos para que los ciudadanos puedan participar en la contienda electoral, y que estipule claramente el procedimiento electoral que antecede a las elecciones. De acuerdo al artículo 23.2 de la Convención se puede reglamentar el ejercicio de los derechos y oportunidades a las que se refiere el inciso 1 de dicho artículo, exclusivamente por las razones establecidas en ese inciso. La restricción debe encontrase prevista en una ley, no ser discriminatoria, basarse en criterios razonables, atender a un propósito útil y oportuno que la torne necesaria para satisfacer un interés público imperativo, y ser proporcional a ese objetivo. Cuando hay varias opciones para alcanzar ese fin, debe escogerse la que restrinja menos el derecho protegido y guarde mayor proporcionalidad con el propósito que se persigue.

[C127/2005, párr. 206]

§ 213

El artículo 25.1 de la Convención establece la obligación de los Estados de garantizar a todas las personas bajo su jurisdicción un recurso judicial efectivo contra actos violatorios de sus derechos fundamentales. No basta con la existencia formal de los recursos, sino que éstos deben ser efectivos, es decir, deben ser capaces de producir resultados o respuestas a las violaciones de derechos contemplados en la Convención. La existencia de esta garantía constituye uno de los pilares básicos, no sólo de la Convención Americana, sino del propio Estado de Derecho en una sociedad democrática, en el sentido de la Convención.

[C149/2006, párr. 192; C71/2001, párr. 90; C94/2002, párr. 150; C97/2002, párr. 52; C109/2004, párr. 193; C114/2004, párr. 131; C127/2005, párr. 169; C129/2005, párr. 93; C135/2005, párr. 184; C147/2006, párr. 144; C149/2006, párr. 192; C151/2006, párr. 131; C214/2010, párr. 139]

§ 214

De manera análoga al interés social, esta Corte ha interpretado el alcance de las razones de interés general comprendido en el artículo 30 de la Convención Americana (alcance de las restricciones), al señalar que "[e]l requisito según la cual las leyes han de ser dictadas por razones de interés general significa que deben haber sido adoptadas en función del 'bien común' (art[ículo] 32.2 [de la Convención]), concepto que ha de interpretarse como elemento integrante del orden público del Estado democrático, cuyo fin principal es 'la protección de los derechos esenciales del hombre y la creación de circunstancias que le permitan progresar espiritual y materialmente y alcanzar la felicidad' (Declaración Americana de los Derechos y Deberes del Hombre, Considerandos, párr. 1)".

[C179/2008, párr. 74]

§ 215

La Corte ha considerado que el principio de legalidad constituye uno de los elementos centrales de la persecución penal en una sociedad democrática. Al establecer que "nadie puede ser condenado por acciones u omisiones que en el momento de cometerse no fueran delictivos según el derecho aplicable", el artículo 9 de la Convención obliga a los Estados a definir esas "acciones u omisiones" delictivas en la forma más clara y precisa que sea posible. Al respecto, la Corte ha establecido:

[…] Con respecto al principio de legalidad en el ámbito penal, […] la elaboración de los tipos penales supone una clara definición de la conducta incriminada, que fije sus elementos y permita deslindarla de comportamientos no punibles o conductas ilícitas sancionables con medidas no penales.

En un Estado de Derecho, los principios de legalidad e irretroactividad presiden la actuación de todos los órganos del Estado, en sus respectivas competencias, particularmente cuando viene al caso el ejercicio de su poder punitivo.

En un sistema democrático es preciso extremar las precauciones para que las sanciones penales se adopten con estricto respeto a los derechos básicos de las personas y previa una cuidadosa verificación de la efectiva existencia de la conducta ilícita.

En este sentido, corresponde al juez penal, en el momento de la aplicación de la ley penal, atenerse estrictamente a lo dispuesto por ésta y observar la mayor rigurosidad en [la adecuación] de la conducta de la persona incriminada al tipo penal, de forma tal que no incurra en la penalización de actos no punibles en el ordenamiento jurídico.

[C180/2008, párr. 125; C255/2012, párr. 130]

§ 216

El principio de legalidad constituye uno de los elementos centrales de la persecución penal en una sociedad democrática al establecer que "nadie puede ser condenado por acciones u omisiones que en el momento de cometerse no fueran delictivos según el derecho aplicable". Dicho principio preside la actuación de todos los órganos del Estado, en sus respectivas competencias, particularmente cuando viene al caso el ejercicio del poder punitivo. En un Estado democrático y de derecho es preciso extremar las precauciones para que las sanciones penales se adopten con estricto respeto a los derechos básicos de las personas y previa una cuidadosa verificación de la efectiva existencia de la conducta ilícita.

[C180/2008, párr. 125; C275/2013, párr. 278]

Garantías judiciales y derecho a la tutela judicial efectiva

Véase: Debido proceso y garantías §§ 180, 182, 183

Derecho [de acceso] a la justicia § 194

Estado de Derecho y legalidad democrática § 213

§ 217

El artículo 25 de la Convención dispone en su párrafo 1 que toda persona tiene derecho a un recurso sencillo, rápido y efectivo, ante los jueces o los tribunales competentes, que la ampare contra actos que violen sus derechos fundamentales reconocidos por la Constitución, la ley o la Convención, inclusive cuando tal violación sea cometida por personas que actúen en ejercicio de sus funciones oficiales.

[C36/1998, párr. 101]

§ 218

La Corte ha señalado que esta disposición constituye uno de los pilares básicos, no sólo de la Convención Americana, sino del propio Estado de Derecho en una sociedad democrática en el sentido de la Convención. El artículo 25 se encuentra íntimamente ligado con la obligación general del artículo 1.1 de la Convención Americana, al atribuir funciones de protección al derecho interno de los Estados Partes. El *hábeas corpus* tiene como finalidad, no solamente garantizar la libertad y la integridad personales, sino también prevenir la desaparición o indeterminación del lugar de detención y, en última instancia, asegurar el derecho a la vida (Caso *Castillo Páez*, supra 50, párrs. 82 y 83; Caso *Suárez Rosero*, Sentencia de 12 de noviembre de 1997. Serie C, n° 35, párr. 65).

[C36/1998, párr. 102; C34/1997, párr. 83]

§ 219

Esta Corte ha declarado que la efectividad del recurso de *hábeas corpus* no se cumple con su sola existencia formal (Caso *Castillo Páez, supra* 72, párrs. 82 y 83; Caso *Suárez Rosero, supra* 71, párr. 63). Éste debe proteger efectivamente a las personas contra los actos que violen sus derechos fundamentales "*aún cuando tal violación sea cometida por personas que actúen en ejercicio de sus funciones oficiales*" (artículo 25.1 de la Convención Americana). La Corte ha señalado además que la disposición del artículo 25 constituye uno de los pilares básicos, no sólo de la Convención Americana, sino del propio Estado de Derecho en una sociedad democrática en el sentido de la Convención. El artículo 25 se encuentra íntimamente ligado con la obligación general del artículo 1.1 de la Convención Americana, al atribuir funciones de protección al derecho interno de los Estados Partes. El *hábeas corpus* tiene como finalidad, no solamente garantizar la libertad y la integridad personales, sino también prevenir la desaparición o indeterminación del lugar de detención y, en última instancia, asegurar el derecho a la vida (Caso *Castillo Páez, supra* 72, párrs. 82 y 83; Caso *Suárez Rosero, supra* 71, párr. 65).

[C37/1998, párr. 164]

§ 220

Tal como lo ha señalado esta Corte en reiteradas ocasiones, el artículo 25 en relación con el artículo 1.1 de la Convención Americana, obliga al Estado a garantizar a toda persona el acceso a la administración de justicia y, en particular, a un recurso rápido y sencillo para lograr, entre otros resultados, que los responsables de las violaciones de los derechos humanos sean juzgados y obtener una reparación por el daño sufrido. Como ha dicho esta Corte, el artículo 25 "constituye uno de los pilares básicos, no sólo de la Convención Americana, sino del propio Estado de Derecho en una sociedad democrática en el sentido de la Convención" (Caso *Castillo Páez, supra* 70, párrs. 82 y 83; Caso *Suárez Rosero, supra* 39, párr. 65; Caso *Paniagua Morales y otros, supra* 40, párr. 164 y Caso *Loayza Tamayo, Reparaciones, supra* 38, párr. 169). Dicho artículo guarda relación directa con el artículo 8.1 de la Convención Americana que consagra el derecho de toda persona a ser oída con las debidas garantías y dentro de un plazo razonable, por un juez o tribunal independiente e imparcial, para la determinación de sus derechos de cualquier naturaleza.

[C43/1998, párr. 106; C42/1998, párr. 169]

§ 221

El artículo 8.1 de la Convención Americana guarda relación directa con el artículo 25 en relación con el artículo 1.1, ambos de la misma, que asegura a toda persona un recurso rápido y sencillo para lograr, entre otros resultados, que los responsables de las violaciones de los derechos humanos sean juzgados y para obtener una reparación por el daño sufrido. Como ha dicho esta Corte, el artículo 25 "constituye uno de los pilares básicos, no sólo de la Convención Americana, sino del propio Estado de Derecho en una sociedad democrática en el sentido de la Convención", toda vez que contribuye decisivamente a asegurar el acceso a la justicia (Caso *Castillo Páez,* Sentencia de 3 de noviembre de 1997. Serie C, n° 34, párrs. 82 y 83; Caso *Suárez Rosero,* Sentencia de 12 de noviembre de 1997. Serie C, n° 35, párr. 65; Caso *Paniagua Morales y otros,* Sentencia de 8 de marzo de 1998. Serie C, n° 37, párr. 164; Caso *Loayza Tamayo, Reparaciones, supra* 31, párr. 169 y Caso *Castillo Páez, Reparaciones, supra* 31, párr. 106).

[C48/1999, pár. 63]

§ 222

La Corte reitera que el derecho de toda persona a un recurso sencillo y rápido o a cualquier otro recurso efectivo ante los jueces o tribunales competentes que la ampare contra actos que violen sus derechos fundamentales constituye uno de los pilares básicos, no sólo de la Convención Americana, sino del propio Estado de Derecho en una sociedad democrática en el sentido de la Convención [...]. El artículo 25 se encuentra íntimamente ligado con la obligación general del artículo 1.1 de la Convención Americana, al atribuir funciones de protección al derecho interno de los Estados Partes.

[C69/2000, párr. 163; C35/1997, párr. 65; C52/1999, párr. 184; C56/1999, párr. 121; C63/1999, párr. 234; C68/2000, párr.101]

§ 223

Esta Corte ha reiterado que no es suficiente que dichos recursos existan formalmente sino que los mismos deben tener efectividad118, es decir, deben dar resultados o respuestas a las violaciones de los derechos contemplados en la Convención. En otras palabras, toda persona tiene derecho a un recurso sencillo y rápido o a cualquier recurso efectivo ante los jueces o tribunales competentes que la ampare contra las violaciones de derechos fundamentales. Dicha garantía "constituye uno de los pilares básicos, no sólo de la Convención Americana, sino del propio Estado de Derecho en una sociedad democrática en el sentido de la Convención". Por otra parte, como también ha señalado el Tribunal, [n]o pueden considerarse efectivos aquellos recursos que, por las condiciones generales del país o incluso por las circunstancias particulares de un caso dado, resulten ilusorios.

[C70/2000, párr. 191; C245/2012, párr. 230]

§ 224

La Corte estima necesario enfatizar que, a la luz de las obligaciones generales consagradas en los artículos 1.1 y 2 de la Convención Americana, los Estados Partes tienen el deber de tomar las providencias de toda índole para que nadie sea sustraído de la protección judicial y del ejercicio del derecho a un recurso sencillo y eficaz, en los términos de los artículos 8 y 25 de la Convención. Es por ello que los Estados Partes en la Convención que adopten leyes que tengan este efecto, como lo son las leyes de autoamnistía, incurren en una violación de los artículos 8 y 25 en concordancia con los artículos 1.1 y 2 de la Convención. Las leyes de autoamnistía conducen a la indefensión de las víctimas y a la perpetuación de la impunidad, por lo que son manifiestamente incompatibles con la letra y el espíritu de la Convención Americana. Este tipo de leyes impide la identificación de los individuos responsables de violaciones a derechos humanos, ya que se obstaculiza la investigación y el acceso a la justicia e impide a las víctimas y a sus familiares conocer la verdad y recibir la reparación correspondiente.

[C75/2001, párr. 43]

§ 225

La Corte ya ha establecido, con respecto al artículo 25 en relación con el artículo 1.1 de la Convención, que el Estado está en la obligación de garantizar a toda persona el acceso a la administración de justicia y, sobre todo, a un recurso efectivo, rápido y sencillo que permita salvaguardar sus derechos. El artículo 25 de la Convención "constituye uno de los pilares básicos, no sólo de la Convención Americana, sino del propio Estado de Derecho en una sociedad democrática en el sentido de la Convención" y tiene relación directa con el artículo 8.1 de la misma, que consagra el derecho de toda persona a ser oída con las debidas garantías y dentro de un plazo razonable, por un juez o tribunal independiente e imparcial, para la determinación de sus derechos de cualquier naturaleza.

[C78/2001, párr. 66]

§ 226

Sobre el particular, la Corte ha reiterado que no basta con que se prevea la existencia de recursos, si estos no resultan efectivos para combatir la violación de los derechos protegidos por la Convención. La garantía de un recurso efectivo "constituye uno de los pilares básicos, no sólo de la Convención Americana, sino del propio Estado de Derecho en una sociedad democrática en el sentido de la Convención".

[C94/2002, párr. 150; C255/2012, párr. 82]

§ 227

El artículo 25 de la Convención también consagra el derecho de acceso a la justicia. Al analizar el citado artículo 25 la Corte ha señalado que éste establece la obligación positiva del Estado de conceder a todas las personas bajo su jurisdicción un recurso judicial efectivo contra actos violatorios de sus derechos fundamentales. Y ha observado, además, que la garantía allí consagrada se aplica no sólo respecto de los derechos contenidos en la Convención, sino también de aquellos que estén reconocidos por la Constitución o por la ley. La Corte ha señalado, asimismo, en reiteradas oportunidades, que la garantía de un recurso efectivo "constituye uno de los pilares básicos, no sólo de la Convención Americana, sino del propio Estado de Derecho en una sociedad democrática en el sentido de la Convención", y que para que el Estado cumpla con lo dispuesto en el artículo 25 de la Convención no basta con que los recursos existan formalmente, sino que los mismos deben tener efectividad, es decir, debe brindarse a la persona la posibilidad real de interponer un recurso que sea sencillo y rápido. Cualquier norma o medida que impida o dificulte hacer uso del recurso de que se trata constituye una violación del derecho al acceso a la justicia, bajo la modalidad consagrada en el artículo 25 de la Convención Americana.

[C97/2002, párr. 52; C255/2012, párr. 82]

§ 228

Esta Corte ha establecido que no basta que los recursos existan formalmente sino que los mismos deben dar resultados o respuestas a las violaciones de derechos humanos, para que éstos puedan ser considerados efectivos. Es decir, que toda persona debe tener acceso a un recurso sencillo y rápido ante jueces o tribunales competentes que amparen sus derechos fundamentales. Dicha garantía "constituye uno de los pilares básicos, no sólo de la Convención Americana, sino del propio Estado de Derecho en una sociedad democrática en el sentido de la Convención". Además, como igualmente ha señalado el Tribunal, "[n]o pueden considerarse efectivos aquellos recursos que, por las condiciones generales del país o incluso por las circunstancias particulares de un caso dado, resulten ilusorios".

[C99/2003, párr. 121; C245/2012, párr. 230]

§ 229

Además, este Tribunal ha establecido que no basta que los recursos existan formalmente, sino que los mismos deben dar resultados o respuestas a las violaciones de derechos humanos, para que éstos puedan ser considerados efectivos. Es decir, toda persona debe tener acceso a un recurso sencillo y rápido ante jueces o tribunales competentes que amparen sus derechos fundamentales. Dicha garantía "constituye uno de los pilares básicos, no sólo de la Convención Americana, sino del propio Estado de Derecho en una sociedad democrática en el sentido de la Convención".

[C103/2003, párr. 117; C79/2001, párr. 112]

§ 230

En relación con el derecho de todo detenido a recurrir ante un juez o tribunal competente, consagrado en el artículo 7.6 de la Convención, la Corte ha considerado que "los procedimientos de *hábeas corpus* y de amparo son aquellas garantías judiciales indispensables para la protección de varios derechos cuya suspensión está vedada por el artículo 27.2 y sirven, además, para preservar la legalidad en una sociedad democrática". En este sentido, las garantías judiciales indispensables para la protección de los derechos humanos no susceptibles de suspensión, según lo dispuesto en el artículo 27.2 de la Convención, son aquéllas a las que ésta se refiere expresamente en los artículos 7.6 y 25.1, consideradas dentro del marco y según los principios del artículo 8, y también las inherentes a la preservación del Estado de Derecho, aun bajo la legalidad excepcional que resulta de la suspensión de garantías.

[C110/2004, párr. 97]

§ 231

La garantía de un recurso efectivo "constituye uno de los pilares básicos, no sólo de la Convención Americana, sino del propio Estado de Derecho en una sociedad democrática en el sentido de la Convención". Esta garantía de protección de los derechos de los individuos no supone sólo el resguardo directo a la persona presuntamente vulnerada sino, además, a los familiares, quienes por los acontecimientos y circunstancias particulares del caso, son quienes ejercen la reclamación en el orden interno.

[C120/2005, párr. 75; C255/2012, párr. 82]

§ 232

Lo cierto es que uno y otras se complementan, se completan, en el marco jurídico del Estado de Derecho en una sociedad democrática. Es esta la sana hermenéutica de estas dos disposiciones convencionales. Además, el día de la adopción por la Corte de la Sentencia de fondo en el trágico Caso *Castillo Páez*, me sentí gratificado al constatar que el mencionado avance jurisprudencial de la Corte Interamericana había liberado el artículo 25 –en la tradición del más lúcido pensamiento jurídico latinoamericano– de la Convención Americana de las vicisitudes experimentadas por el correspondiente artículo 13 de la Convención Europea (*cf. infra*). Con acierto la Corte Interamericana subrayó la vinculación indeleble entre los artículos 25 y 8 de la Convención Americana, al ponderar, en su Sentencia (del 15-09-2005), en el Caso de la *Masacre de Mapiripán*, atinente a Colombia, que, como hace tiempo ha venido sosteniendo, "según la Convención Americana, los Estados Partes están obligados a suministrar recursos judiciales efectivos a las víctimas de violaciones de los derechos humanos (artículo 25), recursos que deben ser sustanciados de conformidad con las reglas del debido proceso legal (artículo 8(1)), todo ello dentro de la obligación general, a cargo de los mismos Estados, de garantizar el libre y pleno ejercicio de los derechos reconocidos por la Convención a toda persona que se encuentre bajo su jurisdicción (artículo 1(1)" (párr. 195).

[C140/2006: Juez CançadoTrindade, párr. 29]

§ 233

En realidad, en los últimos años (desde fines de los años setenta hasta la fecha), la Corte Europea ha, en casos sucesivos, tomado en cuenta las exigencias del debido proceso legal (artículo 6 de la Convención Europea) en correlación directa con las del derecho a un recurso efectivo (artículo 13 de la Convención). El derecho a un recurso efectivo, en la jurisprudencia europea en evolución, integra el Estado de Derecho, no puede ser disociado del *rule of law* en una sociedad democrática314. Su contenido material, como un derecho subjetivo y autónomo, lo caracteriza como "un outilfondamental de la mise-enoeuvre de la protection des droits de l'homme".

[C140/2006: Juez CançadoTrindade, párr. 58]

§ 234

Efectivamente, la protección judicial (artículo 25) y las garantías judiciales (artículo 8) forman conceptualmente un todo orgánico, y conforman el *rule of law* en una sociedad democrática. Los recursos efectivos ante las instancias judiciales nacionales competentes (el *habeas corpus*, el *amparo* en la mayoría de los países latinoamericanos, el *mandado de segurança* en Brasil, entre otros, todos ellos en el sentido del artículo 25 de la Convención Americana) deben ejercerse en el marco, y según los principios, del debido proceso legal (consignados en el artículo 8 de la Convención).

[C141/2006: Juez CançadoTrindade, párr. 37]

§ 235

Para que el Estado cumpla lo dispuesto en el artículo 25 de la Convención no basta con que los recursos existan formalmente, sino que los mismos deben tener efectividad, en los términos de aquél precepto. La existencia de esta garantía "constituye uno de los pilares básicos, no sólo de la Convención Americana, sino del propio Estado de Derecho en una sociedad democrática en el sentido de la Convención". Esta Corte ha reiterado que dicha obligación implica que el recurso sea idóneo para combatir la violación, y que sea efectiva su aplicación por la autoridad competente.

[C151/2006, párr. 131; C109/2004, párr. 193; C147/2006, párr. 144]

Garantías judiciales y legitimidad de la emergencia

Véase: Estado de Derecho y legalidad democrática §§ 200, 202

Garantías judiciales y derecho a la tutela judicial efectiva § 230

§ 236

Los razonamientos anteriores llevan a la conclusión de que los procedimientos de *hábeas corpus* y de amparo son de aquellas garantías judiciales indispensables para la protección de varios derechos cuya suspensión está vedada por el artículo 27.2 y sirven, además, para preservar la legalidad en una sociedad democrática.

[A8/1987, párr. 42; C158/2006, párr. 123]]

§ 237

El artículo 27 de la Convención Americana regula la suspensión de garantías en los casos de guerra, peligro público u otra emergencia que amenace la independencia o seguridad de un Estado Parte, para lo cual éste deberá informar a los demás Estados Partes por conducto del Secretario General de la OEA, "de las disposiciones cuya aplicación haya suspendido, de los motivos que hayan suscitado la suspensión y de la fecha en que haya dado por terminada tal suspensión". Si bien es cierto que la libertad personal no está incluida expresamente entre aquellos derechos cuya suspensión no se autoriza en ningún caso, también lo es que esta Corte ha expresado que: los procedimientos de *hábeas corpus* y de amparo son de aquellas garantías judiciales indispensables para la protección de varios derechos cuya suspensión está vedada por el Artículo 27.2 y sirven, además, para preservar la legalidad en una sociedad democrática [y que] aquellos ordenamientos constitucionales y legales de los Estados Partes que autoricen, explícita o implícitamente, la suspensión de los procedimientos de *hábeas corpus* o de amparo en situaciones de emergencia, deben considerarse incompatibles con las obligaciones internacionales que a esos Estados impone la Convención (El *hábeas corpus* bajo suspensión de garantías (arts. 27.2, 25.1 y 7.6 Convención Americana sobre Derechos Humanos), *Opinión consultiva* OC-8/87 del 30 de enero de 1987. Serie A, n° 8, párrs. 42 y 43). ... las garantías judiciales indispensables para la protección de los derechos humanos no susceptibles de suspensión, según lo dispuesto en el artículo 27.2 de la Convención, son aquéllas a las que ésta se refiere expresamente en los artículos 7.6 y 25.1, consideradas dentro del marco y según los principios del artículo 8, y también las inherentes a la preservación del Estado de Derecho, aun bajo la legalidad excepcional que resulta de la suspensión de garantías (Garantías judiciales en estados de emergencia (arts. 27.2, 25 y 8 Convención Americana sobre Derechos Humanos), *Opinión consultiva* OC-9/87 del 6 de octubre de 1987. Serie A, n° 9, párr. 38).

[C33/1997, párr. 50]

§ 238

Nuevamente es preciso destacar que las consideraciones y decisiones de la jurisdicción interamericana en los casos de los que se ha ocupado, no han justificado en ningún supuesto y por ningún motivo la comisión de delitos previstos por la legislación expedida conforme a los principios y postulados de una sociedad democrática. Es evidente que el Estado debe proteger a los individuos y a la sociedad frente a la agresión dirigida contra sus bienes jurídicos, así como preservar las instituciones democráticas. También lo es, desde la perspectiva de los derechos humanos, que esa protección se debe ejercer con observancia de las condiciones que caracterizan a un Estado de Derecho.

[C115/2004: Juez García Ramírez, párr. 14]

§ 239

En relación con el derecho de todo detenido a recurrir ante un juez o tribunal competente, consagrado en el artículo 7.6 de la Convención, la Corte ha considerado que "los procedimientos de *hábeas corpus* y de amparo son aquellas garantías judiciales indispensables para la protección de varios derechos cuya suspensión está vedada por el artículo 27.2 y sirven, además, para preservar la legalidad en una sociedad democrática".

[C141/2006, párr. 92]

Habeas corpus y amparo

Véase: Debido proceso y garantías § 182

Garantías judiciales y derecho a la tutela judicial efectiva §§ 219, 230

Garantías judiciales y legitimidad de la emergencia §§ 236, 237, 239

§ 240

Refiriéndose a estas dos garantías judiciales indispensables para la protección de los derechos no susceptibles de suspensión, la Corte concluyó que los procedimientos de *hábeas corpus* y de amparo son de aquellas garantías judiciales indispensables para la protección de varios derechos cuya suspensión está vedada por el artículo 27.2 y sirven, además, para preservar la legalidad en una sociedad democrática.

[A9/1987, párr. 33; C114/2004, párr. 128; C129/2005, párr. 90; C137/2005, párr. 112]

§ 241

La Corte ha interpretado los artículos 7.6 y 27.2 de la Convención en las *Opiniones consultivas* OC-8 y OC-9, del 30 de enero y 6 de octubre de 1987, respectivamente. En la primera sostuvo que "*los procedimientos de hábeas corpus y de amparo son de aquellas garantías judiciales indispensables para la protección de varios derechos cuya suspensión está vedada por el artículo 27.2 y sirven, además, para preservar la legalidad de una sociedad democrática*". También estimó esta Corte que [e]l *hábeas corpus*, para cumplir con su objeto de verificación judicial de la legalidad de la privación de la libertad, exige la presentación del detenido ante el juez o tribunal competente bajo cuya disposición queda la persona afectada. En este sentido es esencial la función que cumple el *hábeas corpus* como medio para controlar el respeto a la vida e integridad de la persona, para impedir su desaparición o la indeterminación de su lugar de detención, así como para protegerla contra la tortura u otros tratos o penas crueles, inhumanas o degradantes (El *hábeas corpus* bajo suspensión de garantías (arts. 27.2, 25.1 y 7.6 Convención Americana sobre Derechos Humanos), *Opinión consultiva* OC-8/87 del 30 de enero de 1987. Serie A, n° 8, párrs. 35 y 42).

[C20/1995, párr. 82; C68/2000, párr. 106]

§ 242

El artículo 25 de la Convención Americana establece que toda persona tiene derecho a un recurso sencillo y rápido o a cualquier otro recurso efectivo ante los jueces o tribunales competentes. La Corte ha declarado que esta disposición constituye uno de los pilares básicos, no sólo de la Convención Americana, sino del propio Estado de Derecho en una sociedad democrática en el sentido de la Convención. El artículo 25 se encuentra íntimamente ligado con la obligación general del artículo 1.1 de la Convención Americana, al atribuir funciones de protección al derecho interno de los Estados Partes. El *hábeas corpus* tiene como finalidad, no solamente garantizar la libertad y la integridad personales, sino también prevenir la desaparición o indeterminación del lugar de detención y, en última instancia, asegurar el derecho a la vida.

[C56/1999, párr. 121; C245/2012, párr. 230]

Impugnación de normas

§ 243

Es claro para la Corte que las presuntas víctimas se vieron afectadas por las disposiciones cuestionadas en este proceso internacional. La prohibición de impugnar los efectos del Decreto Ley n° 25640, contenida en el artículo 9 señalado, constituye una norma de aplicación inmediata, en tanto sus destinatarios se ven impedidos *ab initio* de impugnar cualquier efecto que estimaren perjudicial a sus intereses. La Corte estima que una normativa que contenga una prohibición de impugnar los eventuales efectos de su aplicación o interpretación no puede ser considerada en una sociedad democrática como una limitación válida al derecho a un real y efectivo acceso a la justicia de los destinatarios de esa normativa, el cual, a la luz de los artículos 8 y 25 de la Convención, en relación con los artículos 1.1 y 2 de la misma, no puede ser arbitrariamente restringido ni reducido o derogado[…].

[C174/2007, párr. 119]

Irretroactividad de la ley

Véase: Estado de Derecho y legalidad democrática §§ 208, 211, 215

§ 244

El principio de legalidad constituye uno de los elementos centrales de la persecución penal en una sociedad democrática al establecer que "nadie puede ser condenado por acciones u omisiones que en el momento de cometerse no fueran delictivos según el derecho aplicable". Dicho principio preside la actuación de todos los órganos del Estado, en sus respectivas competencias, particularmente cuando viene al caso el ejercicio del poder punitivo. Este Tribunal también ha indicado que el principio de irretroactividad tiene el sentido de impedir que una persona sea penada por un hecho que cuando fue cometido no era delito o no era punible o perseguible.

[C265/2013, párr. 154]

§ 245

El Tribunal Interamericano también ha indicado que el principio de irretroactividad tiene el sentido de impedir que una persona sea penada por un hecho que cuando fue cometido no era delito o no era punible o perseguible. Asimismo, la Corte IDH ha establecido que la aplicación de una pena o sanción administrativa diferente materialmente a la prevista en la ley contraviene el principio de legalidad, pues se basa en interpretaciones extensivas de la ley penal.

[C268/2013, Juez Ferrer Mc Gregor, párr. 150]

Leyes

Véase: Estado de Derecho y legalidad democrática §§ 198, 200

§ 246

La reserva de ley para todos los actos de intervención en la esfera de la libertad, dentro del constitucionalismo democrático, es un elemento esencial para que los derechos del hombre puedan estar jurídicamente protegidos y existir plenamente en la realidad. Para que los principios de legalidad y reserva de ley constituyan una garantía efectiva de los derechos y libertades de la persona humana, se requiere no sólo su proclamación formal, sino la existencia de un régimen que garantice eficazmente su aplicación y un control adecuado del ejercicio de las competencias de los órganos.

[A6/1986, párr. 24]

§ 247

En tal perspectiva no es posible interpretar la expresión **leyes**, utilizada en el artículo 30, como sinónimo de cualquier norma jurídica, pues ello equivaldría a admitir que los derechos fundamentales pueden ser restringidos por la sola determinación del poder público, sin otra limitación formal que la de consagrar tales restricciones en disposiciones de carácter general. Tal interpretación conduciría a desconocer límites que el derecho constitucional democrático ha establecido desde que, en el derecho interno, se proclamó la garantía de los derechos fundamentales de la persona; y no se compadecería con el Preámbulo de la Convención Americana, según el cual "los derechos esenciales del hombre... tienen como fundamento los atributos de la persona humana, razón por la cual justifican una protección internacional, de naturaleza convencional coadyuvante o complementaria de la que ofrece el derecho interno de los Estados americanos".

[A6/1986, párr. 26]

§ 248

El requisito según la cual las leyes han de ser dictadas por razones de interés general significa que deben haber sido adoptadas en función del "bien común" (art. 32.2), concepto que ha de interpretarse como elemento integrante del orden público del Estado democrático, cuyo fin principal es "la protección de los derechos esenciales del hombre y la creación de circunstancias que le permitan progresar espiritual y materialmente y alcanzar la felicidad" ("Declaración Americana de los Derechos y Deberes del Hombre" (en adelante "Declaración Americana"), Considerandos, párr. 1).

[A6/1986, párr. 29]

§ 249

En consecuencia, las **leyes** a que se refiere el artículo 30 son actos normativos enderezados al bien común, emanados del Poder Legislativo democráticamente elegido y promulgados por el Poder Ejecutivo. Esta acepción corresponde plenamente al contexto general de la Convención dentro de la filosofía del Sistema Interamericano. Sólo la ley formal, entendida como lo ha hecho la Corte, tiene aptitud para restringir el goce o ejercicio de los derechos reconocidos por la Convención.

[A6/1986, párr. 35]

§ 250

Es importante aclarar que la expresión "ley" señalada en el artículo 16 de la Convención, debe interpretarse de acuerdo con lo establecido anteriormente por este Tribunal, a saber: [...] no es posible interpretar la expresión **leyes**, utilizada en el artículo 30 [de la Convención], como sinónimo de cualquier norma jurídica, pues ello equivaldría a admitir que los derechos fundamentales pueden ser restringidos por la sola determinación del poder público, sin otra limitación formal que la de consagrar tales restricciones en disposiciones de carácter general. Tal interpretación conduciría a desconocer límites que el derecho constitucional democrático ha establecido desde que, en el derecho interno, se proclamó la garantía de los derechos fundamentales de la persona; y no se compadecería con el Preámbulo de la Convención Americana, según el cual "los derechos esenciales del hombre... tienen como fundamento los atributos de la persona humana, razón por la cual justifican una protección internacional, de naturaleza convencional coadyuvante o complementaria de la que ofrece el derecho interno de los Estados americanos". La expresión **leyes,** en el marco de la protección a los derechos humanos, carecería de sentido si con ella no se aludiera a la idea de que la sola determinación del poder público no basta para restringir tales derechos. Lo contrario equivaldría a reconocer una virtualidad absoluta a los poderes de los gobernantes frente a los gobernados. En cambio, el vocablo **leyes** cobra todo su sentido lógico e histórico si se le considera como una exigencia de la necesaria limitación a la interferencia del poder público en la esfera de los derechos y libertades de la persona humana.

[C72/2001, párr. 169]

§ 251

La Corte Europea de Derechos Humanos ha señalado que [la] función supervisora [de la Corte le] impone [...] prestar una atención extrema a los principios propios de una 'sociedad democrática'. La libertad de expresión constituye uno de los fundamentos esenciales de tal sociedad, una de las condiciones primordiales para su progreso y para el desarrollo de los hombres. El artículo 10.2 [de la Convención Europea de Derechos Humanos es válido no sólo para las informaciones o ideas que son favorablemente recibidas o consideradas como inofensivas o indiferentes, sino también para aquellas que chocan, inquietan u ofenden al Estado o a una fracción cualquiera de la población. [Dicho artículo dispone que: 2. El ejercicio de estas libertades, que entrañan deberes y responsabilidades, podrá ser sometido a ciertas formalidades, condiciones, restricciones o sanciones, previstas por la ley, que constituyan medidas necesarias, en una sociedad democrática, para la seguridad nacional, la integridad territorial o la seguridad pública, la defensa del orden y la prevención del delito, la protección de la salud o de la moral, la protección de la reputación o de los derechos de terceros, para impedir la divulgación de informaciones confidenciales o para garantizar la autoridad y la imparcialidad del poder judicial]. [*Omissis*]

[C73/2001, párr. 69]

§ 252

Esta misma Corte observó, en una Opinión Consultiva de 1986, que la palabra "leyes" en los términos del artículo 30 de la Convención Americana significa norma jurídica de *carácter general, ceñida al bien común*, elaborada según el procedimiento constitucionalmente establecido, por órganos legislativos constitucionalmente previstos y democráticamente elegidos. ¿Quién se atrevería a insinuar que una "ley" de autoamnistía satisface a todos estos requisitos? No veo cómo negar que "leyes" de este tipo carecen de carácter general, por cuanto son medidas de excepción. Y ciertamente en nada contribuyen al bien común, sino todo lo contrario: configúranse como meros subterfugios para encubrir violaciones graves de los derechos humanos, impedir el conocimiento de la verdad (por más penosa que sea ésta) y obstaculizar el propio acceso a la justicia por parte de los victimados. En suma, no satisfacen los requisitos de "leyes" en el ámbito del Derecho Internacional de los Derechos Humanos.

[C75/2001, párr. 7]

§ 253

Si bien el derecho a la pensión nivelada es un derecho adquirido, de conformidad con el artículo 21 de la Convención, los Estados pueden poner limitaciones al goce del derecho de propiedad por razones de utilidad pública o interés social. En el caso de los efectos patrimoniales de las pensiones (monto de las pensiones), los Estados pueden reducirlos únicamente por la vía legal adecuada y por los motivos ya indicados. Por su parte, el artículo 5 del Protocolo Adicional a la Convención Americana en materia de Derechos Económicos, Sociales y Culturales (en adelante "Protocolo de San Salvador") sólo permite a los Estados establecer limitaciones y restricciones al goce y ejercicio de los derechos económicos, sociales y culturales, "mediante leyes promulgadas con el objeto de preservar el bienestar general dentro de una sociedad democrática, en la medida que no contradigan el propósito y razón de los mismos". En toda y cualquier circunstancia, si la restricción o limitación afecta el derecho a la propiedad, ésta debe realizarse, además, de conformidad con los parámetros establecidos en el artículo 21 de la Convención Americana.

[C98/2003, párr. 116]

§ 254

Esa noción sustantiva deberá analizarse a la luz de varios preceptos de la Convención y de diversa jurisprudencia de la Corte. Entre aquéllas se hallan las disposiciones acerca de la interpretación del Pacto de San José, particularmente las que prohíben interpretarlo en forma que pudiera "excluir otros derechos y garantías que son inherentes al ser humano o que se derivan de la forma democrática representativa de gobierno" (art. 29, c), así como "excluir o limitar el efecto que puedan producir la Declaración Americana de Derechos y Deberes del Hombre y otros actos internacionales de la misma naturaleza" (art. 29, d); las que se refieren a restricciones admisibles, que "no pueden ser aplicadas sino conforme a leyes que se dictaren por razones de interés general y con el propósito para el cual han sido establecidas" (art. 30); y las que conciernen al límite de los derechos de cada uno: "los derechos de los demás, (...) la seguridad de todos y (...) las justas exigencias del bien común, en una sociedad democrática" (art. 32.2).

[C126/2005: Juez García Ramírez, párr. 3]

§ 255

En cuanto a los requisitos que debe cumplir una restricción en esta materia, en primer término deben estar previamente fijadas por ley como medio para asegurar que no queden al arbitrio del poder público. Dichas leyes deben dictarse "por razones de interés general y con el propósito para el cual han sido establecidas". Al respecto la Corte ha enfatizado que En tal perspectiva no es posible interpretar la expresión **leyes**, utilizada en el artículo 30, como sinónimo de cualquier norma jurídica, pues ello equivaldría a admitir que los derechos fundamentales pueden ser restringidos por la sola determinación del poder público, sin otra limitación formal que la de consagrar tales restricciones en disposiciones de carácter general. [...] El requisito según el cual las leyes han de ser dictadas por razones de interés general significa que deben haber sido adoptadas en función del "bien común" (art. 32.2), concepto que ha de interpretarse como elemento integrante del orden público del Estado democrático [...].

[C151/2006, párr. 89]

§ 256

Esta misma Corte, en su *Opinión consultiva* n° 6 (del 09-05-1986), sostuvo que "la palabra *leyes* en el artículo 30 de la Convención [Americana] significa norma jurídica de carácter general, ceñida al bien común, emanada de los órganos legislativos constitucionalmente previstos y democráticamente elegidos, y elaborada según el procedimiento establecido por las Constituciones de los Estados Partes para la formación de las leyes" (párr. 38).

[C154/2006: Juez CançadoTrindade, párr. 6]

§ 257

Este numeral del artículo 7 reconoce la garantía primaria del derecho a la libertad física: la reserva de ley, según la cual, únicamente a través de una ley puede afectarse el derecho a la libertad personal. Valga reiterar que para esta Corte "ley" es una norma jurídica de carácter general, ceñida al bien común, emanada de los órganos legislativos constitucionalmente previstos y democráticamente elegidos, y elaborada según el procedimiento establecido por las constituciones de los Estados Partes para la formación de las leyes.

[C170/2007, párr. 56]

§ 258

De manera análoga al interés social, esta Corte ha interpretado el alcance de las razones de interés general comprendido en el artículo 30 de la Convención Americana (alcance de las restricciones), al señalar que "[e]l requisito según la cual las leyes han de ser dictadas por razones de interés general significa que deben haber sido adoptadas en función del 'bien común' (art[ículo] 32.2 [de la Convención]), concepto que ha de interpretarse como elemento integrante del orden público del Estado democrático, cuyo fin principal es 'la protección de los derechos esenciales del hombre y la creación de circunstancias que le permitan progresar espiritual y materialmente y alcanzar la felicidad' (Declaración Americana de los Derechos y Deberes del Hombre, Considerandos, párr. 1)".

[C179/2008, párr. 74]

§ 259

El juez natural deriva su existencia y competencia de la ley, la cual ha sido definida por la Corte como la "norma jurídica de carácter general, ceñida al bien común, emanada de los órganos legislativos constitucionalmente previstos y democráticamente elegidos, y elaborada según el procedimiento establecido por las constituciones de los Estados Partes para la formación de las leyes". Consecuentemente, en un Estado de Derecho sólo el Poder Legislativo puede regular, a través de leyes, la competencia de los juzgadores.

[C206/2009, párr. 76]

Leyes contrarias a la Convención Americana y su nulidad

Véase: Leyes §252

§ 260

En el caso presente, la Corte observa que la señora María Elena Loayza Tamayo fue procesada en el fuero privativo militar por el delito de traición a la patria que está estrechamente vinculado al delito de terrorismo, como se deduce de una lectura comparativa del artículo 2, incisos a, b y c del Decreto-Ley n° 25.659 (delito de traición a la patria) y de los artículos 2 y 4 del Decreto-Ley n° 25.475 (delito de terrorismo)... Ambos decretos-leyes se refieren a conductas no estrictamente delimitadas por lo que podrían ser comprendidas indistintamente dentro de un delito como en otro, según los criterios del Ministerio Público y de los jueces respectivos y, como en el caso examinado, de la *"propia Policía (DINCOTE)"*. Por lo tanto, los citados decretos-leyes en este aspecto son incompatibles con el artículo 8.4 de la Convención Americana.

[C33/1997, párrs. 67 y 68]

§ 261

Este Tribunal ha señalado que las garantías a que tiene derecho toda persona sometida a proceso, además de ser indispensables deben ser judiciales, "lo cual implica la intervención de un órgano judicial independiente e imparcial, apto para determinar la legalidad de las actuaciones que se cumplan dentro del estado de excepción".

[C52/1999, párr. 131]

§ 262

Por tanto, **LA CORTE,** por unanimidad, 13. declara la invalidez, por ser incompatible con la Convención Americana sobre Derechos Humanos, del proceso en contra de los señores Jaime Francisco Sebastián Castillo Petruzzi, María Concepción Pincheira Sáez, Lautaro Enrique Mellado Saavedra y Alejandro Luis Astorga Valdez y ordena que se les garantice un nuevo juicio con la plena observancia del debido proceso legal.

[C52/1999, párr. 226]

§ 263

Como consecuencia de la manifiesta incompatibilidad entre las leyes de autoamnistía y la Convención Americana sobre Derechos Humanos, las mencionadas leyes carecen de efectos jurídicos y no pueden seguir representando un obstáculo para la investigación de los hechos que constituyen este caso ni para la identificación y el castigo de los responsables, ni puedan tener igual o similar impacto respecto de otros casos de violación de los derechos consagrados en la Convención Americana acontecidos en el Perú.

[C75/2001, párr. 44]

§ 264

En su Sentencia en el Caso *La Última Tentación de Cristo* (*Olmedo Bustos y Otros versus Chile*, Sentencia del 05-02-2001), esta Corte señaló que el deber general que impone el artículo 2 de la Convención Americana requiere que cada Estado Parte adopte todas las medidas para que lo establecido en la Convención sea efectivamente cumplido en su ordenamiento jurídico interno, lo que significa que el Estado debe adaptar su actuación a la normativa de protección de la Convención (párr. 87). Siete meses después, la Corte recordó este *obiter dictum* en su histórica Sentencia en el Caso *Barrios Altos*, atinente al Perú (Interpretación de Sentencia, del 03-09-2001), en relación con el "deber del Estado de suprimir de su ordenamiento jurídico las normas vigentes que impliquen una violación" de la Convención Americana (párr. 17), y agregó: "La promulgación de una ley manifiestamente contraria a las obligaciones asumidas por un Estado Parte en la Convención constituye *per se* una violación de ésta y genera responsabilidad internacional del Estado. En consecuencia, la Corte considera que, dada la naturaleza de la violación constituida por las leyes de amnistía n° 26479 y n° 26492, lo resuelto en la Sentencia de fondo en el Caso *Barrios Altos* tiene efectos generales (...)" (párr. 18).

[C162/2006: Juez CançadoTrindade, párr. 23]

§ 265

O sea, están viciadas de nulidad, de nulidad *ex tunc*, de nulidad *ab initio*, careciendo por lo tanto de todo y cualquier efecto jurídico. La referida Sentencia de *Barrios Altos* es hoy reconocida, en la bibliografía jurídica especializada en distintos continentes, en los círculos jus internacionalistas de todo el mundo, como un marco en la historia del Derecho Internacional de los Derechos Humanos. En aquella Sentencia, la Corte sostuvo que "(...) Son inadmisibles las disposiciones de amnistía, las disposiciones de prescripción y el establecimiento de excluyentes de responsabilidad que pretendan impedir la investigación y sanción de los responsables de las violaciones graves de los derechos humanos tales como la tortura, las ejecuciones sumarias, extralegales o arbitrarias y las desapariciones forzadas, todas ellas prohibidas por contravenir derechos inderogables reconocidos por el Derecho Internacional de los Derechos Humanos. (...) A la luz de las obligaciones generales consagradas en los artículos 1(1) y 2 de la Convención Americana, los Estados Partes tienen el deber de tomar las providencias de toda índole para que nadie sea sustraído de la protección judicial y del ejercicio del derecho a un recurso sencillo y eficaz, en los términos de los artículos 8 y 25 de la Convención. Es por ello que los Estados Partes en la Convención que adopten leyes que tengan este efecto, como lo son las leyes de autoamnistía, incurren en una violación de los artículos 8 y 25 en concordancia con los artículos 1(1) y 2, todos de la Convención. Las leyes de autoamnistía conducen a la indefensión de las víctimas y a la perpetuación de la impunidad, por lo que son manifiestamente incompatibles con la letra y el espíritu de la Convención Americana. Este tipo de leyes impide la identificación de los individuos responsables de violaciones de derechos humanos, ya que se obstaculiza la investigación y el acceso a la justicia e impide a las víctimas y a sus familiares conocer la verdad y recibir la reparación correspondiente" (párrs. 41 y 43).

[C162/2006: Juez CançadoTrindade, párr. 27]

Motivación de las decisiones judiciales y administrativas

§ 266

La Corte ha señalado que la motivación "es la exteriorización de la justificación razonada que permite llegar a una conclusión". El deber de motivar las resoluciones es una garantía vinculada con la correcta administración de justicia, que protege el derecho de los ciudadanos a ser juzgados por las razones que el Derecho suministra, y otorga credibilidad de las decisiones jurídicas en el marco de una sociedad democrática.

[C182/2008, párr. 77]

§ 267

En cuanto a lo alegado por los representantes sobre la falta de motivación de la sentencia respecto de la divulgación de la conversación telefónica, la Corte ha señalado que la motivación "es la exteriorización de la justificación razonada que permite llegar a una conclusión". El deber de motivar las resoluciones es una garantía vinculada con la correcta administración de justicia, que protege el derecho de los ciudadanos a ser juzgados por las razones que el Derecho suministra, y otorga credibilidad de las decisiones jurídicas en el marco de una sociedad democrática.

[C193/2009, párr. 152]

§ 268

La Corte ha señalado que la motivación "es la exteriorización de la justificación razonada que permite llegar a una conclusión". En términos generales, el deber de motivar las resoluciones es una garantía vinculada con la correcta administración de justicia, que otorga credibilidad de las decisiones jurídicas en el marco de una sociedad democrática. Lo mismo puede afirmarse en el presente caso respecto de la decisión administrativa sobre la responsabilidad funcional de la jueza. La Corte ha señalado anteriormente que las disposiciones del artículo 8.1 se aplican a las decisiones de órganos administrativos, "deb[iendo éstos] cumplir con aquellas garantías destinadas a asegurar que la decisión no sea arbitraria"; por ello, tales decisiones deben estar debidamente fundamentadas.

[C200/2009, párr. 208]

§ 269

Sobre este deber de motivar las decisiones que afectan la estabilidad de los jueces en su cargo, la Corte reitera su jurisprudencia en el sentido que la motivación "es la exteriorización de la justificación razonada que permite llegar a una conclusión". El deber de motivar las resoluciones es una garantía vinculada con la correcta administración de justicia, que protege el derecho de los ciudadanos a ser juzgados por las razones que el Derecho suministra, y otorga credibilidad a las decisiones jurídicas en el marco de una sociedad democrática. Por tanto, las decisiones que adopten los órganos internos que puedan afectar derechos humanos deben estar debidamente fundamentadas, pues de lo contrario serían decisiones arbitrarias. En este sentido, la argumentación de un fallo y de ciertos actos administrativos deben permitir conocer cuáles fueron los hechos, motivos y normas en que se basó la autoridad para tomar su decisión, a fin de descartar cualquier indicio de arbitrariedad. Asimismo, la motivación demuestra a las partes que éstas han sido oídas y, en aquellos casos en que las decisiones son recurribles, les proporciona la posibilidad de criticar la resolución y lograr un nuevo examen de la cuestión ante las instancias superiores. Por todo ello, el deber de motivación es una de las "debidas garantías" incluidas en el artículo 8.1 para salvaguardar el derecho a un debido proceso.

[C227/2011, párr. 118]

§ 270

Respecto al deber de motivación del Contralor, la Corte reitera que la motivación "es la justificación razonada que permite llegar a una conclusión". El deber de motivar las resoluciones es una garantía vinculada con la correcta administración de justicia, que protege el derecho de los ciudadanos a ser juzgados por las razones que el Derecho suministra, y otorga credibilidad de las decisiones jurídicas en el marco de una sociedad democrática. Por ello, las decisiones que adopten los órganos internos que puedan afectar derechos humanos deben estar debidamente fundamentadas, pues de lo contrario serían decisiones arbitrarias. En este sentido, la argumentación de un fallo y de ciertos actos administrativos deben permitir conocer cuáles fueron los hechos, motivos y normas en que se basó la autoridad para tomar su decisión, a fin de descartar cualquier indicio de arbitrariedad. Además, debe mostrar que han sido debidamente tomados en cuenta los alegatos de las partes y que el conjunto de pruebas ha sido analizado. Por todo ello, el deber de motivación es una de las "debidas garantías" incluidas en el artículo 8.1 para salvaguardar el derecho a un debido proceso.

[C233/2011, párr. 141]

§ 271

La Corte ha mencionado que la motivación es la exteriorización de la justificación razonada que permite llegar a una conclusión. El deber de motivar las resoluciones es una garantía vinculada a la recta administración de justicia, que le garantiza a los ciudadanos el derecho a ser juzgados por las razones que el derecho otorga, a la vez que brinda credibilidad a las decisiones judiciales en una sociedad democrática. En virtud de lo cual las decisiones que adopten los órganos internos de los estados que puedan afectar derechos humanos deben de estar motivadas, de lo contrario serían decisiones arbitrarias. La motivación de un fallo debe permitir conocer cuáles son los hechos, motivos y normas en las que se basó el órgano que lo dictó para tomar su decisión de modo que se pueda desechar cualquier indicio de arbitrariedad, a la vez que les demuestra a las partes que estas han sido oídas en el marco del proceso. Además, debe mostrar que han sido debidamente tomados en cuenta los alegatos de las partes y que el conjunto de pruebas ha sido analizado. Por todo lo anterior, la Corte ha concluido que el deber de motivación es una de las "debidas garantías" incluidas en el artículo 8.1 del debido proceso.

[C275/2013, párr. 224]

Poder punitivo del Estado

Véase: DEMOCRACIA E INSTITUCIONES: Protección internacional de derechos humanos §§ 147

ESTADO DE DERECHO: Debido proceso y garantías§ 155; Estado de Derecho y legalidad democrática §§ 208, 211, 215

DIGNIDAD HUMANA Y JUSTICIA DEMOCRÁTICA: Derecho a la libertad personal § 403

DERECHOS INMATERIALES O DE LA PERSONALIDAD: Despenalización de las injurias y calumnias y sus límites § 524

Principios generales de derecho

§ 272

Los principios generales del derecho ingresaron en la cultura jurídica, con raíces históricas que remontan, *v.g.*, al derecho romano, y pasaron a vincularse con la propria concepción del Estado democrático de Derecho, sobre todo a partir de la influencia del pensamiento iluminista. A pesar de la aparente indiferencia con que fueron tratados por el positivismo jurídico (siempre buscando demostrar un "reconocimiento" de dichos principios en el orden jurídico positivo), y a pesar de la menor atención a ellos dispensada por la doctrina jurídica apresurada y reduccionista de nuestros días, sin embargo nunca podremos de ellos prescindir.

[A18/2003: Juez CançadoTrindade, párr. 45]

Principio de legalidad

Véase: DEMOCRACIA E INSTITUCIONES: Carta Democrática Interamericana § 23

Control judicial (de constitucionalidad y de convencionalidad) de los juicios políticos § 41

Democracia representativa formal y ejercicio efectivo §§ 48, 51, 52

Derecho constitucional democrático §§ 58, 61

Interpretación democrática de la Convención § 103

ESTADO DE DERECHO: Control judicial §§ 170, 171

Estado de Derecho y legalidad democrática §§ 197 a 200, 208, 210 a 212, 215

Interpretación de la ley §§ 244, 245

Leyes § 246

Proceso judicial democrático

Véase: Debido proceso y garantías § 176

§ 273

En mi concepto, no es posible que la Corte admita probanzas que no reúnen los mencionados requisitos mínimos de admisibilidad, con el argumento de que el tribunal dispone de amplia facultad para analizarlos y valorarlos, vinculados con otros datos o circunstancias. En efecto, la admisión de pruebas manifiestamente viciadas alteraría el carácter de un proceso gobernado por principios democráticos y conduciría, llevado el punto a sus naturales consecuencias, a aceptar también otros medios de prueba reprobados por la ley u obtenidos ilícitamente. Así, se llegaría a la conclusión de que son admisibles una confesión o un testimonio obtenido con intimidación, o incluso tortura del declarante, si a juicio de la Corte aparecen corroborados por otras probanzas y contribuyen a esclarecer los hechos. De esta manera se desvirtuaría el proceso y se retornaría a un régimen probatorio ampliamente superado y condenado. En suma, en materia probatoria –como en tantas otras– el fin no justifica los medios. Por el contrario la legitimidad de éstos concurre a legitimar el fin alcanzado. La obtención de una hipotética –y más bien remota– verdad histórica no exime de cumplir los requerimientos que imponen la ley y la buena fe con la que debe conducirse el juzgador.

[C70/2000: Juez García Ramírez, párr. 29]

§ 274

En el proceso penal democrático, el inculpado, sujeto del proceso, dotado con derechos adjetivos que permiten sostener y asegurar sus derechos materiales, enfrenta ciertos cargos sobre los que aguarda la decisión judicial. En función de ellos, que son el "tema del enjuiciamiento", desarrolla el conjunto de los actos de defensa. De ahí la importancia de que conozca, desde el principio mismo del proceso –y más todavía, desde que comienza el procedimiento en su contra y se le priva de libertad en un momento anterior a su presentación ante el juzgador–, los hechos que se le atribuyen, para que pueda construir su defensa. No se trata de enterarlo de cuestiones técnicas en torno a los cargos que pesan sobre él, sino de que sepa con certeza –y también, por supuesto, de que sepa su defensor– qué hechos se le atribuyen, cómo se dice que los cometió, en qué forma lo hizo, etcétera, para que cuente con los elementos indispensables para contradecir la acusación y obtener al cabo una sentencia justa.

[C126/2005: Juez García Ramírez, párr. 26]

§ 275

He aquí una materia adecuada para la armonización que se pretende a través del Derecho internacional de los derechos humanos. Destacados tratadistas –así, Julio Maier, Martín Abregú y Juan Carlos Hitters, entre otros– han adelantado la fundada opinión de que es hora de revisar, y acaso reconstruir, el enjuiciamiento penal de nuestros países, que ya registra desarrollos notables, a la luz del Derecho Internacional de los Derechos Humanos. A esta fuente del "nuevo derecho" conviene agregar, con el mismo rango e idéntico espíritu, la tradición humanista y democrática que arraiga en las tradiciones constitucionales –sus aplicaciones son otra cosa– de los países americanos. Esta es, en consecuencia, la doble fuente o el amplio cimiento del Derecho Procesal Penal contemporáneo característico de la sociedad democrática, comprometido con los derechos humanos, el imperio de la justicia y la preservación de la seguridad pública, que también constituye, por cierto, un derecho humano.

[C187/2008: Voto Juez García Ramírez, párr.2]

Proyectos de ley

§ 276

En sus observaciones sobre la presente solicitud de opinión consultiva, el Gobierno del Uruguay sostiene que la Corte carece de competencia para absolver la consulta debido a que un proyecto de ley no es una "ley interna" en el sentido del artículo 64.2 de la Convención, tal como esa expresión ha sido interpretada por la Corte en su Opinión Consultiva **"La expresión 'leyes'"** , en la que el Tribunal opinó que la palabra **leyes** en el artículo 30 de la Convención significa norma jurídica de carácter general, ceñida al bien común, emanada de los órganos legislativos constitucionalmente previstos y democráticamente elegidos, y elaborada según el procedimiento establecido por las constituciones de los Estados Partes para la formación de las leyes (*"La expresión 'leyes'", supra* **8, párr. 38**). Sostiene el Gobierno del Uruguay que únicamente las normas legales que cumplen esos requisitos son "leyes internas" en el sentido del artículo 64.2 de la Convención y, por consiguiente, objeto de opinión consultiva.

[A12/1991, párr. 15]

§ 277

La Corte consideró en aquella oportunidad que, como el propósito de su competencia consultiva es el de "ayudar a los Estados y órganos a cumplir y a aplicar tratados en materia de derechos humanos, sin someterlos al formalismo y al sistema de sanciones que caracteriza el proceso contencioso" *[Restricciones a la pena de muerte (arts. 4.2 y 4.4 Convención Americana sobre Derechos Humanos), Opinión consultiva* OC-3/83 del 8 de setiembre de 1983. Serie A, n° 3, párr. 43,citado en *"Propuesta de modificación", supra 10*, párr. 19], abstenerse [...] de atender la solicitud de un Gobierno porque se trate de 'proyectos de ley' y no de leyes formadas y en vigor, podría, en algunos casos, equivaler a forzar a dicho Gobierno a la violación de la Convención, mediante la adopción formal y posiblemente la aplicación de la medida legislativa, para luego acudir a la Corte en busca de la opinión (*Ibid.*, **párr. 26**).

[A12/1991, párr. 20]

Sujeción constitucional a los tratados de derechos humanos

Véase: DEMOCRACIA E INSTITUCIONES: Protección internacional de derechos humanos s/p.; Tratados sobre derechos humanos y voluntarismo estatal §§ 159, 160

§ 278

[*Omissis*]. En cuanto a la recepción del Derecho Internacional de los Derechos Humanos en el ordenamiento jurídico chileno como limitación de la soberanía, el texto de la Constitución Política de 1980, en su artículo 5 inciso 1, establecía la residencia de la soberanía en la Nación y el ejercicio de ésta por el pueblo y por las autoridades constituidas de acuerdo con el sistema constitucional. El inciso 2 de dicho artículo establecía como límite de la soberanía los derechos esenciales que emanan de la naturaleza humana. En el proceso de transición del régimen autoritario al democrático se efectuaron 54 reformas constitucionales, y una de ellas fue al inciso 2 del artículo 5, al agregar la frase que dice "que los órganos del Estado deben respetar y promover los derechos contenidos en la Constitución Política, como asimismo por los tratados internacionales ratificados por Chile y vigentes". Con esta frase se consolida la perspectiva de que los derechos esenciales de la persona humana constituyen, dentro del sistema jurídico chileno, un sistema de doble fuente: una de carácter interno –la Constitución Política– y otra de carácter internacional que incorpora al ordenamiento jurídico chileno, al menos, los derechos contenidos en los tratados que el Estado libre, voluntaria y espontáneamente ha ratificado. Esto implica que el bloque de constitucionalidad está integrado por los derechos contenidos en los tratados y por los derechos consagrados en la propia Constitución Política.

[C73/2001: Peritaje de Humberto Nogueira Alcalá, abogado especialista en derecho constitucional, párr. 45]

§ 279

En otras ocasiones he cotejado la función de los tribunales internacionales de derechos humanos con la misión de las cortes constitucionales internas. Estas tienen a su cargo velar por el Estado de Derecho a través del juzgamiento sobre la subordinación de actos de autoridades a la ley suprema de la nación. En el desarrollo de la justicia constitucional ha aparecido una jurisprudencia de principios y valores –principios y valores del sistema democrático– que ilustra el rumbo del Estado, brinda seguridad a los particulares y establece el derrotero y las fronteras en el quehacer de los órganos del Estado. Desde otro ángulo, el control de constitucionalidad, como valoración y decisión sobre el acto de autoridad sometido a juicio, se encomienda a un órgano de elevada jerarquía dentro de la estructura jurisdiccional del Estado (control concentrado) o se asigna a los diversos órganos jurisdiccionales en lo que respecta a los asuntos de los que toman conocimiento conforme a sus respectivas competencias (control difuso).

[C158/2006: Juez García Ramírez, párr. 4]

III. SEGURIDAD Y ORDEN PÚBLICO DEMOCRÁTICO

Amnistías (o autoamnistías)

Véase: DEMOCRACIA E INSTITUCIONES: Límite de las mayorías §§ 119, 120, 121

§ 280

Sobre este asunto, considero que la decisión de la Corte no implica, en modo alguno, el desconocimiento de la conveniencia y necesidad de dictar normas de amnistía que contribuyan al restablecimiento de la paz, en condiciones de libertad y justicia, al cabo de conflictos internos que se pretende resolver con medidas de esta naturaleza, entre otras. Por el contrario, es plausible que se lleve adelante un esfuerzo de este género, encauzado por los principios aplicables del Derecho internacional y nacional, alentado por la participación de los sectores involucrados y asumido en el marco de las instituciones democráticas.

[C43/1998: Juez García Ramírez, párr. 6]

§ 281

Con frecuencia se presenta a las leyes de amnistía, genéricamente, como medidas conducentes al restablecimiento de la paz o de transición hacia ella. Contribuye al esclarecimiento de esta cuestión el deslinde que se puede y se debe hacer entre las disposiciones de amnistía, tomando en cuenta diversos factores relevantes: circunstancias en que se dictan, forma de adoptarlas y eficacia que revisten. En este sentido, cabe distinguir entre las llamadas "autoamnistías", expedidas en favor de quienes ejercen la autoridad y por éstos mismos, y las amnistías que resultan de un proceso de pacificación con sustento democrático y alcances razonables, que excluyen la persecución de conductas realizadas por miembros de los diversos grupos en contienda, pero dejan abierta la posibilidad de sancionar hechos gravísimos, que ninguno de aquellos aprueba o reconoce como adecuados. Las normas de la primera categoría han sido severamente cuestionadas (*cfr.*, por ejemplo, Norris, Robert E., *Leyes de impunidad y los derechos humanos en las Américas. Una respuesta legal*, en "Revista IIDH", n° 15, enero-junio 1992, esp. pp. 109 y ss.).

[C43/1998: Juez García Ramírez, párr. 9]

§ 282

Esta Corte considera que son inadmisibles las disposiciones de amnistía, las disposiciones de prescripción y el establecimiento de excluyentes de responsabilidad que pretendan impedir la investigación y sanción de los responsables de las violaciones graves de los derechos humanos tales como la tortura, las ejecuciones sumarias, extralegales o arbitrarias y las desapariciones forzadas, todas ellas prohibidas por contravenir derechos inderogables reconocidos por el Derecho Internacional de los Derechos Humanos.

[C75/2001, párr. 41]

§ 283

La Corte estima necesario enfatizar que, a la luz de las obligaciones generales consagradas en los artículos 1.1 y 2 de la Convención Americana, los Estados Partes tienen el deber de tomar las providencias de toda índole para que nadie sea sustraído de la protección judicial y del ejercicio del derecho a un recurso sencillo y eficaz, en los términos de los artículos 8 y 25 de la Convención. Es por ello que los Estados Partes en la Convención que adopten leyes que tengan este efecto, como lo son las leyes de autoamnistía, incurren en una violación de los artículos 8 y 25 en concordancia con los artículos 1.1 y 2 de la Convención. Las leyes de autoamnistía conducen a la indefensión de las víctimas y a la perpetuación de la impunidad, por lo que son manifiestamente incompatibles con la letra y el espíritu de la Convención Americana. Este tipo de leyes impide la identificación de los individuos responsables de violaciones a derechos humanos, ya que se obstaculiza la investigación y el acceso a la justicia e impide a las víctimas y a sus familiares conocer la verdad y recibir la reparación correspondiente.

[C75/2001, párr. 43]

§ 284

Como consecuencia de la manifiesta incompatibilidad entre las leyes de autoamnistía y la Convención Americana sobre Derechos Humanos, las mencionadas leyes carecen de efectos jurídicos y no pueden seguir representando un obstáculo para la investigación de los hechos que constituyen este caso ni para la identificación y el castigo de los responsables, ni puedan tener igual o similar impacto respecto de otros casos de violación de los derechos consagrados en la Convención Americana acontecidos en el Perú.

[C75/2001, párr. 44]

§ 285

Esta misma Corte observó, en una Opinión Consultiva de 1986, que la palabra "leyes" en los términos del artículo 30 de la Convención Americana significa norma jurídica de *carácter general, ceñida al bien común*, elaborada según el procedimiento constitucionalmente establecido, por órganos legislativos constitucionalmente previstos y democráticamente elegidos13. ¿Quién se atrevería a insinuar que una "ley" de autoamnistía satisface a todos estos requisitos? No veo cómo negar que "leyes" de este tipo carecen de carácter general, por cuanto son medidas de excepción. Y ciertamente en nada contribuyen al bien común, sino todo lo contrario: configúranse como meros subterfugios para encubrir violaciones graves de los derechos humanos, impedir el conocimiento de la verdad (por más penosa que sea ésta) y obstaculizar el propio acceso a la justicia por parte de los victimados. En suma, no satisfacen los requisitos de "leyes" en el ámbito del Derecho Internacional de los Derechos Humanos.

[C75/2001: Juez CançadoTrindade, párr. 7]

§ 286

En el citado Voto Concurrente me referí precisamente a la ley de amnistía n° 26.479, expedida por el Perú, correspondiente a la categoría de las llamadas "autoamnistías", que son "expedidas a favor de quienes ejercen la autoridad y por éstos mismos", y difieren de las amnistías "que resultan de un proceso de pacificación con sustento democrático y alcances razonables, que excluyen la persecución de conductas realizadas por miembros de los diversos grupos en contienda, pero dejan abierta la posibilidad de sancionar hechos gravísimos, que ninguno de aquéllos aprueba o reconoce como adecuados".

[C75/2001: Juez García Ramírez, párr. 10]

§ 287

Por eso prefiero hablar de "crímenes *desde* el Estado" o "terrorismo *desde* el Estado", es decir, crímenes y terrorismo a través del empleo del poder y de los medios e instrumentos con que cuentan quienes lo detentan, enfilados a delinquir. En forma semejante se puede examinar la expresión "política de Estado", que supone un consenso, una participación social y política, una admisión generalizada, o acaso unánime, generada a través de fines, metas y acuerdos democráticos, que no poseen y que jamás han tenido las conjuras criminales, los pactos de camarilla disfrazados con razones de Estado, consideraciones de bien común, motivos de unidad y paz pública que sólo tendrían sentido moral en una sociedad democrática.

[C153/2006: Juez García Ramírez, párr. 23]

§ 288

Pretender amnistiar los responsables por la perpetración de dichos crímenes de Estado es una afrenta al Estado de Derecho en una sociedad democrática. Como sostuve en mi Voto Concurrente en el Caso de *Barrios Altos*, "Las llamadas autoamnistías son, en suma, una afrenta inadmisible al derecho a la verdad y al derecho a la justicia (empezando por el propio acceso a la justicia). Son ellas manifiestamente incompatibles con las obligaciones generales

–indisociables– de los Estados Partes en la Convención Americana de respetar y garantizar los derechos humanos por ella protegidos, asegurando el libre y pleno ejercicio de los mismos (en los términos del artículo 1(1) de la Convención), así como de adecuar su derecho interno a la normativa internacional de protección (en los términos del artículo 2 de la Convención). Además, afectan los derechos protegidos por la Convención, en particular los derechos a las garantías judiciales (artículo 8) y a la protección judicial (artículo 25). (...). Hay otro punto que me parece aún más grave en relación con la figura degenerada –un atentado en contra el propio Estado de Derecho– de las llamadas leyes de autoamnistía. Como los hechos del presente Caso *Barrios Altos* lo revelan –al llevar la Corte a declarar, en los términos del reconocimiento de responsabilidad internacional efectuado por el Estado demandado, las violaciones de los derechos a la vida y a la integridad personal–, dichas leyes afectan derechos inderogables –el *mínimum* universalmente reconocido–, que recaen en el ámbito del *jus cogens*" (párrs. 5 y 10).

[C154/2006: Juez Cançado Trindade, párr. 15]

§ 289

Los hechos de La Cantuta y esa práctica sistemática se vieron además favorecidas por la situación generalizada de impunidad de las graves violaciones a los derechos humanos que existía entonces, propiciada y tolerada por la ausencia de garantías judiciales e ineficacia de las instituciones judiciales para afrontar las sistemáticas violaciones de derechos humanos. Fue verificada por la CVR una "suspen[sión de] la institucionalidad democrática del país a través de la abierta intervención en el Poder Judicial, en el Tribunal Constitucional, en el Ministerio Público y en otros órganos constitucionales", en el cual las acciones del denominado Gobierno de Emergencia y Reconstrucción Nacional "neutraliz[aban] en la práctica el control político y judicial sobre sus actos". La adopción de diversos dispositivos legales y situaciones de hecho se conjugaban para obstaculizar las investigaciones y propiciar o reproducir esa impunidad, tales como la derivación de investigaciones por hechos de este tipo al fuero militar (*infra* párr. 137 a 145); las destituciones de varios jueces y fiscales de todos los niveles llevadas a cabo por el poder ejecutivo; y la promulgación y aplicación de las leyes de amnistía (*infra* párrs. 165 a 189). Esto tiene estrecha relación con la obligación de investigar los casos de ejecuciones extrajudiciales, desapariciones forzadas y otras graves violaciones a los derechos humanos (*infra* párrs. 110 a 112).

[C162/2006, párr. 92]

§ 290

Hacia el Fin de las Autoamnistías: *La Contribución de la Corte Interamericana al Primado del Derecho* 23. En su Sentencia en el Caso *...La Última Tentación de Cristo (Olmedo Bustos y Otros versus Chile*, Sentencia del 05.02.2001), esta Corte señaló que el deber general que impone el artículo 2 de la Convención Americana requiere que cada Estado Parte adopte todas las medidas para que lo establecido en la Convención sea efectivamente cumplido en su ordenamiento jurídico interno, lo que significa que el Estado debe adaptar su actuación a la normativa de protección de la Convención (párr. 87). Siete meses después, la Corte recordó este *obiter dictum* en su histórica Sentencia en el Caso *Barrios Altos*, atinente al Perú (Interpretación de Sentencia, del 03-09-2001), en relación con el "deber del Estado de suprimir de su ordenamiento jurídico las normas vigentes que impliquen una violación" de la Convención Americana (párr. 17), y agregó: "La promulgación de una ley manifiestamente contraria a las obligaciones asumidas por un Estado Parte en la Convención constituye per se una violación de ésta y genera responsabilidad internacional del Estado. En consecuencia, la Corte considera que, dada la naturaleza de la violanción constituida por las leyes de amnistía n° 26479 y n° 26492, lo resuelto en la Sentencia de fondo en el Caso Barrios Altos tiene efectos generales (...)" (párr. 18).

[C162/2006: Juez CançadoTrindade, párr. II]

§ 291

Ya en el Caso *El Amparo* (Reparaciones, Sentencia del 14.09.1996), relativo a Venezuela, sostuve, en mi Voto Disidente, que la propia existencia de una disposición legal de derecho interno puede *per se* crear una situación que afecta directamente los derechos protegidos por la Convención Americana, por el *riesgo* o la *amenaza* real que su aplicabilidad representa, sin que sea necesario esperar la ocurrencia de un daño (párrs. 2-3 y 6). En el mismo Caso *El Amparo* (Interpretación de Sentencia, Resolución de 16-04-1997 1997), en Voto Disidente posterior, insistí en mi entendimiento en el sentido de que "Un Estado puede (...) tener su responsabilidad internacional comprometida, a mi modo de ver, por la simple aprobación y promulgación de una ley en desarmonía con sus obligaciones convencionales internacionales de protección, o por la no-adecuación de su derecho interno para asegurar el fiel cumplimiento de tales obligaciones, o por la no-adopción de la legislación necesaria para dar cumplimiento a éstas últimas. (...) El *tempus commisi delicti*se extendería de modo a cubrir todo el período en que las leyes nacionales permanecieron en conflicto con las obligaciones convencionales internacionales de protección, acarreando la obligación adicional de reparar los sucesivos daños resultantes de tal 'situación continuada' durante todo el período en aprecio" (párrs. 22-23).

[C162/2006: Juez CançadoTrindade, párr. 24]

§ 292

La misma posición volví a sostener en mi Voto Concurrente en el supra citado Caso *La Última Tentación de Cristo* (párrs. 2-40), en el cual ponderé que, dado que el *tempus commisi delicti*es el de la misma aprobación y promulgación de una ley incompatible con un tratado de derechos humanos, comprometiendo desde entonces la responsabilidad internacional del Estado, las modificaciones en el ordenamiento jurídico interno de un Estado Parte, necesarias para su armonización con la normativa de dicho tratado, pueden constituir, en el marco de un caso concreto, una forma de reparación no-pecuniaria bajo tal tratado. La Sentencia de la Corte en este caso fue adoptada el día 05 de febrero de 2001.

[C162/2006: Juez CançadoTrindade, párr. 25]

§ 293

Pocos días después, en un período extraordinario de sesiones de esta Corte realizado en su sede en Costa Rica, se abrió un nuevo capítulo en esta materia. Debido a un apagón en el edificio principal que abriga su antigua sala de deliberaciones, la Corte se trasladó al edificio de su Biblioteca, dónde había luz (de un generador propio), dónde elaboró y adoptó su histórica Sentencia en el Caso *Barrios Altos* (fondo), el día 14 de marzo de 2001. Al momento de su adopción me sentí tomado de emoción, pues era la primera vez, en el Derecho Internacional contemporáneo, que un tribunal internacional (como la Corte Interamericana) determinaba que leyes de amnistía (como las leyes peruanas n° 26479 y 26492) son incompatibles con un tratado de derechos humanos (como la Convención Americana), y *carecen de efectos jurídicos* (punto resolutivo n. 4).

[C162/2006: Juez CançadoTrindade, párr. 26]

§ 294

O sea, están viciadas de nulidad, de nulidad *ex tunc*, de nulidad *ab initio*, careciendo por lo tanto de todo y cualquier efecto jurídico. La referida Sentencia de *Barrios Altos* es hoy reconocida, en la bibliografía jurídica especializada en distintos continentes, en los círculos jus internacionalistas de todo el mundo, como un marco en la historia del Derecho Internacional de los Derechos Humanos. En aquella Sentencia, la Corte sostuvo que: "(...) Son inadmisibles las disposiciones de amnistía, las disposiciones de prescripción y el establecimiento de excluyentes de responsabilidad que pretendan impedir la investigación y sanción de los responsables de las violaciones graves de los derechos humanos tales como la tortura, las ejecuciones sumarias, extralegales o arbitrarias y las desapariciones forzadas, todas ellas prohibidas por contravenir derechos inderogables reconocidos por el Derecho Internacional de los Derechos Humanos. (...) A la luz de las obligaciones generales consagradas en los artículos 1(1) y 2 de la Convención Americana, los Estados Partes tienen el deber de tomar las providencias de toda índole para que nadie sea sustraído de la protección judicial y del ejercicio del derecho a un recurso sencillo y eficaz, en los términos de los artículos 8 y 25 de la Convención. Es por ello que los Estados Partes en la Convención que adopten leyes que tengan este efecto, como lo son las leyes de autoamnistía, incurren en una violación de los artículos 8 y 25 en concordancia con los artículos 1(1) y 2, todos de la Convención. Las leyes de autoamnistía conducen a la indefensión de las víctimas y a la perpetuación de la impunidad, por lo que son manifiestamente incompatibles con la letra y el espíritu de la Convención Americana. Este tipo de leyes impide la identificación de los individuos responsables de violaciones de derechos humanos, ya que se obstaculiza la investigación y el acceso a la justicia e impide a las víctimas y a sus familiares conocer la verdad y recibir la reparación correspondiente" (párrs. 41 y 43).

[C162/2006: Juez CançadoTrindade, párr. 27]

§ 295

En mi Voto Concurrente en aquella Sentencia de fondo de *Barrios Altos*, ponderé que: "Las llamadas autoamnistías son, en suma, una afrenta inadmisible al derecho a la verdad y al derecho a la justicia (empezando por el propio acceso a la justicia). Son ellas manifiestamente incompatibles con las obligaciones generales –indisociables– de los Estados Partes en la Convención Americana de respetar y garantizar los derechos humanos por ella protegidos, asegurando el libre y pleno ejercicio de los mismos (en los términos del artículo 1(1) de la Convención), así como de adecuar su derecho interno a la normativa internacional de protección (en los términos del artículo 2 de la Convención). Además, afectan los derechos protegidos por la Convención, en particular los derechos a las garantías judiciales (artículo 8) y a la protección judicial (artículo 25). Hay que tener presente, en relación con las leyes de autoamnistía, que su *legalidad en el plano del derecho interno*, al conllevar a la impunidad y la injusticia, encuéntrase en flagrante incompatibilidad con la normativa de protección del Derecho Internacional de los Derechos Humanos, acarreando violaciones *de jure* de los derechos de la persona humana. El *corpus juris* del Derecho Internacional de los Derechos Humanos pone de relieve que no todo lo que es legal en el ordenamiento jurídico interno lo es en el ordenamiento jurídico internacional, y aún más cuando están en juego valores superiores (como la verdad y la justicia). En realidad, lo que se pasó a denominar leyes de amnistía, y particularmente la modalidad perversa de las llamadas leyes de autoamnistía, aunque se consideren leyes bajo un determinado ordenamiento jurídico interno, *no lo son* en el ámbito del Derecho Internacional de los Derechos Humanos. (...) No hay que olvidarse jamás que el Estado fue originalmente concebido para la realización del bien común. El Estado existe para el ser humano, y no *vice versa*. Ningún Estado puede considerarse por encima del Derecho, cuyas normas tienen por destinatarios últimos los seres humanos. (...) Hay que decirlo y repetirlo con firmeza, cuantas veces sea necesario: en el dominio del Derecho Internacional de los Derechos Humanos, las llamadas "leyes" de autoamnistía no son verdaderamente leyes: no son nada más que una aberración, una afrenta inadmisible a la conciencia jurídica de la humanidad" (párrs. 5-6 y 26).

[C162/2006: Juez CançadoTrindade, párr. 28]

§ 296

Posteriormente a la Sentencia de fondo, la supra citada Interpretación de Sentencia en el mismo Caso *Barrios Altos* aclaró que lo resuelto por la Corte en cuanto al fondo, dada la naturaleza de violación constituida por las leyes de amnistía n° 26479 y 26492, "tiene efectos generales" (punto resolutivo 2). Así siendo, dichas leyes de autoamnistía no son aplicables (en cualesquiera situaciones que se planteen antes, durante o después de su supuesta "adopción"), simplemente no son "leyes". Lo aclarado por la Corte ha tenido, desde entonces, un sensible impacto en el ordenamiento jurídico interno no solamente del Estado peruano sino de otros Estados suramericanos. En lo que concierne al Estado demandado en el *cas d'espèce*, tal como lo aclara la Corte en la presente Sentencia en el Caso de *La Cantuta*: "la Sentencia dictada en el Caso *Barrios Altos* está plenamente incorporada a nivel normativo interno. (...) Conforma *ipso jure* parte del derecho interno peruano, lo cual se refleja en las medidas y decisiones de los órganos estatales que han aplicado e interpretado esa Sentencia. La incompatibilidad *ab initio* de las leyes de amnistía con la Convención se ha visto concretada en general en el Perú desde que fue declarada por la Corte en la Sentencia del Caso *Barrios Altos*; es decir, el Estado ha suprimido los efectos que en algún momento pudieron generar esas leyes" (párrs. 186-187).

[C162/2006: Juez CançadoTrindade, párr. 29]

§ 297

Recientemente, la Corte Interamericana dio un nuevo paso en la evolución de la materia, en la misma línea de la Sentencia de *Barrios Altos*, en su Sentencia sobre el Caso *Almonacid Arellano y Otros versus Chile* (del 26.09.2006). La Corte declaró que "al pretender amnistiar a los responsables de delitos de lesa humanidad, el decreto-ley n° 2191 es incompatible con la Convención Americana, y, por tanto, carece de efectos jurídicos, a la luz de dicho tratado" (punto resolutivo n° 3). Y la Corte determinó que el Estado demandado debe asegurarse que el referido decreto-ley de amnistía, del régimen Pinochet, no siga representando un obstáculo para la investigación, enjuiciamiento y sanción de los responsables de las violaciones de derechos humanos en el *cas d'espèce* (puntos resolutivos n°s. 5-6).

[C162/2006: Juez Cançado Trindade, párr. 30]

§ 298

En mi extenso Voto Razonado en el Caso *Almonacid Arellano y Otros*, me permití centrar mis reflexiones en tres puntos básicos, a saber: a) la falta de validez jurídica de las autoamnistías; b) las autoamnistías y la obstrucción y denegación de justicia: la ampliación del contenido material de las prohibiciones del *jus cogens*; y c) la conceptualización de los crímenes contra la humanidad en la confluencia entre el Derecho Internacional de los Derechos Humanos y el Derecho Penal Internacional (párrs. 1-28). No es mi intención reiterar aquí las reflexiones que desarrollé en aquel Voto reciente, sino tan sólo referirme a ellas, y extraer de ellas tan sólo la siguiente advertencia que me permití formular en mi Voto Razonado en el Caso *Almonacid*: "(...) Las autoamnistías no son verdaderas leyes, por cuanto desprovistas del necesario carácter *genérico* de éstas, de la *idea del Derecho* que las inspira (esencial inclusive para la seguridad jurídica), y de su búsqueda del bien común. Ni siquiera buscan la organización o reglamentación de las relaciones sociales para la realización del bien común. Todo lo que pretenden es substraer de la justicia determinados hechos, encubrir violaciones graves de derechos, y asegurar la impunidad de algunos. No satisfacen los mínimos requisitos de leyes, todo lo contrario, son aberraciones antijurídicas. (...) (...) Las autoamnistías son, a mi modo de ver, la propia negación del Derecho. Violan abiertamente principios generales del derecho, como el acceso a la justicia (que en mi concepción pertenece al dominio del *jus cogens*), la igualdad ante la ley, el derecho al juez natural, entre otros. En algunos casos, han encubierto inclusive crímenes contra la humanidad y actos de genocidio. En la medida en que impiden la realización de la justicia por crímenes de tamaña gravedad, las autoamnistías son violatorias del *jus cogens*. (...) En última instancia, las autoamnistías violan los derechos a la verdad y a la justicia, desconocen cruelmente el terrible sufrimiento de las víctimas, obstaculizan el derecho a reparaciones adecuadas. Sus efectos perversos, a mi modo de ver, permean todo el cuerpo social, con la consecuente pérdida de fe en la justicia humana y en los verdaderos valores, y una perversa distorsión de los fines del Estado. Originalmente creado para la realización del bien común, el Estado pasa a ser un ente que extermina miembros de segmentos de su propia población (el más precioso elemento constitutivo del propio Estado, su *substratum* humano) ante la más completa impunidad. De un ente creado para la realización del bien común, se transforma en un ente responsable por prácticas verdaderamente criminales, por innegables *crímenes de Estado*" (párrs. 7, 10 y 21).

[C162/2006: Juez CançadoTrindade, párr. 31]

§ 299

Las Sentencias de esta Corte en los Casos de *Barrios Altos* (2001), de *Almonacid* (2006), y de *La Cantuta* (2006), constituyen una decisiva contribución de este Tribunal hacia el fin de las autoamnistías y hacia el primado del Derecho. Me acuerdo perfectamente que, en la audiencia pública del 29-09-2006 en el presente Caso de *La Cantuta*, realizada en la sede de la Corte en San José de Costa Rica (mi última audiencia pública como Juez Titular de esta Corte), la preocupación común, expresada tanto por la Comisión Interamericana como por la representación de las víctimas y sus familiares, tal como la capté, fue en el sentido de asegurar las debidas reparaciones, entre las cuales la garantía de non-repetición de los hechos lesivos, aunque sus argumentos al respecto de las leyes de autoamnistía no hayan sido convergentes o coincidentes.

[C162/2006: Juez CançadoTrindade, párr. 32]

§ 300

La representación de las víctimas y sus familiares (intervenciones de las Sras. Viviana Krsticevic y María Clara Galvis, de CEJIL) sostuvo con firmeza que lo determinado por la Corte en la Sentencia de *Barrios Altos* ya estaba *directamente* incorporado al ordenamiento interno peruano, y convalidado por la práctica constante del Poder Judicial peruano desde entonces (excluido el fuero militar, cuyas decisiones están desprovistas de características "jurisdiccionales"). A su vez, el Delegado de la Comisión Interamericana (Comisionado Paolo Carozza), argumentó, con lucidez y acierto, que había que dar por *suprimidas* (término usado por esta misma Corte en la Sentencia de *Barrios Altos*) las leyes de amnistía del régimen Fujimori, para dejar claro que estas jamás tuvieran *validez* a la luz de la Convención Americana, siendo contrarias al *jus cogens*(*cf. infra*).

[C162/2006: Juez CançadoTrindade, párr. 33]

§ 301

A su vez, un igualmente lúcido y sustancial *amicus curiae* presentado por el Instituto de Defensa Legal (IDL) con sede en Lima, Perú, instó a la Corte a declarar *inexistentes* las leyes de autoamnistías. 26479 y 26492 (p. 4 y 40), señalando que la jurisprudencia de los tribunales internacionales, entre ellos la Corte Interamericana, tiene efectos inmediatos, aplicación directa, y es vinculante, incorporándose "directamente en el *corpus juris* peruano" (p. 30). El referido *amicus curiae* del IDL agregó que las referidas leyes de autoamnistía "son inexistentes", toda vez que "excedieron el límite intangible (garantía de los derechos humanos" constitucional, y se ubicaron "en un ámbito extrajurídico y extra constitucional" (p. 38). El *amicus curiae* del IDL concluyó juiciosamente que "hay una práctica reiterada, consistente y uniforme del Ministerio Público y el Poder Judicial peruanos en el sentido de que tales leyes de autoamnistía carecen de efectos jurídicos y no constituyen obstáculo para el inicio de investigaciones, juzgamiento y sanción de violadores de los derechos humanos; se cuenta con un conjunto de decisiones expedidas por el Tribunal Constitucional en el entendido de que, en el ámbito interno y conforme al texto de la Constitución de Perú, son improcedentes los obstáculos procesales que impidan la sanción de las violaciones de los derechos humanos, y que es de aplicación directa, en el orden interno, la jurisprudencia de la Corte Interamericana de Derechos Humanos (...). Por lo mismo, no es necesario que el Estado peruano adopte alguna medida adicional a las ya asumidas, en el derecho interno, para asegurar de manera efectiva la privación de efectos jurídicos a las leyes de autoamnistía. (...) En el caso particular de las leyes de autoamnistía peruanas, cabe mencionar que, dada su condición de inexistencia, son ineficaces desde su origen (al no haber formado parte del ordenamiento jurídico interno no produjeron efecto legal alguno)" (p. 39).

[C162/2006: Juez CançadoTrindade, párr. 34]

§ 302

Los mencionados intervenientes en la audiencia pública ante esta Corte, así como el citado *amicus curiae*, expresaron una preocupación común, y un propósito también común, aunque mediante razonamientos con matices distintos. Entiendo que la Corte Interamericana ha atendido a esta preocupación común, y ha contribuido a este propósito también común, al determinar, de forma clarísima, que las referidas "leyes" de autoamnistía *"no han podido generar efectos, no los tienen en el presente, ni podrán generarlos en el futuro"*. Dichas "leyes" de autoamnistía no son verdaderas leyes, sino una aberración jurídica, una afrenta a la *recta ratio*.

[C162/2006: Juez CançadoTrindade, párr. 35]

Defensa y seguridad nacional

§ 303

La Corte no está facultada para pronunciarse sobre la naturaleza y gravedad de los delitos atribuidos a las presuntas víctimas. Toma nota de las alegaciones del Estado acerca de esos puntos y manifiesta, como lo ha hecho en ocasiones anteriores, que un Estado "tiene el derecho y el deber de garantizar su propia seguridad", aunque debe ejercerlos dentro de los límites y conforme a los procedimientos que permiten preservar tanto la seguridad pública como los derechos fundamentales de la persona humana. Obviamente, nada de esto conduce a justificar la violencia terrorista –cualesquiera que sean sus protagonistas– que lesiona a los individuos y al conjunto de la sociedad y que merece el más enérgico rechazo. Además, la Corte recuerda que su función primordial es salvaguardar los derechos humanos en todas las circunstancias.

[C52/1999, párr. 89]

§ 304

La Corte considera que las actividades de las fuerzas militares y de la policía, y de los demás organismos de seguridad, deben sujetarse rigurosamente a las normas del orden constitucional democrático y a los tratados internacionales de derechos humanos y de Derecho Internacional Humanitario. Esto es especialmente válido respecto a los organismos y las actividades de inteligencia. Estos organismos deben, *inter alia*: a) ser respetuosos, en todo momento, de los derechos fundamentales de la personas, y b) estar sujetos al control de las autoridades civiles, incluyendo no solo las de la rama ejecutiva, sino también las de los otros poderes públicos, en lo pertinente. Las medidas tendientes a controlar las labores de inteligencia deben ser especialmente rigurosas, puesto que, dadas las condiciones de reserva bajo las que se realizan esas actividades, pueden derivar hacia la comisión de violaciones de los derechos humanos y de ilícitos penales, tal y como ocurrió en el presente caso.

[C101/2003, párr. 284]

§ 305

Obviamente, el Estado debe proveer a la seguridad pública y a la seguridad nacional, cuya protección constituye un deber fundamental del Estado. Sin embargo, no es menos obvio que se debe cumplir esa obligación sin menoscabo del Estado de Derecho y del respeto escrupuloso de los derechos humanos, que también constituye un deber fundamental del poder público en la medida en que, como se ha afirmado a partir de las grandes declaraciones de derechos del siglo XVIII –de las que proviene el concepto contemporáneo de los derechos humanos y que se hallan en el origen y el fundamento del Estado moderno– la protección de los derechos humanos es la finalidad de la asociación política. El combate enérgico contra los delitos que agravian a la sociedad y ponen en peligro su propia subsistencia y sus valores más elevados, no debe hacerse con menoscabo del propio Estado de Derecho, el sistema democrático y los derechos esenciales de los ciudadanos.

[C103/2003: Juez García Ramírez, párr. 6]

§ 306

[*Omissis*]. e) "[e]s propósito del Gobierno nacional, la no repetición de hechos como los [de este caso]". Por ello la política pública de defensa y seguridad democrática contempla acciones tendientes "a combatir todo tipo de organizaciones delincuenciales incluyendo los grupos armados de autodefensa ilegales". Más aún, en todos los actos públicos del Presidente de la República hay un compromiso de lucha para combatir la delincuencia organizada;

[C109/2004, párr. 255]

§ 307

Nuevamente es preciso destacar que las consideraciones y decisiones de la jurisdicción interamericana en los casos de los que se ha ocupado, no han justificado en ningún supuesto y por ningún motivo la comisión de delitos previstos por la legislación expedida conforme a los principios y postulados de una sociedad democrática. Es evidente que el Estado debe proteger a los individuos y a la sociedad frente a la agresión dirigida contra sus bienes jurídicos, así como preservar las instituciones democráticas. También lo es, desde la perspectiva de los derechos humanos, que esa protección se debe ejercer con observancia de las condiciones que caracterizan a un Estado de Derecho.

[C115/2004: Juez García Ramírez, párr. 14]

§ 308

Alegatos del Estado [*Omissis*]. p) el Estado destaca las políticas de diálogo con los principales grupos al margen de la ley, así como la permanente reducción en los índices de violencia. La seguridad democrática no niega la posibilidad de diálogo con los grupos armados ilegales. Al respecto, se adelanta un proceso de diálogo con las autodefensas iniciado desde el gobierno anterior, pero con el sometimiento a las condiciones impuestas por el gobierno actual, como el cese de hostilidades; [*Omissis*].

[C134/2005, párr. 293]

§ 309

El Estado, con una aplicación del principio de colaboración armónica puede lograr que la autoridad mantenga la prevalencia del poder civil sobre la fuerza pública y garantice el Estado Democrático y Constitucional de Derecho en los términos de la Carta de la Organización de Estados Americanos.

[C134/2005: Juez Zafra Roldán, párr. 6]

§ 310

Quien sufre los efectos de una conducta injusta, cualquiera que sea su origen, es víctima de un abuso que debe ser sancionado. Hay vías legítimas para ello, en la doble escena nacional e internacional, a través de procesos seguidos con arreglo a las normas correspondientes. Otro tanto cabe decir sobre el empleo de medios adecuados para enfrentar amenazas o actos de violencia, con instrumentos y procedimientos legítimos y dentro del orden jurídico propio de una sociedad democrática.

[C181/2008: Voto Juez García Ramírez, párr.8]

Impunidad y descrédito de la democracia

Véase: DEMOCRACIA E INSTITUCIONES: Instituciones judiciales § 95; Protección internacional de derechos humanos §148

ESTADO DE DERECHO: Garantías judiciales y legitimidad de la emergencia §224; Leyes contrarias a la Convención Americana y su nulidad §265

SEGURIDAD Y ORDEN PÚBLICO DEMOCRÁTICO: Amnistías (o autoamnistías) §§ 281, 283, 289, 294, 295, 298

DIGNIDAD HUMANA Y JUSTICIA DEMOCRÁTICA: Defensores de derechos humanos §§ 384, 385; Reparaciones y derecho a la verdad §§ 466, 468

§ 311

El día 26 de abril de 2004 la Corte recibió las declaraciones de los testigos y los dictámenes de los peritos propuestos por la Comisión Interamericana y los representantes de la víctima y sus familiares (*supra* párr. 11). A continuación, el Tribunal resume las partes relevantes de dichas declaraciones. [*Omissis*] f). [*Omissis*] la impunidad supone un riesgo de repetición de atrocidades ocurridas en el pasado, en el sentido de que los responsables siguen teniendo control del proceso político posterior y cualquier intento que se hace para generar un nuevo sistema de justicia está controlado. A su vez, un contexto de impunidad lleva muchas veces a un descrédito de la democracia, porque el valor de la justicia no es rescatado como el valor de un nuevo proceso social, y ello induce a generar situaciones en las cuales las violaciones de derechos humanos se consideran parte de la salida para luchar contra un contexto de impunidad. Por último, la justicia tiene el valor de confirmar que determinados hechos se han producido, es decir, cuando no hay justicia la verdad se "hiere" fácilmente.

[C108/2004: Peritaje del médico Carlos Martín Baristain, párr. 30]

Indulto

§ 312

La Corte aprecia que el Estado carece de un régimen cierto y adecuado acerca del indulto. Si éste subsiste, cosa que atañe a la decisión del Estado, no debe quedar exento de reglas precisas acerca de la autoridad llamada a concederlo, los fundamentos para otorgarlo y el procedimiento para resolverlo. De lo contrario sería una expresión de puro arbitrio, extraña al Estado de Derecho en una sociedad democrática. Incluso si de trata de una facultad de perdón, es necesario que ésta se ejerza con claridad y racionalidad.

[C126/2005: Juez García Ramírez, párr. 40]

Jurisdicción penal militar

Véase: DIGNIDAD HUMANA Y JUSTICIA DEMOCRÁTICA: Derecho al juez natural e imparcial §§ 406, 407, 408

§ 313

Pues bien: la atribución a los tribunales militares de la facultad de juzgar civiles representa para comenzar una ruptura con el principio democrático de la división de poderes, porque trae a la órbita gubernamental una función propia de otra rama del poder público, la judicial. De contera, en la situación sometida al examen de la Corte esa ruptura se ha efectuado bajo una modalidad particular, especialmente censurable, la que consiste en asignar a la institución que encarna la quintaesencia del poder ejecutivo y coercitivo del Estado, la delicada tarea de recoger pruebas sobre determinados hechos, apreciar el peso de las mismas y valorar, a luz de un determinado cuerpo de normas, lo que resulte probado, para deducir los efectos que correspondan en derecho. Esto implica ya de suyo colocar un segmento de la actividad estatal por fuera de los cánones de la moderna democracia política pero comporta, además, el riesgo de afectar nocivamente la estructura y el funcionamiento de porciones más amplias de la institucionalidad democrática.

[C52/1999: Juez de Roux Rengifo, s/p]

§ 314

En un Estado democrático de Derecho la jurisdicción penal militar ha de tener un alcance restrictivo y excepcional y estar encaminada a la protección de intereses jurídicos especiales, vinculados con las funciones que la ley asigna a las fuerzas militares. Así, debe estar excluido del ámbito de la jurisdicción militar el juzgamiento de civiles y sólo debe juzgar a militares por la comisión de delitos o faltas que por su propia naturaleza atenten contra bienes jurídicos propios del orden militar.

[C68/2000, párr. 117; C69/2000, párr. 113; C90/2001, párr. 51; C109/2004, párr. 165; C119/2004, párr. 142; C134/2005, párr. 202; C251/2012, párr. 186]

§ 315

La Corte estima que en las normas que definen la jurisdicción penal militar en Chile no se limita el conocimiento de los tribunales militares a los delitos que por la naturaleza de los bienes jurídicos penales castrenses protegidos son estrictamente militares y constituyen conductas graves cometidas por militares que atentan contra dichos bienes jurídicos. El Tribunal destaca que esos delitos sólo pueden ser cometidos por los miembros de las instituciones castrenses en ocasión de las particulares funciones de defensa y seguridad exterior de un Estado. La jurisdicción penal militar en los Estados democráticos, en tiempos de paz, ha tendido a reducirse e incluso a desaparecer, por lo cual, en caso de que un Estado lo conserve, éste debe ser mínimo y encontrarse inspirado en los principios y garantías que rigen el derecho penal moderno.

[C135/2005, párr. 132]

§ 316

El Tribunal ha señalado que la aplicación de la justicia militar debe estar estrictamente reservada a militares en servicio activo, al observar en un caso que "al tiempo en que se abrió y desarrolló [el] proceso [en su contra], [la víctima tenía] el carácter de militar en retiro, y por ello no podía ser juzgad[a] por los tribunales militares". Chile, como Estado democrático, debe respetar el alcance restrictivo y excepcional que tiene la jurisdicción militar y excluir del ámbito de dicha jurisdicción el juzgamiento de civiles.

[C135/2005, párr. 139]

§ 317

Con respecto al carácter de la jurisdicción penal militar, este Tribunal ya ha establecido que en un Estado democrático de derecho dicha jurisdicción ha de tener un alcance restrictivo y excepcional y estar encaminada a la protección de intereses jurídicos especiales, vinculados con las funciones que la ley asigna a las fuerzas militares. Por ello, sólo se debe juzgar a militares por la comisión de delitos o faltas que por su propia naturaleza atenten contra bienes jurídicos propios del orden militar, independientemente de que para la época de los hechos la legislación colombiana facultaba a los órganos de dicha jurisdicción a investigar hechos como los del presente caso.

[C140/2006, párr. 189]

§ 318

La Corte ha sido constante en afirmar que en un Estado democrático de Derecho la jurisdicción penal militar ha de tener un alcance restrictivo y excepcional: sólo se debe juzgar a militares activos por la comisión de delitos o faltas que por su propia naturaleza atenten contra bienes jurídicos propios del orden militar. En este sentido, el Tribunal ha dicho que "[c]uando la justicia militar asume competencia sobre un asunto que debe conocer la justicia ordinaria, se ve afectado el derecho al juez natural y, *a fortiori*, el debido proceso", el cual, a su vez, se encuentra íntimamente ligado al propio derecho de acceso a la justicia.

[C190/2008, párr. 118]

§ 319

El Tribunal ha establecido que la jurisdicción penal militar en los Estados democráticos, en tiempos de paz, ha tendido a reducirse e incluso a desaparecer, por lo cual, en caso de que un Estado la conserve, su utilización debe ser mínima, según sea estrictamente necesario, y debe encontrarse inspirada en los principios y garantías que rigen el derecho penal moderno. En un Estado democrático de derecho la jurisdicción penal militar ha de tener un alcance restrictivo y excepcional y estar encaminada a la protección de intereses jurídicos especiales, vinculados con las funciones que la ley asigna a las fuerzas militares. Por ello, el Tribunal ha señalado anteriormente que en el fuero militar sólo se debe juzgar a militares por la comisión de delitos o faltas que por su propia naturaleza atenten contra bienes jurídicos propios del orden militar.

[C207/2009, párr. 108, C209/2009, párr. 272; C215/2010, párr. 176; C216/2010, párr. 160; C220/2010, párr. 197C220/2010, párr. 197]

§ 320

En un Estado democrático de derecho, la justicia penal militar ha de ser restrictiva y excepcional de manera que se aplique únicamente en la protección de bienes jurídicos especiales, de carácter castrense, y que hayan sido vulnerados por miembros de las fuerzas militares en el ejercicio de sus funciones. Asimismo, es jurisprudencia constante de esta Corte que la jurisdicción militar no es el fuero competente para investigar y, en su caso, juzgar y sancionar a los autores de violaciones de derechos humanos, sino que el procesamiento de los responsables corresponde siempre a la justicia ordinaria. Esta conclusión se aplica a todas las violaciones de derechos humanos.

[C251/2012, párr. 186]

§ 321

Sobre la intervención de la jurisdicción militar para conocer hechos que constituyen violaciones a derechos humanos, este Tribunal estima que se ha pronunciado abundantemente al respecto y a efectos del presente caso el Tribunal considera suficiente reiterar que en un Estado democrático de derecho, la jurisdicción penal militar ha de tener un alcance restrictivo y excepcional y estar encaminada a la protección de intereses jurídicos especiales, vinculados a las funciones propias de las fuerzas militares. Por ello, el Tribunal ha señalado anteriormente que en el fuero militar sólo se debe juzgar a militares activos por la comisión de delitos o faltas que por su propia naturaleza atenten contra bienes jurídicos propios del orden militar.

[C274/2013, párr. 187]

Lucha contra el terrorismo y crímenes de lesa humanidad (violaciones graves de derechos humanos)

Véase: Amnistías (o autoamnistías) §§ 282, 287

Defensa y seguridad nacional §§ 303, 310

§ 322

La advertencia de la Corte Interamericana viene en buena hora, en el sentido de que, aún para los Estados que no han ratificado la Convención Americana o ninguna de las tres Convenciones contra la Tortura (*supra*), sería inadmisible intentar eludir o relativizar el carácter perentorio o absoluto de la prohibición de la tortura (ni siquiera en la llamada "lucha contra el terrorismo" y cualesquiera otros delitos). A su vez, la Corte Europea de Derechos Humanos, en el Caso *Soering versus Reino Unido* (Sentencia del 07-07-1989), afirmó categóricamente que la prohibición absoluta –inclusive en tiempos de guerra y otras emergencias nacionales– de la tortura y de los tratos o penas inhumanos o degradantes, en los términos del artículo 3 de la Convención Europea de Derechos Humanos, demuestra que esta disposición incorpora uno de los "valores fundamentales de las sociedades democráticas".

[C103/2003: Juez CancadoTrindade, párr. 4]

§ 323

[*Omissis*].El Estado y la sociedad peruana deben asumir y comprender que el asesinato cruel y absurdo de un niño y un adolescente, no puede quedar impune ni exento de sanción y reparación. Pero no se trata de circunscribirse únicamente a aprobar o cuestionar el monto de la reparación patrimonial impuesta por la Corte al Estado en favor de los familiares de los hermanos Gómez Paquiyauri. Detener arbitrariamente y maltratar a estos menores de edad, someterlos a torturas y ejecutarlos, mentir al público indicando que fueron terroristas muertos en un enfrentamiento armado con las fuerzas del orden; son hechos muy graves e inaceptables dentro de un régimen democrático, comprometido con el respeto de la persona humana y su dignidad. [*Omissis*].

[C110/2004: Juez EguigurenPraeli, párr. 7]

§ 324

En el caso *Selmouni versus Francia* (Sentencia del 28-07-1999), la Corte Europea fue categórica al reiterar que el artículo 3 de la Convención Europea "enshrines one of the most fundamental values of democratic societies. Even in the most difficult circumstances, such as the fight against terrorism and organised crime, the Convention prohibits in absolute terms torture and inhuman or degrading treatment or punishment. Unlike most of the substantive clauses of the Convention and of Protocols ns. 1 and 4, Article 3 makes no provision for exceptions and no derogation from it is permissible under Article 15(2) even in the event of a public emergency threatening the life of the nation (...)" (párr. 95).

[C114/2004: Juez CançadoTrindade, párr. 28]

§ 325

De este modo, el Tribunal considera que la investigación emprendida por la Fiscalía Provincial Especializada de Lima no ha sido realizada con la debida diligencia para conducir al esclarecimiento de los hechos, a la determinación del paradero de los restos de la víctima, así como al enjuiciamiento de los responsables de su desaparición forzada, por lo que no puede ser considerada efectiva en los términos de la Convención. Además, las falencias investigativas que se dieron con posterioridad a la desaparición forzada del señor Gómez Palomino y que han sido aceptadas por el Estado, difícilmente pueden ser subsanadas por las tardías e insuficientes diligencias probatorias que el Estado ha desarrollado a partir del año 2002. Prueba de ello son los trece años que han trascurrido desde que sucedieron los hechos y los cinco años que han mediado desde que el Perú reestableció la democracia, sin que la investigación pase de su fase preliminar. Finalmente, este Tribunal considera que dicha demora, en exceso prolongada, constituye *per se* una violación de las garantías judiciales, que no ha sido justificada por el Estado.

[C136/2005, párr. 85]

§ 326

En ejercicio de la función jurisdiccional internacional, en condición de Juez *Ad Hoc* de esta Corte, he tratado de hacer llegar a los distinguidos Jueces que la integran el conocimiento más cercano del derecho vigente en el país a cuyo Estado se está juzgando y de la práctica que dentro de él se desarrolla para hacerla compatible con los preceptos de la Convención Americana y de la propia Constitución del Perú. Por ello me empeñé, en el corto pero fructífero tiempo en que me ha tocado el privilegio de ejercer la función, en compartir con el colegiado las peculiaridades del orden legal que, en medio de la transición democrática, rige la delicada situación de aquellas personas que están siendo juzgadas por delitos relacionados con actividades terroristas en casos similares a los dos que dan lugar a la presente sentencia. Cabe advertir que, en situaciones como la que atañe a las víctimas del presente caso, los hechos en el Perú tuvieron lugar hace muchos años y los afectados no tuvieron durante una década acceso a juicios justos bajo el régimen anterior que impuso una justicia de guerra, tantas veces rechazada por los organismos de protección internacional de los derechos humanos y por los propios estamentos del Estado Peruano en cuanto pudieron ejercer sus funciones con autonomía y libertad suficientes.

[C137/2005: Juez Santistevan de Noriega, párr. I]

Migraciones e instituciones democráticas

§ 327

Estos procesos no pueden –o mejor: no deben– sustraerse a la observancia escrupulosa de los derechos humanos de los migrantes. Esta es la tesis central sostenida en la *Opinión consultiva* OC-18/2003 y proyectada en las diversas áreas de interés que ésta abarca, una tesis que corresponde al criterio rector del Derecho nacional e internacional contemporáneo, en sus mejores expresiones, a la doctrina y la práctica del Estado de Derecho en una sociedad democrática y a los principios que gobiernan el Derecho internacional de los derechos humanos y la aplicación de sus normas por parte de los Estados integrantes de la comunidad jurídica y las correspondientes jurisdicciones internacionales.

[A18/2003: Juez García Ramírez, párr. 7]

§ 328

La Corte ha analizado en otros casos la compatibilidad de medidas privativas de libertad de carácter punitivo para el control de los flujos migratorios, en particular de aquellos de carácter irregular, con la Convención Americana. En todo caso, puesto que las sanciones administrativas son, como las penales, una expresión del poder punitivo del Estado y tienen, en ocasiones, naturaleza similar a la de éstas, y dado que en una sociedad democrática el poder punitivo sólo se ejerce en la medida estrictamente necesaria para proteger los bienes jurídicos fundamentales de los ataques más graves que los dañen o pongan en peligro, la detención de personas por incumplimiento de las leyes migratorias nunca debe ser con fines punitivos. En consecuencia, serán arbitrarias las políticas migratorias cuyo eje central es la detención obligatoria de los migrantes irregulares, sin que las autoridades competentes verifiquen en cada caso en particular, y mediante una evaluación individualizada, la posibilidad de utilizar medidas menos restrictivas que sean efectivas para alcanzar aquellos fines.

[C272/2013, párr. 131]

§ 329

Al respecto, el artículo 22.2 dispone que "[t]oda persona tiene derecho a salir libremente de cualquier país, inclusive del propio", y el artículo 22.3 dispone que: "el ejercicio de los derechos anteriores no puede ser restringido sino en virtud de una ley, en la medida indispensable en una sociedad democrática, para prevenir infracciones penales o para proteger la seguridad nacional, la seguridad o el orden públicos, la moral o la salud públicas o los derechos y libertades de los demás".

[C276/2014, párr. 131]

Principio de proporcionalidad

Véase: ESTADO DE DERECHO. Poder punitivo del Estado s/p

Orden público y bien común §§ 335, 339, 344

DERECHOS INMATERIALES O DE LA PERSONALIDAD: Despenalización de las calumnias e injurias y sus límites §§ 521, 522

PROPIEDAD: Derecho de propiedad y expropiación § 671

§ 330

En cuanto al requisito de proporcionalidad en una sociedad democrática, el Comité de Derechos Humanos manifestó en su Observación general n° 27 que: **14.** [...] Las medidas restrictivas deben ajustarse al principio de proporcionalidad; deben ser adecuadas para desempeñar su función protectora; deben ser el instrumento menos perturbador de los que permitan conseguir el resultado deseado, y deben guardar proporción con el interés que debe protegerse. **15.** [...] El principio de proporcionalidad debe respetarse no sólo en la ley que defina las restricciones sino también por las autoridades administrativas y judiciales que la apliquen. Los Estados deben garantizar que todo procedimiento relativo al ejercicio o restricción de esos derechos se lleve a cabo con celeridad y que se expliquen las razones de la aplicación de medidas restrictivas.

[C111/2004, párr. 132]

§ 331

En este caso pudo figurar la consideración sobre la racionalidad –que implica, en la especie, legitimidad– de la pena privativa de libertad prevista por la ley e impuesta por el juzgador. En el marco del Derecho penal de la sociedad democrática, que supone la cuidadosa tipificación de las conductas ilícitas y la medición razonable de sus consecuencias, debe existir una graduación adecuada de las reacciones punitivas conforme a los bienes jurídicos afectados y a la lesión causada o al peligro corrido. La mayor jerarquía del bien protegido a través de los tipos penales y la mayor gravedad del daño ocasionado o del peligro corrido determinan la severidad de la sanción aplicable. No es admisible sancionar la tentativa, que es la figura a la que se refiere el expediente integrado en este caso por las autoridades competentes, con penas muy elevadas que debieran asignarse al delito consumado. Si se pierde de vista este principio, como en efecto sucedió, se habrá mellado el principio de proporcionalidad de la pena.

[C123/2005: Juez García Ramírez, párr. 34]

§ 332

La Corte considera indispensable destacar que la prisión preventiva es la medida más severa que se puede aplicar al imputado de un delito, motivo por el cual su aplicación debe tener un carácter excepcional, en virtud de que se encuentra limitada por los principios de legalidad, presunción de inocencia, necesidad y proporcionalidad, indispensables en una sociedad democrática.

[C129/2005, párr. 74]

§ 333

Ciertamente el principio de proporcionalidad constituye un importante criterio o herramienta de aplicación e interpretación de normativa interna y de instrumentos internacionales, para determinar la atribución de responsabilidad al Estado. Ello depende de la naturaleza del derecho que se alega violado, de las limitaciones generales o específicas que admita su goce y ejercicio, y de las particularidades de cada caso. Sin embargo, el presente caso no constituye una decisión acerca de la legitimidad de una injerencia, restricción o limitación estatal en la esfera de un derecho individual protegido por la Convención, en atención a determinados fines en una sociedad democrática. Tampoco se trata de determinar la necesidad del uso de la fuerza por parte de fuerzas de seguridad estatales, en casos en que deba determinarse el carácter arbitrario de la muerte de personas y sea necesario juzgar la proporcionalidad de las medidas tomadas para controlar una situación de afectación del orden público o un estado de emergencia. En estas hipótesis sí tendría clara aplicación el principio de proporcionalidad.

[C140/2006, párr. 133]

Orden público y bien común

§ 334

Es posible entender el bien común, dentro del contexto de la Convención, como un concepto referente a las condiciones de la vida social que permiten a los integrantes de la sociedad alcanzar el mayor grado de desarrollo personal y la mayor vigencia de los valores democráticos. En tal sentido, puede considerarse como un imperativo del bien común la organización de la vida social en forma que se fortalezca el funcionamiento de las instituciones democráticas y se preserve y promueva la plena realización de los derechos de la persona humana. De ahí que los alegatos que sitúan la colegiación obligatoria como un medio para asegurar la responsabilidad y la ética profesionales y, además, como una garantía de la libertad e independencia de los periodistas frente a sus patronos, deben considerarse fundamentados en la idea de que dicha colegiación representa una exigencia del bien común.

[A5/1985, párr. 66]

§ 335

No escapa a la Corte, sin embargo, la dificultad de precisar de modo unívoco los conceptos de "orden público" y "bien común", ni que ambos conceptos pueden ser usados tanto para afirmar los derechos de la persona frente al poder público, como para justificar limitaciones a esos derechos en nombre de los intereses colectivos. A este respecto debe subrayarse que de ninguna manera podrían invocarse el "orden público" o el "bien común" como medios para suprimir un derecho garantizado por la Convención o para desnaturalizarlo o privarlo de contenido real (ver el art. 29.a) de la Convención). Esos conceptos, en cuanto se invoquen como fundamento de limitaciones a los derechos humanos, deben ser objeto de una interpretación estrictamente ceñida a las "justas exigencias" de "una sociedad democrática" que tenga en cuenta el equilibrio entre los distintos intereses en juego y la necesidad de preservar el objeto y fin de la Convención.

[A5/1985, párr. 67]

§ 336

Considera la Corte, sin embargo, que el mismo concepto de orden público reclama que, dentro de una sociedad democrática, se garanticen las mayores posibilidades de circulación de noticias, ideas y opiniones, así como el más amplio acceso a la información por parte de la sociedad en su conjunto. La libertad de expresión se inserta en el orden público primario y radical de la democracia, que no es concebible sin el debate libre y sin que la disidencia tenga pleno derecho de manifestarse. En este sentido, la Corte adhiere a las ideas expuestas por la Comisión Europea de Derechos Humanos cuando, basándose en el Preámbulo de la Convención Europea, señaló: que el propósito de las Altas Partes Contratantes al aprobar la Convención no fue concederse derechos y obligaciones recíprocos con el fin de satisfacer sus intereses nacionales sino... establecer un orden público común de las democracias libres de Europa con el objetivo de salvaguardar su herencia común de tradiciones políticas, ideales, libertad y régimen de derecho. ("Austria vs. Italy", Application n° 88/60, **European Yearbook of Human Rights**, vol. 4, (1961), p. 138).También interesa al orden público democrático, tal como está concebido por la Convención Americana, que se respete escrupulosamente el derecho de cada ser humano de expresarse libremente y el de la sociedad en su conjunto de recibir información.

[A5/1985, párr. 69]

§ 337

El requisito según la cual las leyes han de ser dictadas por razones de interés general significa que deben haber sido adoptadas en función del "bien común" (art. 32.2), concepto que ha de interpretarse como elemento integrante del orden público del Estado democrático, cuyo fin principal es "la protección de los derechos esenciales del hombre y la creación de circunstancias que le permitan progresar espiritual y materialmente y alcanzar la felicidad" ("Declaración Americana de los Derechos y Deberes del Hombre" (en adelante "Declaración Americana"), Considerandos, párr. 1).

[A6/1986, párr. 29]

§ 338

"Bien común" y "orden público" en la Convención son términos que deben interpretarse dentro del sistema de la misma, que tiene una concepción propia según la cual los Estados americanos "requieren la organización política de los mismos sobre la base del ejercicio efectivo de la democracia representativa" (Carta de la OEA, art. 3.d); y los derechos del hombre, que "tienen como fundamento los atributos de la persona humana", deben ser objeto de protección internacional (Declaración Americana, Considerandos, párr. 2; Convención Americana, Preámbulo, párr. 2).

[A6/1986, párr. 30]

§ 339

La Corte expresó al respecto en anterior ocasión que: Es posible entender el bien común, dentro del contexto de la Convención, como un concepto referente a las condiciones de la vida social que permiten a los integrantes de la sociedad alcanzar el mayor grado de desarrollo personal y la mayor vigencia de los valores democráticos. En tal sentido, puede considerarse como un imperativo del bien común la organización de la vida social en forma que se fortalezca el funcionamiento de las instituciones democráticas y se preserve y promueva la plena realización de los derechos de la persona humana... No escapa a la Corte, sin embargo, la dificultad de precisar de modo unívoco los conceptos de "orden público" y "bien común", ni que ambos conceptos pueden ser usados tanto para afirmar los derechos de la persona frente al poder público, como para justificar limitaciones a esos derechos en nombre de los intereses colectivos. A este respecto debe subrayarse que de ninguna manera podrían invocarse el "orden público" o el "bien común" como medios para suprimir un derecho garantizado por la Convención o para desnaturalizarlo o privarlo de contenido real (ver el art. 29.a de la Convención). Esos conceptos, en cuanto se invoquen como fundamento de limitaciones a los derechos humanos, deben ser objeto de una interpretación estrictamente ceñida a las "justas exigencias" de "una sociedad democrática" que tenga en cuenta el equilibrio entre los distintos intereses en juego y la necesidad de preservar el objeto y fin de la Convención (**La cole-**

giación obligatoria de periodistas (arts. **13 y 29 Convención Americana sobre Derechos Humanos**), *Opinión consultiva* OC-5/85 del 13 de noviembre de 1985. Serie A, n° 5, párrs. 66 y 67).

[A6/1986, párr. 31]

§ 340

El preámbulo de la Convención Americana comienza haciendo referencia a las instituciones democráticas, como marco general del régimen de libertades y derechos que busca consolidar la propia Convención. El artículo 29.c) de la misma establece, por otra parte, que ninguna de sus disposiciones puede ser interpretada en un sentido que permita "excluir [...] derechos o garantías [...] que se derivan de la forma democrática representativa de gobierno". Estas previsiones (y quizá también la contenida en el artículo 32.2, sobre la sujeción de los derechos de toda persona a las exigencias propias del bien común en una sociedad democrática) expresan un compromiso de la Convención con la democracia política representativa que va más allá de lo que podría colegirse del mero artículo 23, referente a los derechos políticos del individuo (votar y ser elegido, etc.). Todo esto conduce a la constatación de que la Convención Americana establece tres esquemas normativos de protección: en primer lugar, el que obra en los artículos referentes a los distintos derechos amparados (artículos 3 a 25); en segundo lugar, el plasmado en los artículos 1.1 y 2, que consagran el deber de respetar y garantizar dichos derechos y el de adoptar las disposiciones y medidas internas que sean necesarias para tales fines; y en tercer lugar, el que, de acuerdo con lo planteado en el párrafo anterior, vincula de alguna manera la protección de los correspondientes derechos a un entorno de democracia política.

[C52/1999: Juez de Roux Rengifo, s/p]

§ 341

Así lo ha entendido este Tribunal al señalar que el mismo concepto de orden público reclama que, dentro de una sociedad democrática, se garanticen las mayores posibilidades de circulación de noticias, ideas y opiniones, así como el más amplio acceso a la información por parte de la sociedad en su conjunto. La libertad de expresión se inserta en el orden público primario y radical de la democracia, que no es concebible sin el debate libre y sin que la disidencia tenga pleno derecho de manifestarse.

[C74/2001, párr. 151]

§ 342

La jurisprudencia de la Corte incorpora datos importantes para el examen del debido proceso "sustantivo", aunque no haya empleado este giro. Sin la pretensión de entrar al detalle de estas cuestiones –tomando en cuenta que, como ya dije, este *Voto* alude sólo al debido proceso "adjetivo", que es la versión explorada bajo el rubro de debido proceso–, la jurisprudencia interamericana se ha referido a las características que debe poseer la ley que establece limitaciones a los derechos: adoptada en el marco de instituciones y procedimientos propios de una sociedad democrática y atenta al bien común. La Corte ha reflexionado sobre las características que debe poseer una ley en el marco de la protección de los derechos humanos (OC-6/86, párrs. 32 y ss.). Y el propio Tribunal ha puntualizado que el concepto de bien común, en el contexto de la Convención, se refiere "a las condiciones de la vida social que permiten a los integrantes de la sociedad alcanzar el mayor grado de desarrollo personal y la mayor vigencia de los valores democráticos" (OC-5/85, párr. 66). Igualmente, la jurisprudencia interamericana examinó la conexión entre conceptos radicales del orden político-jurídico sustentado en las convicciones filosóficas que informan la Convención Americana: "El concepto de derechos y libertades y, por ende, el de sus garantías, es también inseparable del sistema de valores y principios que lo inspira. En una sociedad democrática los derechos y libertades inherentes a la persona, sus garantías y el Estado de Derecho constituyen una tríada, cada uno de cuyos componentes se define, completa y adquiere sentido en función de los otros" (OC-8/87, párr. 26).

[C126/2005: Juez García Ramírez, párr. 4]

§ 343

En cuanto a los requisitos que debe cumplir una restricción en esta materia, en primer término deben estar previamente fijadas por ley como medio para asegurar que no queden al arbitrio del poder público. Dichas leyes deben dictarse "por razones de interés general y con el propósito para el cual han sido establecidas". Al respecto la Corte ha enfatizado que en tal perspectiva no es posible interpretar la expresión **leyes**, utilizada en el artículo 30, como sinónimo de cualquier norma jurídica, pues ello equivaldría a admitir que los derechos fundamentales pueden ser restringidos por la sola determinación del poder público, sin otra limitación formal que la de consagrar tales restricciones en disposiciones de carácter general. [...] El requisito según el cual las leyes han de ser dictadas por razones de interés general significa que deben haber sido adoptadas en función del "bien común" (art. 32.2), concepto que ha de interpretarse como elemento integrante del orden público del Estado democrático [...].

[C151/2006, párr. 89]

§ 344

Asimismo, este Tribunal ha señalado que los conceptos de "orden público" o el "bien común", derivados del interés general, en cuanto se invoquen como fundamento de limitaciones a los derechos humanos, deben ser objeto de una interpretación estrictamente ceñida a las "justas exigencias" de "una sociedad democrática" que tenga en cuenta el equilibrio entre los distintos intereses en juego y la necesidad de preservar el objeto y fin de la Convención.

[C179/2008, párr. 75]

Responsabilidad del Estado

Véase: DEMOCRACIA E INSTITUCIONES: Carta Democrática Interamericana § 14; Límite de las mayorías § 119; Principio de pluralismo democrático §137; Protección internacional de derechos humanos §146.

ESTADO DE DERECHO: Debido proceso y garantías § 184; Leyes contrarias a la Convención § 264; Principio de proporcionalidad § 333

TRANSPARENCIA: Derecho a la verdad y transparencia § 644

§ 345

Ciertamente el principio de proporcionalidad constituye un importante criterio o herramienta de aplicación e interpretación de normativa interna y de instrumentos internacionales, para determinar la atribución de responsabilidad al Estado. Ello depende de la naturaleza del derecho que se alega violado, de las limitaciones generales o específicas que admita su goce y ejercicio, y de las particularidades de cada caso. Sin embargo, el presente caso no constituye una decisión acerca de la legitimidad de una injerencia, restricción o limitación estatal en la esfera de un derecho individual protegido por la Convención, en atención a determinados fines en una sociedad democrática. Tampoco se trata de determinar la necesidad del uso de la fuerza por parte de fuerzas de seguridad estatales, en casos en que deba determinarse el carácter arbitrario de la muerte de personas y sea necesario juzgar la proporcionalidad de las medidas tomadas para controlar una situación de afectación del orden público o un estado de emergencia. En estas hipótesis sí tendría clara aplicación el principio de proporcionalidad.

[C140/2006, párr. 133]

§ 346

Dentro de la teoría de la responsabilidad, la Corte en el fallo del cual disiento al momento de analizar la influencia de las presuntas víctimas en los hechos generados señaló:

"62. La Corte reitera que su función es determinar, en ejercicio de su competencia contenciosa como tribunal internacional de derechos humanos, la responsabilidad del Estado bajo la Convención Americana por las violaciones alegadas, y no la responsabilidad de RCTV u otros medios de comunicación social o de sus directivos, accionistas o empleados en determinados hechos o sucesos históricos en Venezuela, ni su papel o desempeño como medio de comunicación social. La Corte no hace ninguna determinación de derechos de

RCTV, en tanto empresa, corporación o persona jurídica. Aún si fuese cierto que RCTV o su personal han cometido los actos que el Estado les imputa, ello no justificaría el incumplimiento de las obligaciones estatales de respetar y garantizar los derechos humanos. El disenso y las diferencias de opinión e ideas son consustanciales al pluralismo que debe regir en una sociedad democrática".

[C194/2009: Voto Juez Ad Hoc Pasceri, s/párr.; ídem: C195/2009: Voto Juez Ad Hoc Pasceri, s/párr.]

Restricciones a los derechos (justas exigencias de la democracia y especificidades de la vida en sociedad)

Véase: DEMOCRACIA E INSTITUCIONES: Límites de la libertad § *in extensu*

ESTADO DE DERECHO: Leyes §§ 246 ss

DERECHOS POLÍTICOS, DE ASOCIACIÓN Y DE PARTICIPACIÓN CIUDADANA: Derecho de asociación (y asociación de niños) §§ 610, 612, 613; Derechos políticos y sus restricciones §§ 628, 629, 631

PROPIEDAD: Derecho de propiedad y expropiación §§ 670, 672

§ 347

Finalmente, de acuerdo con el criterio de "adecuación", una distinción, aun razonable y proporcionada con base en los razonamientos de los dos párrafos anteriores, todavía puede resultar discriminatoria e ilegítima con vista de las circunstancias relativas –históricas, políticas, económicas, sociales, culturales, espirituales, ideológicas, etc.– de la concreta sociedad en que las normas o conductas cuestionadas se producen o producen sus efectos. En este sentido es posible que unas determinadas limitaciones o preferencias, por ejemplo, por razones de nivel educativo, razonables, proporcionadas y justificables en una sociedad desarrollada en ese campo, podrían resultar inaceptables en una con un alto grado de analfabetismo: obviamente, a la luz de los principios democráticos no podría calificarse igual la exigencia de saber leer y escribir para poder elegir o ser electo, en una sociedad en que la gran mayoría de la población es analfabeta, que en una en que no lo es.

[A4/1984, párr. 16]

§ 348

Esas disposiciones representan el contexto dentro del cual se deben interpretar las restricciones permitidas por el artículo 13.2. Se desprende de la reiterada mención a las "instituciones democráticas", "democracia representativa" y "sociedades democráticas" que el juicio sobre si una restricción a la libertad de expresión impuesta por un Estado es "necesaria para asegurar" uno de los objetivos mencionados en los literales a) o b) del mismo artículo, tiene que vincularse con las necesidades legítimas de las sociedades e instituciones democráticas.

[A5/1985, párr. 42]

§ 349

En relación con este punto, la Corte estima que es útil comparar el artículo 13 de la Convención con el artículo 10 de la Convención (Europea) para la Protección de los Derechos Humanos y de las Libertades Fundamentales (en adelante "la Convención Europea") y con el artículo 19 del Pacto Internacional de Derechos Civiles y Políticos (en adelante "el Pacto") los cuales rezan: CONVENCIÓN EUROPEA-ARTÍCULO 10. 1. Toda persona tiene derecho a la libertad de expresión. Este derecho comprende la libertad de opinión y la libertad de recibir o de comunicar informaciones o ideas sin que pueda haber ingerencia de autoridades públicas y sin consideración de fronteras. El presente artículo no impide que los Estados sometan las empresas de radiodifusión, de cinematografía o de televisión a un régimen de autorización previa. 2. El ejercicio de estas libertades, que entrañan deberes y responsabilidades, podrá ser sometido a ciertas formalidades, condiciones, restricciones o sanciones, previstas por la ley, que constituyan medidas necesarias, en una sociedad democrática, para la seguridad nacional, la integridad territorial o la seguridad pública, la defensa del orden y la prevención del delito, la protección de la salud o de la moral, la protección de la reputación o de los derechos ajenos, para impedir la divulgación de informaciones confidenciales o para garantizar la autoridad y la imparcialidad del poder judicial.

[A5/1985, párr. 43]

§ 350

Es cierto que la Convención Europea utiliza la expresión "necesarias en una sociedad democrática", mientras que el artículo 13 de la Convención Americana omite esos términos específicos. Sin embargo, esta diferencia en la terminología pierde significado puesto que la Convención Europea no contiene ninguna provisión comparable con el artículo 29 de la Americana, que dispone reglas para interpretar sus disposiciones y prohíbe que la interpretación pueda "excluir otros derechos y garantías... que se derivan de la forma democrática representativa de gobierno". Debe enfatizarse, también, que el artículo 29 d) de la Convención Americana prohíbe toda interpretación que conduzca a "excluir o limitar el efecto que puedan producir la Declaración Americana de Derechos y Deberes del Hombre...", reconocida como parte del sistema normativo por los Estados Miembros de la OEA en el artículo 1.2 del Estatuto de la Comisión. El artículo XXVIII de la Declaración Americana de los Derechos y Deberes del Hombre por su parte, dice lo siguiente: Los derechos de cada hombre están limitados por los derechos de los demás, por la seguridad de todos y por las justas exigencias del bienestar general y del desenvolvimiento democrático.

Las justas exigencias de la democracia deben, por consiguiente, orientar la interpretación de la Convención y, en particular, de aquellas disposiciones que están críticamente relacionadas con la preservación y el funcionamiento de las instituciones democráticas.

[A5/1985, párr. 44]

§ 351

La tesis de que la frase "en las condiciones que establezca la ley "utilizada en el artículo 14.1 solamente facultaría a los Estados Partes a crear por ley el derecho de rectificación o respuesta, sin obligarlos a garantizarlo mientras su ordenamiento jurídico interno no lo regule, no se compadece ni con el "sentido corriente" de los términos empleados ni con el "contexto" de la Convención. En efecto, la rectificación o respuesta por informaciones inexactas o agraviantes dirigidas al público en general, se corresponde con el artículo 13.2.a sobre libertad de pensamiento o expresión, que sujeta esta libertad al "respeto a los derechos o a la reputación de los demás" (ver La colegiación obligatoria de periodistas, supra 18, párrs. 59 y 63); con el artículo 11.1 y 11.3 según el cual: 1. Toda persona tiene derecho al respeto de su honra y al reconocimiento de su dignidad. 2. Toda persona tiene derecho a la protección de la ley contra esas injerencias o esos ataques; y con el artículo 32.2 de acuerdo con el cual: Los derechos de cada persona están limitados por los derechos de los demás, por la seguridad de todos y por las justas exigencias del bien común, en una sociedad democrática.

[A7/1986, párr. 23]

§ 352

El derecho de rectificación o respuesta sólo se comprende y se explica en función de la libertad de pensamiento, expresión e información. Estos derechos forman un complejo unitario e independiente. Como dijo la Corte: El artículo 13 señala que la libertad de pensamiento y expresión "comprende la libertad de buscar, recibir y difundir informaciones e ideas de toda índole...". Esos términos establecen literalmente que quienes están bajo la protección de la Convención tienen no sólo el derecho y la libertad de expresar su propio pensamiento, sino también el derecho y la libertad de buscar, recibir y difundir informaciones e ideas de toda índole. Por tanto, cuando se restringe ilegalmente la libertad de expresión de un individuo, no sólo es el derecho de ese individuo el que está siendo violado, sino también el derecho de todos a "recibir" informaciones e ideas... (La colegiación obligatoria de periodistas (arts. 13 y 29 Convención Americana sobre Derechos Humanos), Opinión consultiva OC-5/85 del 13 de noviembre de 1985. Serie A, n° 5, párr. 30). [Omissis]. La libertad de pensamiento y de expresión (art. 13) constituye uno de los elementos esenciales de una sociedad democrática y una de las condiciones primordiales de su progreso y del pleno desenvolvimiento de la personalidad de cada uno de sus miembros. Hay que reconocerla, incluso cuando su ejercicio provoque, choque o inquiete.

Como ha dicho la Corte Europea de Derechos Humanos, es ello una exigencia del "pluralismo, la tolerancia y el espíritu abierto, sin los cuales no es posible la existencia de una sociedad democrática" (Eur. Court H. R., **Lingens case**, judgment of 8 July 1986, Series A n° 103, párr. 41). Pero esta libertad debe estar equilibrada, dentro de los límites posibles en una sociedad democrática, con el respeto de la reputación y de los derechos de los demás (art. 13). Este equilibrio tiene como uno de sus medios de realización el reconocimiento, en la Convención, del derecho de rectificación o respuesta (art. 14), que juega en el caso de "informaciones inexactas o agraviantes".

[A7/1986: Juez Gros Espiell, párr. 5]

§ 353

Al respecto, la Corte Europea indicó también que: "Es importante, entonces, buscar los criterios que permitan determinar si una diferencia de trato, relacionada, por supuesto, con el ejercicio de uno de los derechos y libertades establecidos, contraviene el artículo 14 (art.14). Al respecto, la Corte, siguiendo los principios que pueden deducirse de la práctica jurídica de un gran número de Estados democráticos, ha sostenido que el principio de igualdad de trato se viola si la distinción carece de justificación objetiva y razonable. La existencia de tal justificación debe evaluarse en relación con el propósito y los efectos de la medida en consideración, tomando en cuenta los principios que normalmente prevalecen en las sociedades democráticas. Una diferencia de trato en el ejercicio de un derecho establecido en la Convención no sólo debe buscar un fin legítimo: el artículo 14 (art. 14) se viola igualmente cuando se establece de manera clara que no hay una relación razonable de proporcionalidad entre los medios utilizados y el fin que se busca llevar a cabo". "En su intento de encontrar en un caso concreto si ha habido o no una distinción arbitraria, la Corte no puede hacer caso omiso de los aspectos jurídicos y fácticos que caracterizan la vida de la sociedad en el Estado que, como Parte Contratante, tiene que responder por la medida en discusión. Al hacerlo, no puede asumir el papel de las autoridades nacionales competentes, ya que perdería de vista la naturaleza subsidiaria de la maquinaria internacional de aplicación colectiva establecida por la Convención. Las autoridades nacionales son libres de elegir las medidas que consideren apropiadas en las materias sometidas a la Convención. El análisis de la Corte se limita a la conformidad de dichas medidas con los requisitos de la Convención".

[A18/2003, párr. 90]

§ 354

El artículo 15 de la Convención señala que: [s]e reconoce el derecho de reunión pacífica y sin armas. El ejercicio de tal derecho sólo puede estar sujeto a las restricciones previstas por la ley, que sean necesarias en una sociedad democrática, en interés de la seguridad nacional, de la seguridad o del orden públicos, o para proteger la salud o la moral públicas o los derechos o libertades de los demás.

[C72/2001, párr. 146]

§ 355

El artículo 16 de la Convención señala que: 1. Todas las personas tienen derecho a asociarse libremente con fines ideológicos, religiosos, políticos, económicos, laborales, sociales, culturales, deportivos o de cualquier otra índole. 2. El ejercicio de tal derecho sólo puede estar sujeto a las restricciones previstas por la ley que sean necesarias en una sociedad democrática, en interés de la seguridad nacional, de la seguridad o del orden públicos, o para proteger la salud o la moral públicas o los derechos y libertades de los demás. 3. Lo dispuesto en este artículo no impide la imposición de restricciones legales, y aun la privación del ejercicio del derecho de asociación, a los miembros de las fuerzas armadas y de la policía.

[C72/2001, párr. 153]

§ 356

La Convención Americana es muy clara al señalar, en el artículo 16, que la libertad de asociación sólo puede estar sujeta a restricciones previstas por la ley, que sean necesarias en una sociedad democrática, y que se establezcan en interés de la seguridad nacional, del orden público, de la salud o de la moral públicas o de los derechos o libertades de los demás.

[C72/2001, párr. 168; *vid.* infra C258/2012, párr. 184, *sobre derecho de asociación de los niños*]

§ 357

La Corte Europea de Derechos Humanos ha señalado que [la] función supervisora [de la Corte le] impone [...] prestar una atención extrema a los principios propios de una 'sociedad democrática'. La libertad de expresión constituye uno de los fundamentos esenciales de tal sociedad, una de las condiciones primordiales para su progreso y para el desarrollo de los hombres. El artículo 10.2 [de la Convención Europea de Derechos Humanos] es válido no sólo para las informaciones o ideas que son favorablemente recibidas o consideradas como inofensivas o indiferentes, sino también para aquellas que chocan, inquietan u ofenden al Estado o a una fracción cualquiera de la población. Tales son las demandas del pluralismo, la tolerancia y el espíritu de apertura, sin las cuales no existe una 'sociedad democrática'. Esto significa que toda formalidad, condición, restricción o sanción impuesta en la materia debe ser proporcionada al fin legítimo que se persigue. Por otra parte, cualquiera que ejerce su libertad de expresión asume 'deberes y responsabilidades', cuyo ámbito depende de su situación y del procedimiento técnico utilizado.

[C73/2001, párr. 69]

§ 358

La Corte Europea ha puesto énfasis en que el artículo 10.2 de la Convención Europea, referente a la libertad de expresión, deja un margen muy reducido a cualquier restricción del debate político o del debate sobre cuestiones de interés público. Según dicho Tribunal, [...] los límites de críticas aceptables son más amplios con respecto al gobierno que en relación a un ciudadano privado o inclusive a un político. En un sistema democrático las acciones u omisiones del gobierno deben estar sujetas a exámenes rigurosos, no sólo por las autoridades legislativas y judiciales, sino también por la opinión pública. (traducción no oficial).

[C74/2001, párr. 155]

§ 359

Si bien el derecho a la pensión nivelada es un derecho adquirido, de conformidad con el artículo 21 de la Convención, los Estados pueden poner limitaciones al goce del derecho de propiedad por razones de utilidad pública o interés social. En el caso de los efectos patrimoniales de las pensiones (monto de las pensiones), los Estados pueden reducirlos únicamente por la vía legal adecuada y por los motivos ya indicados. Por su parte, el artículo 5 del Protocolo Adicional a la Convención Americana en materia de Derechos Económicos, Sociales y Culturales (en adelante "Protocolo de San Salvador") sólo permite a los Estados establecer limitaciones y restricciones al goce y ejercicio de los derechos económicos, sociales y culturales, "mediante leyes promulgadas con el objeto de preservar el bienestar general dentro de una sociedad democrática, en la medida que no contradigan el propósito y razón de los mismos". En toda y cualquier circunstancia, si la restricción o limitación afecta el derecho a la propiedad, ésta debe realizarse, además, de conformidad con los parámetros establecidos en el artículo 21 de la Convención Americana.

[C98/2003, párr. 116]

§ 360

Las medidas cautelares y de coerción –ante todo, la detención misma– deben organizarse conforme a los criterios de razonabilidad, necesidad y proporcionalidad, sin perder de vista el carácter excepcional que debiera tener, en el orden jurídico de una sociedad democrática, cualquier restricción precautoria de derechos. Frecuentemente se han denunciado ciertas prácticas de detención colectiva –bajo la denominación de *razzia*, entre otras–, que corresponden a la insostenible lógica de las imputaciones generales, independientemente de las responsabilidades individuales. Si la afectación de un derecho debe ser consecuencia de una infracción prevista en la ley, y la responsabilidad de la persona es estrictamente individual, los medios de coerción y cautelares deben fundarse, asimismo, en la realización de conductas previstas y proscritas por la norma general y en consideraciones individuales que establezcan el nexo claro y probado entre el sujeto infractor y la medida restrictiva de los derechos de éste.

[C100/2003, párr. 20]

§ 361

Es importante destacar que el derecho a la libertad de expresión no es un derecho absoluto, este puede ser objeto de restricciones, tal como lo señala el artículo 13 de la Convención en sus incisos 4 y 5. Asimismo, la Convención Americana, en su artículo 13.2, prevé la posibilidad de establecer restricciones a la libertad de expresión, que se manifiestan a través de la aplicación de responsabilidades ulteriores por el ejercicio abusivo de este derecho, las cuales no deben de modo alguno limitar, más allá de lo estrictamente necesario, el alcance pleno de la libertad de expresión y convertirse en un mecanismo directo o indirecto de censura previa. Para poder determinar responsabilidades ulteriores es necesario que se cumplan tres requisitos, a saber: 1) deben estar expresamente fijadas por la ley; 2) deben estar destinadas a proteger ya sea los derechos o la reputación de los demás, o la protección de la seguridad nacional, el orden público o la salud o moral pública; y 3) deben ser necesarias en una sociedad democrática.

[C107/2004, párr. 120; C265/2013, párr.. 130]

§ 362

En iguales términos a los indicados por la Corte Interamericana, la Corte Europea de Derechos Humanos se ha manifestado sobre la importancia que reviste en la sociedad democrática la libertad de expresión, al señalar que [...] la libertad de expresión constituye uno de los pilares esenciales de una sociedad democrática y una condición fundamental para su progreso y para el desarrollo personal de cada individuo. Dicha libertad no sólo debe garantizarse en lo que respecta a la difusión de información o ideas que son recibidas favorablemente o consideradas como inofensivas o indiferentes, sino también en lo que toca a las que ofenden, resultan ingratas o perturban al Estado o a cualquier sector de la población. Tales son las demandas del pluralismo, la tolerancia y el espíritu de apertura, sin las cuales no existe una sociedad democrática. [...] Esto significa que [...] toda formalidad, condición, restricción o sanción impuesta en la materia debe ser proporcionada al fin legítimo que se persigue.

[C111/2004, párr. 83]

§ 363

Debido a las circunstancias del presente caso, la Corte estima necesario analizar detalladamente si para aplicar la responsabilidad ulterior al señor Canese por sus declaraciones, se cumplió con el requisito de necesidad en una sociedad democrática. El Tribunal ha señalado que la "necesidad" y, por ende, la legalidad de las restricciones a la libertad de expresión fundadas en el artículo 13.2 de la Convención Americana, dependerá de que estén orientadas a satisfacer un interés público imperativo. Entre varias opciones para alcanzar ese objetivo, debe escogerse aquélla que restrinja en menor escala el derecho protegido. Dado este estándar, no es suficiente que se demuestre, por ejemplo, que la ley cumple un propósito útil u oportuno; para que sean compatibles con la Convención las restricciones deben justificarse según objetivos colectivos que, por su importancia, preponderen claramente sobre la necesidad social del pleno goce del derecho que el artículo 13 garantiza y no limiten más de lo estrictamente necesario el derecho proclamado en dicho artículo. Es decir, la restricción debe ser proporcional al interés que la justifica y ajustarse estrechamente al logro de ese legítimo objetivo, interfiriendo en la menor medida posible en el efectivo ejercicio del derecho a la libertad de expresión.

[C111/2004, párr. 96]

§ 364

Con base en las anteriores consideraciones, corresponde al Tribunal determinar si, en este caso, la aplicación de responsabilidades penales ulteriores respecto del supuesto ejercicio abusivo del derecho a la libertad de pensamiento y de expresión a través de declaraciones relativas a asuntos de interés público, puede considerarse que cumple con el requisito de necesariedad en una sociedad democrática. Al respecto, es preciso recordar que el Derecho Penal es el medio más restrictivo y severo para establecer responsabilidades respecto de una conducta ilícita.

[C111/2004, párr. 104]

§ 365

El proceso penal, la consecuente condena impuesta al señor Canese durante más de ocho años y la restricción para salir del país aplicada durante ocho años y casi cuatro meses, hechos que sustentan el presente caso, constituyeron una sanción innecesaria y excesiva por las declaraciones que emitió la presunta víctima en el marco de la campaña electoral, respecto de otro candidato a la Presidencia de la República y sobre asuntos de interés público; así como también bién limitaron el debate abierto sobre temas de interés o preocupación pública y restringieron el ejercicio de la libertad de pensamiento y de expresión del señor Canese de emitir sus opiniones durante el resto de la campaña electoral. De acuerdo con las circunstancias del presente caso, no existía un interés social imperativo que justificara la sanción penal, pues se limitó desproporcionadamente la libertad de pensamiento y de expresión de la presunta víctima sin tomar en consideración que sus declaraciones se referían a cuestiones de interés público. Lo anterior constituyó una restricción o limitación excesiva en una sociedad democrática al derecho a la libertad de pensamiento y de expresión del señor Ricardo Canese, incompatible con el artículo 13 de la Convención Americana.

[C111/2004, párr. 106]

§ 366

El derecho de circulación y de residencia, incluido el derecho a salir del país, pueden ser objeto de restricciones, de conformidad con lo dispuesto en los artículos 22.3 y 30 de la Convención. Sin embargo, es necesario que dichas restricciones se encuentren expresamente fijadas por ley, y que estén destinadas a prevenir infracciones penales o a proteger la seguridad nacional, la seguridad o el orden público, la moral o la salud pública o los derechos y libertades de los demás, en la medida indispensable en una sociedad democrática.

[C111/2004, párr. 117]

§ 367

La Corte considera indispensable destacar que la prisión preventiva es la medida más severa que se le puede aplicar al imputado de un delito, motivo por el cual su aplicación debe tener un carácter excepcional, en virtud de que se encuentra limitada por los principios de legalidad, presunción de inocencia, necesidad y proporcionalidad, indispensables en una sociedad democrática.

[C114/2004, párr. 106]

§ 368

El artículo 22 de la Convención Americana establece que: [*Omissis*]. 3. El ejercicio de los derechos anteriores no puede se restringido sino en virtud de una ley, en la medida indispensable en una sociedad democrática, para prevenir infracciones penales o para proteger la seguridad nacional, la seguridad o el orden públicos, la moral o la salud públicas o los derechos y libertades de los demás.

[C124/2004, párr. 109]

§ 369

Ahora bien, cuando la propiedad comunal indígena y la propiedad privada particular entran en contradicciones reales o aparentes, la propia Convención Americana y la jurisprudencia del Tribunal proveen las pautas para definir las restricciones admisibles al goce y ejercicio de estos derechos, a saber: a) deben estar establecidas por ley; b) deben ser necesarias; c) deben ser proporcionales, y d) deben hacerse con el fin de lograr un objetivo legítimo en una sociedad democrática.

[C125/2005, párr. 144; C245/2012, párr. 156]

§ 370

La previsión y aplicación de requisitos para ejercitar los derechos políticos no constituyen, *per se*, una restricción indebida a los derechos políticos. Esos derechos no son absolutos y pueden estar sujetos a limitaciones. Su reglamentación debe observar los principios de legalidad, necesidad y proporcionalidad en una sociedad democrática. La observancia del principio de legalidad exige que el Estado defina de manera precisa, mediante una ley, los requisitos para que los ciudadanos puedan participar en la contienda electoral, y que estipule claramente el procedimiento electoral que antecede a las elecciones. De acuerdo al artículo 23.2 de la Convención se puede reglamentar el ejercicio de los derechos y oportunidades a las que se refiere el inciso 1 de dicho artículo, exclusivamente por las razones establecidas en ese inciso. La restricción debe encontrase prevista en una ley, no ser discriminatoria, basarse en criterios razonables, atender a un propósito útil y oportuno que la torne necesaria para satisfacer un interés público imperativo, y ser proporcional a ese objetivo. Cuando hay varias opciones para alcanzar ese fin, debe escogerse la que restrinja menos el derecho protegido y guarde mayor proporcionalidad con el propósito que se persigue.

[C127/2005, párr. 206]

§ 371

En materia de restricciones a la libertad de expresión a través del establecimiento de responsabilidades ulteriores el Tribunal ha establecido, en casos anteriores, que es lógico y apropiado que las expresiones concernientes a funcionarios públicos o a otras personas que ejercen funciones de una naturaleza pública gocen, en los términos del artículo 13.2 de la Convención, de una mayor protección que permita un margen de apertura para un debate amplio, esencial para el funcionamiento de un sistema verdaderamente democrático. Estos criterios se aplican en el presente caso respecto de las opiniones críticas o declaraciones de interés público vertidas por el señor Palamara Iribarne en relación con las actuaciones realizadas por el Fiscal Naval de Magallanes en el marco del proceso penal militar seguido en su contra por los delitos de desobediencia e incumplimiento de deberes militares. Además, los hechos del presente caso y las declaraciones del señor Palamara Iribarne suscitaron interés por parte de la prensa y, por consiguiente, del público.

[C135/2005, párr. 82]

§ 372

La Corte ha establecido en su jurisprudencia que las medidas cautelares que afectan, entre otras, la libertad personal del procesado tienen un carácter excepcional, ya que se encuentran limitadas por el derecho a la presunción de inocencia y los principios de legalidad, necesidad y proporcionalidad, indispensables en una sociedad democrática.

[C135/2005, párr. 197; C252/2012, párr. 149]

214

§ 373

Este Tribunal ha señalado que una "persona ilegalmente detenida se encuentra en una situación agravada de vulnerabilidad, de la cual surge un riesgo cierto de que se le vulneren otros derechos, como el derecho a la integridad física y a ser tratada con dignidad". Además, la Corte ha indicado que la restricción de derechos del detenido, como consecuencia de la privación de libertad o efecto colateral de ésta, debe limitarse de manera rigurosa; sólo se justifica la restricción de un derecho humano cuando es absolutamente necesaria en el contexto de una sociedad democrática.

§ 374

Por otro lado, como se desprende del texto de la Sentencia de fondo emitida en el presente caso, la Corte previó la posibilidad de que, luego de concluidas las diligencias necesarias, las autoridades estatales competentes establezcan que el territorio tradicional de la Comunidad Yakye Axa corresponde a la totalidad o a una parcialidad de una o más propiedades que se encuentren en manos privadas. En efecto, de presentarse tal supuesto, el párrafo 217 de la Sentencia de fondo dispone que el Estado "deberá valorar la legalidad, necesidad y proporcionalidad de la expropiación o no de esas tierras con el fin de lograr un objetivo legítimo en una sociedad democrática", y que para ello, "deberá tomar en cuenta las particularidades propias de la Comunidad indígena Yakye Axa, así como sus valores, usos, costumbres y derecho consuetudinario".

[C142/2006, párr. 24]

§ 375

Respecto al primer argumento, la Corte considera que el mero hecho de que las tierras reclamadas estén en manos privadas, no constituye *per se* un motivo "objetivo y fundamentado" suficiente para denegar *prima facie* las solicitudes indígenas. En caso contrario, el derecho a la devolución carecería de sentido y no ofrecería una posibilidad real de recuperar las tierras tradicionales, limitándose únicamente a esperar la voluntad de los tenedores actuales, y forzando a los indígenas a aceptar tierras alternativas o indemnizaciones pecuniarias. Sobre el particular, la Corte ha señalado que cuando existan conflictos de intereses en las reivindicaciones indígenas, habrá de valorarse caso por caso la legalidad, necesidad, proporcionalidad y el logro de un objetivo legítimo en una sociedad democrática (utilidad pública e interés social), para restringir el derecho de propiedad privada, por un lado, o el derecho a las tierras tradicionales, por el otro. El contenido de cada uno de estos parámetros ya fue definido por el Tribunal en el Caso *Comunidad indígena Yakye Axa*, por lo que hace remisión expresa a lo ya resuelto.

[C146/2006, párr. 138]

§ 376

Finalmente, las restricciones que se impongan deben ser necesarias en una sociedad democrática, lo que depende de que estén orientadas a satisfacer un interés público imperativo. Entre varias opciones para alcanzar ese objetivo, debe escogerse aquélla que restrinja en menor escala el derecho protegido. Es decir, la restricción debe ser proporcional al interés que la justifica y debe ser conducente para alcanzar el logro de ese legítimo objetivo, interfiriendo en la menor medida posible en el efectivo ejercicio del derecho.

[C151/2006, párr. 91]

§ 377

La reflexión de la Corte Interamericana toma en cuenta, desde luego, que los derechos consagrados en la Convención no son absolutos, en el sentido de que su ejercicio se halle exento de límites y controles legítimos. Semejante concepción privaría a la generalidad de los ciudadanos del amparo de la ley y dejaría el orden social en manos del poder y del arbitrio. Hay fronteras para el ejercicio de los derechos. Más allá de éstas aparece la ilicitud, que debe ser evitada y sancionada con los medios justos de que dispone el Estado democrático, custodio de valores y principios cuya tutela interesa al individuo y a la sociedad y compromete las acciones del propio Estado. Democracia no implica tolerancia o lenidad frente a conductas ilícitas, pero demanda racionalidad. A esto se refieren, en esencia, las restricciones generales y especiales previstas por la Convención Americana: aquéllas, en los artículos 30 y 32.2; éstas, en preceptos referentes a ciertos derechos y libertades, entre los que figura el artículo 13.

[C177/2008: Voto Juez García Ramírez, párr. 10]

§ 378

Con todo, el derecho de acceder a la información pública en poder del Estado no es un derecho absoluto, pudiendo estar sujeto a restricciones. Sin embargo, estas deben, en primer término, estar previamente fijadas por ley –en sentido formal y material– como medio para asegurar que no queden al arbitrio del poder público. En segundo lugar, las restricciones establecidas por ley deben responder a un objetivo permitido por el artículo 13.2 de la Convención Americana, es decir, deben ser necesarias para asegurar "el respeto a los derechos o a la reputación de los demás" o "la protección de la seguridad nacional, el orden público o la salud o la moral públicas". Las limitaciones que se impongan deben ser necesarias en una sociedad democrática y orientadas a satisfacer un interés público imperativo. Ello implica que de todas las alternativas

deben escogerse aquellas medidas que restrinjan o interfieran en la menor medida posible el efectivo ejercicio del derecho de buscar y recibir la información.

[C219/2010, párr. 229]

Seguridad democrática

Véase: Defensa y seguridad nacional §§ 247,251

IV. DIGNIDAD HUMANA Y JUSTICIA DEMOCRÁTICA

Castigos corporales

§ 379

Aunado a los estándares internacionales, una parte de ciertos Estados que aún mantenían castigos corporales en su legislación los han abolido recientemente. Aún más, un creciente número de tribunales internos ha concluido que la imposición de castigos corporales, independientemente de las circunstancias del caso y de las modalidades en que se llevó a cabo, constituye un trato cruel, inhumano y degradante, y representa una forma de castigo que ya no es aceptable en una sociedad democrática.

[C123/2005, párr. 66]

Deber de investigar

§ 380

El deber de investigar es una obligación de medios y no de resultado. La Corte ha señalado de manera reiterada que este deber ha de ser asumido por el Estado como un deber jurídico propio y no como una simple formalidad condenada de antemano a ser infructuosa, o como una mera gestión de intereses particulares que dependa de la iniciativa procesal de las víctimas o de sus familiares, o de la aportación privada de elementos probatorios. La existencia de esta garantía constituye uno de los pilares básicos de la Convención Americana y del propio Estado de Derecho en una sociedad democrática en el sentido de la Convención.

[C200/2009, párr. 195]

Defensores de derechos humanos

§ 381

Con el propósito de evitar tales situaciones, la Corte considera que los Estados tienen el deber de crear las condiciones necesarias para el efectivo goce y disfrute de los derechos establecidos en la Convención. El cumplimiento de dicho deber está intrínsecamente ligado a la protección y al reconocimiento de la importancia del papel que cumplen las defensoras y los defensores de derechos humanos, cuya labor es fundamental para el fortalecimiento de la democracia y el Estado de Derecho.

[C192/2008, párr. 87; C256/2012, párr. 124]

§ 382

Desde esta perspectiva, el artículo 16 de la Convención Americana comprende también el derecho de toda persona a formar y participar libremente en organizaciones, asociaciones o grupos no gubernamentales orientados a la vigilancia, denuncia y promoción de los derechos humanos. Dada la importancia del papel que cumplen los defensores de derechos humanos en las sociedades democráticas, el libre y pleno ejercicio de este derecho impone a los Estados el deber de crear condiciones legales y fácticas en las cuales puedan desarrollar libremente su función.

[C196/2009, párr.146]

§ 383

El Estado admitió que la labor de Blanca Jeannette Kawas Fernández era desarrollada "en su condición de defensora de los derechos humanos y de la conservación del medio ambiente y los recursos naturales" y reconoció "los distintos logros que se derivaron de sus diferentes actividades". A propósito de dicho reconocimiento, este Tribunal considera oportuno resaltar que la defensa de los derechos humanos no sólo atiende a los derechos civiles y políticos; esta labor abarca necesariamente las actividades de denuncia, vigilancia y educación sobre derechos económicos, sociales y culturales, de conformidad con los principios de universalidad, indivisibilidad e interdependencia reconocidos en la Declaración Americana de los Derechos y Deberes del Hombre, la Convención Americana, la Carta Democrática Interamericana y por este Tribunal en su jurisprudencia. En igual sentido se ha expresado la Relatora Especial de las Naciones Unidas Sobre la Situación de los Defensores de los Derechos Humanos, al concluir que la protección debida a los defensores "no depende de si la labor principal de los defensores [...] se centra en derechos civiles y políticos o en derechos económicos, sociales y culturales".

[C196/2009, párr.147]

§ 384

El Tribunal valora positivamente la creación del "Grupo de Investigación para las Muertes de Ambientalistas" adscrita a la Secretaría de Estado en el Despacho de Seguridad como respuesta a los hechos de violencia generados en contra de ese grupo (*supra* párr. 70). No obstante, reitera que las amenazas y los atentados a la integridad y a la vida de los defensores de derechos humanos y la impunidad de este tipo de estos hechos, son particularmente graves en una sociedad democrática. De conformidad con la obligación general de respetar y garantizar los derechos establecida en el artículo 1.1 de la Convención, al Estado tiene el deber de adoptar medidas de carácter legislativo, administrativo o judicial, o el perfeccionamiento de las existentes, que garanticen la libre realización de las actividades de los defensores del medio ambiente; la protección inmediata a los defensores del medio ambiente ante el peligro o amenazas que se susciten con motivo de su labor, y la investigación inmediata, seria y eficaz de los actos que pongan en peligro la vida o la integridad de los defensores ambientalistas, con motivo de su trabajo.

[C196/2009, párr.213]

§ 385

Con respecto a la condición profesional de defensor de derechos humanos del señor Fleury, esta Corte reitera que el cumplimiento del deber de crear las condiciones necesarias para el efectivo goce y disfrute de los derechos establecidos en la Convención, está intrínsecamente ligado a la protección y al reconocimiento de la importancia del papel que cumplen las y los defensores de derechos humanos, cuya labor es fundamental para el fortalecimiento de la democracia y el Estado de Derecho. Además, resulta pertinente resaltar que las actividades de vigilancia, denuncia y educación que realizan las defensoras y los defensores de derechos humanos contribuyen de manera esencial a la observancia de los derechos humanos, pues actúan como garantes contra la impunidad.

[C236/2011, párr. 80; C256/2012, párr. 124]

Delitos graves y delitos más graves

§ 386

El régimen penal moderno, de raíz democrática y garantista, previene la tutela penal de los bienes jurídicos más preciados contra los ataques o los peligros más severos. El bien jurídico de mayor jerarquía es la vida humana, y el ataque más intenso que se le puede dirigir es el homicidio: privación de la vida de otra persona. Ahora bien, la Convención Americana no se refiere solamente a los "delitos graves" –como lo es, ciertamente, el homicidio–, sino a los "delitos más graves", es decir, a aquellos cuya gravedad se halla colocada en el punto más alto de la pirámide, los que merecen el reproche más intenso, los que afectan de manera más severa los bienes individuales y sociales, en fin, los que por su *insuperable gravedad* pudieran acarrear una también *insuperable punición*: la pena capital.

[C94/2002: Juez García Ramírez, párr. 9]

§ 387

Es probable que quienes observen este punto consideren que se trata de un mero tecnicismo procesal. La separación entre los llamados "tecnicismos" y las violaciones graves es un tema frecuentemente examinado por los tratadistas del enjuiciamiento y no es extraño al debate en diversos círculos de opinión. Ahora bien, es preciso advertir que tras los denominados "tecnicismos", a los que algunos observadores restan importancia e incluso atribuyen resultados adversos a la seguridad y a la justicia, se hallan verdaderos derechos humanos que deben ser respetados. Finalmente, la fortaleza moral y política de la sociedad democrática se mide también por su capacidad de atender puntualmente los derechos de los individuos y al mismo tiempo servir a los objetivos de seguridad y justicia que demanda la sociedad y que constituyen razón de ser del orden jurídico.

[C126/2005: Juez García Ramírez, párr. 23]

Derecho a la igualdad y no discriminación

§ 388

Sin embargo, por lo mismo que la igualdad y la no discriminación se desprenden de la idea de unidad de dignidad y naturaleza de la persona es preciso concluir que no todo tratamiento jurídico diferente es propiamente discriminatorio, porque no toda distinción de trato puede considerarse ofensiva, por sí misma, de la dignidad humana. Ya la Corte Europea de Derechos Humanos basándose "en los principios que pueden deducirse de la práctica jurídica de un gran número de Estados democráticos" definió que sólo es discriminatoria una distinción cuando "carece de justificación objetiva y razonable" [Eur. Court H.R., Case "relating to certain aspects of the laws on the use of languages in education in Belgium" (merits), judgment of 23rd July 1968, p. 34]. Existen, en efecto, ciertas desigualdades de hecho que legítimamente pueden traducirse en desigualdades de tratamiento jurídico, sin que tales situaciones contraríen la justicia. Por el contrario, pueden ser un vehículo para realizarla o para proteger a quienes aparezcan como jurídicamente débiles. Mal podría, por ejemplo, verse una discriminación por razón de edad o condición social en los casos en que la ley limita el ejercicio de la capacidad civil a quienes, por ser menores o no gozar de salud mental, no están en condiciones de ejercerla sin riesgo de su propio patrimonio.

[A4/1984, párr. 56]

§ 389

La formulación literal de ese principio en el texto de la Convención ("sin discriminación alguna", "sem discriminaçao alguma", "without any discrimination", "sans distinction aucune" en los textos español, portugués, inglés y francés), obliga a plantearse la cuestión en términos semejantes a los que llevaron al Tribunal Europeo de Derechos Humanos a la siguiente argumentación doctrinaria, la que se cita en el párrafo 56 de la opinión de mayoría y que transcribo: "10. A pesar de la formulación muy general de su versión francesa "sans distinction aucune" (sin distinción alguna), el artículo 14 no prohíbe toda diferencia de trato en el ejercicio de los derechos y libertades reconocidos".

Esta versión debe leerse a la luz del texto, más restringido, de la versión inglesa "without discrimination" (sin discriminación). Además, y sobre todo, se llegaría a resultados absurdos si se diese al artículo 14 una interpretación tan amplia como la que su versión francesa parece implicar. Se llegaría así a considerar contrarias al Convenio cada una de las numerosas disposiciones legales o reglamentarias que no aseguran a todos una completa igualdad de trato en el goce de los derechos y libertades reconocidos. Ahora bien, las autoridades nacionales competentes se ven a menudo frente a situaciones o problemas cuya diversidad reclama soluciones jurídicas distintas; ciertas desigualdades de derecho, además, no tienden sino a corregir desigualdades de hecho. En consecuencia, la interpretación extensiva arriba citada no puede adoptarse. Importa, por tanto, buscar los criterios que permitan determinar si una diferencia de trato dada, relativa, por supuesto, al ejercicio de uno de los derechos y libertades reconocidas, contraviene o no el artículo 14. A este respecto, el Tribunal, siguiendo en la materia los principios que se deducen de la práctica judicial de un gran número de países democráticos, considera que la igualdad de trato queda violada cuando la distinción carece de justificación objetiva y razonable. La existencia de una justificación semejante debe apreciarse en relación con la finalidad y los efectos de la medida examinada en atención a los principios que generalmente prevalecen en las sociedades democráticas. Una diferencia de trato en el ejercicio de un derecho consagrado por el Convenio no sólo debe perseguir una finalidad legítima: el artículo 14 se ve también violado cuando resulta claramente que no existe una razonable relación de proporcionalidad entre los medios empleados y la finalidad perseguida. Al indagar si, en un caso determinado, ha habido o no distinción arbitraria, el Tribunal no puede ignorar los datos de hecho y de derecho que caractericen la vida de la sociedad en el Estado que, en calidad de Parte Contratante, responde de la medida impugnada. Al proceder así, no ha de sustituirse a las autoridades nacionales competentes, con olvido del carácter subsidiario del mecanismo internacional de garantía colectiva instaurado por el Convenio. Las autoridades nacionales siguen siendo libres de elegir las medidas que estimen apropiadas en las materias regidas por el Convenio. El control del Tribunal no se refiere sino a la conformidad de estas medidas con las exigencias del Convenio". [**Eur.Court H.R., Case "relating to certain aspects of the laws on the use of languages in education in Belgium" (Merits),** judgment of 23rd July 1968, p. 34]".

[A4/1984: Juez Piza Escalante, párr. 12]

§ 390

Ahora bien, al examinar las implicaciones del trato diferenciado que algunas normas pueden dar a sus destinatarios, la Corte ha establecido que "no toda distinción de trato puede considerarse ofensiva, por sí misma, de la dignidad humana". En este mismo sentido, la Corte Europea de Derechos Humanos, basándose en "los principios que pueden deducirse de la práctica jurídica de un gran número de Estados democráticos", advirtió que sólo es discriminatoria una distinción cuando "carece de justificación objetiva y razonable". Existen ciertas desigualdades de hecho que pueden traducirse, legítimamente, en desigualdades de tratamiento jurídico, sin que esto contraríe la justicia. Más aún, tales distinciones pueden ser un instrumento para la protección de quienes deban ser protegidos, considerando la situación de mayor o menor debilidad o desvalimiento en que se encuentran.

[A17/2002, párr. 46]

§ 391

En el régimen procesal de los menores, lo mismo cuando se trata del procedimiento para infractores de la ley penal que cuando viene al caso el procedimiento desencadenado por situaciones de otro carácter, hay que observar los principios del enjuiciamiento en una sociedad democrática, gobernada por la legalidad y la legitimidad de los actos de autoridad. Esto apareja igualdad de armas, garantía de audiencia y defensa, posibilidad de probar y alegar, contradicción, control de legalidad, régimen de impugnaciones, etcétera. Ahora bien, no es posible desconocer que el menor de edad guarda una situación especial en el proceso, como la guarda en la vida y en todas las relaciones sociales. Ni inferior ni superior: diferente, que amerita atenciones asimismo diferentes. Hay que subrayar como lo hice supra –y en ello es enfática la Opinión Consultiva– que todos los instrumentos internacionales relativos a derechos del niño o menor de edad reconocen sin lugar a dudas la "diferencia" entre éstos y los adultos y la pertinencia, por ese motivo, de adoptar medidas "especiales" con respecto a los niños. La idea misma de "especialidad" constituye un reconocimiento y una reafirmación de la diferencia que existe –una desigualdad de hecho, a la que no cierra los ojos el Derecho– y de la diversidad de soluciones jurídicas que procede aportar en ese panorama de diversidad.

[A17/2002: Juez García Ramírez, párr. 27]

§ 392

Ahora bien, al examinar las implicaciones del trato diferenciado que algunas normas pueden dar a sus destinatarios, es importante hacer referencia a lo señalado por este Tribunal en el sentido de que "no toda distinción de trato puede considerarse ofensiva, por sí misma, de la dignidad humana". En este mismo sentido, la Corte Europea de Derechos Humanos, basándose en "los principios que pueden deducirse de la práctica jurídica de un gran número de Estados democráticos", advirtió que sólo es discriminatoria una distinción cuando "carece de justificación objetiva y razonable". Pueden establecerse distinciones, basadas en desigualdades de hecho, que constituyen un instrumento para la protección de quienes deban ser protegidos, considerando la situación de mayor o menor debilidad o desvalimiento en que se encuentran37. Por ejemplo, una desigualdad sancionada por la ley se refleja en el hecho de que los menores de edad que se encuentran detenidos en un centro carcelario no pueden ser recluidos conjuntamente con las personas mayores de edad que se encuentran también detenidas. Otro ejemplo de estas desigualdades es la limitación en el ejercicio de determinados derechos políticos en atención a la nacionalidad o ciudadanía.

[A18/2003, párr. 89]

§ 393

Vale destacar que la obligación de respetar y garantizar la igualdad y la no discriminación (tanto como los demás derechos) que consagra el Derecho Internacional de los Derechos Humanos –con sus tratados y jurisprudencia– es también una obligación irrenunciable en el orden interno de los Estados constitucionales y democráticos.

[A18/2003: Juez Salgado Pesantes, párr. 16]

§ 394

Al respecto, la Corte Europea indicó también que: "Es importante, entonces, buscar los criterios que permitan determinar si una diferencia de trato, relacionada, por supuesto, con el ejercicio de uno de los derechos y libertades establecidos, contraviene el artículo 14 (art.14). Al respecto, la Corte, siguiendo los principios que pueden deducirse de la práctica jurídica de un gran número de Estados democráticos, ha sostenido que el principio de igualdad de trato se viola si la distinción carece de justificación objetiva y razonable. La existencia de tal justificación debe evaluarse en relación con el propósito y los efectos de la medida en consideración, tomando en cuenta los principios que normalmente prevalecen en las sociedades democráticas. Una diferencia de trato en el ejercicio de un derecho establecido en la Convención no sólo debe buscar un fin legítimo: el artículo 14 (art. 14) se viola igualmente cuando se establece de manera clara que no hay una relación razonable de proporcionalidad entre los medios utilizados y el fin que se busca llevar a cabo". "En su intento de encontrar en un caso concreto si ha habido o no una distinción arbitraria, la Corte no puede hacer caso omiso de los aspectos jurídicos y fácticos que caracterizan la vida de la sociedad en el Estado que, como Parte Contratante, tiene que responder por la medida en discusión. Al hacerlo, no puede asumir el papel de las autoridades nacionales competentes, ya que perdería de vista la naturaleza subsidiaria de la maquinaria internacional de aplicación colectiva establecida por la Convención. Las autoridades nacionales son libres de elegir las medidas que consideren apropiadas en las materias sometidas a la Convención. El análisis de la Corte se limita a la conformidad de dichas medidas con los requisitos de la Convención".

[A18/2003, párr. 90]

§ 395

Los ciudadanos tienen el derecho de participar en la dirección de los asuntos públicos por medio de representantes libremente elegidos. El derecho al voto es uno de los elementos esenciales para la existencia de la democracia y una de las formas en que los ciudadanos ejercen el derecho a la participación política. Este derecho implica que los ciudadanos puedan elegir libremente y en condiciones de igualdad a quienes los representarán.

[C127/2005, párr. 198]

§ 396

No se sirve a estos designios –ni se atiende, por lo tanto, a la igualdad y a la no discriminación– si se siembra de obstáculos y exigencias, innecesarios y desproporcionados, el camino de quienes pugnan por la participación política a través del ejercicio de los derechos que ésta entraña, entre ellos el derecho al sufragio. La exigencia de participar a través de partidos políticos, que hoy se eleva como natural en las democracias de nuestra América, debiera aceptar las modalidades que sugiere la organización tradicional de las comunidades indígenas. No se trata, en lo absoluto, de minar el sistema de partidos, sino de atender, en la forma y términos que resulten razonables y pertinentes, a las condiciones de vida, trabajo y gestión de aquéllas. La admisión de estas condiciones y de las respectivas modalidades de participación política no se traslada automáticamente a todos los medios ni van más allá del marco territorial, social y temporal en el que se plantean y resuelven. La Corte dispone lo que estima procedente dentro de las circunstancias que tiene a la vista.

[C127/2005: Juez García Ramírez, párr. 28]

§ 397

Obviamente, no se ha agotado ahora el examen de la democracia, que se halla en el cimiento y en el destino de la participación política, entendida a la luz de la Convención Americana. Es clara la necesidad de contar con medios de participación en los órganos del poder público, para intervenir en la orientación nacional y en la decisión comunitaria, y esto se vincula con el derecho al sufragio activo y pasivo, entre otros instrumentos participativos. Lograrlo significa un paso histórico desde la época –que aún se instala en el presente, como hemos visto en otros casos resueltos por la Corte Interamericana en el actual período de sesiones y mencionados en este *Voto*– en que la lucha por el derecho tenía que ver apenas con la subsistencia física, el patrimonio y el asentamiento de la comunidad. Sin embargo, el avance en el camino hacia la presencia electoral –un avance contenido, enfrentado, por medidas que prohíjan desigualdad y discriminación– no debe detener ni disuadir el acceso a la democracia integral, en la que se propicia el acceso de los individuos a los medios que propiciarán el desarrollo de sus potencialidades.

[C127/2005: Juez García Ramírez, párr. 32]

§ 398

El segundo punto que me permito destacar, en el presente Voto Razonado en relación con ésta que es la primera Sentencia de la Corte Interamericana sobre los derechos políticos en una sociedad democrática, bajo el artículo 23 de la Convención Americana, es la correcta vinculación efectuada por la Corte de los derechos políticos con el derecho a la igualdad ante la ley, consagrado en el artículo 24 de la Convención Americana. Este último está conformado por un principio básico que la propia Corte ha reconocido pertenecer al dominio del *jus cogens* internacional: el principio de la igualdad y no-discriminación.

[C127/2005: Juez Cançado Trindade, párr. 6]

§ 399

A propósito de los partidos políticos y *"otras organizaciones políticas"*, un primer asunto a mencionar es que al ser considerados ingredientes esenciales para canalizar la libre expresión de los electores, resulta un deber del Estado generar las condiciones para el fortalecimiento de estas vías de representación; *contrario sensu,* abstenerse de adoptar medidas que pudieren debilitarlos. La Carta Democrática menciona explícitamente el tema de la financiación de las campañas electorales como un asunto a poner atención así como enfatiza la necesidad de asegurar *"un régimen equilibrado y transparente de financiación de sus actividades"*. Sin mencionarlo la Carta Democrática está expresando que frente a eventuales desequilibrios o desigualdades, se debe procurar un régimen que contrapese ello con lo que se lograría la igualdad deseada. De suyo se desprende que ello supondría acciones efectivas orientadas preferentemente en beneficio de los afectados por tales equilibrios y desigualdades.

[C127/2005: Juez García Sayán, párr. 25]

§ 400

Establecido que el tribunal ha de reunir internamente dichos rasgos de idoneidad, es preciso avanzar sobre los datos externos –ya implícitos en aquéllos– de su desempeño. En este orden figuran las conexiones entre la competencia y la igualdad ante la ley. Se trata, en fin de cuentas, de proyectar sobre el ejercicio de la función judicial otro de los principios radicales del orden democrático: esa igualdad de todas las personas ante la ley, que reclama la existencia de un mismo patrón de enjuiciamiento, sin detrimento de las singularidades derivadas de la materia del litigio y de la incorporación de elementos de igualación cuando contienden individuos con natural "desigualdad de armas", como he manifestado en *Votos* anteriores, en aquellas hipótesis en que la desigualdad real milita contra la igualdad formal.

[C135/2005: Juez García Ramírez, párr. 10]

Derecho a la integridad personal

§ 401

El artículo 5 de la Convención consagra uno de los valores más fundamentales en una sociedad democrática: el derecho a la integridad personal, según el cual "[t]oda persona tiene derecho a que se respete su integridad física, psíquica y moral", y quedan expresamente prohibidos la tortura y las penas o tratos crueles, inhumanos o degradantes. En lo que se refiere a personas privadas de la libertad el propio artículo 5.2 de la Convención establece que serán tratadas con el respeto debido a la dignidad inherente al ser humano. De conformidad con el artículo 27.2 de la Convención este derecho forma parte del núcleo inderogable, pues se encuentra consagrado como uno de los que no puede ser suspendido en casos de guerra, peligro público u otras amenazas a la independencia o seguridad de los Estados Partes. En tal sentido, los Estados no pueden alegar dificultades económicas para justificar condiciones de detención que sean tan pobres que no respeten la dignidad inherente del ser humano.

[C150/2006, párr. 85]

Derecho a la libertad personal

Véase: ESTADO DE DERECHO: Control judicial §§ 169, 170, 171; Leyes § 257

Medidas cautelares y de coerción (prisión preventiva) §§ 450 ss.

§ 402

En cuanto a la posibilidad de establecer limitaciones o restricciones al derecho a la libertad personal es necesario notar que, a diferencia del Convenio Europeo para la Protección de los Derechos Humanos y de las Libertades Fundamentales, la Convención Americana no establece explícita o taxativamente las causas, casos o circunstancias que serán consideradas legítimas en una sociedad democrática para habilitar una medida privativa de libertad en la legislación interna.

[C218/2010, párr. 168]

§ 403

De otra parte, la Corte observa que la medida prevista en el artículo 67 del Decreto Ley 16 de 1960 era una sanción administrativa de carácter punitivo. Al respecto, la Corte ya ha dicho que es preciso tomar en cuenta que las sanciones administrativas son, como las penales, una expresión del poder punitivo del Estado y que tienen, en ocasiones, naturaleza similar a la de éstas. En una sociedad democrática el poder punitivo sólo se ejerce en la medida estrictamente necesaria para proteger los bienes jurídicos fundamentales de los ataques más graves que los dañen o pongan en peligro. Lo contrario conduciría al ejercicio abusivo del poder punitivo del Estado. En igual sentido, el Grupo de Trabajo sobre la Detención Arbitraria sostuvo que el derecho a la libertad personal exige que los Estados recurran a la privación de libertad sólo en tanto sea necesario para satisfacer una necesidad social apremiante y de forma proporcionada a esa necesidad.

[C218/2010, párr. 170]

Derecho a la vida y mala praxis médica

Véase: Derecho penal y justicia democrática § 435

Derecho al juez natural e imparcial

§ 404

La Corte Europea ha señalado que la imparcialidad tiene aspectos tanto subjetivos como objetivos, a saber: Primero, el tribunal debe carecer, de una manera subjetiva, de prejuicio personal. Segundo, también debe ser imparcial desde un punto de vista objetivo, es decir, debe ofrecer garantías suficientes para que no haya duda legítima al respecto. Bajo el análisis objetivo, se debe determinar si, aparte del comportamiento personal de los jueces, hay hechos averiguables que podrán suscitar dudas respecto de su imparcialidad. En este sentido, hasta las apariencias podrán tener cierta importancia. Lo que está en juego es la confianza que deben inspirar los tribunales a los ciudadanos en una sociedad democrática y, sobre todo, en las partes del caso.

[C107/2004, párr. 170]

§ 405

La Corte considera que el derecho a ser juzgado por un juez o tribunal imparcial es una garantía fundamental del debido proceso. Es decir, se debe garantizar que el juez o tribunal en el ejercicio de su función como juzgador cuente con la mayor objetividad para enfrentar el juicio. Esto permite a su vez, que los tribunales inspiren la confianza necesaria a las partes en el caso, así como a los ciudadanos en una sociedad democrática.

[C107/2004, párr. 171]

§ 406

La Corte ha establecido que toda persona tiene el derecho de ser juzgada por un juez o tribunal competente, independiente e imparcial. En un Estado democrático de derecho la jurisdicción penal militar ha de tener un alcance restrictivo y excepcional y estar encaminada a la protección de intereses jurídicos especiales, vinculados con las funciones que la ley asigna a las fuerzas militares. Por ello, sólo se debe juzgar a militares por la comisión de delitos o faltas que por su propia naturaleza atenten contra bienes jurídicos propios del orden militar.

[C135/2005, párr. 124]

§ 407

La Corte ha determinado que los procesos penales que se llevaron a cabo en la jurisdicción penal militar en contra del señor Palamara Iribarne no revestían las garantías de competencia, imparcialidad e independencia necesarias en un Estado democrático para respetar el derecho al juez natural y el debido proceso. Dadas las características del presente caso, la Corte entiende que el Estado debe dejar sin efecto, en el plazo de seis meses, en todos sus extremos, las sentencias condenatorias emitidas en contra del señor Palamara Iribarne, a saber: la sentencia emitida el 3 de enero de 1995 por la Corte Marcial de la Armada en la Causa Rol n° 471 por el delito de desacato (*supra* párr. 63.91) y las sentencia emitidas por dicha Corte Marcial en la Causa n° 464 el 3 de enero de 1997 y por el Juzgado Naval de Magallanes el 10 de junio de 1996 por los delitos de desobediencia e incumplimiento de deberes militares (*supra* párr. 63.66 y 63.68). La Corte estima que el Estado debe adoptar, en el plazo de seis meses, todas las medidas judiciales, administrativas y de cualquier otra índole necesarias para dejar sin efecto alguno los procesos penales militares instruidos en contra de Palamara Iribarne y sus sentencias, incluyendo la supresión de los antecedentes penales del registro correspondiente.

[C135/2005, párr. 253]

§ 408

El Tribunal ha establecido que en un Estado democrático de derecho la jurisdicción penal militar ha de tener un alcance restrictivo y excepcional y estar encaminada a la protección de intereses jurídicos especiales, vinculados con las funciones que la ley asigna a las fuerzas militares. Por ello, sólo se debe juzgar a militares por la comisión de delitos o faltas que por su propia naturaleza atenten contra bienes jurídicos propios del orden militar. Al respecto, la Corte ha dicho que "[c]uando la justicia militar asume competencia sobre un asunto que debe conocer la justicia ordinaria, se ve afectado el derecho al juez natural y, *a fortiori*, el debido proceso", el cual, a su vez, se encuentra íntimamente ligado al propio derecho de acceso a la justicia.

[C154/2006, párr. 131; C162/2006, párr. 142;
C165/2007, párr. 105]

Derecho de circulación y residencia

Véase: SEGURIDAD Y ORDEN PÚBLICO DEMOCRÁTICO: Restricciones a los derechos (Justas exigencias de la democracia…) § 366

Derecho penal y justicia democrática

§ 409

La primera, resulta del hecho de que, normalmente, la colegiación obligatoria significa la creación de una entidad pública de carácter corporativo, con el objeto específico de atribuirle, no solamente la fiscalización y disciplina de la actividad profesional de sus miembros, lo cual sería factible legítimamente dentro de ciertas condiciones, sino también la potestad de establecer ella misma códigos de ética y otras normas disciplinarias que implican restricciones, responsabilidades y sanciones **ex novo**, no previstas taxativamente por la propia ley. En este sentido, considero que, tanto el artículo 13.2 de la Convención, al autorizar únicamente "responsabilidades ulteriores... **expresamente fijadas por la ley**", como el principio general de legalidad penal a que se refiere el artículo 9 de la misma, en el sentido de que "nadie puede ser condenado por acciones u omisiones que en el momento de cometerse no fueran delictivas **según el derecho aplicable**, aluden precisamente al principio de **reserva de la ley**. En realidad, si bien esas disposiciones no precisan el sentido de las palabras **ley y derecho**, la aplicación de principios generales universalmente compartidos en las naciones democráticas y en todos los **Estados de Derecho,** permite afirmar que se trata de materias reservadas estrictamente a la **ley formal**, emanada de un parlamento democrático con todas las garantías que esto implica, porque si hay algo definitivo en esta materia es que el régimen de los derechos y libertades humanos fundamentales es materia de **reserva de la ley.**

[A5/1985: Juez Piza Escalante, párr. 14]

§ 410

El criterio sustentado por la Corte Interamericana de Derechos Humanos en esta *Opinión consultiva* (OC-16) recoge la más avanzada doctrina del procedimiento penal y ensancha la protección de los derechos humanos en un ámbito que constituye, verdaderamente, la "zona crítica" de esos derechos. En efecto, es aquí donde se halla en más grave riesgo la dignidad humana. Por lo tanto, es en este ámbito donde verdaderamente se acredita o se desvanece –en la práctica, no sólo en el discurso jurídico y político– el Estado democrático de derecho. [*Omissis*] La historia de la democracia y de los derechos humanos guarda una relación estrecha con la evolución del sistema persecutorio. El proceso penal es un escenario fidedigno del progreso moral, jurídico y político de la humanidad. De ser objeto del proceso, el inculpado pasó a ser sujeto de una relación jurídica concebida en términos diferentes. En ella el inculpado es titular de derechos y garantías, que son el escudo del ciudadano frente al poder arbitrario. La llamada "justicia penal democrática" reconoce y desarrolla estos derechos. El proceso penal –entendido en amplio sentido, que también comprende todas las actividades persecutorias públicas previas al conocimiento judicial de una imputación– no ha permanecido estático a lo largo del tiempo. A los derechos elementales de la primera etapa, se han sumado nuevos derechos y garantías. Lo que conocemos como el "debido proceso penal", columna vertebral de la persecución del delito, es el resultado de esta larga marcha, alimentada por la ley, la jurisprudencia –entre ella, la progresiva jurisprudencia norteamericana– y la doctrina. Esto ha ocurrido en el plano nacional, pero también en el orden internacional. Los desarrollos de los primeros años se han visto superados por nuevos desenvolvimientos, y seguramente los años por venir traerán novedades en la permanente evolución del debido proceso dentro de la concepción democrática de la justicia penal. [*Omissis*]

[A16/1999: Juez García Ramírez, s/p]

§ 411

En el régimen procesal de los menores, lo mismo cuando se trata del procedimiento para infractores de la ley penal que cuando viene al caso el procedimiento desencadenado por situaciones de otro carácter, hay que observar los principios del enjuiciamiento en una sociedad democrática, gobernada por la legalidad y la legitimidad de los actos de autoridad. Esto apareja igualdad de armas, garantía de audiencia y defensa, posibilidad de probar y alegar, contradicción, control de legalidad, régimen de impugnaciones, etcétera. Ahora bien, no es posible desconocer que el menor de edad guarda una situación especial en el proceso, como la guarda en la vida y en todas las relaciones sociales. Ni inferior ni superior: diferente, que amerita atenciones asimismo diferentes. Hay que subrayar como lo hice supra –y en ello es enfática la Opinión Consultiva– que todos los instrumentos internacionales relativos a derechos del niño o menor de edad reconocen sin lugar a dudas la "diferencia" entre éstos y los adultos y la pertinencia, por ese motivo, de adoptar medidas "especiales" con respecto a los niños. La idea misma de "especialidad" constituye un reconocimiento y una reafirmación de la diferencia que existe –una desigualdad de hecho, a la que no cierra los ojos el Derecho– y de la diversidad de soluciones jurídicas que procede aportar en ese panorama de diversidad.

[A17/2002: Juez García Ramírez, párr. 27]

§ 412

El régimen penal moderno, de raíz democrática y garantista, previene la tutela penal de los bienes jurídicos más preciados contra los ataques o los peligros más severos. El bien jurídico de mayor jerarquía es la vida humana, y el ataque más intenso que se le puede dirigir es el homicidio: privación de la vida de otra persona. Ahora bien, la Convención Americana no se refiere solamente a los "delitos graves" –como lo es, ciertamente, el homicidio–, sino a los "delitos más graves", es decir, a aquellos cuya gravedad se halla colocada en el punto más alto de la pirámide, los que merecen el reproche más intenso, los que afectan de manera más severa los bienes individuales y sociales, en fin, los que por su *insuperable gravedad* pudieran acarrear una también *insuperable punición*: la pena capital.

[A94/2002: Juez García Ramírez, párr. 9]

§ 413

En su regulación sobre la conducta infractora de los menores de edad y acerca de la correspondiente reacción jurídica, el Estado legisla y actúa en diversas vertientes, que son otros tantos aspectos de un conjunto: la justicia a cargo del poder público, establecida con fundamento en ciertos principios y conceptos propios de una sociedad democrática. Esta expresión de la justicia – o bien, esta función controladora del Estado– no sólo debe asegurar, como en efecto debe, la satisfacción del interés público, sino también la observancia de los intereses legítimos y los derechos de los particulares, en los términos que caracterizan al Estado de Derecho. En rigor, esta observancia es también inherente al interés público, que padecería si se violentara la dignidad del individuo y se negaran sus derechos. Los aspectos a considerar en este caso son los relacionados con los extremos sustantivos o materiales y adjetivos o procesales de la justicia de menores infractores –o supuestamente infractores–, entre éstos los concernientes a medidas de coerción o aseguramiento, así como la ejecución de las medidas que dispongan las autoridades competentes.

[C100/2003: Juez García Ramírez, párr. 13]

§ 414

Las medidas cautelares y de coerción –ante todo, la detención misma– deben organizarse conforme a los criterios de razonabilidad, necesidad y proporcionalidad, sin perder de vista el carácter excepcional que debiera tener, en el orden jurídico de una sociedad democrática, cualquier restricción precautoria de derechos. Frecuentemente se han denunciado ciertas prácticas de detención colectiva –bajo la denominación de *razzia*, entre otras–, que corresponden a la insostenible lógica de las imputaciones generales, independientemente de las responsabilidades individuales. Si la afectación de un derecho debe ser consecuencia de una infracción prevista en la ley, y la responsabilidad de la persona es estrictamente individual, los medios de coerción y cautelares deben fundarse, asimismo, en la realización de conductas previstas y proscritas por la norma general y en consideraciones individuales que establezcan el nexo claro y probado entre el sujeto infractor y la medida restrictiva de los derechos de éste.

[C100/2003: Juez García Ramírez, párr. 20]

§ 415

Si las cosas se plantean de esta manera, cabría afirmar: a) que la caracterización de la infracción punible que trae consigo el ejercicio desviado de la libertad de expresión debe tomar en cuenta el dolo específico de causar descrédito, lesionar la buena fama o el prestigio, inferir perjuicio al sujeto pasivo, y no limitarse a prever e incriminar cierto resultado; b) que es debido, como lo requiere el Derecho penal de orientación democrática, poner la carga de la prueba en las manos de quien acusa y no de quien recibe y rechaza la acusación amparado por el principio de inocencia; c) que la eventual regulación de una *exceptioveritatis*, en su caso, no debe significar inversión en la carga de la prueba que contradiga las derivaciones probatorias de ese principio; y d) que el ejercicio de la profesión periodística, que implica derechos y deberes vinculados a la información –entre ellos, determinadas obligaciones de cuidado, como corresponde al desempeño de cualquier actividad– y se encuentra previsto y amparado por la ley –existe un interés social y una consagración estatal de ese interés–, puede constituir una hipótesis de exclusión del delito, por licitud de la conducta, si se adecua a las condiciones que consigna la regulación de esta excluyente, similares o idénticas a las previstas para la plena satisfacción de otras causas de justificación. Desde luego, al examinar ese deber de cuidado es preciso acotar su alcance con ponderación. Que deba existir no implica que vaya más allá de lo razonable. Esto último traería consigo una inhibición absoluta: el silencio sustituiría al debate.

[C107/2004: Juez García Ramírez, párr. 13]

§ 416

En un "ambiente político autoritario" se recurre con frecuencia al expediente punitivo: éste no constituye el último recurso, sino uno de los primeros, conforme a la tendencia a "gobernar con el Código penal en la mano", una proclividad que se instala tanto sobre el autoritarismo, confeso o encubierto, como sobre la ignorancia, que no encuentra mejor modo de atender la legítima demanda social de seguridad. Lo contrario sucede en un "ambiente democrático": la tipificación penal de las conductas y la aplicación de penas constituyen el último recurso, una vez agotados los restantes o demostrado que son ineficientes para sancionar las más graves lesiones a los bienes jurídicos de mayor jerarquía. Es entonces, y sólo entonces, cuando se acepta el empleo del remedio penal: porque es indispensable e inevitable. E incluso en esta circunstancia, la tipificación debe ser cuidadosa y rigurosa, y la punición debe ser racional, ajustada a la jerarquía de los bienes tutelados, a la lesión que se les causa o al peligro en el que se les coloca y a la culpabilidad del agente, y elegida entre diversas opciones útiles que están a la mano del legislador y del juzgador, en sus respectivos momentos. Por supuesto, se debe distinguir entre la "verdadera necesidad" de utilizar el sistema penal, que debe tener un claro sustento objetivo, y la "falsa necesidad" de hacerlo, apenas como consecuencia de la ineficacia de la autoridad, que se pretende "corregir" con el desbocamiento del aparato represivo.

[C107/2004: Juez García Ramírez, párr. 16]

§ 417

La idea de una "presunción de inocencia" –o acaso mejor, en beneficio de quienes objetan el carácter "presuncional" de este concepto, de un "principio de inocencia o inculpabilidad"– tiene dos siglos de vida azarosa. Difícilmente habría un principio que guardase mayor congruencia con la justicia penal democrática, que pone a cargo del Estado acusador la comprobación de las imputaciones y del Estado juzgador la decisión sobre éstas. Nuestra Convención Americana acoge el principio: "toda persona inculpada de delito tiene derecho a que se presuma su inocencia mientras no se establezca legalmente su culpabilidad" (artículo 8.2). La Corte Interamericana ha afirmado en la sentencia del caso *Suárez Rosero,* del 12 de noviembre de 1987, y lo reitera en la sentencia del presente caso, que el principio de presunción de inocencia constituye el fundamento de las garantías judiciales. En efecto, éstas se organizan en torno a la idea de la inocencia, que no bloquea la persecución penal, pero la racionaliza y encauza. La experiencia histórica milita en este sentido.

[C114/2004: Juez García Ramírez, párr. 32]

§ 418

El desvalimiento en el proceso mismo –que es preciso arbolar todos los días, con paciencia y constancia infinitas– se muestra en el asedio sobre algunos de los derechos y garantías que conforman la versión democrática, civilizada, evolucionada del enjuiciamiento. Uno de ellos es el derecho a la información acerca de los cargos que se lanzan sobre el justiciable, y en los que se sustenta la acción del Estado, información que va de la mano del derecho a la defensa oportuna y al silencio del imputado. No se comprende cómo, a estas alturas, en medio del cúmulo de disposiciones constitucionales, legales y convencionales que acreditan esos derechos, de la jurisprudencia que los reivindica, del discurso político que los proclama, todavía persiste su exclusión sistemática.

[C114/2004: Juez García Ramírez, párr. 39]

§ 419

Pese al consenso doctrinal y a la oratoria política sobre la indispensable reducción de la prisión preventiva –que constituiría otra manifestación del carácter "mínimo" del sistema penal en una sociedad democrática, ya no sólo en orden a los tipos y las penas, sino también a los instrumentos del proceso–, la realidad ha instalado otra cosa. En nuestros países se prodiga la prisión preventiva, asociada a sistemas de enjuiciamiento que propician la lentitud del proceso. Es muy elevado el número de los presos sin condena, como lo ha puesto de relieve el Instituto Latinoamericano de Naciones Unidas para la Prevención del Delito y Tratamiento del Delincuente (ILANUD), con sede en San José, Costa Rica, al igual que la Corte Interamericana. Una buena parte del esfuerzo por llevar adelante la reforma del enjuiciamiento penal –no, por cierto, una "reforma de pizarrón", que funciona en el salón de clases y en el seminario, pero no en la realidad indócil– debiera tener como objetivo la disminución drástica de este ejército de inculpados –es decir, "presuntos inocentes"– que pueblan las cárceles en número mayor, a menudo, que el de sus compañeros de cautiverio ya sentenciados.

[C114/2004: Juez García Ramírez, párr. 62]

§ 420

En un sistema democrático es preciso extremar las precauciones para que las sanciones penales se adopten con estricto respeto a los derechos básicos de las personas y previa una cuidadosa verificación de la efectiva existencia de la conducta ilícita.

[C115/2004, párr. 81]

§ 421

Con ello, el condenado deviene víctima de la función penal del Estado, desviada de su cauce y objetivo. No se cuestiona, por supuesto, la necesidad –y el deber público– de enfrentar con firmeza la delincuencia y sancionar a quienes perpetran delitos. Lo que se rechaza es que esta función punitiva, en sí misma legítima, se despliegue en una forma y con unos métodos que lesionan la dignidad humana y pugnan con la condición ética que debe caracterizar al Estado democrático en el cumplimiento de todas sus atribuciones, incluso la de carácter punitivo. Como otras veces he dicho, en el orden punitivo quedan de manifiesto, acaso más que en otros, la convicción política y el designio moral del Estado.

[C123/2005: Juez García Ramírez, párr. 11]

§ 422

Es verdad que estas disposiciones se asocian a la privación de la libertad, pero también lo es que las ideas en las que aquéllas se informan permean el sistema de las penas en su conjunto, sin perjuicio de otros objetivos vinculados con ese conjunto –como la satisfacción de los derechos e intereses del ofendido– o con algunas penas y medidas específicamente. No es posible suponer, ni remotamente, que los azotes infligidos al condenado dejan a salvo el "respeto debido a la dignidad inherente al ser humano", o que tienden a alcanzar la "reforma y readaptación" del sentenciado, en el único sentido que éstas poseen en una sociedad democrática y que ciertamente no es la devastación intelectual o moral del sujeto, su reducción absoluta por medio de la violencia, la imposición del puro dolor físico, la humillación del flagelado. Todo esto caracterizó la idea social y estatal sobre la pena en un pasado cada vez más distante, que debiéramos confinar, de una vez y para siempre, en el arcón de la historia.

[C123/2005: Juez García Ramírez, párr. 17]

§ 423

En este caso pudo figurar la consideración sobre la racionalidad –que implica, en la especie, legitimidad– de la pena privativa de libertad prevista por la ley e impuesta por el juzgador. En el marco del Derecho penal de la sociedad democrática, que supone la cuidadosa tipificación de las conductas ilícitas y la medición razonable de sus consecuencias, debe existir una graduación adecuada de las reacciones punitivas conforme a los bienes jurídicos afectados y a la lesión causada o al peligro corrido. La mayor jerarquía del bien protegido a través de los tipos penales y la mayor gravedad del daño ocasionado o del peligro corrido determinan la severidad de la sanción aplicable. No es admisible sancionar la tentativa, que es la figura a la que se refiere el expediente integrado en este caso por las autoridades competentes, con penas muy elevadas que debieran asignarse al delito consumado. Si se pierde de vista este principio, como en efecto sucedió, se habrá mellado el principio de proporcionalidad de la pena.

[C123/2005: Juez García Ramírez, párr. 34]

§ 424

El respeto al conjunto de garantías que informan el debido proceso y significan el límite a la regulación del poder penal estatal en una sociedad democrática, se hace especialmente infranqueable y riguroso cuando venga al caso la imposición de la pena de muerte.

[C126/2005, párr. 78]

§ 425

En concepto de esta Corte, el problema que plantea la invocación de la peligrosidad no sólo puede ser analizado a la luz de las garantías del debido proceso, dentro del artículo 8 de la Convención. Esa invocación tiene mayor alcance y gravedad. En efecto, constituye claramente una expresión del ejercicio del *ius puniendi* estatal sobre la base de las características personales del agente y no del hecho cometido, es decir, sustituye el Derecho Penal de acto o de hecho, propio del sistema penal de una sociedad democrática, por el Derecho Penal de autor, que abre la puerta al autoritarismo precisamente en una materia en la que se hallan en juego los bienes jurídicos de mayor jerarquía.

[C126/2005, párr. 94]

§ 426

En mi *Voto concurrente* a la *Opinión Consultiva* OC-16 señalé que "lo que conocemos como el 'debido proceso penal', columna vertebral de la persecución del delito, es el resultado de esta larga marcha, alimentada por la ley, la jurisprudencia –entre ella, la progresiva jurisprudencia norteamericana– y la doctrina. Esto ha ocurrido en el plano nacional, pero también en el orden internacional. Los desarrollos de los primeros años se han visto superados por nuevos desenvolvimientos, y seguramente los años por venir traerán novedades en la permanente evolución del debido proceso dentro de la concepción democrática de la justicia penal".

[C126/2005: Juez García Ramírez, párr. 12]

§ 427

"La ausencia o el desconocimiento de esos derechos destruyen el debido proceso y no pueden ser subsanados con la pretensión de acreditar que a pesar de no existir garantías de enjuiciamiento debido ha sido justa la sentencia que dicta el tribunal al cabo de un procedimiento penal irregular. Considerar que es suficiente con lograr un resultado supuestamente justo, es decir, una sentencia conforme a la conducta realizada por el sujeto, para que se convalide la forma de obtenerla, equivale a recuperar la idea de que 'el fin justifica los medios' y la licitud del resultado depura la ilicitud del procedimiento. Hoy día se ha invertido la fórmula: 'la legitimidad de los medios justifica el fin alcanzado'; en otros términos, sólo es posible arribar a una sentencia justa, que acredite la justicia de una sociedad democrática, cuando han sido lícitos los medios (procesales) utilizados para dictarla.

[C126/2005: Juez García Ramírez, párr. 14]

§ 428

En el caso *Fermín Ramírez vs. Guatemala*, la Corte Interamericana examinó algunos temas del debido proceso que no había conocido previamente. Hoy no se ha ocupado, como en tantos otros casos, del juez natural, la independencia e imparcialidad del juzgador, la posibilidad de designar defensor y recibir su asistencia, la estructura de la prueba, el recurso contra decisiones condenatorias, la confiabilidad de la confesión y otros más que han estado constantemente a la vista. En este caso, se ha puesto en juego un dato del proceso penal en una sociedad democrática: la congruencia entre la acusación y la sentencia, que no sólo entraña una conexión lógica entre dos actos procesales de extrema importancia, sino atañe a la defensa del inculpado –porque la afecta profundamente–, y por lo tanto se proyecta sobre el conjunto del proceso y gravita en la validez de la sentencia misma.

[C126/2005: Juez García Ramírez, párr. 24]

§ 429

En el proceso penal democrático, el inculpado, sujeto del proceso, dotado con derechos adjetivos que permiten sostener y asegurar sus derechos materiales, enfrenta ciertos cargos sobre los que aguarda la decisión judicial. En función de ellos, que son el "tema del enjuiciamiento", desarrolla el conjunto de los actos de defensa. De ahí la importancia de que conozca, desde el principio mismo del proceso –y más todavía, desde que comienza el procedimiento en su contra y se le priva de libertad en un momento anterior a su presentación ante el juzgador–, los hechos que se le atribuyen, para que pueda construir su defensa. No se trata de enterarlo de cuestiones técnicas en torno a los cargos que pesan sobre él, sino de que sepa con certeza –y también, por supuesto, de que sepa su defensor– qué hechos se le atribuyen, cómo se dice que los cometió, en qué forma lo hizo, etcétera, para que cuente con los elementos indispensables para contradecir la acusación y obtener al cabo una sentencia justa.

[C126/2005: Juez García Ramírez, párr. 26]

§ 430

La convicción de que el inculpado debe conocer, desde el momento mismo de su detención, los cargos que se le hacen –no apenas las denominaciones técnicas de éstos, que dicen poco o no dicen nada al individuo común, sino los hechos cuya comisión se le atribuyen–, se ha instalado en el procedimiento moderno de orientación democrática. Se halla, por ejemplo, en la exigencia de que quienes capturan al supuesto infractor le informen sobre esos cargos y acerca de la posibilidad que tiene de declarar sobre ellos, guardar silencio y designar quien lo defienda. Otro tanto debe ocurrir cuando el inculpado comparece ante el juez de su causa. La misma norma ha de observarse –ya lo mencioné– cuando el sujeto es extranjero y se le notifica que puede recurrir a la asistencia del cónsul de su nacionalidad.

[C126/2005: Juez García Ramírez, párr. 28]

§ 431

Se ha planteado en este caso, pues, el problema que trae consigo la antigua expresión introducida en el penúltimo párrafo del artículo 132: la "mayor particular peligrosidad del agente", concepto que fue revisado por las partes en el proceso ante la Corte Interamericana y a través de escritos de *amici curiae* que analizamos con atención. El concepto de peligrosidad ha sido desterrado por las más modernas corrientes del Derecho penal de orientación democrática –modernas, sin embargo, con casi un siglo de vigencia–, que han insistido en la necesidad de hacer de lado esta noción de raíz positivista para incorporar en su lugar, como datos rectores de la reacción penal, la entidad del delito y la culpabilidad del agente.

[C126/2005: Juez García Ramírez, párr. 34]

§ 432

El positivismo que campeó en el último tercio del siglo XIX caló en múltiples ordenamientos penales, entre ellos las oleadas de códigos iberoamericanos con las que despuntó nuestro siglo XX. Las lecciones del positivismo, cuyo atractivo radica en la consideración de los factores causales del crimen, tanto en general como en la dinámica particular del agente, fueron ampliamente recibidas por profesionales y estudiantes, entre los que militamos durante mucho tiempo. El atractivo "científico" del positivismo y el rechazo al formalismo jurídico ocultaron los riesgos que aquél entrañaba para la libertad y la democracia y las ventajas que éste aportaba para los mismos fines. La peligrosidad se erigió en hipótesis de la intervención del Estado.

[C126/2005: Juez García Ramírez, párr. 35]

§ 433

La Corte aprecia que el Estado carece de un régimen cierto y adecuado acerca del indulto. Si éste subsiste, cosa que atañe a la decisión del Estado, no debe quedar exento de reglas precisas acerca de la autoridad llamada a concederlo, los fundamentos para otorgarlo y el procedimiento para resolverlo. De lo contrario sería una expresión de puro arbitrio, extraña al Estado de Derecho en una sociedad democrática. Incluso si de trata de una facultad de perdón, es necesario que ésta se ejerza con claridad y racionalidad.

[C126/2005: Juez García Ramírez, párr. 40]

§ 434

El Tribunal entiende que la prisión preventiva es la medida más severa que se puede aplicar al imputado de un delito, motivo por el cual su aplicación debe tener un carácter excepcional, en virtud de que se encuentra limitada por los principios de legalidad, presunción de inocencia, necesidad y proporcionalidad, indispensables en una sociedad democrática. En este sentido, el Tribunal ha señalado que la prisión preventiva es una medida cautelar, no punitiva.

[C137/2005, párr. 106]

§ 435

En el presente caso, se aduce la inexistencia o la deficiencia de normas sobre mala praxis médica. Desde luego, los Estados deben adoptar las medidas necesarias, entre ellas, la emisión de normas penales y el establecimiento de un sistema de justicia para evitar y sancionar la vulneración de derechos fundamentales, como la vida y la integridad personal. Por lo que toca a la materia penal sustantiva, ese propósito se proyecta en la inclusión de tipos penales adecuados sujetos a las reglas de legalidad penal, atentos a las exigencias del derecho punitivo en una sociedad democrática y suficientes para la protección, desde la perspectiva penal, de los bienes y valores tutelados. Y por lo que atañe a la materia penal procesal, es preciso disponer de medios expeditos para el acceso a la justicia y la plena y oportuna satisfacción de las pretensiones legítimas.

[C171/2007, párr. 135]

§ 436

Es preciso recordar constantemente –con la misma constancia que se observa en las tentaciones de criminalizar y penalizar un elevado número de conductas–, que el instrumento penal debe ser utilizado con gran restricción y cautela. En diversas resoluciones y opiniones, la Corte Interamericana ha destacado la compatibilidad entre el denominado derecho penal mínimo y los valores y principios de la democracia, contemplados desde la perspectiva penal. El empleo del sistema de delitos –por incriminación de las conductas– y los castigos –por penalización de sus autores– contribuye a establecer la distancia entre la democracia y la tiranía, que siempre acecha. La desmesura penal vulnera el código jurídico y el sustento político de la sociedad democrática. De ahí nuestra oposición frontal al Derecho penal máximo.

[C177/2008: Voto Juez García Ramírez, párr. 17]

§ 437

De la jurisprudencia de la Corte se desprende, asimismo, que el Estado no puede acoger cualquier conducta en un tipo penal, ni depositar en éste distintos comportamientos sancionados de manera uniforme, sin miramiento sobre los diversos elementos que concurren en el hecho ilícito. Hacerlo así contravendría el marco penal admisible en una sociedad democrática: un marco que en el curso de los siglos recientes ha sido cada vez más puntual y exigente, aunque también ha padecido recaídas autoritarias.

[C193/2009: Voto Juez García Ramírez, párr.6]

Derechos de los detenidos e inconformidad democrática

Véase: SEGURIDAD Y ORDEN PÚBLICO DEMOCRÁTICO: Lucha contra el terrorismo y crímenes de lesa humanidad (violaciones graves de derechos humanos) § 323

DIGNIDAD HUMANA Y JUSTICIA DEMOCRÁTICA: Derecho a la integridad personal § 401

§ 438

La Comisión desarrolló ampliamente, en su solicitud de opinión, las consideraciones que originan la consulta. Al respecto dijo, entre otras cosas: Algunos Estados Partes de la Convención Americana sobre Derechos Humanos han entendido que, en situaciones de emergencia, uno de los derechos cuyo ejercicio pueden suspender es el de la protección judicial que se ejerce mediante el *hábeas corpus*. Incluso algunos Estados han promulgado una legislación especial o han iniciado una práctica según la cual es posible durante la detención de una persona incomunicarla durante un prolongado período –que en algunos casos puede extenderse hasta 15 días– en el cual al detenido se le puede privar de todo contacto exterior, no siendo posible, por lo tanto, el recurso de *hábeas corpus* durante esos días de incomunicación. En concepto de la Comisión, es precisamente en esas circunstancias excepcionales cuando el recurso de *hábeas corpus* adquiere su mayor importancia. Desde luego, la Comisión admite que en caso de una guerra, peligro público u otra emergencia que amenace la independencia o la seguridad del Estado, el derecho a la libertad personal, conforme al artículo 27 de la Convención Americana, puede transitoriamente suspenderse y la autoridad en la que reside el Poder Ejecutivo puede disponer el arresto temporal de una persona fundada tan sólo en los antecedentes de que dispone para considerar a esa persona un peligro para la independencia o la seguridad del Estado. Sin embargo, al propio tiempo, la Comisión considera que ni aún bajo una situación de emergencia el *hábeas corpus* puede suspenderse o dejarse sin efecto. Como se ha expresado, este recurso tiene por finalidad inmediata poner a disposición de los jueces la persona del detenido, lo que le permite a aquél asegurar si éste está vivo y no se encuentra padeciendo torturas o apremios físicos o sicológicos, lo cual es importante de subrayar, toda vez que el derecho a la integridad personal que reconoce el artículo 5 de la Convención Americana sobre Derechos Humanos es de aquellos derechos que bajo circunstancia alguna pueden suspenderse.

[A8/1987, párr. 12]

§ 439

La Corte resume de la siguiente manera la parte conducente de las observaciones escritas iniciales de los Estados participantes en este procedimiento, así como las de la Comisión Interamericana: [*Omissis*] Comisión Interamericana. En su escrito de 30 de abril de 1998, la Comisión Interamericana manifestó, respecto de la admisibilidad de la consulta y la competencia de la Corte para elucidarla, que [*Omissis*] la protección de los derechos de los detenidos es una piedra angular de la consolidación de la democracia y el artículo 36 de la Convención de Viena sobre Relaciones Consulares crea obligaciones respecto del tratamiento de extranjeros detenidos en el territorio de los Estados Partes en ella; [*Omissis*].

[A16/2006, párr. 26]

§ 440

En relación con el derecho de todo detenido a recurrir ante un juez o tribunal competente, consagrado en el artículo 7.6 de la Convención, la Corte ha considerado que "los procedimientos de *hábeas corpus* y de amparo son aquellas garantías judiciales indispensables para la protección de varios derechos cuya suspensión está vedada por el artículo 27.2 y sirven, además, para preservar la legalidad en una sociedad democrática".

[C141/2006, párr. 92]

§ 441

Este Tribunal ha señalado que una "persona ilegalmente detenida se encuentra en una situación agravada de vulnerabilidad, de la cual surge un riesgo cierto de que se le vulneren otros derechos, como el derecho a la integridad física y a ser tratada con dignidad". Además, la Corte ha indicado que la restricción de derechos del detenido, como consecuencia de la privación de libertad o efecto colateral de ésta, debe limitarse de manera rigurosa; sólo se justifica la restricción de un derecho humano cuando es absolutamente necesaria en el contexto de una sociedad democrática.

[C141/2006, párr. 104]

§ 442

Las autoridades penitenciarias ejercen un fuerte control sobre las personas sujetas a su custodia. Por ello, el Estado debe garantizar la existencia de condiciones adecuadas para que la persona privada de libertad desarrolle una vida digna, asegurándole el ejercicio de los derechos cuya restricción no es consecuencia necesaria de la privación de libertad, conforme a las reglas características de una sociedad democrática.

[C141/2006, párr. 167]

§ 443

Junto a la deplorable condición de las prisiones, advertida y señalada una y otra vez por la Corte Interamericana, surge ahora la pésima condición de algunas –¿cuántas?– instituciones de tratamiento de enfermos mentales. La resistencia de los afectados, en aquellos casos, suele ser calificada como motín –ciertamente no como inconformidad democrática– y reprimida con severidad. La protesta, si la hay, por parte de los enfermos mentales, venciendo las brumas de la ausencia o la extrañeza, puede desembocar en un destino acaso peor: la absoluta indiferencia o la aplicación de correctivos "terapéuticos" que constituyen, en el fondo, castigos muy severos o intimidaciones sin sentido. La reacción del prisionero es consecuencia de la "mala entraña"; la del enfermo mental, de la "locura": ésta es, por definición, irracional e inatendible. [*Omissis*].

[C149/2006: Juez García Ramírez, párr. 19]

Detenciones y su control

Véase: ESTADO DE DERECHO: Control judicial §§ 169, 170, 171

Derecho a la libertad personal §§ 402, 403

Gradación de las sanciones y prohibición de castigos corporales

Véase: Derecho penal y justicia democrática §§ 420, 421, 422

§ 444

El proceso penal, la consecuente condena impuesta al señor Canese durante más de ocho años y la restricción para salir del país aplicada durante ocho años y casi cuatro meses, hechos que sustentan el presente caso, constituyeron una sanción innecesaria y excesiva por las declaraciones que emitió la presunta víctima en el marco de la campaña electoral, respecto de otro candidato a la Presidencia de la República y sobre asuntos de interés público; así como también limitaron el debate abierto sobre temas de interés o preocupación pública y restringieron el ejercicio de la libertad de pensamiento y de expresión del señor Canese de emitir sus opiniones durante el resto de la campaña electoral. De acuerdo con las circunstancias del presente caso, no existía un interés social imperativo que justificara la sanción penal, pues se limitó desproporcionadamente la libertad de pensamiento y de expresión de la presunta víctima sin tomar en consideración que sus declaraciones se referían a cuestiones de interés público. Lo anterior constituyó una restricción o limitación excesiva en una sociedad democrática al derecho a la libertad de pensamiento y de expresión del señor Ricardo Canese, incompatible con el artículo 13 de la Convención Americana.

[C111/2004, párr. 106]

§ 445

La Corte estima que en el presente caso, a través de la aplicación del delito de desacato, se utilizó la persecución penal de una forma desproporcionada e innecesaria en una sociedad democrática, por lo cual se privó al señor Palamara Iribarne del ejercicio de su derecho a la libertad de pensamiento y de expresión, en relación con las opiniones críticas que tenía respecto de asuntos que le afectaban directamente y guardaban directa relación con la forma en que las autoridades de la justicia militar cumplían con sus funciones públicas en los procesos a los que se vio sometido. La Corte considera que la legislación sobre desacato aplicada al señor Palamara Iribarne establecía sanciones desproporcionadas por realizar críticas sobre el funcionamiento de las instituciones estatales y sus miembros, suprimiendo el debate esencial para el funcionamiento de un sistema verdaderamente democrático y restringiendo innecesariamente el derecho a la libertad de pensamiento y de expresión.

[C135/2005, párr. 88]

§ 446

Además, este Tribunal observa que la modificación legislativa establecida por medio de la Ley N° 20.048 no abarcó todas las normas que contemplan el delito de desacato, ya que se conserva su tipificación en el Código de Justicia Militar. De esta forma se continúan estableciendo sanciones desproporcionadas por realizar críticas sobre el funcionamiento de las instituciones estatales y sus miembros y se contempla una protección mayor a las instituciones militares y sus miembros de la que no gozan las instituciones civiles en una sociedad democrática, lo cual no es compatible con el artículo 13 de la Convención Americana.

[C135/2005, párr. 93]

Imparcialidad de la Justicia

Véase: Derecho al juez natural e imparcial § 404

§ 447

Además, ha quedado demostrado (*supra* párr. 89.27) que la independencia e imparcialidad del Tribunal Constitucional, como una de las instituciones democráticas que garantizan el estado de derecho, se vieron coartadas con la destitución de algunos de sus magistrados, lo que "conculcó *erga omnes* la posibilidad de ejercer el control de constitucionalidad y el consecuente examen de la adecuación de la conducta del Estado a la Constitución". Todo ello generó una situación generalizada de ausencia de garantías e ineficacia de las instituciones judiciales para afrontar hechos como los del presente caso, con la consecuente desconfianza generada hacia dichas instituciones en esa época.

[C158/2006, párr. 109]

Intervención penal mínima del Estado democrático

Véase: DEMOCRACIA E INSTITUCIONES: Derecho constitucional democrático § 58

ESTADO DE DERECHO: Leyes § 246

DIGNIDAD HUMANA Y JUSTICIA DEMOCRÁTICA: Derecho penal y justicia democrática § 432

DERECHOS INMATERIALES O DE LA PERSONALIDAD: Derecho a la vida privada § 490. Despenalización de las calumnias e injurias § 520

§ 448

El sistema democrático reclama la intervención penal mínima del Estado, que lleva a la tipificación racional de conductas ilícitas, pero también requiere que determinadas conductas de suma gravedad sean invariablemente previstas en las normas punitivas, eficazmente investigadas y puntualmente sancionadas. Esta necesidad aparece como natural contrapartida del principio de mínima intervención penal. Aquélla y éste constituyen, precisamente, dos formas de traducir en el orden penal los requerimientos de la democracia y sostener la vigencia efectiva de este sistema.

[C75/2001: Juez García Ramírez, párr. 14]

§ 449

Tomando en cuenta las consideraciones formuladas hasta ahora sobre la protección debida de la libertad de expresión, la razonable conciliación de las exigencias de tutela de aquel derecho, por una parte, y de la honra por la otra, y el principio de mínima intervención penal característico de una sociedad democrática, el empleo de la vía penal debe corresponder a la necesidad de tutelar bienes jurídicos fundamentales frente a conductas que impliquen graves lesiones a dichos bienes, y guarden relación con la magnitud del daño inferido. La tipificación penal de una conducta debe ser clara y precisa, como lo ha determinado la jurisprudencia de este Tribunal en el examen del artículo 9 de la Convención Americana.

[C177/2008, párr. 77; *mutatis mutandi, supra,* en la Introducción **C249/2012, párr.189]**

Juzgamiento de violaciones de derechos humanos

Véase: SEGURIDAD Y ORDEN PÚBLICO DEMOCRÁTICO: Jurisdicción penal militar § 320

Medidas cautelares y de coerción (prisión preventiva)

Véase: Derecho a la libertad personal §§ 402, 403

Derecho penal y justicia democrática §§ 414, 434

§ 450

Después de haber analizado la legalidad de la restricción, la Corte considera indispensable destacar que las medidas cautelares que afectan la libertad personal y el derecho de circulación del procesado tienen un carácter excepcional, ya que se encuentran limitadas por el derecho a la presunción de inocencia y los principios de necesidad y proporcionalidad, indispensables en una sociedad democrática. La jurisprudencia internacional y la normativa penal comparada coinciden en que para aplicar tales medidas cautelares en el proceso penal deben existir indicios suficientes que permitan suponer razonablemente la culpabilidad del imputado y que se presente alguna de las siguientes circunstancias: peligro de fuga del imputado; peligro de que el imputado obstaculice la investigación; y peligro de que el imputado cometa un delito, siendo esta última cuestionada en la actualidad. Asimismo, dichas medidas cautelares no pueden constituirse en un sustituto de la pena privativa de libertad ni cumplir los fines de la misma, lo cual puede suceder si se continúa aplicando cuando ha dejado de cumplir con las funciones arriba mencionadas. De lo contrario, la aplicación de una medida cautelar que afecte la libertad personal y el derecho de circulación del procesado sería lo mismo que anticipar una pena a la sentencia, lo cual contradice principios generales del derecho universalmente reconocido.

[C111/2004, párr. 129]

§ 451

La privación de libertad trae a menudo, como consecuencia ineludible, la afectación del goce de otros derechos humanos además del derecho a la libertad personal. Pueden, por ejemplo, verse restringidos los derechos de privacidad y de intimidad familiar. Esta restricción de derechos, consecuencia de la privación de libertad o efecto colateral de la misma, sin embargo, debe limitarse de manera rigurosa, puesto que toda restricción a un derecho humano sólo es justificable ante el Derecho Internacional cuando es necesaria en una sociedad democrática.

[C112/2004, párr. 154]

§ 452

La Corte considera indispensable destacar que la prisión preventiva es la medida más severa que se le puede aplicar al imputado de un delito, motivo por el cual su aplicación debe tener un carácter excepcional, en virtud de que se encuentra limitada por el derecho a la presunción de inocencia, así como por los principios de necesidad y proporcionalidad, indispensables en una sociedad democrática.

[C112/2004, C114/2004, párr. 106, párr. 228]

§ 453

La Corte considera indispensable destacar que la prisión preventiva es la medida más severa que se puede aplicar al imputado de un delito, motivo por el cual su aplicación debe tener un carácter excepcional, en virtud de que se encuentra limitada por los principios de legalidad, presunción de inocencia, necesidad y proporcionalidad, indispensables en una sociedad democrática.

[C129/2005, párr. 74]

§ 454

La Corte ha establecido en su jurisprudencia que las medidas cautelares que afectan, entre otras, la libertad personal del procesado tienen un carácter excepcional, ya que se encuentran limitadas por el derecho a la presunción de inocencia y los principios de legalidad, necesidad y proporcionalidad, indispensables en una sociedad democrática.

[C135/2005, párr. 197; C252/2012, párr. 149]

§ 455

La prisión preventiva está limitada por los principios de legalidad, presunción de inocencia, necesidad y proporcionalidad, indispensables en una sociedad democrática. Constituye la medida más severa que se puede imponer al imputado, y por ello debe aplicarse excepcionalmente. La regla debe ser la libertad del procesado mientras se resuelve acerca de su responsabilidad penal.

[C141/2006, párr. 167]

§ 456

El artículo 7 de la Convención consagra garantías que representan límites al ejercicio de la autoridad por parte de agentes del Estado. Esos límites se aplican a los instrumentos de control estatales, uno de los cuales es la detención. Dicha medida estará en concordancia con las garantías consagradas en la Convención siempre y cuando su aplicación tenga un carácter excepcional, respete el principio a la presunción de inocencia y los principios de legalidad, necesidad y proporcionalidad, indispensables en una sociedad democrática.

[C152/2006, párr. 88; C252/2012, párr. 149]

§ 457

Este Tribunal ha observado que la prisión preventiva "es la medida más severa que se puede aplicar a una persona acusada de delito, por lo cual su aplicación debe tener carácter excepcional, limitado por el principio de legalidad, la presunción de inocencia, la necesidad y proporcionalidad, de acuerdo con lo que es estrictamente necesario en una sociedad democrática", pues "es una medida cautelar, no punitiva".

[C187/2008, párr. 69]

§ 458

Difícilmente se podría sostener, pues, que la prisión preventiva es una medida "justa", aunque se practique al amparo de la justicia. Si es injusto castigar para saber si se puede castigar, habrá que buscar otros argumentos –a reserva de hallar, mejor aún, medidas sucedáneas de la privación de libertad– para sustentar la legitimidad de semejante medida. En otros términos, será preciso establecer que la privación cautelar de la libertad es "necesaria" desde la perspectiva de la justicia misma –en el caso concreto, por supuesto– y se halla provista por las razones y consideraciones que facultan al Estado para restringir derechos de los individuos: no hay derecho absoluto; todo derecho halla su límite en la frontera de los derechos ajenos, el bien común, el interés general, la seguridad de todos, siempre en el marco –estricto y exigente– de la sociedad democrática (artículos 30 y 32 de la Convención Americana sobre Derechos Humanos). Cabe formular las mismas consideraciones, por cierto, a propósito de la otra vertiente privativa de la libertad: la prisión punitiva, medida penal en sentido estricto, que debiera reducirse a su expresión indispensable. Pero no es éste el tema del presente voto.

[C187/2008: Voto Juez García Ramírez, párr.5]

Prescripción

Véase: ESTADO DE DERECHO: Leyes contrarias a la Convención Americana y su nulidad § 265

SEGURIDAD Y ORDEN PÚBLICO DEMOCRÁTICO: Amnistías (o autoamnistías) §§ 282, 294

DIGNIDAD HUMANA Y JUSTICIA DEMOCRÁTICA: Reparaciones y derecho a la verdad § 469

§ 459

Esta Corte considera que son inadmisibles las disposiciones de amnistía, las disposiciones de prescripción y el establecimiento de excluyentes de responsabilidad que pretendan impedir la investigación y sanción de los responsables de las violaciones graves de los derechos humanos tales como la tortura, las ejecuciones sumarias, extralegales o arbitrarias y las desapariciones forzadas, todas ellas prohibidas por contravenir derechos inderogables reconocidos por el Derecho Internacional de los Derechos Humanos.

[C75/2001, párr. 41]

§ 460

Así, el 12 de septiembre de 1996, el Poder Legislativo del Estado promulgó la Ley n° 838/96 para indemnizar a las víctimas de las violaciones de derechos humanos por cuestiones políticas o ideológicas ocurridas durante la dictadura. En esa misma línea, el 6 de octubre de 2003 el Estado aprobó la Ley n° 2225, "por la cual se crea la Comisión de la Verdad y Justicia" para "investigar hechos que constituyen o pudieran constituir violaciones a los derechos humanos cometidos por agentes estatales o paraestatales entre mayo de 1954 hasta la promulgación de la Ley y recomendar la adopción de medidas para evitar que aquéllos se repitan, para consolidar un estado democrático y social de derecho con plena vigencia de los derechos humanos y para fomentar una cultura de paz, de solidaridad y de concordancia entre paraguayos". Estas leyes reflejan una voluntad de investigar y reparar determinadas consecuencias perjudiciales de lo que el Estado reconoce como graves violaciones de derechos humanos perpetradas en forma sistemática y generalizada. Es de reconocer, en este mismo sentido, que el Estado se haya abstenido de dictar leyes de amnistía y que haya reconocido en su propia Constitución Nacional de 1992 la no aplicabilidad de la prescripción a los crímenes contra la humanidad.

[C153/2006, párr. 68]

Prohibición de torturas y otros tratos crueles

Véase: SEGURIDAD Y ORDEN PÚBLICO DEMOCRÁTICO. Lucha contra el terrorismo y crímenes de lesa humanidad (violaciones graves de derechos humanos) § 323

Derechos de los detenidos e inconformidad democrática § 438

§ 461

En la misma línea de dicha interpretación evolutiva, en su reciente Sentencia de fondo en el caso *Cantoral Benavides* (del 18-08-2000), la Corte Interamericana ponderó168 que, por ejemplo, "ciertos actos que fueron calificados en el pasado como tratos inhumanos o degradantes", pueden posteriormente, con el pasar del tiempo, venir a ser considerados "como torturas, dado que a las crecientes exigencias de protección" de los derechos humanos "debe corresponder una mayor firmeza al enfrentar las infracciones a los valores básicos de las sociedades democráticas" (párr. 99, y *cf.*párrs. 100-104).

[C70/2000: Juez Cançado Trindade, párr. 35]

§ 462

En el caso *Cantoral Benavides versus Perú* (Sentencia del 18-08-2000), la Corte Interamericana, al establecer una violación del artículo 5 de la Convención Americana, ponderó que determinados actos que, en el pasado, eran calificados como "trato inhumano y degradante", podrían, posteriormente, con el pasar del tiempo, venir a ser considerados como tortura, dado que las necesidades crecientes de protección deben hacerse acompañar de una respuesta pronta y más vigorosa a atentados contra los valores básicos de las sociedades democráticas (párr. 99). El ineludible combate a la tortura –"una forma de infierno que ha acompañado nuestra civilización"– y otras violaciones graves de los derechos humanos representa, en última instancia, la lucha de lo cotidiano para "hacer prevalecer los principios de humanidad".

[C103/2003: Juez Cançado Trindade, párr. 5]

§ 463

La gradual ampliación de las prohibiciones absolutas del *jus cogens* fue objeto de mi atención en mi Voto Razonado (párr. 34) en el caso *Servellón García y Otros versus Honduras* (Sentencia del 21-09-2006). En su Sentencia del 18-08-2000, en el caso *Cantoral Benavides versus Perú*, la Corte dio un significativo paso adelante (a partir de su posición inicial en cuanto a la salvaguardia del derecho fundamental a la vida), al afirmar que

" *(...) Ciertos actos que fueron calificados en el pasado como tratos inhumanos o degradantes, no como torturas, podrían ser calificados en el futuro de una manera diferente, es decir, como torturas, dado que a las crecientes exigencias de protección de los derechos y de las libertades fundamentales, debe corresponder una mayor firmeza al enfrentar las infracciones a los valores básicos de las sociedades democráticas (...)*" (párr. 99).

[C174/2007: Voto Juez Cançado Trindade, párr. 37]

Reparaciones y derecho a la verdad

Véase: DERECHO INMATERIALES O DE LA PERSONALIDAD: Derecho de acceso a la opinión pública y derecho a la verdad §§ 491 ss.

TRANSPARENCIA: Derecho a la verdad y transparencia §§ 644 ss.

§ 464

En sus alegatos finales, la Comisión aseguró que, como consecuencia de la desaparición de Bámaca Velásquez, el Estado violó el derecho a la verdad de los familiares de la víctima y de la sociedad en su conjunto. Al respecto, la Comisión afirmó que el derecho a la verdad tiene un carácter colectivo, que conlleva el derecho de la sociedad a "tener acceso a información esencial para el desarrollo de los sistemas democráticos", y un carácter particular, como derecho de los familiares de las víctimas a conocer lo sucedido con su ser querido, lo que permite una forma de reparación. La Corte Interamericana ha establecido el deber del Estado de investigar los hechos mientras se mantenga la incertidumbre sobre la suerte de la persona desaparecida, y la necesidad de brindar un recurso sencillo y rápido para el caso, con las debidas garantías. Siguiendo esta interpretación, la Comisión afirmó que este es un derecho que tiene la sociedad y que surge como principio emergente del derecho internacional bajo la interpretación dinámica de los tratados de derechos humanos y, en específico, de los artículos 1.1, 8, 25 y 13 de la Convención Americana.

[C70/2000, párr. 197]

§ 465

De todos modos, en las circunstancias del presente caso, el derecho a la verdad se encuentra subsumido en el derecho de la víctima o sus familiares a obtener de los órganos competentes del Estado el esclarecimiento de los hechos violatorios y las responsabilidades correspondientes, a través de la investigación y el juzgamiento que previenen los artículos 8 y 25 de la Convención.

[C70/2000, párr. 201]

§ 466

Al respecto, el Delegado de la Comisión Interamericana comenzó su intervención [*Omissis*]; [E]l Sistema Interamericano ha cumplido un rol fundamental en la consecución de la democracia en el Perú. La Comisión Interamericana y la Corte Interamericana de Derechos Humanos fueron líderes dentro de la comunidad internacional en la condena de las prácticas del horror, de la injusticia y de la impunidad que ocurrieron bajo el Gobierno de Fujimori. Los presentes en esta audiencia reconocemos el anhelo de los familiares, y de la comunidad de derechos humanos del Perú acerca de la necesidad de lograr la justicia y la verdad en este país. Este es un anhelo compartido por todo el sistema interamericano, y en ese sentido quisiéramos … solicitar a la Honorable Corte que … en virtud del allanamiento por parte del Estado, no sólo establezca las violaciones en concreto de los artículos de la Convención en las que ha incurrido el Estado…, sino que también establezca de manera específica en el resolutivo de la sentencia, la necesidad de esclarecer los hechos, de modo de proteger el derecho a la verdad, la necesidad de investigar y castigar a los culpables, …la incompatibilidad de las leyes de amnistía con las disposiciones de la Convención Americana, y … la obligación del Estado de dejar sin efecto las leyes de amnistía.

[C75/2001, párr. 36]

§ 467

[*Omissis*]. La publicación y el desagravio sirven a un triple objetivo: a) por una parte, la satisfacción moral de las víctimas o sus derechohabientes, la recuperación de una respetabilidad y un crédito que pudieron verse mellados por versiones y comentarios erróneos o falaces; b) por la otra, la formación y el fortalecimiento de una cultura de la legalidad en favor, sobre todo, de las nuevas generaciones; y c) finalmente, el servicio a la verdad en bien de los agraviados y de la sociedad en su conjunto. Todo ello se inserta en el amplio régimen de reconocimiento y tutela de los derechos y en la correspondiente preservación de los valores de una sociedad democrática. En suma, la reparación del daño en este caso reviste efectos resarcitorios y preventivos; en este último sentido, considera la necesidad de prevenir la reiteración de conductas como la que dio origen al procedimiento ante las instancias internacionales.

[C91/2002: Juez García Ramírez, párr. 3]

§ 468

El día 26 de abril de 2004 la Corte recibió las declaraciones de los testigos y los dictámenes de los peritos propuestos por la Comisión Interamericana y los representantes de la víctima y sus familiares (*supra* párr. 11). A continuación, el Tribunal resume las partes relevantes de dichas declaraciones.[*Omissis*] f) Peritaje de Carlos Martín Beristain, médico. [*Omissis*]. Asimismo, la impunidad supone un riesgo de repetición de atrocidades ocurridas en el pasado, en el sentido de que los responsables siguen teniendo control del proceso político posterior y cualquier intento que se hace para generar un nuevo sistema de justicia está controlado. A su vez, un contexto de impunidad lleva muchas veces a un descrédito de la democracia, porque el valor de la justicia no es rescatado como el valor de un nuevo proceso social, y ello induce a generar situaciones en las cuales las violaciones de derechos humanos se consideran parte de la salida para luchar contra un contexto de impunidad. Por último, la justicia tiene el valor de confirmar que determinados hechos se han producido, es decir, cuando no hay justicia la verdad se "hiere" fácilmente.

[C108/2004: Peritaje de Carlos Martín Beristain, párr. 30]

§ 469

Así, el 12 de septiembre de 1996, el Poder Legislativo del Estado promulgó la Ley n° 838/96 para indemnizar a las víctimas de las violaciones de derechos humanos por cuestiones políticas o ideológicas ocurridas durante la dictadura. En esa misma línea, el 6 de octubre de 2003 el Estado aprobó la Ley n° 2225, "por la cual se crea la Comisión de la Verdad y Justicia" para "investigar hechos que constituyen o pudieran constituir violaciones a los derechos humanos cometidos por agentes estatales o paraestatales entre mayo de 1954 hasta la promulgación de la Ley y recomendar la adopción de medidas para evitar que aquéllos se repitan, para consolidar un estado democrático y social de derecho con plena vigencia de los derechos humanos y para fomentar una cultura de paz, de solidaridad y de concordancia entre paraguayos". Estas leyes reflejan una voluntad de investigar y reparar determinadas consecuencias perjudiciales de lo que el Estado reconoce como graves violaciones de derechos humanos perpetradas en forma sistemática y generalizada. Es de reconocer, en este mismo sentido, que el Estado se haya abstenido de dictar leyes de amnistía y que haya reconocido en su propia Constitución Nacional de 1992 la no aplicabilidad de la prescripción a los crímenes contra la humanidad.

[C153/2006, párr. 68]

§ 470

Al respecto, cabe destacar la creación de la Comisión de la Verdad y la Reconciliación (en adelante "CVR") en el 2001 (*supra* párr. 197.3 a 197.7), la cual tenía la finalidad, *inter alia*, de esclarecer el proceso, los hechos y responsabilidades de la violencia terrorista y de la violación de los derechos humanos producidos desde mayo de 1980 hasta noviembre de 2000, imputables tanto a las organizaciones terroristas como a los agentes del Estado. Del análisis de miles de denuncias que recibió, dicha Comisión determinó que la mayoría de violaciones correspondió a acciones atribuidas a funcionarios del Estado o personas que actuaron bajo su aquiescencia. En su informe final de 2003 la CVR dedicó un apartado a los hechos sucedidos en el penal Miguel Castro Castro titulado "Las ejecuciones extrajudiciales en el penal de Canto Grande (1992)". En cuanto al contexto presente en mayo de 1992, época de los hechos, es ilustrativo lo señalado por la CVR en el sentido de que a partir del golpe de Estado de 5 de abril de 1992, y con el fin de combatir a grupos subversivos y terroristas, el Estado implementó en las prisiones prácticas incompatibles con la efectiva protección del derecho a la vida y otros derechos, tales como ejecuciones extrajudiciales y tratos crueles e inhumanos, así como el "uso desproporcionado de la fuerza en circunstancias críticas". En cuanto a un contexto más general la CVR también indicó que a partir del golpe de Estado del 5 de abril de 1992 se estableció un régimen de facto que suspendió la institucionalidad democrática del país a través de la abierta intervención en el Poder Judicial, en el Tribunal Constitucional, en el Ministerio Público y en otros órganos constitucionales. Se gobernó por decreto a través del denominado "Gobierno de Emergencia y Re-construcción Nacional", que concentró durante un breve lapso las funciones ejecutivas y legislativas del Estado, neutralizando en la práctica el control político y judicial sobre sus actos.

[C160/2006, párr. 205]

§ 471

Quantoao período em que a sentença debe ráficar publicada na internet, a Corte preferiu deixarem aberto confiando no bom senso na execução pelo Estado, ao qual aderimos. Mas fica o registro neste voto como forma sugestiva de atuação promotora da cidadania, da democracia e dos direitos humanos, que a sentença fique publicada quando menos até o seu cumprimento total pelo Estado, ouem prazo maior, podendo ser (a) igual à duração deste processo para ser julgado, contada da data do primeiro fato violador até a publicaçãodestasentença, ou (b) por tempo maior indefinido. Tudo como uma faculda de para demonstração de um maior comprometimento do Estado com a promoção dos direitos humanos.

[C200/2009: Voto Juez Ad Hoc Figueiredo Caldas, párr. 46]

§ 472

El Tribunal estima que en una sociedad democrática se debe conocer la verdad sobre los hechos de graves violaciones de derechos humanos. Esta es una justa expectativa que el Estado debe satisfacer, por un lado, mediante la obligación de investigar las violaciones de derechos humanos y, por el otro, con la divulgación pública de los resultados de los procesos penales e investigativos. Esto exige del Estado la determinación procesal de los patrones de actuación conjunta y de todas las personas que de diversas formas participaron en dichas violaciones y sus correspondientes responsabilidades y reparar a las víctimas del caso.

[C211/2009, párr. 149]

§ 473

De todos modos, en las circunstancias del presente caso, el derecho a la verdad se encuentra subsumido en el derecho de la víctima o sus familiares a obtener de los órganos competentes del Estado el esclarecimiento de los hechos violatorios y las responsabilidades correspondientes, a través de la investigación y el juzgamiento que previenen los artículos 8 y 25 de la Convención.

[C70/2000, párr. 201]

§ 474

La Comisión Interamericana de Derechos Humanos manifestó que la desaparición forzada del señor Bámaca Velásquez acarrea una violación del derecho a la verdad, que asiste a los familiares de la víctima y a la sociedad en general. Este derecho tendría, como ha resumido la Corte, "un carácter colectivo, que conlleva el derecho de la sociedad a 'tener acceso a información esencial para el desarrollo de los sistemas democráticos', y un carácter particular, como derecho de los familiares de las víctimas a conocer lo sucedido con su ser querido, lo que permite una forma de reparación" (párr. 197).

[C70/2000: Juez García Ramírez, párr. 17]

§ 475

Bajo el primer significado, el llamado derecho a la verdad acoge una exigencia legítima de la sociedad a saber lo sucedido, genérica o específicamente, en cierto período de la historia colectiva, regularmente una etapa dominada por el autoritarismo, en la que no funcionaron adecuada o suficientemente los canales de conocimiento, información y reacción característicos de la democracia. En el segundo sentido, el derecho a conocer la realidad de lo acontecido constituye un derecho humano que se proyecta inmediatamente sobre la Sentencia de fondo y las reparaciones que de aquí provienen.

[C70/2000: Juez García Ramírez, párr. 19]

§ 476

Pretender amnistiar los responsables por la perpetración de dichos crímenes de Estado es una afrenta al Estado de Derecho en una sociedad democrática. Como sostuve en mi Voto Concurrente en el caso de *Barrios Altos*, "Las llamadas autoamnistías son, en suma, una afrenta inadmisible al derecho a la verdad y al derecho a la justicia (empezando por el propio acceso a la justicia). Son ellas manifiestamente incompatibles con las obligaciones generales –indisociables– de los Estados Partes en la Convención Americana de respetar y garantizar los derechos humanos por ella protegidos, asegurando el libre y pleno ejercicio de los mismos (en los términos del artículo 1 (1) de la Convención), así como de adecuar su derecho interno a la normativa internacional de protección (en los términos del artículo 2 de la Convención). Además, afectan los derechos protegidos por la Convención, en particular los derechos a las garantías judiciales (artículo 8) y a la protección judicial (artículo 25). (...). Hay otro punto que me parece aún más grave en relación con la figura degenerada –un atentado en contra el propio Estado de Derecho– de las llamadas leyes de autoamnistía. Como los hechos del presente caso *Barrios Altos* lo revelan –al llevar la Corte a declarar, en los términos del reconocimiento de responsabilidad internacional efectuado por el Estado demandado, las violaciones de los derechos a la vida y a la integridad personal–, dichas leyes afectan derechos inderogables –el *mínimum* universalmente reconocido-, que recaen en el ámbito del *jus cogens*" (párrs. 5 y 10).

[C154/2006: Juez CançadoTrindade, párr. 15;
C162/2006: Juez CançadoTrindade, párr. 27]

V. DERECHOS INMATERIALES O DE LA PERSONALIDAD

Acreditación de periodistas

§ 477

A fin de evitar la arbitrariedad en el ejercicio del poder público, las restricciones en esta materia deben hallarse previamente establecidas en leyes subordinadas al interés general, y aplicarse con el propósito para el cual han sido establecidas. Con respecto a las acreditaciones o autorizaciones a los medios de prensa para la participación en eventos oficiales, que implican una posible restricción al ejercicio de la libertad de buscar, recibir y difundir información e ideas de toda índole, debe demostrarse que su aplicación es legal, persigue un objetivo legítimo y es necesaria y proporcional en relación con el objetivo que pretende en una sociedad democrática. Los requisitos de acreditación deben ser concretos, objetivos y razonables, y su aplicación transparente. Corresponde al Estado demostrar que ha cumplido con los anteriores requisitos al establecer restricciones al acceso a la información bajo su control.

[C194/2009, párr.346; ídem: C195/2009, párr.375]

Control democrático de la opinión pública

Véase: Derecho de acceso a la información pública y derecho a la verdad §§ 502, 503

Despenalización de las calumnias e injurias y sus límites § 518

Límites de La crítica democrática a los funcionarios § 563

TRANSPARENCIA: Publicidad judicial y justicia de opinión § 655

§ 478

La Corte Europea ha puesto énfasis en que el artículo 10.2 de la Convención Europea, referente a la libertad de expresión, deja un margen muy reducido a cualquier restricción del debate político o del debate sobre cuestiones de interés público. Según dicho Tribunal, [...] los límites de críticas aceptables son más amos con respecto al gobierno que en relación a un ciudadano privado o inclusive a un político. En un sistema democrático las acciones u omisiones del gobierno deben estar sujetas a exámenes rigurosos, no sólo por las autoridades legislativas y judiciales, sino también por la opinión pública. (traducción no oficial).

[C74/2001, párr. 155]

§ 479

Existe entonces una coincidencia en los diferentes sistemas regionales de protección a los derechos humanos y en el universal, en cuanto al papel esencial que juega la libertad de expresión en la consolidación y dinámica de una sociedad democrática. Sin una efectiva libertad de expresión, materializada en todos sus términos, la democracia se desvanece, el pluralismo y la tolerancia empiezan a quebrantarse, los mecanismos de control y denuncia ciudadana se empiezan a tornar inoperantes y, en definitiva, se empieza a crear el campo fértil para que sistemas autoritarios se arraiguen en la sociedad.

[C107/2004, párr. 116; idem C111/2004, párr. 86; C265/2013, Voto Juez García Sayán, párr. 3]

§ 480

El control democrático, por parte de la sociedad a través de la opinión pública, fomenta la transparencia de las actividades estatales y promueve la responsabilidad de los funcionarios sobre su gestión pública, razón por la cual debe existir unrgen reducido a cualquier restricción del debate político o del debate sobre cuestiones de interés público.

[C107/2004, párr. 127; C248/2012, párr. 145; C265/2013, Voto Juez Pérez Pérez, párr. 15]

§ 481

Al analizar este punto, que ha sido materia de constante examen y debate, no es posible ignorar que el funcionario público puede utilizar la autoridad o la influen que posee, precisamente por aquella condición, para servir intereses privados, suyos o ajenos, de manera más o menos oculta o evidente. Este servicio a intereses privados, si lo hay, no debe quedar al margen del escrutinio colectivo democrático. De lo contrario, sería fácil tender fronteras artificiosas entre "lo público y lo privado", para sustraer a ese escrutinio democrático situaciones o actos privados que se abastecen de la condición del individuo como funcionario público. Por ende, el "umbral de protección" de quien ha aceptado servir a la república, en sentido lato, es más bajo que el de quien no se encuentra en esa situación (como lo es, por diversos motivos, el de quienes libremente han querido colocarse, y así lo han hecho, en una posición de visibilidad que permite un amplio acceso público). De nuevo subrayo: el umbral existe, desde luego, pero es diferente del que ampara al ciudadano que no ha asumido la condición y la responsabilidad de quien tiene un cargo público y que por eso mismo tiene determinados deberes –éticos, pero también jurídicos– frente a la sociedad a la que sirve o al Estado que gestiona los intereses de la sociedad.

[C107/2004: Juez García Ramírez, párr. 26]

§ 482

El control democrático, por parte de la sociedad a través de la opinión pública, fomenta la transparencia de las actividades estatales y promueve la responsabilidad de los funcionarios sobre su gestión pública, razón por la cual debe existir un mayor margen de tolerancia frente a afirmaciones y apreciaciones vertidas en el curso de los debates políticos o sobre cuestiones de interés público.

[C111/2004, párr. 97; C248/2012, párr. 145; C265/2013, Voto Juez Pérez Pérez, párr. 14]

§ 483

El control democrático, por parte de la sociedad a través de la opinión pública, fomenta la transparencia de las actividades estatales y promueve la responsabilidad de los funcionarios sobre su gestión pública, razón por la cual se debe tener una mayor tolerancia y apertura a la crítica frente a afirmaciones y apreciaciones vertidas por las personas en ejercicio de dicho control democrático. Ello se aplica a los funcionarios y miembros de la Armada, incluyendo aquellos que integran los tribunales. Además, al permitir el ejercicio de ese control democrático se fomenta una mayor participación de las personas en los intereses de la sociedad.

[C135/2005, párr. 83; C248/2012, párr. 145]

§ 484

La Corte valora la reforma del Código Penal establecida mediante la publicación de la Ley n° 20.048 el 31 de agosto de 2005, por la cual se derogaron y modificaron algunas normas que hacían referencia al delito de desacato. Con respecto al ordenamiento interno que continúa regulando dicho delito (*supra* párrs. 92 y 93), el Estado debe adoptar, en un plazo razonable, todas las medidas necesarias para derogar y modificar cualesquiera normas internas que sean incompatibles con los estándares internacionales en materia de libertad de pensamiento y de expresión, de manera tal que se permita que las personas puedan ejercer el control democrático de todas las instituciones estatales y de sus funcionarios, a través de la libre expresión de sus ideas y opiniones sobre las gestiones que ellas realicen, sin temor a su represión posterior.

[C135/2005, párr. 254]

§ 485

Sin embargo, también es preciso recordar que –como señalé en mi voto relativo al *caso Herrera Ulloa*– "las actividades del Estado, a través de sus diversos órganos[,] no son indiferentes y mucho menos debieran ser inaccesibles al conocimiento de los ciudadanos comunes. La democracia se construye a partir de la opinión pública, debidamente informada, que con base en esa información orienta su juicio y toma sus decisiones. Así, el ingreso en el ámbito de esas cuestiones resultará mucho más holgado que el correspondiente a los asuntos estrictamente privados, propios de la vida personal o íntima, que no trascienden sus estrictos linderos. La llamada 'transparencia' tiene en aquel ámbito uno de sus espacios naturales" (párr. 23).

[C177/2008: Voto Juez García Ramírez, párr. 23]

Derecho a la honra

Véase: DIGNIDAD HUMANA Y JUSTICIA DEMOCRÁTICA: Intervención penal mínima del Estado democrático § 449

DERECHOS INMATERIALES O DE LA PERSONALIDAD: Despenalización de las calumnias e injurias y sus límites § 522; Libertad de pensamiento y expresión § 549; Límites de la crítica democrática a los funcionarios § 559; Protección de la honra y de la dignidad §§ 569, 570

Derecho a la identidad

§ 486

Ahora bien, el Tribunal ha reconocido que el derecho a la identidad no se encuentra expresamente contemplado en la Convención Americana. No obstante, el artículo 29.c de este instrumento establece que "[n]inguna disposición de la presente Convención puede ser interpretada en el sentido de [...] excluir otros derechos y garantías que son inherentes al ser humano o que se derivan de la forma democrática representativa de gobierno". Al respecto, la Corte ha utilizado las "Normas de Interpretación" de este artículo para precisar el contenido de ciertas disposiciones de la Convención, por lo que indudablemente una fuente de referencia importante, en atención al artículo 29.c) de la Convención Americana y al corpus juris del Derecho Internacional de los Derechos Humanos, lo constituye la Convención sobre los Derechos del Niño, instrumento internacional que reconoció el derecho a la identidad de manera expresa. En su artículo 8.1 señala que "[l]os Estados Partes se comprometen a respetar el derecho del niño a preservar su identidad, incluidos la nacionalidad, el nombre y las relaciones familiares de conformidad con la ley sin injerencias ilícitas". De la regulación de la norma contenida en la Convención sobre Derechos del Niño se colige que la identidad es un derecho que comprende varios elementos, entre ellos, se encuentra compuesto por la nacionalidad, el nombre y las relaciones familiares, incluidos en dicho articulado a modo descriptivo mas no limitativo. De igual forma, el Comité Jurídico Interamericano ha resaltado que el "derecho a la identidad es consustancial a los atributos y a la dignidad humana" y es un derecho con carácter autónomo, el cual posee "un núcleo central de elementos claramente identificables que incluyen el derecho al nombre, el derecho a la nacionalidad y el derecho a las relaciones familiares". En efecto, es "un derecho humano fundamental oponible erga omnes como expresión de un interés colectivo de la [c]omunidad [i]nternacional en su [c]onjunto[,] que no admite derogación ni suspensión en los casos previstos por la Convención Americana". En consecuencia, en las circunstancias del presente caso y en atención al contexto de los términos de la Convención Americana, interpretados a la luz del artículo 31 de la Convención de Viena, el Tribunal estima que el conjunto de las violaciones a los derechos establecidos en la Convención Americana que fueron analizados constituyen una afectación al derecho a la identidad, el cual es inherente al ser humano, y se encuentra estipulado expresamente en la Convención sobre los Derechos del Niño.

[C232/2011, párr. 112]

Derecho a la identidad cultural

§ 487

El derecho a la identidad cultural y todos los derechos que de él se derivan están sujetos a las mismas limitaciones que los demás derechos reconocidos en la Convención Americana, esto es: "los derechos de los demás, la seguridad de todos y [...] las justas exigencias del bien común, en una sociedad democrática".

[C125/2005: Juez Abreu Burelli, párr. 35]

Derecho a la identidad cultural indígena

§ 488

La Corte considera que el derecho a la identidad cultural es un derecho fundamental y de naturaleza colectiva de las comunidades indígenas, que debe ser respetado en una sociedad multicultural, pluralista y democrática. Esto implica la obligación de los Estados de garantizar a los pueblos indígenas que sean debidamente consultados sobre asuntos que inciden o pueden incidir en su vida cultural y social, de acuerdo con sus valores, usos, costumbres y formas de organización. En el mismo sentido, el Convenio n° 169 de la OIT reconoce las aspiraciones de los Pueblos indígenas a "asumir el control de sus propias instituciones y formas de vida y de su desarrollo económico y a mantener y fortalecer sus identidades, lenguas y religiones, dentro del marco de los Estados en que viven".

[C245/2012, párr. 217]

Derecho a la información

Véase: ESTADO DE DERECHO: Debido proceso y garantías §§ 174, 175

DIGNIDAD HUMANA Y JUSTICIA DEMOCRÁTICA: Derecho penal y justicia democrática § 418

Derecho de acceso a la información pública y derecho a la verdad § 507

Derecho a la vida privada

Véase: Control democrático de la opinión pública §§ 478, 481

DERECHOS POLÍTICOS, DE ASOCIACIÓN Y DE PARTICIPACIÓN CIUDADANA: Derecho de asociación § 608

TRANSPARENCIA: Derecho al proceso público y excepciones §§ 646, 648

PROPIEDAD: Derecho de propiedad y expropiación § 667; Derecho de propiedad, vida privada y domicilio s/p

§ 489

El derecho a la vida privada no es un derecho absoluto y, por lo tanto, puede ser restringido por los Estados siempre que las injerencias no sean abusivas o arbitrarias; por ello, las mismas deben estar previstas en ley, perseguir un fin legítimo y cumplir con los requisitos de idoneidad, necesidad y proporcionalidad, es decir, deben ser necesarias en una sociedad democrática.

[C193/2009, párr. 56, ídem: C200/2009, párr. 116; C239/2012, párr. 164]

§ 490

Ahora bien, la admisión de la injerencia queda condicionada a enérgicos requisitos, que marcan la frontera –en una sociedad democrática– entre el ejercicio legítimo de la autoridad y el abuso intolerable del poder. Entran en juego aquellos principios legitimadores de la conducta de la autoridad, cuya inobservancia entraña violación de derechos y trae consigo responsabilidad de quienes la cometen. Por supuesto, las exigencias que acotan la intervención en la intimidad del individuo, circunscriben la revelación de los hallazgos derivados de esa intervención. En el fondo, intervención y revelación son caras de una sola medalla: invasión de la vida privada, lícita o ilícita. La finalidad de justicia que pudiera justificar la interceptación –o la injerencia, en general, en espacios de la vida privada– cesa cuando sobreviene la difusión ilícita de información que debía quedar sólo en conocimiento y bajo el resguardo de la autoridad.

[C200/2009: Voto Juez García Ramírez, párr. 11]

Derecho de acceso a la información pública y derecho a la verdad

Véase: SEGURIDAD Y ORDEN PÚBLICO DEMOCRÁTICO: Orden público y bien común §§ 336, 341; Restricciones a los derechos...§ 378

DIGNIDAD HUMANA Y JUSTICIA DEMOCRÁTICA: Reparaciones y derecho a la verdad §§ 464, 474

DERECHOS INMATERIALES O DE LA PERSONALIDAD: Acreditación de periodistas § 477

TRANSPARENCIA. Difusión de la información gubernamental §§ 651, 652

§ 491

En verdad no toda transgresión al artículo 13 de la Convención implica la supresión radical de la libertad de expresión, que tiene lugar cuando, por el poder público se establecen medios para impedir la libre circulación de información, ideas, opiniones o noticias. Ejemplos son la censura previa, el secuestro o la prohibición de publicaciones y, en general, todos aquellos procedimientos que condicionan la expresión o la difusión de información al control gubernamental. En tal hipótesis, hay una violación radical tanto del derecho de cada persona a expresarse como del derecho de todos a estar bien informados, de modo que se afecta una de las condiciones básicas de una sociedad democrática. La Corte considera que la colegiación obligatoria de los periodistas, en los términos en que ha sido planteada para esta consulta, no configura un supuesto de esta especie.

[A5/1985, párr. 54; C248/2012, párr. 139]

§ 492

Considera la Corte, sin embargo, que el mismo concepto de orden público reclama que, dentro de una sociedad democrática, se garanticen las mayores posibilidades de circulación de noticias, ideas y opiniones, así como el más amplio acceso a la información por parte de la sociedad en su conjunto. La libertad de expresión se inserta en el orden público primario y radical de la democracia, que no es concebible sin el debate libre y sin que la disidencia tenga pleno derecho de manifestarse. En este sentido, la Corte adhiere a las ideas expuestas por la Comisión Europea de Derechos Humanos cuando, basándose en el Preámbulo de la Convención Europea, señaló: que el propósito de las Altas Partes Contratantes al aprobar la Convención no fue concederse derechos y obligaciones recíprocos con el fin de satisfacer sus intereses nacionales sino... establecer un orden público común de las democracias libres de Europa con el objetivo de salvaguardar su herencia común de tradiciones políticas, ideales, libertad y régimen de derecho. ("Austria vs. Italy", Application nº 88/60, European Yearbook of Human Rights, vol. 4, (1961), p. 138).También interesa al orden público democrático, tal como está concebido por la Convención Americana, que se respete escrupulosamente el derecho de cada ser humano de expresarse libremente y el de la sociedad en su conjunto de recibir información.

[A5/1985, párr. 69]

§ 493

En sus alegatos finales, la Comisión aseguró que, como consecuencia de la desaparición de Bámaca Velásquez, el Estado violó el derecho a la verdad de los familiares de la víctima y de la sociedad en su conjunto. Al respecto, la Comisión afirmó que el derecho a la verdad tiene un carácter colectivo, que conlleva el derecho de la sociedad a "tener acceso a información esencial para el desarrollo de los sistemas democráticos", y un carácter particular, como derecho de los familiares de las víctimas a conocer lo sucedido con su ser querido, lo que permite una forma de reparación. La Corte Interamericana ha establecido el deber del Estado de investigar los hechos mientras se mantenga la incertidumbre sobre la suerte de la persona desaparecida, y la necesidad de brindar un recurso sencillo y rápido para el caso, con las debidas garantías. Siguiendo esta interpretación, la Comisión afirmó que este es un derecho que tiene la sociedad y que surge como principio emergente del derecho internacional bajo la interpretación dinámica de los tratados de derechos humanos y, en específico, de los artículos 1.1, 8, 25 y 13 de la Convención Americana.

[C70/2000, párr. 197]

§ 494

En cuanto al artículo 13 de la Convención, la Comisión alegó que: [*Omissis*]. b. la prohibición de la exhibición de la película "La Última Tentación de Cristo" por parte de la Corte de Apelaciones de Santiago, ratificada por la Corte Suprema de Justicia, viola el artículo 13 de la Convención, ya que éste señala que el ejercicio de la libertad de pensamiento y de expresión no puede estar sujeto a censura previa. Además, el objeto de esta norma es proteger y fomentar el acceso a información, a las ideas y expresiones artísticas de toda índole y fortalecer la democracia pluralista; [*Omissis*].

[C73/2001, párr. 61]

§ 495

En cuanto al artículo 13 de la Convención, la Comisión alegó que: [*Omissis*]. d) el artículo 13 de la Convención corresponde a un concepto amplio de la libertad de expresión y autonomía de las personas; su objetivo es proteger y fomentar el acceso a información, ideas y expresiones de toda índole y, de ese modo, fortalecer el funcionamiento de la democracia pluralista; [*Omissis*].

[C74/2001, párr. 143]

§ 496

Así lo ha entendido este Tribunal al señalar que el mismo concepto de orden público reclama que, dentro de una sociedad democrática, se garanticen las mayores posibilidades de circulación de noticias, ideas y opiniones, así como el más amplio acceso a la información por parte de la sociedad en su conjunto. La libertad de expresión se inserta en el orden público primario y radical de la democracia, que no es concebible sin el debate libre y sin que la disidencia tenga pleno derecho de manifestarse.

[C74/2001, párr. 151]

§ 497

La Corte Europea también ha reconocido este criterio, al sostener que la libertad de expresión constituye uno de los pilares esenciales de una sociedad democrática y una condición fundamental para su progreso y para el desarrollo personal de cada individuo. Dicha libertad no sólo debe garantizarse en lo que respecta a la difusión de información o ideas que son recibidas favorablemente o consideradas como inofensivas o indiferentes, sino también en lo que toca a las que ofenden, resultan ingratas o perturban al Estado o a cualquier sector de la población.

[C74/2001, párr. 152]

§ 498

Tal como ha establecido la Corte anteriormente, las infracciones al artículo 13 de la Convención pueden presentarse bajo diferentes hipótesis, según conduzcan a la supresión de la libertad de expresión o sólo impliquen restringirla más allá de lo legítimamente permitido. No toda transgresión al artículo 13 de la Convención implica la supresión radical de la libertad de expresión, que tiene lugar cuando, por medio del poder público se establecen medios para impedir la libre circulación de información, ideas, opiniones o noticias. Ejemplos son la censura previa, el secuestro o la prohibición de publicaciones y, en general, todos aquellos procedimientos que condicionan la expresión o la difusión de información al control del Estado. En tal hipótesis, hay una violación radical tanto del derecho de cada persona a expresarse como del derecho de todos a estar bien informados, de modo que se afecta una de las condiciones básicas de una sociedad democrática.

[C135/2005, párr. 68; C248/2012, párr. 139]

§ 499

Al respecto, es importante destacar que existe un consenso regional de los Estados que integran la Organización de los Estados Americanos (en adelante "la OEA") sobre la importancia del acceso a la información pública y la necesidad de su protección. Dicho derecho ha sido objeto de resoluciones específicas emitidas por la Asamblea General de la OEA75. En la última Resolución de 3 de junio de 2006 la Asamblea General de la OEA "inst[ó] a los Estados a que respeten y hagan respetar el acceso a la información pública a todas las personas y [a] promover la adopción de disposiciones legislativas o de otro carácter que fueran necesarias para asegurar su reconocimiento y aplicación efectiva".

[C151/2006, párr. 78]

§ 500

En igual sentido se debe destacar lo establecido en materia de acceso a la información en la Convención de Naciones Unidas contra la Corrupción y en la Declaración de Río sobre el Medio Ambiente y el Desarrollo. Asimismo, en el ámbito del Consejo de Europa, ya desde 1970 la Asamblea Parlamentaria realizó recomendaciones al Comité de Ministros del Consejo de Europa en materia de "derecho a la libertad de información", así como también emitió una Declaración, en la cual estableció que respecto del derecho a la libertad de expresión debe existir "el correspondiente deber de las autoridades públicas de hacer accesible la información sobre asuntos de interés público dentro de los límites razonables [...]". Asimismo, se han adoptado recomendaciones y directivas, y en 1982 el Comité de Ministros adoptó una "Declaración sobre libertad de expresión e información", en la cual expresó el objetivo de buscar una política de apertura de información en el sector público. En 1998 se adoptó la "Convención sobre el acceso a la información, la participación del público en la toma de decisiones y el acceso a la justicia en asuntos ambientales", en el marco de la Conferencia Ministerial "Medio Ambiente para Europa", celebrada en Aarhus, Dinamarca. Además, el Comité de Ministros del Consejo de Europa emitió una recomendación sobre el derecho de acceso a documentos oficiales en poder de las autoridades públicas, en cuyo principio IV establece las posibles excepciones, señalando que "[dichas] restricciones deberán exponerse de manera precisa por ley, ser necesarias en una sociedad democrática y ser proporcionales al objetivo de protección".

[C151/2006, párr. 81]

§ 501

Este Tribunal ha expresado que "[l]a democracia representativa es determinante en todo el sistema del que la Convención forma parte", y constituye "un 'principio' reafirmado por los Estados americanos en la Carta de la OEA, instrumento fundamental del Sistema Interamericano". La Asamblea General de la OEA en diversas resoluciones consideró que el acceso a la información pública es un requisito indispensable para el funcionamiento mismo de la democracia, una mayor transparencia y una buena gestión pública, y que en un sistema democrático representativo y participativo, la ciudadanía ejerce sus derechos constitucionales, a través de una amplia libertad de expresión y de un libre acceso a la información.

[C151/2006, párr. 84]

§ 502

En este sentido, el actuar del Estado debe encontrarse regido por los principios de publicidad y transparencia en la gestión pública, lo que hace posible que las personas que se encuentran bajo su jurisdicción ejerzan el control democrático de las gestiones estatales, de forma tal que puedan cuestionar, indagar y considerar si se está dando un adecuado cumplimiento de las funciones públicas. El acceso a la información bajo el control del Estado, que sea de interés público, puede permitir la participación en la gestión pública, a través del control social que se puede ejercer con dicho acceso.

[C151/2006, pár. 86; C245/2012, párr. 230]

§ 503

El control democrático, por parte de la sociedad a través de la opinión pública, fomenta la transparencia de las actividades estatales y promueve la responsabilidad de los funcionarios sobre su gestión pública. Por ello, para que las personas puedan ejercer el control democrático es esencial que el Estado garantice el acceso a la información de interés público bajo su control. Al permitir el ejercicio de ese control democrático se fomenta una mayor participación de las personas en los intereses de la sociedad.

[C151/2006, párr. 87; [C245/2012, párr. 230]

§ 504

La Corte observa que en una sociedad democrática es indispensable que las autoridades estatales se rijan por el principio de máxima divulgación, el cual establece la presunción de que toda información es accesible, sujeto a un sistema restringido de excepciones.

[C151/2006, párr. 92; C219/2010, párr. 199]

§ 505

Al respecto, la Corte ha destacado la existencia de un consenso regional de los Estados que integran la Organización de los Estados Americanos sobre la importancia del acceso a la información pública. La necesidad de protección del derecho de acceso a la información pública ha sido objeto de resoluciones específicas emitidas por la Asamblea General de la OEA, que "[i]nst[ó] a los Estados Miembros a que respeten y hagan respetar el acceso de todas las personas a la información pública y [a promover] la adopción de las disposiciones legislativas o de otro carácter que fueren necesarias para asegurar su reconocimiento y aplicación efectiva". Asimismo, dicha Asamblea General en diversas resoluciones consideró que el acceso a la información pública es un requisito indispensable para el funcionamiento mismo de la democracia, una mayor transparencia y una buena gestión pública, y que en un sistema democrático representativo y participativo, la ciudadanía ejerce sus derechos constitucionales a través de una amplia libertad de expresión y de un libre acceso a la información.

[C219/2010, párr. 198]

§ 506

Con todo, el derecho de acceder a la información pública en poder del Estado no es un derecho absoluto, pudiendo estar sujeto a restricciones. Sin embargo, estas deben, en primer término, estar previamente fijadas por ley –en sentido formal y material– como medio para asegurar que no queden al arbitrio del poder público. En segundo lugar, las restricciones establecidas por ley deben responder a un objetivo permitido por el artículo 13.2 de la Convención Americana, es decir, deben ser necesarias para asegurar "el respeto a los derechos o a la reputación de los demás" o "la protección de la seguridad nacional, el orden público o la salud o la moral públicas". Las limitaciones que se impongan deben ser necesarias en una sociedad democrática y orientadas a satisfacer un interés público imperativo. Ello implica que de todas las alternativas deben escogerse aquellas medidas que restrinjan o interfieran en la menor medida posible el efectivo ejercicio del derecho de buscar y recibir la información.

[C219/2010, párr. 229]

§ 507

El Tribunal estima que el derecho a conocer la verdad tiene como efecto necesario que en una sociedad democrática se conozca la verdad sobre los hechos de graves violaciones de derechos humanos. Esta es una justa expectativa que el Estado debe satisfacer, por un lado, mediante la obligación de investigar las violaciones de derechos humanos y, por el otro, con la divulgación pública de los resultados de los procesos penales e investigativos. Resulta esencial para garantizar el derecho a la información y a conocer la verdad que los poderes públicos actúen de buena fe y realicen diligentemente las acciones necesarias para asegurar la efectividad de ese derecho, especialmente cuando se trata de conocer la verdad de lo ocurrido en casos de violaciones graves de derechos humanos como las desapariciones forzadas del presente caso.

[C232/2011, párr. 170]

Derecho de rectificación y respuesta

Véase: SEGURIDAD Y ORDEN PÚBLICO DEMOCRÁTICO: Restricciones a los derechos (Justas exigencias de la democracia…) §§ 351, 352

§ 508

El derecho de rectificación o respuesta sólo se comprende y se explica en función de la libertad de pensamiento, expresión e información. Estos derechos forman un complejo unitario e independiente. Como dijo la Corte: El artículo 13 señala que la libertad de pensamiento y expresión "comprende la libertad de buscar, recibir y difundir informaciones e ideas de toda índole...". Esos términos establecen literalmente que quienes están bajo la protección de la Convención tienen no sólo el derecho y la libertad de expresar su propio pensamiento, sino también el derecho y la libertad de buscar, recibir y difundir informaciones e ideas de toda índole. Por tanto, cuando se restringe ilegalmente la libertad de expresión de un individuo, no sólo es el derecho de ese individuo el que está siendo violado, sino también el derecho de todos a "recibir" informaciones e ideas... (La colegiación obligatoria de periodistas (arts. 13 y 29 Convención Americana sobre Derechos Humanos), *Opinión consultiva* OC-5/85 del 13 de noviembre de 1985. Serie A, n° 5, párr. 30). En su dimensión individual, el derecho de rectificación o respuesta garantiza al afectado por una información inexacta o agraviante la posibilidad de expresar sus puntos de vista y su pensamiento respecto de esa información emitida en su perjuicio. En su dimensión social, la rectificación o respuesta permite a cada uno de los integrantes de la comunidad recibir una nueva información que contradiga o discrepe con otra anterior, inexacta o agraviante. El derecho de rectificación o respuesta permite, de ese modo, el restablecimiento del equilibrio en la información, elemento necesario para la adecuada y veraz formación de la opinión pública, extremo indispensable para que pueda existir vitalmente una sociedad democrática. Este extremo es fundamental para interpretar la Convención Americana sobre Derechos Humanos (art. 29.c), cuyo propósito es consolidar en el continente las instituciones democráticas (Preámbulo, párr. 1). Y la democracia, a la que la Convención se refiere, es la democracia pluralista y representativa, que supone "un régimen de libertad personal y de justicia social, fundado en el respeto de los derechos esenciales del hombre" (*Ibid.*).

[A7/1986: Juez Gros Espiell, párr. 5]

§ 509

Esos son los extremos naturales de un debate que difícilmente se zanjará en las oficinas de la policía, en los estrados de los tribunales o tras las rejas de las prisiones. El derecho de rectificación o respuesta, regulado por el artículo 14 de la Convención, tiene raíz en consideraciones de este género. Por supuesto, lo que ahora manifiesto supone que sean accesibles los canales para la respuesta y que la organización de las comunicaciones sociales permita un verdadero diálogo entre las diversas posiciones, versiones y opiniones, como debe suceder en el sistema democrático. De no ser así, asistiríamos al monólogo del poder –político o de otro género– frente a sí mismo y a un conjunto de auditores o espectadores cautivos.

[C177/2008: Voto Juez García Ramírez, párr. 27]

Derechos de los periodistas

Véase: Libertad de pensamiento y expresión §§ 547, 549

Límites de la crítica por los funcionarios § 567

Desarrollo de la personalidad

§ 510

La libertad de pensamiento y de expresión (art. 13) constituye uno de los elementos esenciales de una sociedad democrática y una de las condiciones primordiales de su progreso y del pleno desenvolvimiento de la personalidad de cada uno de sus miembros. Hay que reconocerla, incluso cuando su ejercicio provoque, choque o inquiete. Como ha dicho la Corte Europea de Derechos Humanos, es ello una exigencia del "pluralismo, la tolerancia y el espíritu abierto, sin los cuales no es posible la existencia de una sociedad democrática" (Eur. Court H. R., Lingens case, judgment of 8 July 1986, Series A n° 103, párr. 41). Pero esta libertad debe estar equilibrada, dentro de los límites posibles en una sociedad democrática, con el respeto de la reputación y de los derechos de los demás (art. 13). Este equilibrio tiene como uno de sus medios de realización el reconocimiento, en la Convención, del derecho de rectificación o respuesta (art. 14), que juega en el caso de "informaciones inexactas o agraviantes".

[A7/1986: Juez Gros Espiell, s/p]

Despenalización de las calumnias e injurias y sus límites

§ 511

Si las cosas se plantean de esta manera, cabría afirmar: a) que la caracterización de la infracción punible que trae consigo el ejercicio desviado de la libertad de expresión debe tomar en cuenta el dolo específico de causar descrédito, lesionar la buena fama o el prestigio, inferir perjuicio al sujeto pasivo, y no limitarse a prever e incriminar cierto resultado; b) que es debido, como lo requiere el Derecho penal de orientación democrática, poner la carga de la prueba en las manos de quien acusa y no de quien recibe y rechaza la acusación amparado por el principio de inocencia; c) que la eventual regulación de una *exceptio veritatis*, en su caso, no debe significar inversión en la carga de la prueba que contradiga las derivaciones probatorias de ese principio; y d) que el ejercicio de la profesión periodística, que implica derechos y deberes vinculados a la información –entre ellos, determinadas obligaciones de cuidado, como corresponde al desempeño de cualquier actividad– y se encuentra previsto y amparado por la ley –existe un interés social y una consagración estatal de ese interés–, puede constituir una hipótesis de exclusión del delito, por licitud de la conducta, si se adecua a las condiciones que consigna la regulación de esta excluyente, similares o idénticas a las previstas para la plena satisfacción de otras causas de justificación. Desde luego, al examinar ese deber de cuidado es preciso acotar su alcance con ponderación. Que deba existir no implica que vaya más allá de lo razonable. Esto último traería consigo una inhibición absoluta: el silencio sustituiría al debate.

[C107/2004: Juez García Ramírez, párr. 13]

§ 512

En un "ambiente político autoritario" se recurre con frecuencia al expediente punitivo: éste no constituye el último recurso, sino uno de los primeros, conforme a la tendencia a "gobernar con el Código penal en la mano", una proclividad que se instala tanto sobre el autoritarismo, confeso o encubierto, como sobre la ignorancia, que no encuentra mejor modo de atender la legítima demanda social de seguridad. Lo contrario sucede en un "ambiente democrático": la tipificación penal de las conductas y la aplicación de penas constituyen el último recurso, una vez agotados los restantes o demostrado que son ineficientes para sancionar las más graves lesiones a los bienes jurídicos de mayor jerarquía. Es entonces, y sólo entonces, cuando se acepta el empleo del remedio penal: porque es indispensable e inevitable. E incluso en esta circunstancia, la tipificación debe ser cuidadosa y rigurosa, y la punición debe ser racional, ajustada a la jerarquía de los bienes tutelados, a la lesión que se les causa o al peligro en el que se les coloca y a la culpabilidad del agente, y elegida entre diversas opciones útiles que están a la mano del legislador y del juzgador, en sus respectivos momentos. Por supuesto, se debe distinguir entre la "verdadera necesidad" de utilizar el sistema penal, que debe tener un claro sustento objetivo, y la "falsa necesidad" de hacerlo, apenas como consecuencia de la ineficacia de la autoridad, que se pretende "corregir" con el desbocamiento del aparato represivo.

[C107/2004: Juez García Ramírez, párr. 16]

§ 513

En este sentido, la Sala Penal de la Corte Suprema de Justicia del Paraguay, al emitir el 11 de diciembre de 2002 (*supra* párr. 69.49) la decisión por la cual anuló las sentencias condenatorias dictadas en 1994 y 1997 y absolvió a la presunta víctima de culpa y pena, se refirió al carácter y relevancia de las declaraciones de ésta, al señalar, *inter alia*, que [l]as afirmaciones del Ing. Canese, –en el marco político de una campaña electoral a la primera magistratura–, necesariamente importan en una Sociedad Democrática, encaminada a una construcción participativa y pluralista del Poder, una cuestión de interés público. Nada más importante y público que la discusión y posterior elección popular del Primer Magistrado de la República.

[C111/2004, párr. 99]

§ 514

Las anteriores consideraciones no significan, de modo alguno, que el honor de los funcionarios públicos o de las personas públicas no deba ser jurídicamente protegido, sino que éste debe serlo de manera acorde con los principios del pluralismo democrático. Asimismo, la protección de la reputación de particulares que se encuentran inmiscuidos en actividades de interés público también se deberá realizar de conformidad con los principios del pluralismo democrático.

[C111/2004, párr. 100]

§ 515

Con base en las anteriores consideraciones, corresponde al Tribunal determinar si, en este caso, la aplicación de responsabilidades penales ulteriores respecto del supuesto ejercicio abusivo del derecho a la libertad de pensamiento y de expresión a través de declaraciones relativas a asuntos de interés público, puede considerarse que cumple con el requisito de necesariedad en una sociedad democrática. Al respecto, es preciso recordar que el Derecho Penal es el medio más restrictivo y severo para establecer responsabilidades respecto de una conducta ilícita.

[C111/2004, párr. 104]

§ 516

En materia de restricciones a la libertad de expresión a través del establecimiento de responsabilidades ulteriores el Tribunal ha establecido, en casos anteriores, que es lógico y apropiado que las expresiones concernientes a funcionarios públicos o a otras personas que ejercen funciones de una naturaleza pública gocen, en los términos del artículo 13.2 de la Convención, de una mayor protección que permita un margen de apertura para un debate amplio, esencial para el funcionamiento de un sistema verdaderamente democrático. Estos criterios se aplican en el presente caso respecto de las opiniones críticas o declaraciones de interés público vertidas por el señor Palamara Iribarne en relación con las actuaciones realizadas por el Fiscal Naval de Magallanes en el marco del proceso penal militar seguido en su contra por los delitos de desobediencia e incumplimiento de deberes militares. Además, los hechos del presente caso y las declaraciones del señor Palamara Iribarne suscitaron interés por parte de la prensa y, por consiguiente, del público.

[C135/2005, párr. 82]

§ 517

La Corte estima que en el presente caso, a través de la aplicación del delito de desacato, se utilizó la persecución penal de una forma desproporcionada e innecesaria en una sociedad democrática, por lo cual se privó al señor Palamara Iribarne del ejercicio de su derecho a la libertad de pensamiento y de expresión, en relación con las opiniones críticas que tenía respecto de asuntos que le afectaban directamente y guardaban directa relación con la forma en que las autoridades de la justicia militar cumplían con sus funciones públicas en los procesos a los que se vio sometido. La Corte considera que la legislación sobre desacato aplicada al señor Palamara Iribarne establecía sanciones desproporcionadas por realizar críticas sobre el funcionamiento de las instituciones estatales y sus miembros, suprimiendo el debate esencial para el funcionamiento de un sistema verdaderamente democrático y restringiendo innecesariamente el derecho a la libertad de pensamiento y de expresión.

[C135/2005, párr. 88]

§ 518

La Corte valora la reforma del Código Penal establecida mediante la publicación de la Ley n° 20.048 el 31 de agosto de 2005, por la cual se derogaron y modificaron algunas normas que hacían referencia al delito de desacato. Con respecto al ordenamiento interno que continúa regulando dicho delito (*supra* párrs. 92 y 93), el Estado debe adoptar, en un plazo razonable, todas las medidas necesarias para derogar y modificar cualesquiera normas internas que sean incompatibles con los estándares internacionales en materia de libertad de pensamiento y de expresión, de manera tal que se permita que las personas puedan ejercer el control democrático de todas las instituciones estatales y de sus funcionarios, a través de la libre expresión de sus ideas y opiniones sobre las gestiones que ellas realicen, sin temor a su represión posterior.

[C135/2005, párr. 254]

§ 519

Puesto de otra manera, lo que interesa y preocupa no es la existencia de cierto tipo denominado "desacato" –un *nomen juris* que puede alojar diversos contenidos, desde aceptables hasta inadmisibles–, sino la forma en la que ese tipo penal incide sobre la libertad de análisis y expresión, como también la posibilidad –que no pasó inadvertida para la Corte– de que la represión indebida se ejerza a través de una figura delictiva diferente, como pudiera ser la de amenazas. Y también es preciso observar que la despenalización de la crítica no significa dejar al garete la antigua garantía –constante en diversas Constituciones– que ampara a los miembros del Parlamento y a los juzgadores en contra de las reconvenciones maliciosas que atacan su propia capacidad de expresión o decisión, que también importa al régimen democrático.

[C135/2005: Juez García Ramírez, párr. 21]

§ 520

La Corte ha señalado que el Derecho Penal es el medio más restrictivo y severo para establecer responsabilidades respecto de una conducta ilícita. La tipificación amplia de delitos de calumnia e injurias puede resultar contraria al principio de intervención mínima y de *ultima ratio* del derecho penal. En una sociedad democrática el poder punitivo sólo se ejerce en la medida estrictamente necesaria para proteger los bienes jurídicos fundamentales de los ataques más graves que los dañen o pongan en peligro. Lo contrario conduciría al ejercicio abusivo del poder punitivo del Estado.

[C177/2008, párr. 76, C207/2009, párr. 73]

§ 521

La Corte no estima contraria a la Convención cualquier medida penal a propósito de la expresión de informaciones u opiniones, pero esta posibilidad se debe analizar con especial cautela, ponderando al respecto la extrema gravedad de la conducta desplegada por el emisor de aquéllas, el dolo con que actuó, las características del daño injustamente causado y otros datos que pongan de manifiesto la absoluta necesidad de utilizar, en forma verdaderamente excepcional, medidas penales. En todo momento la carga de la prueba debe recaer en quien formula la acusación. En este orden de consideraciones, la Corte observa los movimientos en la jurisprudencia de otros Tribunales encaminados a promover, con racionalidad y equilibrio, la protección que merecen los derechos en aparente pugna, sin mellar las garantías que requiere la libre expresión como baluarte del régimen democrático.

[C177/2008, párr. 78; *mutatis mutandi*, supra, en la Introducción C249/2012, párr.189]

§ 522

Este es un tema de creciente relevancia en las sociedades en las que en ocasiones los derechos del individuo se ven afectados por el poder fáctico de medios de comunicación en un contexto de asimetría en el que, como lo establece la sentencia, el Estado debe promover el equilibrio. Como se dice claramente en la sentencia, en aras de que el Estado pueda ejercer su derecho de garantizar el derecho a la honra, en una sociedad democrática se pueden emplear los caminos que la administración de justicia ofrece –incluidas las responsabilidades penales– dentro del adecuado marco de proporcionalidad y razonabilidad, y el ejercicio democrático y respetuoso del conjunto de los derechos humanos por dicha justicia.

[C177/2008: Voto Juez García Sayán, párr. 11]

§ 523

Este es un paso hacia la reducción penal, pero no necesariamente el último paso, que se halla en la opción por la vía civil, expedita y eficaz. Habrá que avanzar en ese camino, como propuse en el voto de *Herrera Ulloa* y reitero en el de *Kimel*. Por supuesto, la opción por el uso de medios jurisdiccionales que culminan en condenas –que no tienen naturaleza penal, pero no por ello carecen necesariamente de eficacia–, no debiera olvidar que hay otras posibilidades, que conviene mantener abiertas y activas, en el debate democrático acerca de los asuntos que atañen al interés público: la información errónea o sesgada se combate con información fidedigna y objetiva, y la opinión infundada o maliciosa, con opinión fundada y suficiente.

[C177/2008: Voto Juez García Ramírez, párr. 26]

§ 524

En una sociedad democrática el poder punitivo sólo se ejerce en la medida estrictamente necesaria para proteger los bienes jurídicos fundamentales de los ataques más graves que los dañen o pongan en peligro. Lo contrario conduciría al ejercicio abusivo del poder punitivo del Estado.

[C193/2009, párr. 119; *mutatis mutandi, supra,* en la Introducción **C249/2012, párr.189]**

§ 525

De otra parte, la Corte observa que la medida prevista en el artículo 67 del Decreto Ley 16 de 1960 era una sanción administrativa de carácter punitivo. Al respecto, la Corte ya ha dicho que es preciso tomar en cuenta que las sanciones administrativas son, como las penales, una expresión del poder punitivo del Estado y que tienen, en ocasiones, naturaleza similar a la de éstas. En una sociedad democrática el poder punitivo sólo se ejerce en la medida estrictamente necesaria para proteger los bienes jurídicos fundamentales de los ataques más graves que los dañen o pongan en peligro. Lo contrario conduciría al ejercicio abusivo del poder punitivo del Estado. En igual sentido, el Grupo de Trabajo sobre la Detención Arbitraria sostuvo que el derecho a la libertad personal exige que los Estados recurran a la privación de libertad sólo en tanto sea necesario para satisfacer una necesidad social apremiante y de forma proporcionada a esa necesidad.

[C218/2010, párr. 170]

§ 526

Teniendo en cuenta que las condenas impuestas a los señores Mémoli estaban previstas legalmente y obedecían a un objetivo permitido en la Convención (la protección de la reputación de los demás), este Tribunal constata que dichas sanciones penales cumplían con dos de los requisitos establecidos en el artículo 13.2 de la Convención (*supra* párr. 130). Respecto al tercer requisito (necesidad del establecimiento de la responsabilidad ulterior), la Corte recuerda que este Tribunal no considera contraria a la Convención cualquier medida penal a propósito de la expresión de informaciones u opiniones (*supra* párr. 126). No obstante, como ha establecido en otros casos, esta posibilidad se debe analizar con especial cautela, ponderando al respecto la extrema gravedad de la conducta desplegada por el emisor de aquéllas, el dolo con que actuó, las características del daño injustamente causado y otros datos que pongan de manifiesto la absoluta necesidad de utilizar, en forma verdaderamente excepcional, medidas penales. En todo momento la carga de la prueba debe recaer en quien formula la acusación. En este orden de consideraciones, la Corte ha tomado nota los movimientos en la jurisprudencia de otros tribunales encaminados a promover, con racionalidad y equilibrio, la protección que merecen los derechos en aparente pugna, sin mellar las garantías que requiere la libre expresión como baluarte del régimen democrático.

[C265/2013, párr. 139]

Equilibrio y pugna entre derechos

Véase: SEGURIDAD Y ORDEN PÚBLICO DEMOCRÁTICO: Orden público y bien común §§ 335, 339, 344

Desarrollo de la personalidad § 510

Despenalización de las calumnias e injurias §§ 521, 522

Libertad de pensamiento y expresión § 549

Protección de la honra y de la dignidad § 571

PROPIEDAD: Justo equilibrio entre intereses opuestos §§ 676, 677

§ 527

La Corte ha comenzado su razonamiento proclamando la equivalencia de ambos derechos y la necesidad de ponderarlos o armonizarlos. Por ejemplo, en un caso dijo lo siguiente:

La Corte reconoce que tanto la libertad de expresión como el derecho a la honra, acogidos por la Convención, revisten suma importancia. Es necesario garantizar el ejercicio de ambos. En este sentido, la prevalencia de alguno en determinado caso dependerá de la ponderación que se haga a través de un juicio de proporcionalidad. La solución del conflicto que se presenta entre ciertos derechos requiere el examen de cada caso, conforme a sus características y circunstancias, para apreciar la existencia e intensidad de los elementos en que se sustenta dicho juicio.

Y más adelante en la misma sentencia sostuvo:

La necesidad de proteger los derechos a la honra y a la reputación, así como otros derechos que pudieran verse afectados por un ejercicio abusivo de la libertad de expresión, requiere la debida observancia de los límites fijados a este respecto por la propia Convención. Éstos deben responder a un criterio de estricta proporcionalidad.

En otro caso (en el que el conflicto se producía entre el derecho a la vida privada y la libertad de expresión) sostuvo:

En este contexto, la Corte debe encontrar un equilibrio entre la vida privada y la libertad de expresión que, sin ser absolutos, son dos derechos fundamentales garantizados en la Convención Americana y de la mayor importancia en una sociedad democrática. El Tribunal recuerda que el ejercicio de cada derecho fundamental tiene que hacerse con respeto y salvaguarda de los demás derechos fundamentales. En ese proceso de armonización le cabe un papel medular al Estado buscando establecer las responsabilidades y sanciones que fueren necesarias para obtener tal propósito. La necesidad de proteger los derechos que pudieran verse afectados por un ejercicio abusivo de la libertad de expresión, requiere la debida observancia de los límites fijados a este respecto por la propia Convención.

[C265/2013, Voto Juez Pérez Pérezz, párr. 12]

Leyes de desacato

Véase: Despenalización de las calumnias e injurias y sus límites §§ 516, 519

§ 528

La Corte estima que en el presente caso, a través de la aplicación del delito de desacato, se utilizó la persecución penal de una forma desproporcionada e innecesaria en una sociedad democrática, por lo cual se privó al señor Palamara Iribarne del ejercicio de su derecho a la libertad de pensamiento y de expresión, en relación con las opiniones críticas que tenía respecto de asuntos que le afectaban directamente y guardaban directa relación con la forma en que las autoridades de la justicia militar cumplían con sus funciones públicas en los procesos a los que se vio sometido. La Corte considera que la legislación sobre desacato aplicada al señor Palamara Iribarne establecía sanciones desproporcionadas por realizar críticas sobre el funcionamiento de las instituciones estatales y sus miembros, suprimiendo el debate esencial para el funcionamiento de un sistema verdaderamente democrático y restringiendo innecesariamente el derecho a la libertad de pensamiento y de expresión.

[C135/2005, párr. 88]

Libertad de conciencia y de religión

§ 529

Según el artículo 12 de la Convención, el derecho a la libertad de conciencia y de religión permite que las personas conserven, cambien, profesen y divulguen su religión o sus creencias. Este derecho es uno de los cimientos de la sociedad democrática. En su dimensión religiosa, constituye un elemento trascendental en la protección de las convicciones de los creyentes y en su forma de vida. En el presente caso, sin embargo, no existe prueba alguna que acredite la violación de ninguna de las libertades consagradas en el artículo 12 de la Convención. En efecto, entiende la Corte que la prohibición de la exhibición de la película "La Última Tentación de Cristo" no privó o menoscabó a ninguna persona su derecho de conservar, cambiar, profesar o divulgar, con absoluta libertad, su religión o sus creencias.

[C73/2001, párr. 79]

Libertad de pensamiento y expresión

Véase: Control democrático de la opinión pública § 479

Derecho de acceso a la información pública y derecho a la verdad §§ 491, 492, 496, 497, 501

Desarrollo de la personalidad § 510

Despenalización de las calumnias e injurias y sus límites §§ 521, 522

DERECHOS POLÍTICOS: Derechos políticos y sus restricciones § 625

§ 530

La libertad de expresión es una piedra angular en la existencia misma de una sociedad democrática. Es indispensable para la formación de la opinión pública. Es también conditio sine qua non para que los partidos políticos, los sindicatos, las sociedades científicas y culturales, y en general, quienes deseen influir sobre la colectividad puedan desarrollarse plenamente. Es, en fin, condición para que la comunidad, a la hora de ejercer sus opciones, esté suficientemente informada. Por ende, es posible afirmar que una sociedad que no está bien informada no es plenamente libre.

[A5/1985, párr. 70; C248/2012, párr. 141]

§ 531

La libertad de expresión, como piedra angular de una sociedad democrática, es una condición esencial para que ésta esté suficientemente informada.

[C73/2001, párr. 68]

§ 532

La Corte Europea de Derechos Humanos ha señalado que [la] función supervisora [de la Corte le] impone [...] prestar una atención extrema a los principios propios de una 'sociedad democrática'. La libertad de expresión constituye uno de los fundamentos esenciales de tal sociedad, una de las condiciones primordiales para su progreso y para el desarrollo de los hombres. El artículo 10.2 [de la Convención Europea de Derechos Humanos] es válido no sólo para las informaciones o ideas que son favorablemente recibidas o consideradas como inofensivas o indiferentes, sino también para aquellas que chocan, inquietan u ofenden al Estado o a una fracción cualquiera de la población. Tales son las demandas del pluralismo, la tolerancia y el espíritu de apertura, sin las cuales no existe una 'sociedad democrática'. Esto significa que toda formalidad, condición, restricción o sanción impuesta en la materia debe ser proporcionada al fin legítimo que se persigue. Por otra parte, cualquiera que ejerce su libertad de expresión asume 'deberes y responsabilidades', cuyo ámbito depende de su situación y del procedimiento técnico utilizado.

[C73/2001, párr. 69]

§ 533

La Corte considera que ambas dimensiones poseen igual importancia y deben ser garantizadas en forma simultánea para dar efectividad total al derecho a la libertad de expresión en los términos previstos por el artículo 13 de la Convención. La importancia de este derecho destaca aún más al analizar el papel que juegan los medios de comunicación en una sociedad democrática, cuando son verdaderos instrumentos de la libertad de expresión y no vehículos para restringirla, razón por la cual es indispensable que recojan las más diversas informaciones y opiniones.

[C74/2001, párr. 149]

§ 534

La Corte Interamericana en su *Opinión consultiva* OC-5/85, hizo referencia a la estrecha relación existente entre democracia y libertad de expresión, al establecer que [...] la libertad de expresión es un elemento fundamental sobre el cual se basa la existencia de una sociedad democrática. Es indispensable para la formación de la opinión pública. Es también *conditio sine qua non* para que los partidos políticos, los sindicatos, las sociedades científicas y culturales, y en general, quienes deseen influir sobre la colectividad puedan desarrollarse plenamente. Es, en fin, condición para que la comunidad, a la hora de ejercer sus opciones esté suficientemente informada. Por ende, es posible afirmar que una sociedad que no está bien informada no es plenamente libre.

[C107/2004, párr. 112; C111/2004, párr. 82]

§ 535

En iguales términos a los indicados por la Corte Interamericana, la Corte Europea de Derechos Humanos se ha manifestado sobre la importancia que reviste en la sociedad democrática la libertad de expresión, al señalar que [...] la libertad de expresión constituye uno de los pilares esenciales de una sociedad democrática y una condición fundamental para su progreso y para el desarrollo personal de cada individuo. Dicha libertad no sólo debe garantizarse en lo que respecta a la difusión de información o ideas que son recibidas favorablemente o consideradas como inofensivas o indiferentes, sino también en lo que toca a las que ofenden, resultan ingratas o perturban al Estado o a cualquier sector de la población. Tales son las demandas del pluralismo, la tolerancia y el espíritu de apertura, sin las cuales no existe una sociedad democrática. [...] Esto significa que [...] toda formalidad, condición, restricción o sanción impuesta en la materia debe ser proporcionada al fin legítimo que se persigue.

[C107/2004, párr. 113; C111/2004, párr. 83]

§ 536

En este sentido valga resaltar que los Jefes de Estado y de Gobierno de las Américas aprobaron el 11 de septiembre de 2001 la Carta Democrática Interamericana, en la cual, *inter alia,* señalaron que: [s]on componentes fundamentales del ejercicio de la democracia la transparencia de las actividades gubernamentales, la probidad, la responsabilidad de los gobiernos en la gestión pública, el respeto por los derechos sociales y la libertad de expresión y de prensa.

[C107/2004, párr. 115; C111/2004, párr. 85]

§ 537

Los medios de comunicación social juegan un rol esencial como vehículos para el ejercicio de la dimensión social de la libertad de expresión en una sociedad democrática, razón por la cual es indispensable que recojan las más diversas informaciones y opiniones. Los referidos medios, como instrumentos esenciales de la libertad de pensamiento y de expresión, deben ejercer con responsabilidad la función social que desarrollan.

[C107/2004, párr. 117; C265/2013, Voto Juez Pérez Pérez, párr. 14]

§ 538

La Corte Europea de Derechos Humanos ha sostenido de manera consistente que, con respecto a las limitaciones permisibles sobre la libertad de expresión, hay que distinguir entre las restricciones que son aplicables cuando el objeto de la expresión se refiera a un particular y, por otro lado, cuando es una persona pública como, por ejemplo, un político. Esa Corte ha manifestado que: Los límites de la crítica aceptable son, por tanto, respecto de un político, más amplios que en el caso de un particular. A diferencia de este último, aquel inevitable y conscientemente se abre a un riguroso escrutinio de todas sus palabras y hechos por parte de periodistas y de la opinión pública y, en consecuencia, debe demostrar un mayor grado de tolerancia. Sin duda, el artículo 10, inciso 2 (art.10-2) permite la protección de la reputación de los demás –es decir, de todas las personas– y esta protección comprende también a los políticos, aún cuando no estén actuando en carácter de particulares, pero en esos casos los requisitos de dicha protección tienen que ser ponderados en relación con los intereses de un debate abierto sobre los asuntos políticos. La libertad de prensa proporciona a la opinión pública uno de los mejores medios para conocer y juzgar las ideas y actitudes de los dirigentes políticos. En términos más generales, la libertad de las controversias políticas pertenece al corazón mismo del concepto de sociedad democrática.

[C107/2004, párr. 125]

§ 539

El Tribunal considera indispensable que se proteja y garantice el ejercicio de la libertad de expresión en el debate político que precede a las elecciones de las autoridades estatales que gobernarán un Estado. La formación de la voluntad colectiva mediante el ejercicio del sufragio individual se nutre de las diferentes opciones que presentan los partidos políticos a través de los candidatos que los representan. El debate democrático implica que se permita la circulación libre de ideas e información respecto de los candidatos y sus partidos políticos por parte de los medios de comunicación, de los propios candidatos y de cualquier persona que desee expresar su opinión o brindar información. Es preciso que todos puedan cuestionar e indagar sobre la capacidad e idoneidad de los candidatos, así como disentir y confrontar sus propuestas, ideas y opiniones de manera que los electores puedan formar su criterio para votar. En este sentido, el ejercicio de los derechos políticos y la libertad de pensamiento y de expresión se encuentran íntimamente ligados y se fortalecen entre sí. Al respecto, la Corte Europea ha establecido que: Las elecciones libres y la libertad de expresión, particularmente la libertad de debate político, forman juntas el cimiento de cualquier sistema democrático (*Cfr.* Sentencia del caso *Mathieu-Mohin y Clerfayt c. Belgica*, de 2 de marzo de 1987, Serie A, n° 113, p. 22, párr. 47, y sentencia del caso *Lingens c. Austria* de 8 de julio 1986, Serie A, n° 103, p. 26, párrs. 41-42). Los dos derechos están interrelacionados y se refuerzan el uno al otro: por ejemplo, como ha indicado la Corte en el pasado, la libertad de expresión es una de las "condiciones" necesarias para "asegurar la libre expresión de opinión del pueblo en la elección del cuerpo legislativo" (ver la sentencia mencionada más arriba del caso *Mathieu-Mohin y Clerfayt*, p. 24, párr. 54). Por esta razón[,] es particularmente importante que las opiniones y la información de toda clase puedan circular libremente en el período que antecede a las elecciones.

[C111/2004, párr. 90]

§ 540

Asimismo, la Comisión manifestó que: a) la Corte tiene una oportunidad histórica para enviar un mensaje claro y determinante a toda la región sobre la importancia del fortalecimiento de la democracia y de la libertad de expresión como elementos centrales en la promoción y protección de los derechos humanos, [*Omissis*].

[C117/2004, párr. 122]

§ 541

Tal como ha establecido la Corte anteriormente, las infracciones al artículo 13 de la Convención pueden presentarse bajo diferentes hipótesis, según conduzcan a la supresión de la libertad de expresión o sólo impliquen restringirla más allá de lo legítimamente permitido. No toda transgresión al artículo

13 de la Convención implica la supresión radical de la libertad de expresión, que tiene lugar cuando, por medio del poder público se establecen medios para impedir la libre circulación de información, ideas, opiniones o noticias. Ejemplos son la censura previa, el secuestro o la prohibición de publicaciones y, en general, todos aquellos procedimientos que condicionan la expresión o la difusión de información al control del Estado. En tal hipótesis, hay una violación radical tanto del derecho de cada persona a expresarse como del derecho de todos a estar bien informados, de modo que se afecta una de las condiciones básicas de una sociedad democrática.

[C135/2005, párr. 68; C140/2006, párr. 218; C248/2012, párr. 139]

§ 542

La Corte Interamericana ha hecho referencia a la estrecha relación existente entre democracia y libertad de expresión, al establecer que [...] la libertad de expresión es un elemento fundamental sobre el cual se basa la existencia de una sociedad democrática. Es indispensable para la formación de la opinión pública. Es también *conditio sine qua non* para que los partidos políticos, los sindicatos, las sociedades científicas y culturales, y en general, quienes deseen influir sobre la colectividad puedan desarrollarse plenamente. Es, en fin, condición para que la comunidad, a la hora de ejercer sus opciones esté suficientemente informada. Por ende, es posible afirmar que una sociedad que no está bien informada no es plenamente libre.

[C151/2006, pár. 85]

§ 543

Dada la importancia de la libertad de expresión en una sociedad democrática y la elevada responsabilidad que ello entraña para quienes ejercen profesionalmente labores de comunicación social, el Estado no sólo debe minimizar las restricciones a la circulación de la información sino también equilibrar, en la mayor medida de lo posible, la participación de las distintas informaciones en el debate público, impulsando el pluralismo informativo. En consecuencia, la equidad debe regir el flujo informativo. En estos términos puede explicarse la protección de los derechos humanos de quien enfrenta el poder de los medios y el intento por asegurar condiciones estructurales que permitan la expresión equitativa de las ideas.

[C177/2008, párr. 57; C265/2013, Voto Juez Pérez Pérez, párr. 14]

§ 544

En la arena del debate sobre temas de alto interés público, no sólo se protege la emisión de expresiones inofensivas o bien recibidas por la opinión pública, sino también la de aquellas que chocan, irritan o inquietan a los funcionarios públicos o a un sector cualquiera de la población. En una sociedad democrática, la prensa debe informar ampliamente sobre cuestiones de interés público, que afectan bienes sociales, y los funcionarios rendir cuentas de su actuación en el ejercicio de sus tareas públicas.

[C177/2008, párr. 88; C265/2013, Voto Juez Pérez Pérez, párr. 15]

§ 545

En la sentencia en el caso *Kimel vs. Argentina,* la Corte reafirma el concepto de que la libertad de expresión es un derecho fundamental en una sociedad democrática. La conducta del señor Eduardo Kimel, según todo lo actuado, configuró el ejercicio regular de ese derecho. En el caso concreto, el trabajo de investigación periodística efectuado por el señor Kimel aportó importantes elementos de información y de juicio sobre la conducta de un magistrado en relación a la investigación sobre un grave caso de violación a los derechos humanos ocurrido durante la dictadura militar en Argentina. La denominada "masacre de San Patricio", en la que durante la dictadura fueron asesinados en su casa cinco religiosos de la orden palotina, era un hecho serio al que dedicó dicho trabajo el señor Kimel.

[C177/2008: Voto Juez García Sayán, párr. 1]

§ 546

En la sentencia se recuerda que el derecho a la libertad de expresión consagrado en el artículo 13 de la Convención no es un derecho absoluto (párr. 54). Ello se encuentra en la línea de la jurisprudencia constante de la Corte expresada en las sentencias dictadas en los casos *Herrera Ulloa vs. Costa Rica* (párr.120), *Ricardo Canese vs. Paraguay (*párr. 95) y *Palamara Iribarne vs. Chile (*párr. 79). Debe recordarse, también, que de acuerdo a lo establecido en la Carta Democrática Interamericana (art. 4), la libertad de expresión y de prensa es uno de los componentes fundamentales del ejercicio de la democracia. Siendo un derecho que corresponde a todos, no cabe homologar –ni restringir– el derecho a la libertad de expresión a los derechos de los periodistas o al ejercicio de la profesión periodística, pues tal derecho lo tienen todas las personas y no sólo los periodistas a través de los medios masivos de comunicación.

[C177/2008: Voto Juez García Sayán, párr. 5]

§ 547

En el ejercicio del derecho a la libertad de expresión los medios masivos de comunicación no son el único actor pero son, sin duda, un actor fundamental. En su jurisprudencia la Corte ha dejado establecido que los medios de comunicación social juegan un rol esencial como *"...vehículos para el ejercicio de la dimensión social de la libertad de expresión en una sociedad democrática".* La Corte ha dejado establecido, sin embargo, que *"... es indispensable que [los medios] recojan las más diversas informaciones y opiniones. Los referidos medios, como instrumentos esenciales de la libertad de pensamiento y de expresión, deben ejercer con responsabilidad la función social que desarrollan.*

[C177/2008: Voto Juez García Sayán, párr. 9]

§ 548

En la Sentencia correspondiente al *caso Kimel*, la Corte deja a salvo la alta jerarquía de la libertad de expresión como piedra angular para el establecimiento y la preservación del orden democrático. Al respecto, estimo –como señalé en mi voto sobre el *caso Herrera Ulloa*– que esa libertad, que abarca a todas las personas y no se agota en el espacio de un grupo profesional, posee "características específicas [...] cuando se ejerce a través de medios de comunicación social que permiten la transmisión de mensajes a un gran número de personas" (párr. 2). Lo que se dice de la comunicación periodística se puede afirmar, con las mismas razones, de la recepción y difusión de mensajes a través de obras con pretensión informativa o histórica, que refieren y valoran acontecimientos relevantes para la sociedad.

[C177/2008: Voto Juez García Ramírez, párr. 4]

§ 549

En el debate sobre estas cuestiones –que suele plantear dilemas de solución difícil, y en todo caso controvertida– surgen apreciaciones relevantes acerca del papel que juega la libertad de expresión en una sociedad democrática, tema sobre el que la Corte se ha pronunciado con firmeza y constancia –como dije *supra* párr. 3–, y del respeto que merece el derecho a la intimidad, al buen nombre, al prestigio, también concebidos como derecho al honor, a la honra o a la dignidad –conceptos que deben analizarse al amparo de la cultura que los define y tutela– y que puede verse mellado por el ejercicio abusivo de la libertad de expresión. Las conexiones que existen entre los temas de aquellos casos contenciosos y la permanencia de mis puntos de vista sobre esos temas explican que en el presente texto invoque con frecuencia mi voto en el caso citado en primer término.

[C177/2008: Voto Juez García Sayán, párr. 6]

§ 550

Dada la importancia de la libertad de expresión en una sociedad democrática, el Estado no sólo debe minimizar las restricciones a la circulación de la información sino también equilibrar, en la mayor medida de lo posible, la participación de las distintas informaciones en el debate público, impulsando el pluralismo informativo. En consecuencia, la equidad debe regir el flujo informativo.

[C193/2009, párr. 115]

§ 551

La libertad de expresión, particularmente en asuntos de interés público, "es una piedra angular en la existencia misma de una sociedad democrática". No sólo debe garantizarse en lo que respecta a la difusión de información o ideas que son recibidas favorablemente o consideradas como inofensivas o indiferentes, sino también en lo que toca a las que resultan ingratas para el Estado o cualquier sector de la población. Tales son las demandas del pluralismo, que implica tolerancia y espíritu de apertura, sin los cuales no existe una sociedad democrática. Cualquier condición, restricción o sanción en esta materia deben ser proporcionadas al fin legítimo que se persigue. Sin una efectiva garantía de la libertad de expresión, se debilita el sistema democrático y sufren quebranto el pluralismo y la tolerancia; los mecanismos de control y denuncia ciudadana pueden volverse inoperantes y, en definitiva, se crea un campo fértil para que arraiguen sistemas autoritarios.

[C194/2009, párr.105; C248/2012, párrs. 139 y 141]

§ 552

Con todo, la libertad de expresión no es un derecho absoluto y puede estar sujeta a restricciones, en particular cuando interfiere con otros derechos garantizados por la Convención. Dada la importancia de la libertad de expresión en una sociedad democrática y la responsabilidad que entraña para los medios de comunicación social y para quienes ejercen profesionalmente estas labores, el Estado debe minimizar las restricciones a la información y equilibrar, en la mayor medida posible, la participación de las distintas corrientes en el debate público, impulsando el pluralismo informativo. En estos términos se puede explicar la protección de los derechos humanos de quien enfrenta el poder de los medios, que deben ejercer con responsabilidad la función social que desarrollan, y el esfuerzo por asegurar condiciones estructurales que permitan la expresión equitativa de las ideas.

[C194/2009, párr.106, ídem: C195/2009, párr.117; C265/2013,
Voto Juez Pérez Pérez, párr. 14]

§ 553

En cuanto a la importancia de la libertad de expresión, como "piedra angular en la existencia misma de una sociedad democrática", la Corte se remite a su jurisprudencia constante sobre la materia, establecida en numerosos casos.

[C207/2009, párr. 47]

§ 554

En su jurisprudencia constante, la Corte ha reafirmado que la libertad de expresión es un derecho fundamental en una sociedad democrática. Entre otras razones porque, de acuerdo a lo establecido en la Carta Democrática Interamericana, la libertad de expresión y de prensa es uno de los componentes fundamentales del ejercicio de la democracia (art. 4). En ese orden de ideas, sin dejar de ser un fin en si mismo, la libertad de expresión, en esencia, es instrumental al desarrollo democrático de una sociedad asumiendo en el proceso de intercambio de opiniones, acceso a información y como una de las herramientas para la participación de la ciudadanía en los asuntos públicos.

[C265/2013, Voto Juez García Sayán, párr. 2]

§ 555

Asimismo, la Corte ha señalado, en otro de sus fallos, que *"[l]a libertad de expresión es una piedra angular en la existencia misma de una sociedad democrática", que "[e]s indispensable para la formación de la opinión pública", que "[e]s también conditio sine qua non para que los partidos políticos, los sindicatos, las sociedades científicas y culturales, y en general, quienes deseen influir sobre la colectividad puedan desarrollarse plenamente", y que "[e]s, en fin, condición para que la comunidad, a la hora de ejercer sus opciones, esté suficientemente informada".*

Por lo mismo, en el presente caso tiene plena aplicación lo expresado en otro caso por la Corte en orden a que *"[e]n la arena del debate sobre temas de alto interés público, no sólo se protege la emisión de expresiones inofensivas o bien recibidas por la opinión pública, sino también la de aquellas que chocan, irritan o inquietan a los funcionarios públicos o a un sector cualquiera de la población. En una sociedad democrática, la prensa debe informar ampliamente sobre cuestiones de interés público, que afectan bienes sociales,...".*

[C265/2013, Votos Jueces Ventura Robles, Vio Grossi, Ferrer Mc-Gregor, s/párr.]

Límites y mayor protección de la crítica democrática a los funcionarios

Véase: SEGURIDAD Y ORDEN PÚBLICO DEMOCRÁTICO: Restricciones a los derechos (justas exigencias de la democracia y especificidades de la vida en sociedad) § 371

Despenalización de las calumnias e injurias y sus límites § 516

Límites y mayor protección de la crítica democrática a los funcionarios § 557

DERECHOS POLÍTICOS, DE ASOCIACIÓN Y DE PARTICIPACIÓN CIUDADANA: Elecciones libres y debate democrático *§§ 633, 635*

§ 556

En otra Sentencia, esa Corte sostuvo que [...] la libertad de expresión e información [...] debe extenderse no solo a la información e ideas favorables, consideradas como inofensivas o indiferentes, sino también a aquellas que ofenden, resulten chocantes o perturben. [...] Los límites de críticas aceptables son más amplios con respecto al Estado que en relación a un ciudadano privado e inclusive a un político. En un sistema democrático, las acciones u omisiones del Estado deben estar sujetas a un escrutinio riguroso, no sólo por parte de las autoridades legislativas y judiciales, sino también por parte de la prensa y de la opinión pública.

[C107/2004, párr. 126]

§ 557

En este contexto es lógico y apropiado que las expresiones concernientes a funcionarios públicos o a otras personas que ejercen funciones de una naturaleza pública deben gozar, en los términos del artículo 13.2 de la Convención, de un margen de apertura a un debate amplio respecto de asuntos de interés público, el cual es esencial para el funcionamiento de un sistema verdaderamente democrático. Esto no significa, de modo alguno, que el honor de los funcionarios públicos o de las personas públicas no deba ser jurídicamente protegido, sino que éste debe serlo de manera acorde con los principios del pluralismo democrático.

[C107/2004, párr. 128]

§ 558

Cuando las expresiones vertidas a través de medios masivos de comunicación se refieren a personajes públicos, o de relevancia pública, en aras del legítimo interés general en juego, éstos deben soportar cierto riesgo a que sus derechos subjetivos resulten afectados por expresiones o informaciones de ese calibre. En tal orden de ideas, en esta sentencia se reitera lo ya adelantado en otros casos en el sentido de que *"las expresiones concernientes a la idoneidad de una persona para el desempeño de un cargo público o a los actos realizados por funcionarios públicos en el desempeño de sus labores gozan de mayor protección, de manera que propicie el debate democrático"*.

[C177/2008: Voto Juez García Sayán, párr. 12]

§ 559

Por último, respecto del derecho a la honra, la Corte recuerda que las expresiones concernientes a la idoneidad de una persona para el desempeño de un cargo público o a los actos realizados por funcionarios públicos en el desempeño de sus labores gozan de mayor protección, de manera tal que se propicie el debate democrático. La Corte ha señalado que en una sociedad democrática los funcionarios públicos están más expuestos al escrutinio y la crítica del público. Este diferente umbral de protección se explica porque se han expuesto voluntariamente a un escrutinio más exigente. Sus actividades salen del dominio de la esfera privada para insertarse en la esfera del debate público. Este umbral no se asienta en la calidad del sujeto, sino en el interés público de las actividades que realiza.

[C193/2009, párr. 113; C265/2013, Voto Juez Pérez Pérez, párr. 15]

§ 560

Al respecto, en el examen de proporcionalidad se debe tener en cuenta que las expresiones concernientes al ejercicio de funciones de las instituciones del Estado gozan de una mayor protección, de manera tal que se propicie el debate democrático en la sociedad. Ello es así porque se asume que en una sociedad democrática las instituciones o entidades del Estado como tales están expuestas al escrutinio y la crítica del público, y sus actividades se insertan en la esfera del debate público. Este umbral no se asienta en la calidad del sujeto, sino en el interés público de las actividades que realiza. De ahí la mayor tolerancia frente a afirmaciones y apreciaciones vertidas por los ciudadanos en ejercicio de dicho control democrático. Tales son las demandas del pluralismo propio de una sociedad democrática, que requiere la mayor circulación de informes y opiniones sobre asuntos de interés público.

[C207/2009, párr. 83]

§ 561

En el mismo enfoque de razonamiento y análisis, en el caso *Palamara Iribarne vs. Chile*, que trataba sobre un libro escrito por el señor Palamara Iribarne sobre aspectos relacionados a la institución en la que laboraba, que a criterio de la Corte Interamericana no podía ser trabado en su difusión, pues no se podía impedir que ejerciera su libertad de expresión y que la víctima debería poder "distribuir el libro utilizando cualquier medio apropiado para hacer llegar tales ideas y opiniones al mayor número de destinatarios, y que éstos pudieran recibir tal información" (párr. 73). La Corte reiteró su jurisprudencia en el sentido de que respecto de los funcionarios públicos es diferente su ámbito de protección de su derecho al honor. Así, se estableció que "las expresiones concernientes a funcionarios públicos o a otras personas que ejercen funciones de una naturaleza pública gocen, en los términos del artículo 13.2 de la Convención, de una mayor protección que permita un margen de apertura para un debate amplio, esencial para el funcionamiento de un sistema verdaderamente democrático. Estos criterios se aplican en el presente caso respecto de las opiniones críticas o declaraciones de interés público vertidas por el señor Palamara Iribarne en relación con las actuaciones realizadas por el Fiscal Naval de Magallanes en el marco del proceso penal militar seguido en su contra por los delitos de desobediencia e incumplimiento de deberes militares" (párr. 82).

[C265/2013, Voto Juez García Sayán, párr. 16]

§ 562

En los casos planteados hasta ahora ante la Corte, empero, la decisión adoptada fue en favor de la libertad de expresión, fundándose en un razonamiento que por un lado destaca la particular importancia de dicha libertad para el funcionamiento de una sociedad democrática, y por otro reduce la importancia de la protección de la honra en el caso de los funcionarios públicos o personas públicas, siempre que se trate de temas de interés público.

[C265/2013, Voto Juez Pérez Pérez, párr. 13]

Límites de la crítica por los funcionarios

§ 563

La Corte ha reiterado numerosas veces la importancia que posee la libertad de expresión en una sociedad democrática, especialmente aquella referida a asuntos de interés público. Con todo, la libertad de expresión no es un derecho absoluto y puede estar sujeta a restricciones, en particular cuando interfiere con otros derechos garantizados por la Convención. Por lo anterior, no sólo es legítimo sino que en ciertas ocasiones es un deber de las autoridades estatales pronunciarse sobre cuestiones de interés público. Sin embargo, al hacerlo están sometidos a ciertas limitaciones en cuanto a constatar en forma razonable, aunque no necesariamente exhaustiva, los hechos en los que fundamentan sus opiniones, y deberían hacerlo con una diligencia aún mayor a la empleada por los particulares, en atención al alto grado de credibilidad de la que gozan y en aras a evitar que los ciudadanos reciban una versión manipulada de los hechos. Además, deben tener en cuenta que en tanto funcionarios públicos tienen una posición de garante de los derechos fundamentales de las personas y, por tanto, sus declaraciones no pueden llegar a desconocer dichos derechos. Del mismo modo, los funcionarios públicos, en especial las más altas autoridades de Gobierno, deben ser particularmente cuidadosos en orden a que sus declaraciones públicas no constituyan una forma de injerencia o presión lesiva de la independencia judicial o puedan inducir o sugerir acciones por parte de otras autoridades que vulneren la independencia o afecten la libertad del juzgador.

[C182/2008, párr. 131]

§ 564

La Corte observa que lo alegado por la Comisión en la demanda coincide con determinados alcances y conclusiones de su Informe de fondo n° 119/06 de 26 de octubre de 2006, acerca del contenido de algunas declaraciones de altos funcionarios del Estado, pero se contradice con otros. Por un lado, la Comisión "consideró fundamental distinguir" las declaraciones que se referían a amenazas de revocatoria o no renovación del permiso o concesión de los medios de comunicación privados, de las "expresiones que constituyen el ejercicio legítimo del derecho a la libertad del pensamiento y expresión por parte de altas autoridades del Estado". En cuanto a esto último, la Comisión constató que en tales pronunciamientos "se ha hecho referencia [a RCTV] como "jinetes del Apocalipsis", "fascistas", que tienen "una campaña de terrorismo", "que están concertados en una acción contra el gobierno de Venezuela, contra el pueblo, contra las leyes y contra la República", "mentirosos, perversos, inmorales, golpistas y terroristas", pero hizo las siguientes consideraciones:

[...] la mayoría de los pronunciamientos anexados [...] aunque pueden tener un contenido fuerte y crítico que incluso puede ser valorado como ofensivo, constituyen expresiones legítimas de pensamientos y opiniones sobre las formas particulares que puede tener un medio de comunicación de ejercer el periodismo que se encuentran protegidas y garantizadas bajo el artículo 13 de la Convención Americana y la Comisión no encuentra que constituyan violación alguna de ese instrumento.

212. Los medios de comunicación y los comunicadores sociales ejercen una función que tiene per se una naturaleza pública. Es evidente la particular exposición a la crítica a la que voluntariamente se someten quienes deciden mostrar a la audiencia pública su trabajo. La opinión de quienes son los receptores de la información que los medios de comunicación y sus trabajadores producen, fomenta el ejercicio responsable de la función de informar, tomando en especial consideración la importancia que tiene para los medios y sus trabajadores la credibilidad que se logre a través de su labor informativa..

213. Por ello, es evidente que en el marco del debate público en Venezuela el tema de cómo los medios de comunicación ejercen su trabajo es un tema de discusión pública y por ello, las criticas y calificaciones realizadas en este marco por funcionarios o por particulares deben ser toleradas en cuanto no conduzcan directamente a la violencia.[...]

214. Además, no es posible abstraerse de que la Comisión señaló en su Informe sobre la Situación sobre los Derechos Humanos en Venezuela, que durante la visita in loco que llevó a cabo tomó conocimiento sobre acciones de los medios de comunicación que obstaculizaron el acceso a información vital de la sociedad venezolana durante los trágicos sucesos de abril de 2002 que llevaron al golpe de estado y a la reposición de la democracia.

Al respecto, señaló que si bien las decisiones editoriales motivadas por razones políticas no vulneran ninguno de los derechos garantizados por la Convención, las mejores vías para contribuir al debate son aquellas que permiten que los medios cumplan escrupulosamente su labor de informar a la población.

215. Con base en estas consideraciones, la Comisión considera que dichas declaraciones de los funcionarios, pese a poder ser chocantes, fuertes, ofensivas o carentes de prudencia en un momento en que la historia

de Venezuela encontraba a su población claramente dividida en posicio-
nes políticas, no pueden ser consideradas como un incumplimiento del
Estado del deber de respetar el derecho a la libertad de pensamiento y de
opinión, cuando justamente supone su ejercicio (énfasis agregado).

[C194/2009, párr.115, ídem: C195/2009, párr.126]

§ 565

En una sociedad democrática no sólo es legítimo, sino que en ocasiones constituye un deber de las autoridades estatales, pronunciarse sobre cuestiones de interés público. Sin embargo, al hacerlo están sometidos a ciertas limitaciones en cuanto deben constatar en forma razonable, aunque no necesariamente exhaustiva, los hechos en los que fundamentan sus opiniones, y deberían hacerlo con una diligencia aún mayor a la empleada por los particulares, en razón de su alta investidura, del amplio alcance y eventuales efectos que sus expresiones pueden tener en ciertos sectores de la población, y para evitar que los ciudadanos y otras personas interesadas reciban una versión manipulada de determinados hechos. Además, deben tener en cuenta que en tanto funcionarios públicos tienen una posición de garante de los derechos fundamentales de las personas y, por tanto, sus declaraciones no pueden desconocer éstos ni constituir formas de injerencia directa o indirecta o presión lesiva en los derechos de quienes pretenden contribuir a la deliberación pública mediante la expresión y difusión de su pensamiento. Este deber de especial cuidado se ve particularmente acentuado en situaciones de mayor conflictividad social, alteraciones del orden público o polarización social o política, precisamente por el conjunto de riesgos que pueden implicar para determinadas personas o grupos en un momento dado.

[C194/2009, párr.139, ídem C195/2009, párr.151]

§ 566

La Corte estima que, de los elementos aportados por el Estado para sustentar las afirmaciones anteriores, no se desprende la existencia de llamados públicos que demuestren una "firme y categóric[a]" condena a "todo acto de violencia [...] en contra de periodistas y trabajadores de medios". En el contexto de los hechos del presente caso, es posible considerar que la conducta apropiada de altas autoridades públicas frente a actos de agresión contra periodistas, en razón de su rol de comunicadores en una sociedad democrática, hubiese sido la manifestación pública de reprobación de tales hechos.

[C194/2009, párr.142, ídem C195/2009, párr.154]

Opiniones condicionadas

§ 567

Al respecto, la Corte observa que, por un lado, el tribunal nacional consideró que el señor Usón Ramírez había emitido una opinión, no sólo una afirmación, y por otro lado, que dicha opinión a su vez afirmaba un hecho que no era cierto (supra párrs. 40 y 42). La Corte ha señalado anteriormente que las opiniones no pueden considerarse ni verdaderas ni falsas. Como tal, la opinión no puede ser objeto de sanción, más aún cuando dicha opinión esté condicionada a que se comprueben los hechos sobre los que se basa. En el presente caso, al condicionar su opinión, se evidencia que el señor Usón Ramírez no estaba declarando que se había cometido un delito premeditado, sino que en su opinión se habría cometido tal delito en el caso que resultara cierta la hipótesis sobre el uso de un lanzallamas. Una opinión condicionada de tal manera no puede ser sometida a requisitos de veracidad. Además, lo anterior tiende a comprobar que el señor Usón Ramírez carecía del dolo específico de injuriar, ofender o menospreciar, ya que, de haber tenido la voluntad de hacerlo, no hubiera condicionado su opinión de tal manera. Un razonamiento contrario, es decir, establecer sanciones desproporcionadas por realizar opiniones sobre un supuesto hecho ilícito de interés público que involucraba a instituciones militares y sus miembros, contemplando así una protección mayor y automática al honor o reputación de éstos, sin consideración acerca de la mayor protección debida al ejercicio de la libertad de expresión en una sociedad democrática, es incompatible con el artículo 13 de la Convención Americana.

[C207/2009, párr. 86]

Protección de la honra y de la dignidad

Véase: Derecho a la honra ref.

Desarrollo de la personalidad § 510

Despenalización de las injurias y calumnias y sus límites § 522

§ 568

La Corte, al relacionar los argumentos así expuestos con las restricciones a que se refiere el artículo 13.2 de la Convención, observa que los mismos no envuelven directamente la idea de justificar la colegiación obligatoria de los periodistas como un medio para garantizar "el respeto a los derechos o a la reputación de los demás" o "la protección de la seguridad nacional, "o la salud o la moral públicas" (art. 13.2); más bien apuntarían a justificar la colegiación obligatoria como un medio para asegurar el orden público (art. 13.2.b)) como una justa exigencia del bien común en una sociedad democrática (art. 32.2).

[A5/1985, párr. 63]

§ 569

No es infrecuente que la libertad de expresión, recogida en el artículo 13 de la Convención Americana, entre o parezca entrar en colisión con otros derechos, como lo son cuantos tienen que ver con la intimidad, el honor, el prestigio, el principio de inocencia. El artículo 11 de la misma Convención alude al derecho a la honra y a la dignidad. Colisión de bienes tutelados, ésta, que posee rasgos particulares cuando la expresión se vale de los medios sociales de comunicación, con el enorme alcance que éstos tienen, el poder que significan y el impacto que pueden tener, por eso mismo, en la vida de las personas y en la integridad y preservación de sus bienes jurídicos. Cuando no ha sido posible evitar la colisión, es preciso proveer un acto de autoridad que corrija la desviación, exija la responsabilidad consiguiente e imponga las medidas que deriven de ésta. Es en este ámbito donde surge la necesidad, cuya satisfacción no siempre es sencilla, de identificar los intereses merecedores de tutela, valorar su jerarquía en el orden democrático y seleccionar los medios adecuados para protegerlos.

[C107/2004: Juez García Ramírez, párr. 11]

§ 570

Respecto al derecho a la honra, las expresiones concernientes a la idoneidad de una persona para el desempeño de un cargo público o a los actos realizados por funcionarios públicos en el desempeño de sus labores gozan de mayor protección, de manera tal que se propicie el debate democrático. La Corte ha señalado que en una sociedad democrática los funcionarios públicos están más expuestos al escrutinio y la crítica del público. Este diferente umbral de protección se explica porque se han expuesto voluntariamente a un escrutinio más exigente. Sus actividades salen del dominio de la esfera privada para insertarse en la esfera del debate público. Este umbral no se asienta en la calidad del sujeto, sino en el interés público de las actividades que realiza, como sucede cuando un juez investiga una masacre en el contexto de una dictadura militar, como ocurrió en el presente caso.

[C177/2008, párr. 86]

§ 571

Asimismo, como lo ha sostenido la Corte anteriormente, el poder judicial debe tomar en consideración el contexto en el que se realizan las expresiones en asuntos de interés público; el juzgador debe "ponderar el respeto a los derechos o a la reputación de los demás con el valor que tiene en una sociedad democrática el debate abierto sobre temas de interés o preocupación pública".

[C193/2009, párr. 123]

§ 572

Los restantes derechos padecen, declinan o desaparecen cuando decae la libertad de expresión. La defensa de la vida, la protección de la libertad, la preservación de la integridad personal, el respeto al patrimonio, el acceso a la justicia deben mucho a la libertad de expresión, desplegada como crítica o poder de denuncia, exigencia individual o colectiva. De ahí que el autoritarismo suela desplegarse sobre la libertad de expresión, como medio de evitar el conocimiento puntual de la realidad, silenciar las discrepancias, disuadir o frustrar la protesta y cancelar finalmente el pluralismo característico de una sociedad democrática. Y de ahí, también, que la "sensibilidad democrática" se mantenga en permanente estado de alerta para prevenir y combatir cualesquiera infracciones a la libertad de expresión, que pudieran traer consigo, en el futuro cercano o distante, otro género de opresiones.

[C107/2004: Juez García Ramírez, párr. 5]

VI. DERECHOS POLÍTICOS, DE ASOCIACIÓN Y DE PARTICIPACIÓN CIUDADANA

Candidaturas independientes

§ 573

Los sistemas que admiten las candidaturas independientes se pueden basar en la necesidad de ampliar o mejorar la participación y representación en la dirección de los asuntos públicos y posibilitar un mayor acercamiento entre los ciudadanos y las instituciones democráticas; por su parte los sistemas que optan por la exclusividad de las candidaturas por partidos políticos se pueden basaren diversas necesidades tales como fortalecer dichas organizaciones como instrumentos fundamentales de la democracia u organizar de una manera eficaz el proceso electoral, entre otras. Estas necesidades deben obedecer, en última instancia, a un fin legítimo conforme a la Convención Americana.

[C184/2008, párr. 192]

§ 574

La Corte observa que el Estado fundamentó su afirmación de que la regulación objetada por el señor Castañeda Gutman no era desproporcionada (*supra* párr. 172). Por su parte, la presunta víctima no argumentó ni demostró elemento alguno que permita concluir que el requisito de ser nominado por un partido político le impuso obstáculos concretos y específicos que significaron una restricción desproporcionada, gravosa o arbitraria a su derecho a ser votado. Por el contrario, la Corte observa que el señor Castañeda Gutman incluso disponía de alternativas para ejercer su derecho a ser votado, tales como ingresar a un partido político e intentar por la vía de la democracia interna obtener la nominación y ser nominado por un partido; ser candidato externo de un partido; formar su propio partido y competir en condiciones de igualdad o, finalmente, formar una agrupación política nacional que celebre un acuerdo de participación con un partido político. De acuerdo a lo que consta en el expediente ante esta Corte la presunta víctima no utilizó ninguna de esas alternativas.

[C184/2008, párr. 202]

§ 575

Finalmente, la Corte considera que ambos sistemas, uno construido sobre la base exclusivamente de partidos políticos, y otro que admite también candidaturas independientes, pueden ser compatibles con la Convención y, por lo tanto, la decisión de cuál sistema escoger está en las manos de la definición política que haga el Estado, de acuerdo con sus normas constitucionales. A la Corte no se le escapa que en la región existe una profunda crisis en relación con los partidos políticos, los poderes legislativos y con quienes dirigen los asuntos públicos, por lo que resulta imperioso un profundo y reflexivo debate sobre la participación y la representación política, la transparencia y el acercamiento de las instituciones a las personas, en definitiva, sobre el fortalecimiento y la profundización de la democracia. La sociedad civil y el Estado tienen la responsabilidad, fundamental e inexcusable de llevar a cabo esta reflexión y realizar propuestas para revertir esta situación. En este sentido los Estados deben valorar de acuerdo con su desarrollo histórico y político las medidas que permitan fortalecer los derechos políticos y la democracia, y las candidaturas independientes pueden ser uno de esos mecanismos, entre muchos otros.

[C184/2008, párr. 204]

Democracia comunitaria

§ 576

YATAMA tiene una forma organizativa propia heredada de sus ancestros, denominada "democracia comunitaria", la cual se basa en asambleas de comunidades y barrios, territoriales en los territorios indígenas o étnicos, y regionales en la RAAN, RAAS y Jinotega. Cada asamblea comunal, instancia de decisión de la comunidad y barrio, está integrada por la asamblea de las familias (Tawan Aslika), es decir, por todas las familias indígenas o étnicas pertenecientes a la comunidad o barrio, y dicha asamblea comunal está dirigida por el Consejo Comunal (Wihta Daknika), que es la estructura ejecutiva de la asamblea.

[C127/2005, párr. 124.13]

§ 577

Este Tribunal ha expresado que "[l]a democracia representativa es determinante en todo el sistema del que la Convención forma parte", y constituye "un 'principio' reafirmado por los Estados americanos en la Carta de la OEA, instrumento fundamental del Sistema Interamericano". Los derechos políticos protegidos en la Convención Americana, así como en diversos instrumentos internacionales, propician el fortalecimiento de la democracia y el pluralismo político.

[C127/2005, párr. 192]

§ 578

No existe disposición en la Convención Americana que permita sostener que los ciudadanos sólo pueden ejercer el derecho a postularse como candidatos a un cargo electivo a través de un partido político. No se desconoce la importancia que revisten los partidos políticos como formas de asociación esenciales para el desarrollo y fortalecimiento de la democracia, pero se reconoce que hay otras formas a través de las cuales se impulsan candidaturas para cargos de elección popular con miras a la realización de fines comunes, cuando ello es pertinente e incluso necesario para favorecer o asegurar la participación política de grupos específicos de la sociedad, tomando en cuenta sus tradiciones y ordenamientos especiales, cuya legitimidad ha sido reconocida e incluso se halla sujeta a la protección explícita del Estado. Incluso, la Carta Democrática Interamericana señala que para la democracia es prioritario "[e]l fortalecimiento de los partidos y de otras organizaciones políticas".

[C127/2005, párr. 215; C184/2008, párr. 169]

Derecho a la participación ciudadana

§ 579

Los ciudadanos tienen el derecho de participar en la dirección de los asuntos públicos por medio de representantes libremente elegidos. El derecho al voto es uno de los elementos esenciales para la existencia de la democracia y una de las formas en que los ciudadanos ejercen el derecho a la participación política. Este derecho implica que los ciudadanos puedan elegir libremente y en condiciones de igualdad a quienes los representarán.

[C127/2005, párr. 198]

§ 580

Los Estados pueden establecer estándares mínimos para regular la participación política, siempre y cuando sean razonables de acuerdo a los principios de la democracia representativa. Dichos estándares, deben garantizar, entre otras, la celebración de elecciones periódicas, libres, justas y basadas en el sufragio universal, igual y secreto como expresión de la voluntad de los electores que refleje la soberanía del pueblo, tomando en que cuenta que, según lo dispuesto en el artículo 6 de la Carta Democrática Interamericana, "[p]romover y fomentar diversas formas de participación fortalece la democracia", para lo cual se pueden diseñar normas orientadas a facilitar la participación de sectores específicos de la sociedad, tales como los miembros de las comunidades indígenas y étnicas.

[C127/2005, párr. 207]

§ 581

El derecho a participar en la dirección de los asuntos públicos, como todas las categorías jurídicas, ha evolucionado y se ha recreado con la marcha histórica y social. En efecto, entraña hoy una conceptualización que se ha ido enriqueciendo en su contenido en el tiempo transcurrido desde la aprobación de la Convención hace casi cuarenta años. Si bien en los instrumentos primigenios de la OEA, la referencia a la democracia representativa y los derechos políticos casi se agotaba en el derecho de votar y ser elegido, el texto de la Convención ya fue un paso importante en el sentido evolutivo de los derechos políticos abarcando otros componentes importantes como la naturaleza de las elecciones ("…periódicas auténticas, realizadas por sufragio universal e igual y por voto secreto que garantice la libre expresión de la voluntad de los electores…"; art. 23.1 b).

[C127/2005: Juez García Sayán, párr. 12]

§ 582

Es en ese contexto que surge la Carta Democrática Interamericana, aprobada por consenso de todos los países del sistema en el 2001 luego de un amplio proceso de consultas a la sociedad civil del continente. La Carta recogió en este y otros aspectos los desarrollos conceptuales que a ese momento se habían ido derivando de esta nueva situación dándole formalmente una nueva dimensión a una serie de categorías jurídicas constituyéndose en un hito trascendental en el sistema interamericano en lo que atañe al contenido evolutivo de los derechos políticos. Entre otros aspectos, en la Carta Democrática se desarrollan el concepto del mencionado derecho a la participación en la dirección de los asuntos públicos y, como contrapartida, los deberes del Estado en esa materia.

[C127/2005: Voto García Sayán, párr. 15]

§ 583

En la Carta Democrática Interamericana se enfatiza la importancia de la participación ciudadana como un proceso permanente que refuerza a la democracia. Así, se declara en la Carta que *"La democracia representativa se refuerza y profundiza con la participación permanente, ética y responsable de la ciudadanía en un marco de legalidad conforme al respectivo orden constitucional"* (artículo 2°). Esta declaración general adquiere un sentido teleológico fundamental para el desarrollo conceptual de los derechos políticos que la propia Carta produce en el artículo 4° de la Carta Democrática. Todo ello configura un enfoque de expresión consensual que tiene relación directa con la interpretación y aplicación de una disposición amplia como la contenida en el artículo 23° de la Convención Americana.

[C127/2005: Voto García Sayán, párr. 16]

§ 584

En efecto, en el artículo 4° de la Carta Democrática Interamericana se enumera un conjunto de "componentes fundamentales" del ejercicio de la democracia que expresan el desarrollo conceptual del derecho a la participación en los asuntos públicos que se condensan en este instrumento interamericano. Se pone allí de relieve un conjunto de deberes de los Estados, que no son otra cosa que la contrapartida de derechos de los ciudadanos: *"...la transparencia de las actividades gubernamentales, la probidad, la responsabilidad de los gobiernos en la gestión pública, el respeto por los derechos sociales y la libertad de expresión y de prensa"*. De no avanzarse en precisiones como éstas que la comunidad americana consensualmente ha adoptado, resulta evidente que el mencionado derecho a la participación en los asuntos públicos se estaría congelando en el tiempo sin expresar los cambiantes requerimientos de las democracias en nuestra región.

[C127/2005: Voto García Sayán, párr. 17]

§ 585

Así, pues, como en otros componentes de los derechos políticos expresados en el artículo 23.1 de la Convención, el concepto fundamental de "libre expresión de la voluntad de los electores" se ha ido enriqueciendo al calor de importantes evoluciones institucionales en el derecho interno y en el propio sistema interamericano a la luz de las cuales tiene que ser interpretada y aplicada esta disposición general de la Convención, tanto en lo que respecta a los derechos de los ciudadanos como a los deberes del Estado. En lo que atañe al derecho a la participación en los asuntos públicos, la Carta Democrática Interamericana ha condensado y expresado el estado consensual vigente en el sistema interamericano en lo que respecta a la "libre expresión de la voluntad de los electores".

[C127/2005: Voto García Sayán, párr. 21]

§ 586

La Carta Democrática Interamericana destaca en su artículo 4 la importancia de "la transparencia de las actividades gubernamentales, la probidad, la responsabilidad de los gobiernos en la gestión pública, el respeto por los derechos sociales y la libertad de expresión y de prensa" como componentes fundamentales del ejercicio de la democracia. Asimismo, en su artículo 6 la Carta afirma que "[l]a participación de la ciudadanía en las decisiones relativas a su propio desarrollo [... es] una condición necesaria para el pleno y efectivo ejercicio de la democracia", por lo que invita a los Estados Parte a "[p]romover y fomentar diversas formas de participación [ciudadana]".

[C151/2006, párr. 79]

Derecho al voto y a ser elegido (sufragio activo y pasivo)

Véase: Derecho a la participación ciudadana § 581

§ 587

Finalmente, de acuerdo con el criterio de "adecuación", una distinción, aun razonable y proporcionada con base en los razonamientos de los dos párrafos anteriores, todavía puede resultar discriminatoria e ilegítima con vista de las circunstancias relativas –históricas, políticas, económicas, sociales, culturales, espirituales, ideológicas, etc.– de la concreta sociedad en que las normas o conductas cuestionadas se producen o producen sus efectos. En este sentido es posible que unas determinadas limitaciones o preferencias, por ejemplo, por razones de nivel educativo, razonables, proporcionadas y justificables en una sociedad desarrollada en ese campo, podrían resultar inaceptables en una con un alto grado de analfabetismo: obviamente, a la luz de los principios democráticos no podría calificarse igual la exigencia de saber leer y escribir para poder elegir o ser electo, en una sociedad en que la gran mayoría de la población es analfabeta, que en una en que no lo es.

[A4/1984: Juez Piza Escalante, párr. 16]

§ 588

La libertad de expresión es una piedra angular en la existencia misma de una sociedad democrática. Es indispensable para la formación de la opinión pública. Es también conditio sine qua non para que los partidos políticos, los sindicatos, las sociedades científicas y culturales, y en general, quienes deseen influir sobre la colectividad puedan desarrollarse plenamente. Es, en fin, condición para que la comunidad, a la hora de ejercer sus opciones, esté suficientemente informada. Por ende, es posible afirmar que una sociedad que no está bien informada no es plenamente libre.

[A5/1985, párr. 70; C248/2012, párr. 141]

§ 589

La ley en el Estado democrático no es simplemente un mandato de la autoridad revestido de ciertos necesarios elementos formales. Implica un contenido y está dirigida a una finalidad. El concepto de leyes a que se refiere el artículo 30, interpretado en el contexto de la Convención y teniendo en cuenta su objeto y fin, no puede considerarse solamente de acuerdo con el principio de legalidad (ver supra 23). Este principio, dentro del espíritu de la Convención, debe entenderse como aquel en el cual la creación de las normas jurídicas de carácter general ha de hacerse de acuerdo con los procedimientos y por los órganos establecidos en la Constitución de cada Estado Parte, y a él deben ajustar su conducta de manera estricta todas las autoridades públicas. En una sociedad democrática el principio de legalidad está vinculado inseparablemente al de legitimidad, en virtud del sistema internacional que se encuentra en la base de la propia Convención, relativo al "ejercicio efectivo de la democracia representativa ", que se traduce, inter alia, en la elección popular de los órganos de creación jurídica, el respeto a la participación de las minorías y la ordenación al bien común (ver supra 22).

[A6/1986, párr. 32]

§ 590

El Tribunal considera indispensable que se proteja y garantice el ejercicio de la libertad de expresión en el debate político que precede a las elecciones de las autoridades estatales que gobernarán un Estado. La formación de la voluntad colectiva mediante el ejercicio del sufragio individual se nutre de las diferentes opciones que presentan los partidos políticos a través de los candidatos que los representan. El debate democrático implica que se permita la circulación libre de ideas e información respecto de los candidatos y sus partidos políticos por parte de los medios de comunicación, de los propios candidatos y de cualquier persona que desee expresar su opinión o brindar información. Es preciso que todos puedan cuestionar e indagar sobre la capacidad e idoneidad de los candidatos, así como disentir y confrontar sus propuestas, ideas y opiniones de manera que los electores puedan formar su criterio para votar. En este sentido, el ejercicio de los derechos políticos y la libertad de pensamiento y de expresión se encuentran íntimamente ligados y se fortalecen entre sí. Al respecto, la Corte Europea ha establecido que: Las elecciones libres y la libertad de expresión, particularmente la libertad de debate político, forman juntas el cimiento de cualquier sistema democrático (*Cfr.* Sentencia del caso *Mathieu-Mohin y Clerfayt c. Belgica*, de 2 de marzo de 1987, Serie A, nº 113, p. 22, párr. 47, y sentencia del caso *Lingens c. Austria* de 8 de julio 1986, Serie A, nº 103, p. 26, párrs. 41-42). Los dos derechos están interrelacionados y se refuerzan el uno al otro: por ejemplo, como ha indicado la Corte en el pasado, la libertad de expresión es una de las "condiciones" necesarias para "asegurar la libre expresión de opinión del pueblo en la elección del cuerpo legislativo" (ver la sentencia mencionada más arriba del caso *Mathieu-Mohin y Clerfayt,* p. 24, párr. 54). Por esta razón[,] es particularmente importante que las opiniones y la información de toda clase puedan circular libremente en el período que antecede a las elecciones.

[C111/2004, párr. 90]

§ 591

Los Ministros de Relaciones Exteriores de las Américas aprobaron el 11 de septiembre de 2001 durante la Asamblea Extraordinaria de la OEA la Carta Democrática Interamericana, en la cual se señala que: [s]on elementos esenciales de la democracia representativa, entre otros, el respeto a los derechos humanos y las libertades fundamentales; el acceso al poder y su ejercicio con sujeción al Estado de derecho; la celebración de elecciones periódicas, libres, justas y basadas en el sufragio universal y secreto como expresión de la soberanía del pueblo; el régimen plural de partidos y organizaciones políticas; y la separación e independencia de los poderes públicos.

[C127/2005, párr. 193]

§ 592

La previsión y aplicación de requisitos para ejercitar los derechos políticos no constituyen, *per se,* una restricción indebida a los derechos políticos. Esos derechos no son absolutos y pueden estar sujetos a limitaciones. Su reglamentación debe observar los principios de legalidad, necesidad y proporcionalidad en una sociedad democrática. La observancia del principio de legalidad exige que el Estado defina de manera precisa, mediante una ley, los requisitos para que los ciudadanos puedan participar en la contienda electoral, y que estipule claramente el procedimiento electoral que antecede a las elecciones. De acuerdo al artículo 23.2 de la Convención se puede reglamentar el ejercicio de los derechos y oportunidades a las que se refiere el inciso 1 de dicho artículo, exclusivamente por las razones establecidas en ese inciso. La restricción debe encontrase prevista en una ley, no ser discriminatoria, basarse en criterios razonables, atender a un propósito útil y oportuno que la torne necesaria para satisfacer un interés público imperativo, y ser proporcional a ese objetivo. Cuando hay varias opciones para alcanzar ese fin, debe escogerse la que restrinja menos el derecho protegido y guarde mayor proporcionalidad con el propósito que se persigue.

[C127/2005, párr. 206]

§ 593

Los Estados pueden establecer estándares mínimos para regular la participación política, siempre y cuando sean razonables de acuerdo a los principios de la democracia representativa. Dichos estándares, deben garantizar, entre otras, la celebración de elecciones periódicas, libres, justas y basadas en el sufragio universal, igual y secreto como expresión de la voluntad de los electores que refleje la soberanía del pueblo, tomando en que cuenta que, según lo dispuesto en el artículo 6 de la Carta Democrática Interamericana, "[p]romover y fomentar diversas formas de participación fortalece la democracia", para lo cual se pueden diseñar normas orientadas a facilitar la participación de sectores específicos de la sociedad, tales como los miembros de las comunidades indígenas y étnicas.

[C127/2005, párr. 207]

§ 594

Las violaciones a los derechos de los candidatos propuestos por YATAMA son particularmente graves porque, como se ha dicho, existe una estrecha relación entre el derecho a ser elegido y el derecho a votar para elegir representantes (*supra* párr. 197). La Corte estima necesario hacer notar que se afectó a los electores como consecuencia de la violación al derecho a ser elegidos de los candidatos de YATAMA. En el presente caso, la referida exclusión significó que los candidatos propuestos por YATAMA no figuraran entre las opciones al alcance de los electores, lo cual representó directamente un límite al ejercicio del derecho a votar e incidió negativamente en la más amplia y libre expresión de la voluntad del electorado, lo cual supone una consecuencia grave para la democracia. Dicha afectación a los electores deviene del incumplimiento del Estado de la obligación general de garantizar el ejercicio del derecho a votar consagrada en el artículo 1.1 de la Convención.

[C127/2005, párr. 226]

§ 595

El Estado debe reformar la regulación de los requisitos dispuestos en la Ley Electoral n° 331 de 2000 declarados violatorios de la Convención (*supra* párrs. 214, 218 a 221 y 223) y adoptar, en un plazo razonable, las medidas necesarias para que los integrantes de las comunidades indígenas y étnicas puedan participar en los procesos electorales en forma efectiva y tomando en cuenta sus tradiciones, usos y costumbres, en el marco de la sociedad democrática. Los requisitos que se establezcan deben permitir y fomentar que los miembros de esas comunidades cuenten con una representación adecuada que les permita intervenir en los procesos de decisión sobre las cuestiones nacionales, que conciernen a la sociedad en su conjunto, y los asuntos particulares que atañen a dichas comunidades, por lo que dichos requisitos no deberán constituir obstáculos a dicha participación política.

[C127/2005, párr. 259]

§ 596

No se sirve a estos designios –ni se atiende, por lo tanto, a la igualdad y a la no discriminación– si se siembra de obstáculos y exigencias, innecesarios y desproporcionados, el camino de quienes pugnan por la participación política a través del ejercicio de los derechos que ésta entraña, entre ellos el derecho al sufragio. La exigencia de participar a través de partidos políticos, que hoy se eleva como natural en las democracias de nuestra América, debiera aceptar las modalidades que sugiere la organización tradicional de las comunidades indígenas. No se trata, en lo absoluto, de minar el sistema de partidos, sino de atender, en la forma y términos que resulten razonables y pertinentes, a las condiciones de vida, trabajo y gestión de aquéllas. La admisión de estas condiciones y de las respectivas modalidades de participación política no se trasladan automáticamente a todos los medios ni van más allá del marco territorial, social y temporal en el que se plantean y resuelven. La Corte dispone lo que estima procedente dentro de las circunstancias que tiene a la vista.

[C127/2005: Juez García Ramírez, párr. 28]

§ 597

Obviamente, no se ha agotado ahora el examen de la democracia, que se halla en el cimiento y en el destino de la participación política, entendida a la luz de la Convención Americana. Es clara la necesidad de contar con medios de participación en los órganos del poder público, para intervenir en la orientación nacional y en la decisión comunitaria, y esto se vincula con el derecho al sufragio activo y pasivo, entre otros instrumentos participativos. Lograrlo significa un paso histórico desde la época –que aún se instala en el presente, como hemos visto en otros casos resueltos por la Corte Interamericana en el actual período de sesiones y mencionados en este *Voto*– en que la lucha por el derecho tenía que ver apenas con la subsistencia física, el patrimonio y el asentamiento de la comunidad. Sin embargo, el avance en el camino hacia la presencia electoral –un avance contenido, enfrentado, por medidas que prohíjan desigualdad y discriminación– no debe detener ni disuadir el acceso a la democracia integral, en la que se propicia el acceso de los individuos a los medios que propiciarán el desarrollo de sus potencialidades.

[C127/2005: Juez García Ramírez, párr. 32]

§ 598

[*Omissis*] En mi entendimiento, la *ratio* expuesta en el punto (4) *supra* es una interpretación innecesariamente indirecta y potencialmente desorientadora de la naturaleza del derecho consagrado en el artículo 23.1.b, cuyos lenguaje y propósito no podrían ser más claros. Un "ciudadano" –quien debe ser obviamente una "persona" y no un grupo, en los términos del artículo 1.2– tiene un derecho absoluto "de votar y ser elegido" en elecciones democráticas, tal como lo establece el referido artículo. De ese modo, cualquier requisito de que un "ciudadano" deba ser miembro de un partido político o de cualquier otra forma de organización política para ejercer aquel derecho viola claramente tanto el espíritu como la letra de la norma en cuestión. [*Omissis*].

[C127/2005: Juez Jackman, párr. (4)]

§ 599

El segundo componente de los derechos políticos, conforme se encuentran expresados en el artículo 23° de la Convención, es el de *"votar y ser elegidos en elecciones periódicas auténticas, realizadas por sufragio universal e igual y por voto secreto que garantice la libre expresión de la voluntad de los electores"* (subrayado añadido). Esta disposición nos remite a uno de los requisitos fundamentales de la democracia representativa que inspira la normativa y propósitos del sistema interamericano desde sus inicios. Se destaca allí la periodicidad y autenticidad de las elecciones así como las características del sufragio: universal, igual y secreto. Ello para cumplir un requerimiento que se expresa también en el mismo artículo 23°: garantizar la libre expresión de la voluntad de los electores. Es evidente que sin el cumplimiento de este ingrediente fundamental, se debilitarían otras formas de participación que no encontrarían en el sufragio una forma de construir fuentes democráticas para la asunción y ejercicio de la función pública.

[C127/2005: Juez García Sayán, párr. 18]

§ 600

Así, pues, como en otros componentes de los derechos políticos expresados en el artículo 23.1 de la Convención, el concepto fundamental de "libre expresión de la voluntad de los electores" se ha ido enriqueciendo al calor de importantes evoluciones institucionales en el derecho interno y en el propio sistema interamericano a la luz de las cuales tiene que ser interpretada y aplicada esta disposición general de la Convención, tanto en lo que respecta a los derechos de los ciudadanos como a los deberes del Estado. En lo que atañe al derecho a la participación en los asuntos públicos, la Carta Democrática Interamericana ha condensado y expresado el estado consensual vigente en el sistema interamericano en lo que respecta a la "libre expresión de la voluntad de los electores".

[C127/2005: Juez García Sayán, párr. 21]

§ 601

Como se ve, los requisitos ya contenidos en la Convención, fueron precisados y desarrollados por la Carta Democrática Interamericano al menos en dos aspectos importantes: a) no sólo el acceso al poder sino su ejercicio debe sujetarse al Estado de Derecho; se agrega, así, la "legitimidad de ejercicio" como principio interamericano a la ya reconocida "legitimidad de origen"; b) el régimen plural de partidos y organizaciones políticas. Los partidos políticos, por su parte, merecen una consideración específica adicional en la Carta ya que se estipula que *"El fortalecimiento de los partidos y de otras organizaciones políticas es prioritario para la democracia. Se deberá prestar atención especial a la problemática derivada de los altos costos de las campañas electorales y al establecimiento de un régimen equilibrado y transparente de financiación de sus actividades"* (artículo 5°, subrayado añadido). Leída la Convención Americana a la luz de estas evoluciones conceptuales que el consenso interamericano ha expresado en la Carta Democrática resulta, pues, que la libre expresión de la voluntad de los electores se vería afectada si autoridades elegidas conforme al Estado de Derecho (legitimidad de origen) ejercen sus funciones en contravención al Estado de Derecho.

[C127/2005: Juez García Sayán, párr. 23]

§ 602

A propósito de los partidos políticos y *"otras organizaciones políticas"*, un primer asunto a mencionar es que al ser considerados ingredientes esenciales para canalizar la libre expresión de los electores, resulta un deber del Estado generar las condiciones para el fortalecimiento de estas vías de representación; *contrario sensu*, abstenerse de adoptar medidas que pudieren debilitarlos. La Carta Democrática menciona explícitamente el tema de la financiación de las campañas electorales como un asunto a poner atención así como enfatiza la necesidad de asegurar *"un régimen equilibrado y transparente de financiación de sus actividades"*. Sin mencionarlo la Carta Democrática está expresando que frente a eventuales desequilibrios o desigualdades, se debe procurar un régimen que contrapese ello con lo que se lograría la igualdad deseada. De suyo se desprende que ello supondría acciones efectivas orientadas preferentemente en beneficio de los afectados por tales equilibrios y desigualdades.

[C127/2005: Juez García Sayán, párr. 25]

§ 603

En ese orden de razonamiento, debe entenderse que otorgar las facilidades que sean necesarias a las denominadas "organizaciones políticas" va en la perspectiva de generar las condiciones para ampliar y consolidar la participación de los ciudadanos en la dirección de los asuntos públicos. Esto no debe entenderse como un camino opuesto sino complementario al de la existencia y fortalecimiento de los partidos políticos, medios necesarios de representación y participación en una sociedad democrática. En tal perspectiva, es perfectamente legítimo y concordante con la letra y espíritu de la Convención que en el orden jurídico nacional existan normas homogéneas que hagan énfasis en la participación de los partidos políticos en los procesos electorales así como regulaciones orientadas a fortalecer el carácter representativo y democrático de los mismos, sin desmedro de su independencia respecto del Estado. Adicionalmente, resulta legítimo que en el derecho interno existan disposiciones legales sobre las "otras organizaciones políticas" en procura de facilitar la participación de sectores específicos de la sociedad, como puede ser el caso de los pueblos indígenas.

[C127/2005: Juez García Sayán, párr. 27]

§ 604

El derecho y la oportunidad de votar y de ser elegido consagrados por el artículo 23.1.b de la Convención Americana se ejerce regularmente en elecciones periódicas, auténticas, realizadas por sufragio universal e igual y por voto secreto que garantice la libre expresión de la voluntad de los electores. Más allá de estas características del proceso electoral (elecciones periódicas y auténticas) y de los principios del sufragio (universal, igual, secreto, que refleje la libre expresión de la voluntad popular), la Convención Americana no establece una modalidad específica o un sistema electoral particular mediante el cual los derechos a votar y ser elegido deben ser ejercidos (*infra* párr. 197). La Convención se limita a establecer determinados estándares dentro de los cuales los Estados legítimamente pueden y deben regular los derechos políticos, siempre y cuando dicha reglamentación cumpla con los requisitos de legalidad, esté dirigida a cumplir con una finalidad legítima, sea necesaria y proporcional; esto es, sea razonable de acuerdo a los principios de la democracia representativa.

[C184/2008, párr. 149]

Derecho de asociación (y asociación de niños)

Véase: DIGNIDAD HUMANA Y JUSTICIA DEMOCRÁTICA: Defensores de derechos humanos § 382

§ 605

El artículo 16 de la Convención dice: Artículo 16. Libertad de Asociación. l. Todas las personas tienen derecho a asociarse libremente con fines ideológicos, religiosos, políticos, económicos, laborales, sociales, culturales, deportivos o de cualquiera otra índole. 2. El ejercicio de tal derecho sólo puede estar sujeto a las restricciones previstas por la ley que sean necesarias en una sociedad democrática, en interés de la seguridad nacional, de la seguridad o del orden públicos, o para proteger la salud o la moral públicas o los derechos y libertades de los demás. 3. Lo dispuesto en este artículo no impide la imposición de restricciones legales, y aun la privación del ejercicio del derecho de asociación, a los miembros de las fuerzas armadas y de la policía."

[A5/1985: Juez Nieto Navia, párr. 3]

§ 606

La tendencia a asociarse que, como dijo Aristóteles en La Política (Libro I, cap. I, párr. 11), deriva de la naturaleza, solamente se convierte en "derecho" durante el Siglo XIX y éste constituye, juntamente con el sufragio, uno de los pilares sobre los que se edifica el Estado democrático contemporáneo.

[A5/1985: Juez Nieto Navia, párr. 5]

§ 607

La pregunta que hay que formular es si la corporación pública denominada Colegio de Periodistas de Costa Rica es una asociación de aquéllas a las que se refiere el artículo 16 de la Convención o, simplemente, una entidad que actúa por delegación del Estado en funciones que a éste corresponden. La respuesta hay que darla luego de estudiar los fines que tal corporación se propone y que están contemplados en el artículo primero de la Ley n° 4420: Artículo 1- Créase el Colegio de Periodistas de Costa Rica, con asiento en la ciudad de San José, como una corporación integrada por los profesionales del periodismo, autorizados para ejercer su profesión dentro del país. Tendrá los siguientes fines: a) Respaldar y promover las ciencias de la comunicación colectiva; b) Defender los intereses de sus agremiados, individual y colectivamente; c) Apoyar, promover y estimular la cultura y toda actividad que tienda a la superación del pueblo de Costa Rica; d) Gestionar o acordar, cuando sea posible, los auxilios o sistemas de asistencia médico-social pertinentes para proteger a sus miembros cuando éstos se vean en situaciones difíciles por razón de enfermedad, vejez o muerte de parientes cercanos; o cuando sus familiares, por alguna de esas eventualidades, se vean abocados a dificultades, entendiéndose por familiares, para efectos de esta ley, a esposa, hijos y padres; e) Cooperar con todas las instituciones públicas de cultura, siempre que sea posible, cuando éstas lo soliciten o la ley lo ordene; f) Mantener y estimular el espíritu de unión de los periodistas profesionales; g) Contribuir a perfeccionar el régimen republicano y democrático, defender la soberanía nacional y las instituciones de la nación; y h) Pronunciarse sobre problemas públicos, cuando así lo estime conveniente. Es claro que los fines mencionados en los literales a), c), e), g) y h) pueden ser cumplidos por entidades de diverso tipo, no necesariamente asociativas ni públicas. Los contemplados en b), d) y f) tienen que ver directamente con el interés o el bienestar de los "agremiados" o "miembros" y podrían ser cumplidos satisfactoriamente por asociaciones privadas del tipo de los sindicatos de trabajadores. Son, pues, fines que no son estrictamente públicos ni trascendentes al interés privado y, leídos desprevenidamente, resulta claro que no son "necesari(o)s en una sociedad democrática, en interés de la seguridad nacional, de la seguridad o del orden público, o para proteger la salud o la moral públicas o los derechos y libertades de los demás" (art. 16.2) (el razonamiento de la Opinión sobre estos conceptos es plenamente aplicable también aquí) y tienen que ver, en cambio, con el interés del gremio de los periodistas. En este sentido es claro que el Colegio es una asociación de aquéllas a que se refiere el artículo 16 de la Convención, es decir, sus fines pueden ser cumplidos por asociaciones creadas al amparo de la libertad de asociación, sin necesidad de una ley que no se limita a tolerar o permitir su existencia sino que crea la corporación, la regula en su organización y administración y hace obligatorio, para quien quiera ejercer el periodismo, pertenecer a ella, lo que significa que crea restricciones a la libertad de asociación.

[A5/1985: Juez Nieto Navia, párr. 9]

§ 608

La Corte Europea de Derechos Humanos reconoció la aplicabilidad del Convenio Europeo para la Protección de los Derechos Humanos y de las Libertades Fundamentales a las relaciones inter-individuales, cuando declaró que el Estado había violado dicho Convenio por haber impuesto una restricción a la libertad de asociación, que establecía que la pertenencia a determinados sindicatos era condición necesaria para que los peticionarios en el caso pudieran continuar siendo empleados de una empresa, puesto que la restricción impuesta no era "necesaria en una sociedad democrática". En otro caso, la Corte Europea consideró que aun cuando el objeto del artículo 8 de dicho Convenio (derecho al respeto de la vida privada y familiar) es esencialmente la protección del individuo contra interferencias arbitrarias de autoridades públicas, el Estado debe abstenerse de realizar tales interferencias; además de este deber de abstención, existen obligaciones positivas inherentes al respeto efectivo de la vida privada y familiar, que pueden implicar la adopción de medidas para asegurar el respeto a la vida privada inclusive en las relaciones entre individuos. En este último caso, dicho Tribunal encontró que el Estado había violado el derecho a la vida privada y familiar de una joven mentalmente discapacitada que había sido agredida sexualmente, por cuanto no pudo iniciarse proceso penal alguno contra el agresor debido a un vacío en la legislación penal.

[A18/2003, párr. 143]

§ 609

Frente a la magnitud de estos problemas se han formulado propuestas, entre otras, dirigidas a la construcción de un nuevo orden internacional basado en la justicia, y en el fortalecimiento de la democracia. En su libro "El derecho Internacional de los Derechos Humanos en el siglo XXI, el Juez Cançado Trindade considera que "...el fenómeno corriente del *empobrecimiento*, según recientes datos del PNUD y de la CEPAL, del crecimiento considerable de los contingentes de "nuevos pobres" en tantos países latinoamericanos, revela la inobservancia, si no la violación generalizada de los derechos económicos, sociales y culturales. Determinados derechos, de carácter económico y social, como los derechos a no ser sometido a trabajo forzado y a discriminación en relación con el empleo y la ocupación, además de la libertad de asociación para fines sindicales, están íntimamente ligados a las llamadas libertades civiles... El Informe sobre el Desarrollo Humano de 1992 del Programa de Naciones Unidas para el Desarrollo (PNUD) señala que 'la democracia y la libertad dependen de mucho más que de la urnas. La expansión de la democracia ha tenido como complemento un mayor reconocimiento de los derechos humanos'. En resumen, no hay derechos humanos sin democracia, así como no hay democracia sin derechos humanos... La democracia participativa, y en último análisis, el propio desarrollo humano, sólo son posibles en el marco de los derechos humanos... El concepto de democracia abarca hoy tanto la democracia política (con énfasis en los procesos democráticos formales) como "la democracia de desarrollo: en esta última 'los derechos civiles y políticos se consideran vehículos para hacer avanzar la igualdad de condición, no simplemente las oportunidades'. ...La interrelación de los derechos humanos con la democracia en nuestros días encuentra expresión en las disposiciones de los propios instrumentos generales de derechos humanos en los planos global y regional".

[A18/2003: Juez Abreu Burelli, s/p]

§ 610

La Convención Americana es muy clara al señalar, en el artículo 16, que la libertad de asociación sólo puede estar sujeta a restricciones previstas por la ley, que sean necesarias en una sociedad democrática, y que se establezcan en interés de la seguridad nacional, del orden público, de la salud o de la moral públicas o de los derechos o libertades de los demás.

[C72/2001, párr. 168]

§ 611

Los partidos políticos y las organizaciones o grupos que participan en la vida del Estado, como es el caso de los procesos electorales en una sociedad democrática, deben tener propósitos compatibles con el respeto de los derechos y libertades consagrados en la Convención Americana. En este sentido, el artículo 16 de dicho tratado establece que el ejercicio del derecho a asociarse libremente "sólo puede estar sujeto a las restricciones previstas por la ley que sean necesarias en una sociedad democrática, en interés de la seguridad nacional, de la seguridad o del orden público, o para proteger la salud o la moral públicas o los derechos y libertades de los demás".

[C127/2005, párr. 216]

§ 612

La Corte destaca que la Convención Americana reconoce el derecho de asociarse libremente, y al mismo tiempo establece que el ejercicio de tal derecho puede estar sujeto a restricciones previstas por ley, que persigan un fin legítimo y que, en definitiva, resulten necesarias en una sociedad democrática. En ese sentido, el sistema establecido por la Convención resulta equilibrado e idóneo para armonizar el ejercicio del derecho de asociación con la necesidad de prevenir e investigar eventuales conductas que el derecho interno califica como delictivas.

[C200/2009, párr. 173]

§ 613

Asimismo, la Corte señala, tal como lo ha hecho en otros casos, que tanto la Convención Americana como la Convención sobre los Derechos del Niño forman parte de un muy comprensivo *corpus juris* internacional de protección de los niños que sirve a esta Corte para fijar el contenido y los alcances de la disposición general definidas en el artículo 19 de la Convención Americana. La Convención sobre los Derechos del Niño, la cual ha sido ratificada de forma prácticamente universal, contiene diversas disposiciones que se refieren a las obligaciones del Estado en relación con los menores de edad. En ese sentido, su artículo 15 reconoce "los derechos de los niños a la libertad de asociación", sin mayores restricciones a su ejercicio que aquellas "establecidas de conformidad con la ley y que sean necesarias en una sociedad democrática, en interés de la seguridad nacional o pública, el orden público, la protección de la salud y la moral públicas o la protección de los derechos y libertad de los demás".

[C258/2012, párr. 184]

Derecho de reunión

§ 614

El artículo 15 de la Convención señala que: [s]e reconoce el derecho de reunión pacífica y sin armas. El ejercicio de tal derecho sólo puede estar sujeto a las restricciones previstas por la ley, que sean necesarias en una sociedad democrática, en interés de la seguridad nacional, de la seguridad o del orden públicos, o para proteger la salud o la moral públicas o los derechos o libertades de los demás.

[C72/2001, párr. 146]

§ 615

En el presente caso, el Estado siempre sostuvo que el derecho de reunión nunca fue coartado, y que las medidas tomadas a raíz del paro del 5 de diciembre de 1990 se debieron a que éste atentó contra la democracia y el orden constitucional. De todas maneras, corresponde a la Corte analizar si el derecho de reunión fue violado por el Estado.

[C72/2001, párr. 147]

Derechos políticos y sus restricciones

Véase: Democracia comunitaria § 577

Derecho a la participación ciudadana § 581

Derecho al voto y a ser elegido (sufragio activo y pasivo) §§ 586, 588, 599, 600

§ 616

No es posible desvincular el significado de la expresión leyes en el artículo 30 del propósito de todos los Estados americanos expresado en el Preámbulo de la Convención "de consolidar en este Continente, dentro del cuadro de las instituciones democráticas, un régimen de libertad personal y de justicia social, fundado en el respeto de los derechos esenciales del hombre" (Convención Americana, Preámbulo, párr. 1). La democracia representativa es determinante en todo el sistema del que la Convención forma parte. Es un "principio" reafirmado por los Estados americanos en la Carta de la OEA, instrumento fundamental del Sistema Interamericano. El régimen mismo de la Convención reconoce expresamente los derechos políticos (art. 23), que son de aquellos que, en los términos del artículo 27, no se pueden suspender, lo que es indicativo de la fuerza que ellos tienen en dicho sistema.

[A6/1986, párr. 34]

§ 617

Ahora bien, al examinar las implicaciones del trato diferenciado que algunas normas pueden dar a sus destinatarios, es importante hacer referencia a lo señalado por este Tribunal en el sentido de que "no toda distinción de trato puede considerarse ofensiva, por sí misma, de la dignidad humana". En este mismo sentido, la Corte Europea de Derechos Humanos, basándose en "los principios que pueden deducirse de la práctica jurídica de un gran número de Estados democráticos", advirtió que sólo es discriminatoria una distinción cuando "carece de justificación objetiva y razonable". Pueden establecerse distinciones, basadas en desigualdades de hecho, que constituyen un instrumento para la protección de quienes deban ser protegidos, considerando la situación de mayor o menor debilidad o desvalimiento en que se encuentran. Por ejemplo, una desigualdad sancionada por la ley se refleja en el hecho de que los menores de edad que se encuentran detenidos en un centro carcelario no pueden ser recluidos conjuntamente con las personas mayores de edad que se encuentran también detenidas. Otro ejemplo de estas desigualdades es la limitación en el ejercicio de determinados derechos políticos en atención a la nacionalidad o ciudadanía.

[A18/2003, párr. 89]

§ 618

El preámbulo de la Convención Americana comienza haciendo referencia a las instituciones democráticas, como marco general del régimen de libertades y derechos que busca consolidar la propia Convención. El artículo 29.c) de la misma establece, por otra parte, que ninguna de sus disposiciones puede ser interpretada en un sentido que permita "excluir [...] derechos o garantías [...] que se derivan de la forma democrática representativa de gobierno". Estas previsiones (y quizá también la contenida en el artículo 32.2, sobre la sujeción de los derechos de toda persona a las exigencias propias del bien común en una sociedad democrática) expresan un compromiso de la Convención con la democracia política representativa que va más allá de lo que podría colegirse del mero artículo 23, referente a los derechos políticos del individuo (votar y ser elegido, etc.).

[C52/1999: Juez De Roux Rengifo, s/p]

§ 619

La Corte ha establecido que "[e]n una sociedad democrática los derechos y libertades inherentes a la persona, sus garantías y el Estado de Derecho constituyen una tríada", en la que cada componente se define, completa y adquiere sentido en función de los otros. Al ponderar la importancia que tienen los derechos políticos la Corte observa que incluso la Convención, en su artículo 27, prohíbe su suspensión y la de las garantías judiciales indispensables para la protección de éstos.

[C127/2005, párr. 191]

§ 620

El segundo punto que me permito destacar, en el presente Voto Razonado en relación con ésta que es la primera Sentencia de la Corte Interamericana sobre los derechos políticos en una sociedad democrática196, bajo el artículo 23 de la Convención Americana, es la correcta vinculación efectuada por la Corte de los derechos políticos con el derecho a la igualdad ante la ley, consagrado en el artículo 24 de la Convención Americana. Este último está conformado por un principio básico que la propia Corte ha reconocido pertenecer al dominio del *jus cogens* internacional: el principio de la igualdad y no-discriminación.

[C127/2005: Juez CançadoTrindade, párr. 6]

§ 621

Más allá del caso mismo, no cabe duda que la vigencia de los derechos políticos y de los componentes fundamentales de la democracia son delicados asuntos que en el pasado y en el presente han tocado aspectos medulares de la vida de la población en la región. Quedaron atrás los gobiernos surgidos de golpes militares pero la realidad nos da cuenta de una multiplicidad de amenazas a la democracia y a los derechos políticos que plantea retos cotidianos a ser enfrentados en casi todos los países de la región. La Corte con esta sentencia refuerza y desarrolla los aspectos medulares de los derechos políticos estipulados en la Convención. Por todas estas razones creo necesario emitir este voto concurrente que busca agregar consideraciones y enfoques a los ya contenidos en la sentencia cuyo contenido comparto en su integridad.

[C127/2005: Juez García Sayán, párr. 2]

§ 622

Es ese el contexto en el que se insertan las disposiciones contenidas en el artículo 23° de la Convención acerca de los derechos políticos. Este es un significativo componente de un amplio proceso normativo y de afirmación conceptual acerca de los derechos políticos que, por cierto, no se agota en la letra de las disposiciones allí contenidas. Por los fundamentos y consideraciones que se exponen en la sentencia, la Corte considera correctamente que este es uno de los derechos violados por el Estado de Nicaragua en este caso. El sustento de la violación de los derechos políticos en el caso *YATAMA vs. Nicaragua* hace aconsejable tomar en consideración el rico acervo de razonamientos y enfoques que se han venido dando en el sistema interamericano a lo largo de las últimas décadas en lo que atañe al ejercicio de los derechos políticos en la afirmación de la democracia, uno de los deberes esenciales de los Estados parte del sistema interamericano.

[C127/2005: Juez García Sayán, párr. 5]

§ 623

Es hecho conocido que el catálogo de los derechos humanos nunca ha sido estático. Se ha ido definiendo y consagrando según el desarrollo histórico de la sociedad, de la organización del Estado y la evolución de los regímenes políticos. Ello explica que actualmente asistamos al desarrollo y profundización de los derechos políticos identificándose, incluso, lo que algunos han denominado el "derecho humano a la democracia". Ese desarrollo se expresa en la Carta Democrática Interamericana, el instrumento jurídico que el sistema interamericano ha generado para fortalecer la democracia y los derechos a ella vinculados, en cuyo primer artículo se estipula que *"Los pueblos de América tienen derecho a la democracia y sus gobiernos la obligación de promoverla y defenderla"*.

[C127/2005: Juez García Sayán, párr. 7]

§ 624

En esa misma lógica, el sistema interamericano ha ido precisando y afinando el concepto de la democracia reforzando el sentido evolutivo de los derechos políticos más allá de la letra de lo estipulado en el artículo 23° de la Convención. Dicho desarrollo debe ser tomado en cuenta al momento de resolver un caso contencioso sobre la materia como, en efecto, lo ha hecho la Corte en esta sentencia.

[C127/2005: Juez García Sayán, párr. 8]

§ 625

Los derechos políticos son derechos humanos de importancia fundamental dentro del sistema interamericano que se relacionan estrechamente con otros derechos consagrados en la Convención Americana como la libertad de expresión, la libertad de reunión y la libertad de asociación y que, en conjunto, hacen posible el juego democrático. La Corte destaca la importancia que tienen los derechos políticos y recuerda que la Convención Americana, en su artículo 27, prohíbe su suspensión y la de las garantías judiciales indispensables para la protección de éstos.

[C184/2008, párr. 140]

§ 626

Los derechos políticos consagrados en la Convención Americana, así como en diversos instrumentos internacionales, propician el fortalecimiento de la democracia y el pluralismo político. Este Tribunal ha expresado que "[l]a democracia representativa es determinante en todo el sistema del que la Convención forma parte", y constituye "un 'principio' reafirmado por los Estados americanos en la Carta de la OEA, instrumento fundamental del Sistema Interamericano".

[C184/2008, párr. 141]

§ 627

La Corte considera que el ejercicio efectivo de los derechos políticos constituye un fin en sí mismo y, a la vez, un medio fundamental que las sociedades democráticas tienen para garantizar los demás derechos humanos previstos en la Convención.

[C184/2008, párr. 143]

§ 628

A diferencia de otros derechos que establecen específicamente en su articulado las finalidades legítimas que podrían justificar las restricciones a un derecho, el artículo 23 de la Convención no establece explícitamente las causas legítimas o las finalidades permitidas por las cuales la ley puede regular los derechos políticos. En efecto, dicho artículo se limita a establecer ciertos aspectos o razones (capacidad civil o mental, edad, entre otros) con base en los cuales los derechos políticos pueden ser regulados en relación con los titulares de ellos pero no determina de manera explicita las finalidades, ni las restricciones específicas que necesariamente habrá que imponer al diseñar un sistema electoral, tales como requisitos de residencia, distritos electorales y otros. Sin embargo, las finalidades legítimas que las restricciones deben perseguir se derivan de las obligaciones que se desprenden del artículo 23.1 de la Convención, a las que se ha hecho referencia anteriormente.

[C184/2008, párr. 181]

§ 629

En el sistema interamericano existe un tercer requisito que debe cumplirse para considerar la restricción de un derecho compatible con la Convención Americana. La Corte Interamericana ha sostenido que para que una restricción sea permitida a la luz de la Convención debe ser *necesaria para una sociedad democrática*. Este requisito, que la Convención Americana establece de manera explícita en ciertos derechos (de reunión, artículo 15; de asociación, artículo 16; de circulación, artículo 22), ha sido incorporado como pauta de interpretación por el Tribunal ycomo requisito que califica a todas las restricciones a los derechos de la Convención, incluidos los derechos políticos.

[C184/2008, párr. 185]

§ 630

La Corte estima pertinente reiterar que "el ejercicio efectivo de los derechos políticos constituye un fin en sí mismo y, a la vez, un medio fundamental que las sociedades democráticas tienen para garantizar los demás derechos humanos previstos en la Convención y que sus titulares, es decir, los ciudadanos, no sólo deben gozar de derechos, sino también de "oportunidades". Este último término implica la obligación de garantizar con medidas positivas que toda persona que formalmente sea titular de derechos políticos tenga la oportunidad real para ejercerlos. En el presente caso, si bien el señor López Mendoza ha podido ejercer otros derechos políticos (supra párr. 94), está plenamente probado que se le ha privado del sufragio pasivo, es decir, del derecho a ser elegido.

[C233/2011, párr. 108]

§ 631

La interpretación teleológica toma en cuenta la finalidad contenida en los diversos criterios sobre regulación de derechos políticos. En el artículo 23.2 de la Convención se estipulan posibles causales para la limitación o reglamentación de los derechos políticos y se busca, claramente, que no quede al arbitrio o voluntad del gobernante de turno, con el fin de proteger que la oposición política pueda ejercer su posición sin restricciones indebidas. Ése es el claro sentido de la norma. El mecanismo de restricción de derechos, pues, tiene que ofrecer suficientes garantías para cumplir con la finalidad de proteger los derechos y libertades de las personas, los sistemas democráticos y a la oposición política. Debe entenderse, pues, que el juicio debe ser el más estricto posible, sea cual sea la vía utilizada para efectuar una restricción.

[C233/2011: Juez García Sayán, párr. 14]

§ 632

Los derechos políticos y su ejercicio propician el fortalecimiento de la democracia y el pluralismo político. Como lo ha dicho la Corte Interamericana, "[l]a democracia representativa es determinante en todo el sistema del que la Convención forma parte", y constituye "un 'principio' reafirmado por los Estados americanos en la Carta de la OEA, instrumento fundamental del Sistema Interamericano". En el Sistema Interamericano la relación entre derechos humanos, democracia representativa y los derechos políticos en particular, quedó plasmada en la Carta Democrática Interamericana. En este instrumento interamericano se estipuló que entre otros elementos esenciales de la democracia representativa se encuentran el acceso al poder y su ejercicio con sujeción al Estado de derecho así como la celebración de elecciones periódicas, libres, justas y basadas en el sufragio universal y secreto como expresión de la soberanía del pueblo.

[C233/2011: Juez García Sayán, párr. 26]

Elecciones libres y debate democrático

Véase: DEMOCRACIA E INSTITUCIONES: Carta Democrática Interamericana §§ 16, 17, 26, 32; Democracia representativa §§ 54, 55; Elementos esenciales de la democracia § 67

ESTADO DE DERECHO: Estado de Derecho y legalidad democrática § 212

SEGURIDAD Y ORDEN PÚBLICO DEMOCRÁTICO: Restricciones a los derechos… § 370

DERECHOS INMATERIALES O DE LA PERSONALIDAD: Libertad de pensamiento y expresión § 539

Derecho a la participación ciudadana §§ 580, 581

Derecho al voto y a ser elegido (sufragio activo y pasivo) §§ 590 a 593, 598, 599, 604

Derechos políticos y sus restricciones § 632

Partidos y otras organizaciones políticas § 641

§ 633

El Tribunal ha establecido que es lógico y apropiado que las expresiones concernientes a funcionarios públicos o a otras personas que ejercen funciones de una naturaleza pública deben gozar, en los términos del artículo 13.2 de la Convención, de un margen de apertura a un debate amplio respecto de asuntos de interés público, el cual es esencial para el funcionamiento de un sistema verdaderamente democrático. Este mismo criterio se aplica respecto de las opiniones o declaraciones de interés público que se viertan en relación con una persona que se postula como candidato a la Presidencia de la República, la cual se somete voluntariamente al escrutinio público, así como respecto de asuntos de interés público en los cuales la sociedad tiene un legítimo interés de mantenerse informada, de conocer lo que incide sobre el funcionamiento del Estado, afecta intereses o derechos generales, o le acarrea consecuencias importantes. Como ha quedado establecido, no hay duda de que las declaraciones que hiciera el señor Canese en relación con la empresa CONEMPA atañen a asuntos de interés público.

[C111/2004, párr. 98]

§ 634

El Tribunal estima que en el proceso seguido contra el señor Canese los órganos judiciales debieron tomar en consideración que aquel rindió sus declaraciones en el contexto de una campaña electoral a la Presidencia de la República y respecto de asuntos de interés público, circunstancia en la cual las opiniones y críticas se emiten de una manera más abierta, intensa y dinámica acorde con los principios del pluralismo democrático. En el presente caso, el juzgador debía ponderar el respeto a los derechos o a la reputación de los demás con el valor que tiene en una sociedad democrática el debate abierto sobre temas de interés o preocupación pública.

[C111/2004, párr. 105]

§ 635

En materia de restricciones a la libertad de expresión a través del establecimiento de responsabilidades ulteriores el Tribunal ha establecido, en casos anteriores, que es lógico y apropiado que las expresiones concernientes a funcionarios públicos o a otras personas que ejercen funciones de una naturaleza pública gocen, en los términos del artículo 13.2 de la Convención, de una mayor protección que permita un margen de apertura para un debate amplio, esencial para el funcionamiento de un sistema verdaderamente democrático. Estos criterios se aplican en el presente caso respecto de las opiniones críticas o declaraciones de interés público vertidas por el señor Palamara Iribarne en relación con las actuaciones realizadas por el Fiscal Naval de Magallanes en el marco del proceso penal militar seguido en su contra por los delitos de desobediencia e incumplimiento de deberes militares. Además, los hechos del presente caso y las declaraciones del señor Palamara Iribarne suscitaron interés por parte de la prensa y, por consiguiente, del público.

[C135/2005, párr. 82]

§ 636

El derecho y la oportunidad de votar y de ser elegido consagrados por el artículo 23.1.b de la Convención Americana se ejerce regularmente en elecciones periódicas, auténticas, realizadas por sufragio universal e igual y por voto secreto que garantice la libre expresión de la voluntad de los electores. Más allá de estas características del proceso electoral (elecciones periódicas y auténticas) y de los principios del sufragio (universal, igual, secreto, que refleje la libre expresión de la voluntad popular), la Convención Americana no establece una modalidad específica o un sistema electoral particular mediante el cual los derechos a votar y ser elegido deben ser ejercidos (*infra* párr. 197). La Convención se limita a establecer determinados estándares dentro de los cuales los Estados legítimamente pueden y deben regular los derechos políticos, siempre y cuando dicha reglamentación cumpla con los requisitos de legalidad, esté dirigida a cumplir con una finalidad legítima, sea necesaria y proporcional; esto es, sea razonable de acuerdo a los principios de la democracia representativa.

[C184/2008, párr. 149]

Participación política y comunidades indígenas

Véase: Democracia comunitaria § 578

Derecho al voto y a ser elegido (sufragio activo y pasivo) §§ 593, 595, 596

§ 637

Los ciudadanos tienen el derecho de participar en la dirección de los asuntos públicos por medio de representantes libremente elegidos. El derecho al voto es uno de los elementos esenciales para la existencia de la democracia y una de las formas en que los ciudadanos ejercen el derecho a la participación política. Este derecho implica que los ciudadanos puedan elegir libremente y en condiciones de igualdad a quienes los representarán.

[C127/2005, párr. 198]

§ 638

Los ciudadanos tienen el derecho de participar activamente en la dirección de los asuntos públicos directamente mediante referendos, plebiscitos o consultas o bien, por medio de representantes libremente elegidos. El derecho al voto es uno de los elementos esenciales para la existencia de la democracia y una de las formas en que los ciudadanos expresan libremente su voluntad y ejercen el derecho a la participación política. Este derecho implica que los ciudadanos pueden decidir directamente y elegir libremente y en condiciones de igualdad a quienes los representarán en la toma de decisiones de los asuntos públicos.

[C184/2008, párr. 147]

§ 639

Los derechos políticos consagrados en la Convención Americana, así como en diversos instrumentos internacionales propician el fortalecimiento de la democracia y el pluralismo político. En particular el derecho a una participación política efectiva implica que los ciudadanos tienen no sólo el derecho sino también la posibilidad de participar en la dirección de los asuntos públicos. Además se ha reconocido que el ejercicio efectivo de los derechos políticos constituye un fin en sí mismo y, a la vez, un medio fundamental que las sociedades democráticas tienen para garantizar los demás derechos humanos previstos en la Convención.

[C212/2010, párr. 107]

Partidos y otras organizaciones políticas

Véase: Candidaturas independientes §§ 573, 574, 575

Democracia comunitaria § 578

Derecho al voto (Sufragio) §§ 590, 591, 596, 601, 602, 603

Derecho de asociación § 611

§ 640

La libertad de expresión es una piedra angular en la existencia misma de una sociedad democrática. Es indispensable para la formación de la opinión pública. Es también *conditio sine qua non* para que los partidos políticos, los sindicatos, las sociedades científicas y culturales, y en general, quienes deseen influir sobre la colectividad puedan desarrollarse plenamente. Es, en fin, condición para que la comunidad, a la hora de ejercer sus opciones, esté suficientemente informada. Por ende, es posible afirmar que una sociedad que no está bien informada no es plenamente libre.

[A5/1985, párr. 70; idem C107/2004, párr. 112; C111/2004, párr. 82; C248/2012, párr. 141]

§ 641

En efecto, en la Carta se reitera principios gruesamente coincidentes con los contenidos en la Convención cuando se señala que *"Son elementos esenciales de la democracia representativa, entre otros, el respeto a los derechos humanos y las libertades fundamentales; el acceso al poder y su ejercicio con sujeción al estado de derecho; la celebración de elecciones periódicas, libres, justas y basadas en el sufragio universal y secreto como expresión de la soberanía del pueblo; el régimen plural de partidos y organizaciones políticas; y la separación e independencia de los poderes públicos"* (artículo 3°).

[C127/2005: Juez García Sayán, párr. 22]

§ 642

En cuanto a los partidos y organizaciones políticas, este es un asunto absolutamente medular que tiene directa repercusión en la afectación de los derechos de quienes pretendieron infructuosamente ser candidatos por YATAMA en la Costa Atlántica de Nicaragua. Este tema, curiosamente, no aparece mencionado explícitamente en la Carta de la OEA ni en la Convención Americana. Sin embargo, la propia esencia conceptual de la democracia representativa supone y exige vías de representación que, a la luz de lo estipulado en la Carta Democrática, serían los partidos y *"otras organizaciones políticas"* a los que se trata no sólo de proteger sino de fortalecer conforme se estipula en el artículo 5°.

[C127/2005: Juez García Sayán, párr. 24]

§ 643

La Corte Interamericana ha hecho referencia a la estrecha relación existente entre democracia y libertad de expresión, al establecer que [...] la libertad de expresión es un elemento fundamental sobre el cual se basa la existencia de una sociedad democrática. Es indispensable para la formación de la opinión pública. Es también *conditio sine qua non* para que los partidos políticos, los sindicatos, las sociedades científicas y culturales, y en general, quienes deseen influir sobre la colectividad puedan desarrollarse plenamente. Es, en fin, condición para que la comunidad, a la hora de ejercer sus opciones esté suficientemente informada. Por ende, es posible afirmar que una sociedad que no está bien informada no es plenamente libre.

[C151/2006, párr. 85]

320

VII. TRANSPARENCIA

Derecho a la verdad y transparencia

Véase: supra DIGNIDAD HUMANA Y JUSTICIA DEMOCRÁTICA: Reparaciones y derecho a la verdad §§ 464 ss.

DERECHOS INMATERIALES O DE LA PERSONALIDAD: Derecho de acceso a la información pública y derecho a la verdad §§ 493, 507

§ 644

El Tribunal considera que el derecho a conocer la verdad tiene como efecto necesario que en una sociedad democrática se conozca la verdad sobre los hechos de graves violaciones de derechos humanos. Esta es una justa expectativa que el Estado debe satisfacer, por un lado, mediante la obligación de investigar las violaciones de derechos humanos y, por el otro, con la divulgación pública de los resultados de los procesos penales e investigativos. Esto exige del Estado la determinación procesal de los patrones de actuación conjunta y de todas las personas que de diversas formas participaron en dichas violaciones y sus correspondientes responsabilidades. Además, en cumplimiento de sus obligaciones de garantizar el derecho a conocer la verdad, los Estados pueden establecer comisiones de la verdad, las que contribuyen a la construcción y preservación de la memoria histórica, el esclarecimiento de hechos y la determinación de responsabilidades institucionales, sociales y políticas en determinados períodos históricos de una sociedad.

[C202/2009, párr. 119]

§ 645

En anteriores oportunidades, la Corte ha valorado favorablemente aquellos actos realizados por los Estados que tienen como efecto la recuperación de la memoria de las víctimas, el reconocimiento de su dignidad y el consuelo de sus deudos. En el presente caso, la Corte valora positivamente y acepta los actos de reconocimiento de responsabilidad internacional realizados por el Estado y de denominación de dos calles de la ciudad de La Paz con el nombre de los señores Ibsen Cárdenas e Ibsen Peña. Por otra parte, de la información que obra en el expediente se desprende que el Estado y los representantes, en particular, el señor Tito Ibsen Castro, ya habían adelantado algunas gestiones respecto a la emisión de un sello postal conmemorativo de los señores RainerIbsen Cárdenas y José Luis Ibsen Peña. Asimismo, de la información remitida al Tribunal se comprueba que, efectivamente, el Estado ya entregó dicho sello a los señores

Tito Ibsen Castro y Martha Castro Mendoza. En tal sentido, el Tribunal toma nota de este acto y considera que la emisión de este sello postal contribuye al establecimiento de la memoria histórica en una sociedad democrática y a la satisfacción de las víctimas.

[C217/2010, párr. 248; C253/2012, párr. 345]

Derecho al proceso público y excepciones

§ 646

Las normas del Pacto Internacional de Derechos Civiles y Políticos citadas son las siguientes: [*Omissis*] Artículo 14. 1. Todas las personas son iguales ante los tribunales y cortes de justicia. Toda persona tendrá derecho a ser oída públicamente y con las debidas garantías por un tribunal competente, independiente e imparcial, establecido por la ley, en la substanciación de cualquier acusación de carácter penal formulada contra ella o para la determinación de sus derechos u obligaciones de carácter civil. La prensa y el público podrán ser excluidos de la totalidad o parte de los juicios por consideraciones de moral, orden público o seguridad nacional en una sociedad democrática, o cuando lo exija el interés de la vida privada de las partes o, en la medida estrictamente necesaria en opinión del tribunal, cuando por circunstancias especiales del asunto la publicidad pudiera perjudicar a los intereses de la justicia; pero toda sentencia en materia penal o contenciosa será pública, excepto en los casos en que el interés de los menores de edad exija lo contrario, o en las actuaciones referentes a pleitos matrimoniales o a la tutela de los menores.

[A16/1999, párr. 108]

§ 647

La Corte resume de la siguiente manera la parte conducente de las observaciones escritas del Instituto Interamericano del Niño, los Estados participantes en este procedimiento, la Comisión Interamericana y las Organizaciones no Gubernamentales: [*Omissis*] *Comisión Interamericana.* En sus intervenciones escritas y orales, la Comisión de Derechos Humanos: Interamericana manifestó: [*Omissis*] Los artículos 8 y 25 de la Convención Americana, en concordancia con el artículo 40 de la Convención sobre los Derechos del Niño, recogen garantías que deben observarse en cualquier proceso en el que se determinen derechos de un niño, entre ellas: [*Omissis*]. f. Publicidad: (artículo 8.5 de la Convención Americana) vinculada con el sistema democrático de gobierno, esta garantía debe tomar en consideración la privacidad del niño, sin disminuir el derecho de defensa de las partes ni restar transparencia a las actuaciones judiciales, para "no caer en el secreto absoluto de lo que pasa en el proceso, sobre todo respecto de las partes". En la Convención sobre los Derechos del Niño no se encuentra una disposición semejante. [*Omissis*].

[A17/2002, párr. 15]

§ 648

Bajo esta misma perspectiva, y específicamente con respecto a determinados procesos judiciales, la Observación General 13 relativa al artículo 14 del Pacto de Derechos Civiles y Políticos de las Naciones Unidas, sobre la igualdad de todas las personas en el derecho a ser oídas públicamente por un tribunal competente, señaló que dicha norma se aplica tanto a tribunales ordinarios como especiales, y determinó que los "menores deben disfrutar por lo menos de las mismas garantías y protección que se conceden a los adultos en el artículo 14". [Human Rights Committee, General Comment 13, Equity befor the Courts antd the right to a fair and public hearing by an independent court established by law (art. 14). 13/04/84, CCPR/C/21, p. 4. El artículo 14 del Pacto citado reza: […]. Todas las personas son iguales ante los tribunales y cortes de justicia. Toda persona tendrá derecho a ser oída públicamente y con las debidas garantías por un tribunal competente, independiente e imparcial, establecido por la ley, en la substanciación de cualquier acusación de carácter penal formulada contra ella o para la determinación de sus derechos u obligaciones de carácter civil. La prensa y el público podrán ser excluidos de la totalidad o parte de los juicios por consideraciones de moral, orden público o seguridad nacional en una sociedad democrática, o cuando lo exija el interés de la vida privada de las partes o, en la medida estrictamente necesaria en opinión del tribunal, cuando por circunstancias especiales del asunto la publicidad pudiera perjudicar a los intereses de la justicia; pero toda sentencia en materia penal o contenciosa será pública, excepto en los casos en que el interés de menores de edad exija lo contrario, o en las acusaciones referentes a pleitos matrimoniales o a la tutela de menores. [*Omissis*].

[A17/2002, párr. 100]

§ 649

En el régimen procesal de los menores, lo mismo cuando se trata del procedimiento para infractores de la ley penal que cuando viene al caso el procedimiento desencadenado por situaciones de otro carácter, hay que observar los principios del enjuiciamiento en una sociedad democrática, gobernada por la legalidad y la legitimidad de los actos de autoridad. Esto apareja igualdad de armas, garantía de audiencia y defensa, posibilidad de probar y alegar, contradicción, control de legalidad, régimen de impugnaciones, etcétera. Ahora bien, no es posible desconocer que el menor de edad guarda una situación especial en el proceso, como la guarda en la vida y en todas las relaciones sociales. Ni inferior ni superior: diferente, que amerita atenciones asimismo diferentes. Hay que subrayar como lo hice supra –y en ello es enfática la Opinión Consultiva– que todos los instrumentos internacionales relativos a derechos del niño o menor de edad reconocen sin lugar a dudas la "diferencia" entre éstos y los adultos y la pertinencia, por ese motivo, de adoptar medidas "especiales" con respecto a los niños. La idea misma de "especialidad" constituye un reconocimiento y una reafirmación de la diferencia que existe –una desigualdad de hecho, a la que no cierra los ojos el Derecho– y de la diversidad de soluciones jurídicas que procede aportar en ese panorama de diversidad.

[A17/2002: Juez García Ramírez, párr. 27]

§ 650

El derecho al proceso público consagrado en el artículo 8.5 de la Convención es un elemento esencial de los sistemas procesales penales acusatorios de un Estado democrático y se garantiza a través de la realización de una etapa oral en la que el acusado pueda tener inmediación con el juez y las pruebas y que facilite el acceso al público.

[C135/2005, párr. 167]

Difusión de la información gubernamental

Véase: DIGNIDAD HUMANA Y JUSTICIA DEMOCRÁTICA: Reparaciones y derecho a la verdad §§ 464 ss.

DERECHO INMATERIALES O DE LA PERSONALIDAD: Derecho de acceso a la información pública §§ 491 ss.

§ 651

Con respecto a este asunto, vale decir, por una parte, que entre los objetivos centrales de la información requerida por los ciudadanos y provista por los comunicadores sociales figura, precisamente, aquella que se refiere a la "cosa pública", en un sentido amplio, contemporáneo y "realista": se trata de que "todos puedan saber lo que a todos interesa". Existe un legítimo interés, en el que se instala un también legítimo empleo de la libertad de expresión en su vertiente informativa, en conocer lo que de alguna manera compromete a la sociedad en su conjunto, incide sobre la marcha del Estado, afecta intereses o derechos generales, acarrea consecuencias importantes para la comunidad. Las tareas de gobierno –y más ampliamente, las actividades del Estado, a través de sus diversos órganos– no son indiferentes y mucho menos debieran ser inaccesibles al conocimiento de los ciudadanos comunes. La democracia se construye a partir de la opinión pública, debidamente informada, que con base en esa información orienta su juicio y toma sus decisiones. Así, el ingreso en el ámbito de esas cuestiones resultará mucho más holgado que el correspondiente a los asuntos estrictamente privados, propios de la vida personal o íntima, que no trascienden sus estrictos linderos. La llamada "transparencia" tiene en aquel ámbito uno de sus espacios naturales.

[C107/2004: Juez García Ramírez, párr. 23]

§ 652

El control democrático a través de la opinión pública fomenta la transparencia de las actividades estatales y promueve la responsabilidad de los funcionarios sobre su gestión pública. De ahí la mayor tolerancia frente a afirmaciones y apreciaciones vertidas por los ciudadanos en ejercicio de dicho control democrático. Tales son las demandas del pluralismo propio de una sociedad democrática, que requiere la mayor circulación de informes y opiniones sobre asuntos de interés público.

[C177/2008, párr. 87; C265/2013, Voto Juez Pérez Pérez, párr. 15]

Dogmática del humanismo

§ 653

La norma –un dogma del humanismo; uno de los escasos dogmas intachables que permite, e incluso reclama, la sociedad democrática– impone al Estado un trabajo finalista, con signo ético, y acredita la convicción de que la sociedad política fue instituida, como se proclamó al cabo del siglo XVIII, para la protección de los derechos naturales y la felicidad del pueblo. Es así como el Estado se justifica. Esa proclamación, que caló en el constitucionalismo antropocéntrico de los siglos XVIII, XIX y XX, se halla en el eje del Derecho internacional de los derechos humanos y preside texto y espíritu de la Convención Americana.

[C146/2006: Juez García Ramírez, párr. 19]

Publicidad judicial y justicia de opinión

Véase: ESTADO DE DERECHO. Debido proceso y garantías § 179

§ 654

La publicidad de los actos del juicio, entre los que figura la sentencia, constituye un rasgo característico del debido proceso en una sociedad democrática. No son pocos los instrumentos internacionales que enuncian en un mismo giro concentrado "fair trial" y "publichearing". Se trata de incorporar en el enjuiciamiento los ojos y los oídos del pueblo –sin perjuicio de que éste intervenga en el juicio mismo, como sucede cuando la causa se tramita ante el jurado– a título de garantía democrática de la buena marcha de la justicia. La observación pública apoya el despacho adecuado de la función jurisdiccional, a condición de que el juzgador mantenga la vista en los hechos y el derecho, que no deben someterse a ninguna "relectura" bajo la presión pública, y sólo consulte a su razón y a su conciencia. Este es otro de los grandes temas de la impartición de justicia en la sociedad democrática, siempre analizado e insuficientemente resuelto en la práctica.

[C132/2005, párr. 23]

§ 655

En la medida en que el oficio jurisdiccional queda a la vista de un creciente número de personas –tanto por los medios de comunicación social como por la práctica de celebrar períodos de sesiones en diversas capitales americanas–, crece la eficacia de la "publicidad", principio del procedimiento y estímulo para el respeto de los derechos del ser humano. Por este medio también se ejerce el control democrático –de los poderes nacionales y de la justicia internacional–, se atiende a la función pedagógica de la jurisdicción de los derechos humanos y se alienta el progreso impulsado por la opinión pública.

[A20/2009: Juez García Ramírez, párr. 76]

§ 656

La garantía de publicidad establecida en el artículo 8.5 de la Convención es un elemento esencial del sistema procesal penal acusatorio en un Estado democrático y se garantiza a través de la realización de la etapa oral en la que el acusado pueda tener inmediación con el juez y las pruebas y que facilite el acceso al público. De esta manera se proscribe la administración de justicia secreta, sometiéndola al escrutinio de las partes y del público, relacionándose con la necesidad de transparencia e imparcialidad de las decisiones tomadas. Siendo un medio que fomenta la confianza en los tribunales de justicia. La publicidad hace referencia específica al acceso a la información del proceso que tengan las partes e incluso los terceros.

[CC275/2013, párr. 217]

Rendición de cuentas

§ 657

Dicho de otro modo, la república se halla atenta, con pleno derecho, a la forma en que sus funcionarios la representan, atienden sus intereses, desempeñan las tareas inherentes a los cargos conferidos, ejercen la autoridad, la influencia o las ventajas que esa representación o esos cargos significan. La confianza que la sociedad otorga –directamente o a través de las designaciones que hacen determinados órganos del Estado– no constituye un "cheque en blanco". Se apoya y renueva en la rendición de cuentas. Esta no constituye un acto solemne y periódico, sino una práctica constante, a través de informaciones, razonamientos, comprobaciones. Obviamente, el ejercicio del escrutinio por medio de la información que se ofrece al público no queda al margen de cualquier responsabilidad: nadie se halla, hoy día, *legibus solutus*. La democracia no significa un mero traslado del capricho de unas manos a otras, que quedarían, finalmente, totalmente desatadas. Pero ya me referí a la posible exigencia de responsabilidades y a la vía para hacerlo.

[C107/2004: Juez García Ramírez, párr. 27]

Secreto de Estado

§ 658

La Corte considera que las actividades de las fuerzas militares y de la policía, y de los demás organismos de seguridad, deben sujetarse rigurosamente a las normas del orden constitucional democrático y a los tratados internacionales de derechos humanos y de Derecho Internacional Humanitario. Esto es especialmente válido respecto a los organismos y las actividades de inteligencia. Estos organismos deben, *inter alia*: a) ser respetuosos, en todo momento, de los derechos fundamentales de la personas, y b) estar sujetos al control de las autoridades civiles, incluyendo no solo las de la rama ejecutiva, sino también las de los otros poderes públicos, en lo pertinente. Las medidas tendientes a controlar las labores de inteligencia deben ser especialmente rigurosas, puesto que, dadas las condiciones de reserva bajo las que se realizan esas actividades, pueden derivar hacia la comisión de violaciones de los derechos humanos y de ilícitos penales, tal y como ocurrió en el presente caso.

[C101/2003, párr. 84]

Secreto profesional

§ 659

El Colegio de Periodistas de Costa Rica, regido por la Ley referida en el párrafo anterior tiene un Código de Ética Profesional, aprobado democráticamente por la mayoría de sus miembros, que ha sido presentado en este proceso durante una de las audiencias. Este Código tiene un Capítulo II denominado "Deberes de los Periodistas para con la Sociedad" del que creo útil citar algunas de sus normas: Artículo 6- El periodista debe estar consciente de la necesidad de su participación activa en la transformación social para promover el respeto a la libertad y la dignidad humana. Debe luchar por la igualdad de todos los hombres sin distinción de raza, sexo, lengua, religión, opinión, origen, posición y estado. Todos los hombres tienen igual e indiscutible derecho a que la sociedad y por ende los medios de comunicación social, respeten la dignidad humana y se esfuercen porque trascienda de la teoría a la práctica. El periodista se esforzará porque se apliquen estos principios. Artículo 7 -Es deber de quien ejerce la profesión de periodista dar cuenta de los hechos con exactitud minuciosa, en forma completa, concisa, clara y con respeto absoluto a la verdad, pensando en todo momento que la noticia debe estar redactada de manera que promueva el bien común. Artículo 10- El periodista debe guardar discreción sobre el origen de la información confidencial que hubiere obtenido, pero nunca invocar al secreto profesional para defender o escudar intereses extraños a los del Estado, a las instituciones democráticas y a los verdaderos valores del bien común.

[A5/1985: Juez Cisneros, párr. 8]

VIII.   PROPIEDAD

Derecho a la pensión nivelada

§ 660

Si bien el derecho a la pensión nivelada es un derecho adquirido, de conformidad con el artículo 21 de la Convención, los Estados pueden poner limitaciones al goce del derecho de propiedad por razones de utilidad pública o interés social. En el caso de los efectos patrimoniales de las pensiones (monto de las pensiones), los Estados pueden reducirlos únicamente por la vía legal adecuada y por los motivos ya indicados. Por su parte, el artículo 5 del Protocolo Adicional a la Convención Americana en materia de Derechos Económicos, Sociales y Culturales (en adelante "Protocolo de San Salvador") sólo permite a los Estados establecer limitaciones y restricciones al goce y ejercicio de los derechos económicos, sociales y culturales, "mediante leyes promulgadas con el objeto de preservar el bienestar general dentro de una sociedad democrática, en la medida que no contradigan el propósito y razón de los mismos". En toda y cualquier circunstancia, si la restricción o limitación afecta el derecho a la propiedad, ésta debe realizarse, además, de conformidad con los parámetros establecidos en el artículo 21 de la Convención Americana.

[C98/2003, párr. 116]

§ 661

En relación con el artículo 26 de la Convención, la Comisión alegó que:[*Omissis*]; b) la obligación establecida en el artículo 26 de la Convención implica que los Estados no pueden adoptar medidas regresivas respecto al grado de desarrollo alcanzado, sin perjuicio de que en supuestos excepcionales y por aplicación analógica del artículo 5 del Protocolo de San Salvador, pudieran justificarse leyes que impongan restricciones y limitaciones a los derechos económicos, sociales y culturales, siempre que hayan sido promulgadas con el objeto de preservar el bienestar general dentro de una sociedad democrática, y que no contradigan el propósito y razón de tales derechos"; y [*Omissis*].

[C98/2003, párr. 142]

Derecho de propiedad y expropiación

Véase: Derecho a la pensión nivelada § 660

§ 662

Por último, cuando se invoca el derecho de propiedad se debe tener presente que el goce y ejercicio del derecho de propiedad trae consigo un cúmulo de deberes, desde los morales y políticos hasta los de índole social. Junto a ellos está el deber jurídico reflejado en las limitaciones impuestas por la ley en un Estado democrático. Según la Convención Americana: "La Ley puede subordinar tal uso y goce al interés social." (Art. 21.1).

[C79/2001: Juez Salgado Pesantes, párr. 5]

§ 663

Ahora bien, cuando la propiedad comunal indígena y la propiedad privada particular entran en contradicciones reales o aparentes, la propia Convención Americana y la jurisprudencia del Tribunal proveen las pautas para definir las restricciones admisibles al goce y ejercicio de estos derechos, a saber: a) deben estar establecidas por ley; b) deben ser necesarias; c) deben ser proporcionales, y d) deben hacerse con el fin de lograr un objetivo legítimo en una sociedad democrática.

[C125/2005, párr. 144; C245/2012, párr. 156]

§ 664

Por el contrario, la restricción que se haga al derecho a la propiedad privada de particulares pudiera ser necesaria para lograr el objetivo colectivo de preservar las identidades culturales en una sociedad democrática y pluralista en el sentido de la Convención Americana; y proporcional, si se hace el pago de una justa indemnización a los perjudicados, de conformidad con el artículo 21.2 de la Convención.

[C125/2005, párr. 148]

§ 665

Por lo expuesto, el Estado deberá identificar ese territorio tradicional y entregarlo de manera gratuita a la Comunidad Yakye Axa, en un plazo máximo de tres años contados a partir de la notificación de la presente Sentencia. En caso de que el territorio tradicional se encuentre en manos privadas, el Estado deberá valorar la legalidad, necesidad y proporcionalidad de la expropiación o no de esas tierras con el fin de lograr un objetivo legítimo en una sociedad democrática, conforme a lo expuesto en los párrafos 144 a 154 de esta Sentencia. Para ello, deberá tomar en cuenta las particularidades propias de la Comunidad indígena Yakye Axa, así como sus valores, usos, costumbres y derecho consuetudinario. Si por motivos objetivos y fundamentados, la reivindicación del territorio ancestral de los miembros de la Comunidad Yakye Axa no fuera posible, el Estado deberá entregarle tierras alternativas, que serán electas de modo consensuado con la Comunidad, conforme a sus propias formas de consulta y decisión, valores, usos y costumbres. En uno u otro caso, la extensión de las tierras deberá ser la suficiente para garantizar el mantenimiento y desarrollo de la propia forma de vida de la Comunidad.

[C125/2005, párr. 217]

§ 666

Por otro lado, como se desprende del texto de la Sentencia de fondo emitida en el presente caso, la Corte previó la posibilidad de que, luego de concluidas las diligencias necesarias, las autoridades estatales competentes establezcan que el territorio tradicional de la Comunidad Yakye Axa corresponde a la totalidad o a una parcialidad de una o más propiedades que se encuentren en manos privadas. En efecto, de presentarse tal supuesto, el párrafo 217 de la Sentencia de fondo dispone que el Estado "deberá valorar la legalidad, necesidad y proporcionalidad de la expropiación o no de esas tierras con el fin de lograr un objetivo legítimo en una sociedad democrática", y que para ello, "deberá tomar en cuenta las particularidades propias de la Comunidad indígena Yakye Axa, así como sus valores, usos, costumbres y derecho consuetudinario".

[C142/2006, párr. 24]

§ 667

Respecto al primer argumento, la Corte considera que el mero hecho de que las tierras reclamadas estén en manos privadas, no constituye *per se* un motivo "objetivo y fundamentado" suficiente para denegar *prima facie* las solicitudes indígenas. En caso contrario, el derecho a la devolución carecería de sentido y no ofrecería una posibilidad real de recuperar las tierras tradicionales, limitándose únicamente a esperar la voluntad de los tenedores actuales, y forzando a los indígenas a aceptar tierras alternativas o indemnizaciones pecuniarias. Sobre el particular, la Corte ha señalado que cuando existan conflictos de intereses en las reivindicaciones indígenas, habrá de valorarse caso por caso la legalidad, necesidad, proporcionalidad y el logro de un objetivo legítimo en una sociedad democrática (utilidad pública e interés social), para restringir el derecho de propiedad privada, por un lado, o el derecho a las tierras tradicionales, por el otro. El contenido de cada uno de estos parámetros ya fue definido por el Tribunal en el Caso *Comunidad indígena Yakye Axa*, por lo que hace remisión expresa a lo ya resuelto.

[C146/2006, párr. 138]

§ 668

En tal sentido, conforme a la jurisprudencia del Tribunal, el Estado deberá valorar la posibilidad de compra o la legalidad, necesidad y proporcionalidad de la expropiación de esas tierras con el fin de lograr un objetivo legítimo en una sociedad democrática, conforme a lo reiterado en los párrafos 135 a 141 de esta Sentencia y los párrafos 143 a 151 de la sentencia emitida por el Tribunal en el Caso *Comunidad indígena Yakye Axa*. Si por motivos objetivos y fundamentados, la devolución de las tierras ancestrales a los miembros de la Comunidad Sawhoyamaxa no fuera posible, el Estado deberá entregarles tierras alternativas, electas de modo consensuado con la comunidad indígena en cuestión, conforme a sus propias formas de consulta y decisión, valores, usos y costumbres. En uno u otro caso, la extensión y calidad de las tierras deberán ser las suficientes para garantizar el mantenimiento y desarrollo de la propia forma de vida de la Comunidad.

[C146/2006, párr. 212]

§ 669

La Corte Europea de Derechos Humanos, en casos sobre hechos similares a los del caso *sub judice*, ha tratado el tema de la propiedad privada conjuntamente con el derecho al respeto de la vida privada y familiar y del domicilio, lo cual es garantizado por el artículo 8 del Convenio Europeo de Derechos Humanos.

[C148/2006, párr. 195]

§ 670

No obstante, la protección del derecho a la propiedad conforme al artículo 21 de la Convención no es absoluta y, por lo tanto, no permite una interpretación así de estricta. Aunque la Corte reconoce la interconexión entre el derecho de los miembros de los pueblos indígenas y tribales al uso y goce de sus tierras y el derecho a esos recursos necesarios para su supervivencia, dichos derechos a la propiedad, como muchos otros de los derechos reconocidos en la Convención, están sujetos a ciertos límites y restricciones. En este sentido, el artículo 21 de la Convención establece que "la ley podrá subordinar [el] uso y goce de [los bienes] a los intereses de la sociedad". Por ello, la Corte ha sostenido en otras ocasiones que, de conformidad con el artículo 21 de la Convención, el Estado podrá restringir el uso y goce del derecho a la propiedad siempre que las restricciones: a) hayan sido previamente establecidas por ley; b) sean necesarias; c) proporcionales y d) que tengan el fin de lograr un objetivo legítimo en una sociedad democrática. En consonancia con esta disposición, el Estado podrá restringir, bajo ciertas condiciones, los derechos de los integrantes del pueblo Saramaka a la propiedad, incluidos sus derechos sobre los recursos naturales que se encuentren en el territorio.

[C172/2007, párr. 127]

§ 671

El derecho a la propiedad privada debe ser entendido dentro del contexto de una sociedad democrática donde para la prevalencia del bien común y los derechos colectivos deben existir medidas proporcionales que garanticen los derechos individuales. La función social de la propiedad es un elemento fundamental para el funcionamiento de la misma, y es por ello que el Estado, a fin de garantizar otros derechos fundamentales de vital relevancia para una sociedad específica, puede limitar o restringir el derecho a la propiedad privada, respetando siempre los supuestos contenidos en la norma del artículo 21 de la Convención, y los principios generales del derecho internacional.

[C179/2008, párr. 60]

§ 672

A este respecto, la Corte ha considerado que no es necesario que toda causa de privación o restricción al derecho a la propiedad esté señalada en la ley, sino que es preciso que esa ley y su aplicación respeten el contenido esencial del derecho a la propiedad privada. Este derecho supone que toda limitación a éste deba ser excepcional. De la excepcionalidad se deriva que toda medida de restricción debe ser necesaria para la consecución de un objetivo legítimo en una sociedad democrática, de conformidad con el propósito y fin de la Convención Americana. Por lo tanto, es necesario analizar la legitimidad de la utilidad pública y el trámite o proceso que se empleó para perseguir dicho fin.

[C179/2008, párr. 65]

§ 673

Las razones de utilidad pública e interés social a que se refiere la Convención comprenden todos aquellos bienes que por el uso a que serán destinados, permitan el mejor desarrollo de una sociedad democrática. Para tal efecto, los Estados deberán emplear todos los medios a su alcance para afectar en menor medida otros derechos, y por tanto asumir las obligaciones que esto conlleve de acuerdo a la Convención.

[C179/2008, párr. 73]

§ 674

Respecto a la justa indemnización, la Corte estableció en su Sentencia de 6 de mayo de 2008 que, en casos de expropiación, además de tomar como elemento de referencia el valor comercial del bien objeto de la expropiación anterior a la declaratoria de utilidad pública, se debe atender "el justo equilibrio entre el interés general y el interés particular". Así, el Tribunal refirió que "a fin de que el Estado pueda satisfacer legítimamente un interés social y encontrar [dicho] justo equilibrio […,] debe utilizar los medios proporcionales a fin de vulnerar en la menor medida el derecho a la propiedad de la persona objeto de la restricción". Para ello, resulta indispensable observar las "justas exigencias" de una "sociedad democrática", valorar los distintos intereses en juego y las necesidades de preservar el objeto y fin de la Convención. Todo ello será ponderado al momento de fijar el valor del bien como justa indemnización, en particular respecto de bienes que tienen un carácter ambiental.

[C230/2011, párr. 76]

Derecho de propiedad, vida privada y domicilio

Véase: Derecho de propiedad y expropiación § 669

Derechos sociales

Véase: DEMOCRACIA E INSTITUCIONES: Carta Democrática Interamericana §§ 14, 24, 29

DERECHOS INMATERIALES O DE LA PERSONALIDAD: Libertad de pensamiento y expresión § 536

DERECHOS POLÍTICOS, DE ASOCIACIÓN Y DE PARTICIPACIÓN CIUDADANA: Derecho a la participación ciudadana §§ 584, 586

§ 675

El Tribunal Interamericano no puede quedar al margen del debate contemporáneo sobre los derechos sociales fundamentales –que tienen un largo camino andado en la historia de los derechos humanos–, y que son motivo de continua transformación para su plena realización y efectividad en las democracias constitucionales de nuestros días.

[C261/2013, Voto Juez Ferrer Mc-Gregor, párr. 105]

Justo equilibrio entre intereses opuestos

Véase: Derecho de propiedad y expropiación § 674

§ 676

Al considerar el tema de las restricciones al derecho a la propiedad privada en una sociedad democrática, se debería haber analizado no sólo los criterios de utilidad pública o interés social así como el del pago de una justa indemnización, sino también el de "justo equilibrio entre el interés general y el interés particular" a la hora de determinar la procedencia de una expropiación como en el caso concreto, a la luz del artículo 21.2 de la Convención Americana sobre Derechos Humanos. La sentencia se refiere brevemente al tema en los párrafos 63, 96 y 98.

[C179/2008: Voto Juez Ventura Robles, s/párr.]

§ 677

La necesidad de desarrollar ampliamente el concepto de "justo equilibrio entre el interés general y el interés particular", es útil tanto para la determinación de la vulneración del derecho a la propiedad privada, derivada de la falta de proporcionalidad en los medios empleados por el Estado para restringir tal derecho, así como para la valoración de una justa indemnización en cada caso concreto, tomando en cuenta las circunstancias particulares del caso, para lo cual el concepto de "fair balance" es un tema imprescindible. En mi opinión en el texto de la Sentencia de la Corte en el presente caso, debió haberse incluido el desarrollo siguiente sobre dicho concepto de justo equilibrio:

Justo equilibrio entre el interés general y el interés particular

Tanto la Comisión como los representantes coincidieron en señalar que la privación a la cual fueron sometidos los hermanos Salvador Chiriboga fue totalmente desproporcionada al objeto que se perseguía, teniendo inclusive que soportar una carga excesiva, la cual se deriva de todos los pagos de impuestos indebidos en los que ha tenido que incurrir y sigue incurriendo la señora Salvador Chiriboga.

A su vez, el Estado manifestó que los procedimientos seguidos con el objeto de expropiar el inmueble de la señora Salvador Chiriboga fueron llevados de buena fe. Además, señaló que el respeto al derecho a la propiedad privada se garantiza en una sociedad democrática en la medida en que ésta se ejerza de acuerdo a las limitaciones establecidas en la ley, situación que entiende se verifica en el presente caso, toda vez que, la expropiación del predio de la presunta víctima se enmarca en la consideración de ciertas áreas de protección ecológica con el objeto de compensar el déficit de áreas verdes en la Ciudad de Quito. Motivo que a juicio del Estado puede ser considerado como una justificación aún mayor a la limitación del derecho a la propiedad. Por otro lado, reconoció el error en el cobro indebido de los impuestos y las sanciones a la señora Salvador Chiriboga.

Este Tribunal reitera que cuando un Estado invoque razones de interés general o bien común para limitar derechos humanos, las mencionadas razones deberán ser objeto de una interpretación estrictamente ceñida a las "justas exigencias" de una "sociedad democrática", en donde se tenga en cuenta el equilibrio entre los distintos intereses en juego y las necesidades de preservar el objeto y fin de la Convención. Específicamente, la Corte considera que la facultad del Estado para limitar el derecho a la propiedad requiere de un equilibrio entre el interés general y el del propietario. Por lo tanto, el Estado debe utilizar los medios menos gravosos a fin de reducir la vulneración de los derechos del afectado.

§ 676 [C179/2008: Voto Juez Ventura Robles, s/párr.]

Propiedad comunal indígena y derecho a las tierras tradicionales (Derechos históricos)

Véase: Derecho de propiedad y expropiación §§ 661, 663, 664, 665, 666

§ 678

La Corte Interamericana ha señalado que cuando los Estados imponen limitaciones o restricciones al ejercicio del derecho de los pueblos indígenas a la propiedad sobre sus tierras, territorios y recursos naturales deben respetar ciertas pautas. Así, "cuando la propiedad comunal indígena y la propiedad privada particular entran en contradicciones reales o aparentes, la Convención Americana y la jurisprudencia del Tribunal proveen las pautas para definir las restricciones admisibles", las cuales deben ser establecidas por ley, ser necesarias, proporcionales y con el fin de lograr un objetivo legítimo en una sociedad democrática sin implicar una denegación de la subsistencia como pueblo. Asimismo, el Tribunal ha precisado que tratándose de recursos naturales que se encuentran en el territorio de una comunidad indígena, además de los criterios mencionados, se exige al Estado que verifique que dichas restricciones no impliquen una denegación de la subsistencia del propio pueblo indígena.

[C245/2012, párr. 156]

§ 679

La Corte observa, entonces, que la estrecha relación de las comunidades indígenas con su territorio tiene en general un componente esencial de identificación cultural basado en sus propias cosmovisiones, que como actores sociales y políticos diferenciados en sociedades multiculturales deben ser especialmente reconocidos y respetados en una sociedad democrática. El reconocimiento del derecho a la consulta de las comunidades y pueblos indígenas y tribales está cimentado, entre otros, en el respeto a sus derechos a la cultura propia o identidad cultural (*infra* párrs. 212 a 217), los cuales deben ser garantizados, particularmente, en una sociedad pluralista, multicultural y democrática (*)

(*) En relación con esto, a modo de ejemplo, en su Sentencia C-169/01 la Corte Constitucional de Colombia afirmó: "Ya ha dicho la Corte que el pluralismo establece las condiciones para que los contenidos axiológicos de la democracia constitucional tengan lugar y fundamento democrático. Dicho sintéticamente, la opción popular y libre por los mejores valores, está justificada formalmente por la posibilidad de escoger sin restricción otros valores, y materialmente por la realidad de una ética superior" (sentencia C-089/94, *ibídem*). En la misma oportunidad, se señaló que la democratización del Estado y de la sociedad que prescribe la Constitución, se encuentra ligada a un esfuerzo progresivo de construcción histórica, durante el cual es indispensable que la esfera de lo público, y con ella el sistema político, estén abiertos al reconocimiento constante de nuevos actores sociales. En consecuencia, sólo puede hablarse de una verdadera democracia, representativa y participativa, allí donde la composición formal y material del sistema guarda una correspondencia adecuada con las diversas fuerzas que conforman la sociedad, y les permite, a todas ellas, participar en la adopción de las decisiones que les conciernan. Ello es especialmente importante en un Estado Social de Derecho, que se caracteriza por presuponer la existencia de una profunda interrelación entre los espacios, tradicionalmente separados, del "Estado" y la "Sociedad Civil", y que pretende superar la concepción tradicional de la democracia, vista simplemente como el gobierno formal de las mayorías, para acoplarse mejor a la realidad e incluir dentro del debate público, en tanto sujetos activos, a los distintos grupos sociales, minoritarios o en proceso de consolidación, fomentando así su participación en los procesos de toma de decisiones a todo nivel".

[C245/2012, párr. 159]

§ 680

En cuanto a lo planteado por la Comisión Interamericana y los representantes sobre la alegada violación de los artículos 13, 23 y 26 de la Convención, la Corte coincide con la Comisión en cuanto a que, en asuntos como el presente, el acceso a la información es vital para un adecuado ejercicio del control democrático de la gestión estatal respecto de las actividades de exploración y explotación de los recursos naturales en el territorio de las comunidades indígenas, un asunto de evidente interés público. Sin embargo, la Corte considera que en el presente caso los hechos han sido suficientemente analizados, y las violaciones conceptualizadas, bajo los derechos a la propiedad comunal, a la consulta y a la identidad cultural del Pueblo Sarayaku, en los términos del artículo 21 de la Convención, en relación con los artículos 1.1 y 2 de la misma, por lo que no se pronuncia sobre la alegada violación de aquellas normas.

[C245/2012, párr. 230]

Restricciones a la propiedad

§ 681

Cualquier iniciativa cuyo propósito sea restringir los derechos de propiedad de los miembros del pueblo Saramaka debe sujetarse a los estrictos requisitos establecidos por la Corte en la Sentencia y en la jurisprudencia del Tribunal. En el contexto de restricciones a los derechos de propiedad en general, la Corte ha sostenido previamente que:

de conformidad con el artículo 21 de la Convención, el Estado podrá restringir el uso y goce del derecho a la propiedad siempre que las restricciones: a) hayan sido previamente establecidas por ley; b) sean necesarias; c) proporcionales y d) que tengan el fin de lograr un objetivo legítimo en una sociedad democrática.

[C185/2008, párr. 34]

ÍNDICE DE LAS OPINIONES CONSULTIVAS Y SENTENCIAS DE LA CORTE INTERAMERICANA DE DERECHOS HUMANOS

1. *Opiniones Consultivas (Serie A)*

Corte IDH. Asunto de Viviana Gallardo y otras. Decisión del 13 de noviembre de 1983. Serie A, n° 10181.

Corte IDH. "Otros Tratados" Objeto de la Función Consultiva de la Corte (art. 64 Convención Americana sobre Derechos Humanos). Opinión consultiva OC-1/82 del 24 de septiembre de 1982. Serie A, n° 1.

Corte IDH. El Efecto de las Reservas sobre la Entrada en Vigencia de la Convención Americana sobre Derechos Humanos. Opinión Consultiva OC-2/82 del 24 de septiembre de 1982. Serie A, n° 2.

Corte IDH. Restricciones a la Pena de Muerte (Arts. 4.2 y 4.4 Convención Americana sobre Derechos Humanos). Opinión Consultiva OC-3/83 del 8 de septiembre de 1983. Serie A, n° 3.

Corte IDH. Propuesta de Modificación a la Constitución Política de Costa Rica Relacionada con la Naturalización. Opinión Consultiva OC-4/84 del 19 de enero de 1984. Serie A, n° 4.

Corte IDH. La Colegiación Obligatoria de Periodistas (Arts. 13 y 29 Convención Americana sobre Derechos Humanos). Opinión Consultiva OC-5/85 del 13 de noviembre de 1985. Serie A, n° 5.

Corte IDH. La Expresión "Leyes" en el Artículo 30 de la Convención Americana sobre Derechos Humanos. Opinión Consultiva OC-6/86 del 9 de mayo de 1986. Serie A, n° 6.

Corte IDH. Exigibilidad del Derecho de Rectificación o Respuesta (arts. 14.1, 1.1 y 2 Convención Americana sobre Derechos Humanos). Opinión Consultiva OC-7/86 del 29 de agosto de 1986. Serie A, n° 7.

Corte IDH. El *Hábeas corpus* Bajo Suspensión de Garantías (arts. 27.2, 25.1 y 7.6 Convención Americana sobre Derechos Humanos). Opinión Consultiva OC-8/87 del 30 de enero de 1987. Serie A, n° 8.

Corte IDH. Garantías Judiciales en Estados de Emergencia (arts. 27.2, 25 y 8 Convención Americana sobre Derechos Humanos). Opinión Consultiva OC-9/87 del 6 de octubre de 1987. Serie A, n° 9.

Corte IDH. Interpretación de la Declaración Americana de los Derechos y Deberes del Hombre en el Marco del Artículo 64 de la Convención Americana sobre Derechos Humanos. Opinión Consultiva OC-10/89 del 14 de julio de 1989. Serie A, n° 10.

Corte IDH. Excepciones al Agotamiento de los Recursos Internos (arts. 46.1, 46.2.a y 46.2.b, Convención Americana sobre Derechos Humanos). Opinión Consultiva OC-11/90 del 10 de agosto de 1990. Serie A, n° 11.

Corte IDH. Compatibilidad de un Proyecto de ley con el artículo 8.2.h de la Convención Americana sobre Derechos Humanos. Opinión Consultiva OC-12/91 del 6 de diciembre de 1991. Serie A, n° 12.

Corte IDH. Ciertas Atribuciones de la Comisión Interamericana de Derechos Humanos (arts. 41, 42, 44, 46, 47, 50 y 51 Convención Americana sobre Derechos Humanos). Opinión Consultiva OC-13/93 del 16 de julio de 1993. Serie A, n° 13.

Corte IDH. Responsabilidad Internacional por Expedición y Aplicación de Leyes Violatorias de la Convención (arts. 1 y 2 Convención Americana sobre Derechos Humanos). Opinión Consultiva OC-14/94 del 9 de diciembre de 1994. Serie A, n° 14.

Corte IDH. Informes de la Comisión Interamericana de Derechos Humanos (Art. 51 Convención Americana sobre Derechos Humanos). Opinión Consultiva OC-15/97 del 14 de noviembre de 1997. Serie A, n° 15.

Corte IDH. El Derecho a la Información sobre la Asistencia Consular en el Marco de las Garantías del Debido Proceso Legal. Opinión Consultiva OC-16/99 del 1 de octubre de 1999. Serie A, n° 16.

Corte IDH. Condición Jurídica y Derechos Humanos del Niño. Opinión Consultiva OC-17/02 del 28 de agosto de 2002. Serie A, n° 17.

Corte IDH. Condición Jurídica y Derechos de los Migrantes Indocumentados. Opinión Consultiva OC-18/03 del 17 de septiembre de 2003. Serie A, n° 18.

Corte IDH. Control de Legalidad en el Ejercicio de las Atribuciones de la Comisión Interamericana de Derechos Humanos (Arts. 41 y 44 a 51 de la Convención Americana sobre Derechos Humanos). Opinión Consultiva OC-19/05 del 28 de noviembre de 2005. Serie A, n° 19.

Corte IDH. Artículo 55 de la Convención Americana de Derechos Humanos. Opinión Consultiva OC-20/09 de 29 de septiembre de 2009. Serie A, n° 20.

2. Sentencias (Serie C)

Corte I.D.H., Caso *Velásquez Rodríguez vs. Honduras*. Excepciones Preliminares. Sentencia de 26 de junio de 1987. Serie C, n° 1.

Corte I.D.H., Caso *Fairén Garbi y Solís Corrales vs. Honduras*. Excepciones Preliminares. Sentencia de 26 de junio de 1987. Serie C, n° 2.

Corte I.D.H., Caso *Godínez Cruz. Excepciones Preliminares.* Sentencia de 26 de junio de 1987. Serie C, n° 3.

Corte I.D.H., Caso *Velásquez Rodríguez vs. Honduras.* Sentencia de 29 de julio de 1988. Serie C, n° 4.

Corte I.D.H., Caso *Godínez Cruz vs. Honduras.* Sentencia de 20 de enero de 1989. Serie C, n° 5.

Corte I.D.H., Caso *Fairén Garbi y Solís Corrales vs. Honduras.* Sentencia de 15 de marzo de 1989. Serie C, n° 6.

Corte I.D.H., Caso *Velásquez Rodríguez vs. Honduras.* Indemnización Compensatoria (art. 63.1 Convención Americana sobre Derechos Humanos). Sentencia de 21 de julio de 1989. Serie C, n° 7.

Corte I.D.H., Caso *Godínez Cruz vs. Honduras.* Indemnización Compensatoria (art. 63.1 Convención Americana sobre Derechos Humanos). Sentencia de 21 de julio de 1989. Serie C, n° 8.

Corte I.D.H., Caso *Velásquez Rodríguez vs. Honduras.* Interpretación de la Sentencia de Indemnización Compensatoria (art. 67 Convención Americana sobre Derechos Humanos). Sentencia de 17 de agosto de 1990. Serie C, n° 9.

Corte I.D.H., Caso *Godínez Cruz vs. Honduras.* Interpretación de la Sentencia de Indemnización Compensatoria (art. 67 Convención Americana sobre Derechos Humanos). Sentencia de 17 de agosto de 1990. Serie C, n° 10.

Corte I.D.H., Caso *Aloeboetoe y otros vs. Surinam.* Sentencia de 4 de diciembre de 1991. Serie C, n° 11.

Corte I.D.H., Caso *Gangaram Panday vs. Surinam.* Excepciones Preliminares. Sentencia de 4 de diciembre de 1991. Serie C, n° 12.

Corte I.D.H., Caso *Neira Alegría y otros vs. Perú.* Excepciones Preliminares. Sentencia de 11 de diciembre de 1991. Serie C, n° 13.

Corte I.D.H., Caso *Cayara vs. Perú.* Excepciones Preliminares. Sentencia de 3 de febrero de 1993. Serie C, n° 14.

Corte I.D.H., Caso *Aloeboetoe y otros vs. Surinam.* Reparaciones (art. 63.1 Convención Americana sobre Derechos Humanos). Sentencia de 10 de septiembre de 1993. Serie C, n° 15.

Corte I.D.H., Caso *Gangaram Panday vs. Surinam.* Sentencia de 21 de enero de 1994. Serie C, n° 16.

Corte I.D.H., Caso *Caballero Delgado y Santana vs. Colombia.* Excepciones Preliminares. Sentencia de 21 de enero de 1994. Serie C, n° 17.

Corte I.D.H., Caso *Maqueda vs. Argentina.* Resolución de 17 de enero de 1995. Serie C, n° 18.

Corte I.D.H., Caso *El Amparo vs. Venezuela*. Sentencia de 18 de enero de 1995. Serie C, n° 19.

Corte I.D.H., Caso *Neira Alegría y otros vs. Perú*. Sentencia de 19 de enero de 1995. Serie C, n° 20.

Corte I.D.H., Caso *Genie Lacayo vs. Nicaragua*. Excepciones Preliminares. Sentencia de 27 de enero de 1995. Serie C, n° 21.

Corte I.D.H., Caso *Caballero Delgado y Santana vs. Colombia*. Sentencia de 8 de diciembre de 1995. Serie C, n° 22.

Corte I.D.H., Caso de la *"Panel Blanca" (Paniagua Morales y otros) vs. Guatemala*. Excepciones Preliminares. Sentencia del 25 de enero de 1996. Serie C, n° 23.

Corte I.D.H., Caso *Castillo Páez vs. Perú*. Excepciones Preliminares. Sentencia de 30 de enero de 1996. Serie C, n° 24.

Corte I.D.H., Caso *Loayza Tamayo vs. Perú*. Excepciones Preliminares. Sentencia de 31 de enero de 1996. Serie C, n° 25.

Corte I.D.H., Caso *Garrido y Baigorria vs. Argentina*. Sentencia de 2 de febrero de 1996. Serie C, n° 26.

Corte I.D.H., Caso *Blake vs. Guatemala*. Excepciones Preliminares. Sentencia de 2 de julio de 1996. Serie C, n° 27.

Corte I.D.H., Caso *El Amparo vs. Venezuela*. Reparaciones (art. 63.1 Convención Americana sobre Derechos Humanos). Sentencia de 14 de septiembre de 1996. Serie C, n° 28.

Corte I.D.H., Caso *Neira Alegría y otros vs. Perú*. Reparaciones (art. 63.1 Convención Americana sobre Derechos Humanos). Sentencia de 19 de septiembre de 1996. Serie C, n° 29.

Corte I.D.H., Caso *Genie Lacayo vs. Nicaragua*. Sentencia del 29 de enero de 1997. Serie C, n° 30.

Corte I.D.H., Caso *Caballero Delgado y Santana vs. Colombia*. Reparaciones (art. 63.1 Convención Americana sobre Derechos Humanos). Sentencia de 29 de enero de 1997. Serie C, n° 31.

Corte I.D.H., Caso de los *"Niños de la Calle" (Villagrán Morales y otros) vs. Guatemala*. Excepciones Preliminares. Sentencia de 11 de septiembre de 1997. Serie C, n° 32.

Corte I.D.H., Caso *Loayza Tamayo vs. Perú*. Sentencia de 17 de septiembre de 1997. Serie C, n° 33.

Corte I.D.H., Caso *Castillo Páez vs. Perú*. Sentencia de 3 de noviembre de 1997. Serie C, n° 34.

Corte I.D.H., Caso *Suárez Rosero vs. Ecuador*. Sentencia de 12 de noviembre de 1997. Serie C, n° 35.

Corte I.D.H., Caso *Blake vs. Guatemala*. Sentencia de 24 de enero de 1998. Serie C, n° 36.

Corte I.D.H., Caso de la *"Panel Blanca" (Paniagua Morales y otros) vs. Guatemala*. Sentencia de 8 de marzo de 1998. Serie C, n° 37.

Corte I.D.H., Caso *Benavides Cevallos vs. Ecuador*. Sentencia de 19 de junio de 1998. Serie C, n° 38.

Corte I.D.H., Caso *Garrido y Baigorria vs. Argentina*. Reparaciones (art. 63.1 Convención Americana sobre Derechos Humanos). Sentencia de 27 de agosto de 1998. Serie C, n° 39.

Corte I.D.H., Caso *Cantoral Benavides vs. Perú*. Excepciones Preliminares. Sentencia de 3 de septiembre de 1998. Serie C, n° 40.

Corte I.D.H., Caso *Castillo Petruzzi y otros vs. Perú*. Excepciones Preliminares. Sentencia de 4 de septiembre de 1998. Serie C, n° 41.

Corte I.D.H., Caso *Loayza Tamayo vs. Perú*. Reparaciones (art. 63.1 Convención Americana sobre Derechos Humanos). Sentencia de 27 de noviembre de 1998. Serie C, n° 42.

Corte I.D.H., Caso *Castillo Páez vs. Perú*. Reparaciones (art. 63.1 Convención Americana sobre Derechos Humanos). Sentencia de 27 de noviembre de 1998. Serie C, n° 43.

Corte I.D.H., Caso *Suárez Rosero vs. Ecuador*. Reparaciones (art. 63.1 Convención Americana sobre Derechos Humanos). Sentencia de 20 de enero de 1999. Serie C, n° 44.

Corte I.D.H., Caso *Genie Lacayo vs. Nicaragua*. Solicitud de Revisión de la Sentencia de 29 de enero de 1997. Resolución de la Corte de 13 de septiembre de 1997. Serie C, n° 45.

Corte I.D.H., Caso *El Amparo vs. Venezuela*. Solicitud de Interpretación de la Sentencia de 14 de septiembre de 1996. Resolución de la Corte de 16 de abril de 1997. Serie C, n° 46.

Corte I.D.H., Caso *Loayza Tamayo vs. Perú*. Solicitud de Interpretación de la Sentencia de 17 de septiembre de 1997. Resolución de la Corte de 8 de marzo de 1998. Serie C, n° 47.

Corte I.D.H., Caso *Blake vs. Guatemala*. Reparaciones (art. 63.1 Convención Americana sobre Derechos Humanos). Sentencia de 22 de enero de 1999. Serie C, n° 48.

Corte I.D.H., Caso *Cesti Hurtado vs. Perú*. Excepciones Preliminares. Sentencia de 26 de enero de 1999. Serie C, n° 49.

Corte I.D.H., Caso *Durand y Ugarte vs. Perú*. Excepciones Preliminares. Sentencia de 28 de mayo de 1999. Serie C, n° 50.

Corte I.D.H., Caso *Suárez Rosero vs. Ecuador*. Interpretación de la Sentencia sobre Reparaciones. (art. 67 Convención Americana sobre Derechos Humanos). Sentencia de 29 de mayo de 1999. Serie C, n° 51.

Corte I.D.H., Caso *Castillo Petruzzi y otros vs. Perú*. Sentencia de 30 de mayo de 1999. Serie C, n° 52.

Corte I.D.H., Caso *Loayza Tamayo vs. Perú*. Interpretación de la Sentencia sobre Reparaciones (art. 67 Convención Americana sobre Derechos Humanos). Sentencia de 3 de junio de 1999. Serie C, n° 53.

Corte I.D.H., Caso *Ivcher Bronstein vs. Perú*. Competencia. Sentencia de 24 de septiembre de 1999. Serie C, n° 54.

Corte I.D.H., Caso del *Tribunal Constitucional vs. Perú*. Competencia. Sentencia de 24 de septiembre de 1999. Serie C, n° 55.

Corte I.D.H., Caso *Cesti Hurtado vs. Ecuador*. Sentencia de 29 de septiembre de 1999. Serie C, n° 56.

Corte I.D.H., Caso *Blake vs. Guatemala*. Interpretación de la Sentencia sobre Reparaciones (art. 67 Convención Americana sobre Derechos Humanos). Sentencia de 1 de octubre de 1999. Serie C, n° 57.

Corte I.D.H., Caso del *Caracazo vs. Venezuela*. Sentencia de 11 de noviembre de 1999. Serie C, n° 58.

Corte I.D.H., Caso *Castillo Petruzzi y otros vs. Perú*. Cumplimiento de sentencia. Resolución de 17 de noviembre de 1999. Serie C, n° 59.

Corte I.D.H., Caso *Loayza Tamayo vs. Perú*. Cumplimiento de sentencia. Resolución de 17 de noviembre de 1999. Serie C, n° 60.

Corte I.D.H., Caso *Baena Ricardo y otros vs. Panamá*. Excepciones Preliminares. Sentencia de 18 de noviembre de 1999. Serie C, n° 61.

Corte I.D.H., Caso *Cesti Hurtado vs. Ecuador*. Solicitud de Interpretación de la Sentencia de 29 de septiembre de 1999. Resolución de la Corte de 19 de noviembre de 1999. Serie C, n° 62.

Corte I.D.H., Caso de los *"Niños de la Calle" (Villagrán Morales y otros) vs. Guatemala*. Sentencia de 19 de noviembre de 1999. Serie C, n° 63.

Corte I.D.H., Caso *Trujillo Oroza vs. Bolivia*. Sentencia de 26 de enero de 2000. Serie C, n° 64.

Corte I.D.H., Caso *Cesti Hurtado vs. Perú*. Interpretación de la Sentencia de Fondo. (art. 67 Convención Americana sobre Derechos Humanos). Sentencia de 29 de enero de 2000. Serie C, n° 65.

Corte I.D.H., Caso de la *Comunidad Mayagna (Sumo) Awas Tingni vs. Nicaragua.* Excepciones Preliminares. Sentencia de 1 de febrero de 2000. Serie C, n° 66.

Corte I.D.H., Caso *Las Palmeras vs. Colombia.* Excepciones Preliminares. Sentencia de 4 de febrero de 2000. Serie C, n° 67.

Corte I.D.H., Caso *Durand y Ugarte vs. Perú.* Sentencia de 16 de agosto de 2000. Serie C, n° 68.

Corte I.D.H., Caso *Cantoral Benavides vs. Perú.* Sentencia de 18 de agosto de 2000. Serie C, n° 69.

Corte I.D.H., Caso *Bámaca Velásquez vs. Guatemala.* Sentencia de 25 de noviembre de 2000. Serie C, n° 70.

Corte I.D.H., Caso del *Tribunal Constitucional vs. Perú.* Sentencia de 31 de enero de 2001. Serie C, n° 71.

Corte I.D.H., Caso *Baena Ricardo y otros vs. Panamá.* Sentencia de 2 de febrero de 2001. Serie C, n° 72.

Corte I.D.H., Caso *"La Última Tentación de Cristo" vs. Chile* (Olmedo Bustos y otros). Sentencia de 5 de febrero de 2001. Serie C, n° 73.

Corte I.D.H., Caso *Ivcher Bronstein vs. Perú.* Sentencia de 6 de febrero de 2001. Serie C, n° 74.

Corte I.D.H., Caso *Barrios Altos vs. Perú.* Sentencia de 14 de marzo de 2001. Serie C, n° 75.

Corte I.D.H., Caso de la *"Panel Blanca" (Paniagua Morales y otros) vs. Guatemala.* Reparaciones (art. 63.1 Convención Americana sobre Derechos Humanos). Sentencia de 25 de mayo de 2001. Serie C, n° 76.

Corte I.D.H., Caso de *los "Niños de la Calle" (Villagrán Morales y otros) vs. Guatemala.* Reparaciones (art. 63.1 Convención Americana sobre Derechos Humanos). Sentencia de 26 de mayo de 2001. Serie C, n° 77.

Corte I.D.H., Caso *Cesti Hurtado vs. Perú.* Reparaciones (art. 63.1 Convención Americana sobre Derechos Humanos). Sentencia de31 de mayo de 2001. Serie C, n° 78.

Corte I.D.H., Caso de la *Comunidad Mayagna (Sumo) Awas Tingni vs. Nicaragua.* Sentencia de 31 de agosto de 2001. Serie C, n° 79.

Corte I.D.H., Caso *Hilaire vs. Trinidad y Tobago.* Excepciones Preliminares. Sentencia de 1 de septiembre de 2001. Serie C, n° 80.

Corte I.D.H., Caso *Benjamin y otros vs. Trinidad y Tobago.* Excepciones Preliminares. Sentencia de 1 de septiembre de 2001. Serie C, n° 81.

Corte I.D.H., Caso *Constantine y otros vs. Trinidad y Tobago*. Excepciones Preliminares. Sentencia de 1 de septiembre de 2001. Serie C, n° 82.

Corte I.D.H., Caso *Barrios Altos vs. Perú*. Interpretación de la Sentencia de Fondo. (art. 67 Convención Americana sobre Derechos Humanos). Sentencia de 3 de septiembre de 2001. Serie C, n° 83.

Corte I.D.H., Caso *Ivcher Bronstein vs. Perú*. Interpretación de la Sentencia de Fondo. (art. 67 Convención Americana sobre Derechos Humanos). Sentencia de 4 de septiembre de 2001. Serie C, n° 84.

Corte I.D.H., Caso *Cantos vs. Argentina*. Excepciones Preliminares. Sentencia de 7 de septiembre de 2001. Serie C, n° 85.

Corte I.D.H., Caso *Cesti Hurtado vs. Perú*. Interpretación de la Sentencia de Reparaciones. (art. 67 Convención Americana sobre Derechos Humanos). Sentencia de 27 de noviembre de 2001. Serie C, n° 86.

Corte I.D.H., Caso *Barrios Altos vs. Perú*. Reparaciones (art. 63.1 Convención Americana sobre Derechos Humanos). Sentencia de 30 de noviembre de 2001. Serie C, n° 87.

Corte I.D.H., Caso *Cantoral Benavides vs. Perú*. Reparaciones (art. 63.1 Convención Americana sobre Derechos Humanos). Sentencia de 3 de diciembre de 2001. Serie C, n° 88.

Corte I.D.H., Caso *Durand y Ugarte vs. Perú*. Reparaciones (art. 63.1 Convención Americana sobre Derechos Humanos). Sentencia de 3 de diciembre de 2001. Serie C, n° 89.

Corte I.D.H., Caso *Las Palmeras vs. Colombia*. Sentencia de 6 de diciembre de 2001. Serie C, n° 90.

Corte I.D.H., Caso *Bámaca Velásquez vs. Guatemala*. Reparaciones (art. 63.1 Convención Americana sobre Derechos Humanos). Sentencia de 22 de febrero de 2002. Serie C, n° 91.

Corte I.D.H., Caso *Trujillo Oroza vs. Bolivia*. Reparaciones (art. 63.1 Convención Americana sobre Derechos Humanos). Sentencia de 27 de febrero de 2002. Serie C, n° 92.

Corte I.D.H., Caso de los *19 Comerciantes vs. Colombia*. Excepción Preliminar. Sentencia de 12 de junio de 2002. Serie C, n° 93.

Corte I.D.H., Caso *Hilaire, Constantine y Benjamin y otros vs. Trinidad y Tobago*. Sentencia de 21 de junio de 2002. Serie C, n° 94.

Corte I.D.H., Caso del *Caracazo vs. Venezuela*. Reparaciones (art. 63.1 Convención Americana sobre Derechos Humanos). Sentencia de 29 de agosto de 2002. Serie C, n° 95.

Corte I.D.H., Caso *Las Palmeras vs. Colombia*. Reparaciones (art. 63.1 Convención Americana sobre Derechos Humanos). Sentencia de 26 de noviembre de 2002. Serie C, n° 96.

Corte I.D.H., Caso *Cantos vs. Argentina*. Sentencia de 28 de noviembre de 2002. Serie C, n° 97.

Corte I.D.H., Caso *Cinco Pensionistas vs. Perú*. Sentencia de 28 de febrero de 2003. Serie C, n° 98.

Corte I.D.H., Caso *Juan Humberto Sánchez vs. Honduras*. Sentencia de 7 de junio de 2003. Serie C, n° 99.

Corte I.D.H., Caso *Bulacio vs. Argentina*. Sentencia de 18 de septiembre de 2003. Serie C, n° 100.

Corte I.D.H., Caso *Myrna Mack Chang vs. Guatemala*. Sentencia de 25 de noviembre de 2003. Serie C, n° 101.

Corte I.D.H., Caso *Juan Humberto Sánchez vs. Honduras*. Solicitud de Interpretación de la Sentencia sobre Excepciones Preliminares, Fondo y Reparaciones. (art. 67 Convención Americana sobre Derechos Humanos). Sentencia de 26 de noviembre de 2003. Serie C, n° 102.

Corte I.D.H., Caso *Maritza Urrutia vs. Guatemala*. Sentencia de 27 de noviembre de 2003. Serie C, n° 103.

Corte I.D.H., Caso *Baena Ricardo y otros vs. Panamá*. Competencia. Sentencia de 28 de noviembre de 2003. Serie C, n° 104.

Corte I.D.H., Caso *Masacre Plan de Sánchez vs. Guatemala*. Sentencia de 29 de abril de 2004. Serie C, n° 105.

Corte I.D.H., Caso *Molina Theissen vs. Guatemala*. Sentencia de 4 de mayo de 2004. Serie C, n° 106.

Corte I.D.H., Caso *Herrera Ulloa vs. Costa Rica*. Sentencia de 2 de julio de 2004. Serie C, n° 107.

Corte I.D.H., Caso *Molina Theissen vs. Guatemala*. Reparaciones (art. 63.1 Convención Americana sobre Derechos Humanos). Sentencia de 3 de julio de 2004. Serie C, n° 108.

Corte I.D.H., Caso 19 *Comerciantes vs. Colombia*. Sentencia de 5 de julio de 2004. Serie C, n° 109.

Corte I.D.H., Caso de los *Hermanos Gómez Paquiyauri vs. Perú*. Sentencia de 8 de julio de 2004. Serie C, n° 110.

Corte I.D.H., Caso *Ricardo Canese vs. Paraguay*. Sentencia de 31 de agosto de 2004. Serie C, n° 111.

Corte I.D.H., Caso *"Instituto de Reeducación del Menor"* vs. *Paraguay.* Sentencia de 2 de septiembre de 2004. Serie C, n° 112.

Corte I.D.H., Caso *Alfonso Martín del Campo Dodd* vs. *México.* Excepciones Preliminares. Sentencia de 3 de septiembre de 2004. Serie C, n° 113.

Corte I.D.H., Caso *Tibi* vs. *Ecuador.* Sentencia de 7 de septiembre de 2004. Serie C, n° 114.

Corte I.D.H., Caso *De la Cruz Flores* vs. *Perú.* Sentencia de 18 de noviembre de 2004. Serie C, n° 115.

Corte I.D.H., Caso *Masacre Plan de Sánchez* vs. *Guatemala.* Reparaciones (art. 63.1 Convención Americana sobre Derechos Humanos). Sentencia de 19 de noviembre de 2004. Serie C, n° 116.

Corte I.D.H., Caso *Carpio Nicolle y otros* vs. *Guatemala.* Sentencia de 22 de noviembre de 2004. Serie C, n° 117.

Corte I.D.H., Caso *Hermanas Serrano Cruz* vs. *El Salvador.* Excepciones Preliminares. Sentencia de 23 de noviembre de 2004. Serie C, n° 118.

Corte I.D.H., Caso *Lori Berenson Mejía* vs. *Perú.* Sentencia de 25 de noviembre de 2004. Serie C, n° 119.

Corte I.D.H., Caso de las *Hermanas Serrano Cruz* vs. *El Salvador.* Sentencia de 1 de marzo de 2005. Serie C, n° 120.

Corte I.D.H., Caso *Huilca Tecse* vs. *Perú.* Sentencia de 3 de marzo de 2005. Serie C, n° 121.

Corte I.D.H., Caso de la *"Masacre de Mapiripán"* vs. *Colombia.* Excepciones Preliminares. Sentencia de 7 de marzo de 2005. Serie C, n° 122.

Corte I.D.H., Caso *Caesar* vs. *Trinidad y Tobago.* Sentencia de 11 de marzo de 2005. Serie C, n° 123.

Corte I.D.H., Caso de la *Comunidad Moiwana* vs. *Surinam.* Sentencia de 15 de junio de 2005. Serie C, n° 124.

Corte I.D.H., Caso de la *Comunidad Indígena Yakye Axa* vs. *Paraguay.* Sentencia de 17 de junio de 2005. Serie C, n° 125.

Corte I.D.H., Caso *Fermín Ramírez* vs. *Guatemala.* Sentencia de 20 de junio de 2005. Serie C, n° 126.

Corte I.D.H., Caso *Yatama* vs. *Nicaragua.* Sentencia de 23 de junio de 2005. Serie C, n° 127.

Corte I.D.H., Caso *Lori Berenson Mejía* vs. *Perú.* Solicitud de Interpretación de la Sentencia sobre Fondo, Reparaciones y Costas. (art. 67 Convención Americana sobre Derechos Humanos). Sentencia de 23 de junio de 2005. Serie C, n° 128.

Corte I.D.H., Caso *Acosta Calderón vs. Ecuador*. Sentencia de 24 de junio de 2005. Serie C, n° 129.

Corte I.D.H., Caso de las *Niñas Yean y Bosico vs. República Dominicana*. Sentencia de 8 de septiembre de 2005. Serie C, n° 130.

Corte I.D.H., Caso de las *Hermanas Serrano Cruz vs. El Salvador*. Solicitud de Interpretación de la Sentencia sobre Fondo, Reparaciones y Costas. (art. 67 Convención Americana sobre Derechos Humanos). Sentencia de 9 de septiembre de 2005. Serie C, n° 131.

Corte I.D.H., Caso *Gutiérrez Soler vs. Colombia*. Sentencia de 12 de septiembre de 2005. Serie C, n° 132.

Corte I.D.H., Caso *Raxcacó Reyes vs. Guatemala*. Sentencia de 15 de septiembre de 2005. Serie C, n° 133.

Corte I.D.H., Caso de la *"Masacre de Mapiripán" vs. Colombia*. Sentencia de 15 de septiembre de 2005. Serie C, n° 134.

Corte IDH. Caso *Palamara Iribarne vs. Chile*. Fondo, Reparaciones y Costas. Sentencia de 22 de noviembre de 2005. Serie C, n° 135.

Corte IDH. Caso *Gómez Palomino vs. Perú*. Fondo, Reparaciones y Costas. Sentencia de 22 de noviembre de 2005. Serie C, n° 136.

Corte IDH. Caso *García Asto y Ramírez Rojas vs. Perú*. Excepción Preliminar, Fondo, Reparaciones y Costas. Sentencia de 25 de noviembre de 2005. Serie C, n° 137.

Corte IDH. Caso *Blanco Romero y otros vs. Venezuela*. Fondo, Reparaciones y Costas. Sentencia de 28 de noviembre de 2005. Serie C, n° 138.

Corte IDH. Caso *Ximenes Lopes vs. Brasil*. Excepción Preliminar. Sentencia de 30 de noviembre de 2005. Serie C, n° 139.

Corte IDH. Caso *Masacre de Pueblo Bello vs. Colombia*. Fondo, Reparaciones y Costas. Sentencia de 31 de enero de 2006. Serie C, n° 140.

Corte IDH. Caso *López Álvarez vs. Honduras*. Fondo, Reparaciones y Costas. Sentencia de 1 de febrero de 2006. Serie C, n° 141.

Corte IDH. Caso *Comunidad Indígena Yakye Axa vs. Paraguay*. Interpretación de la Sentencia de Fondo, Reparaciones y Costas. Sentencia de 6 de febrero de 2006. Serie C, n° 142.

Corte IDH. Caso *Raxcacó Reyes vs. Guatemala*. Demanda de Interpretación de la Sentencia de Fondo, Reparaciones y Costas. Sentencia de 6 de febrero de 2006. Serie C, n° 143.

Corte IDH. Caso *Acevedo Jaramillo y otros vs. Perú*. Excepciones Preliminares, Fondo, Reparaciones y Costas. Sentencia de 7 de febrero de 2006. Serie C, n° 144.

Corte IDH. Caso de la *Comunidad Moiwana vs. Suriname*. Interpretación de la Sentencia de Fondo, Reparaciones y Costas. Sentencia de 8 de febrero de 2006 (Solo en inglés). Serie C, n° 145.

Corte IDH. Caso *Comunidad Indígena Sawhoyamaxa vs. Paraguay*. Fondo, Reparaciones y Costas. Sentencia de 29 de marzo de 2006. Serie C, n° 146.

Corte IDH. Caso *Baldeón García vs. Perú*. Fondo, Reparaciones y Costas. Sentencia de 6 de abril de 2006. Serie C, n° 147.

Corte IDH. Caso de las *Masacres de Ituango vs. Colombia*. Excepción Preliminar, Fondo, Reparaciones y Costas. Sentencia de 1 de julio de 2006 Serie C, n° 148.

Corte IDH. Caso *Ximenes Lopes vs. Brasil*. Fondo, Reparaciones y Costas. Sentencia de 4 de julio de 2006. Serie C, n° 149.

Corte IDH. Caso *Montero Aranguren y otros (Retén de Catia) vs. Venezuela*. Fondo, Reparaciones y Costas. Sentencia de 5 de julio de 2006. Serie C, n° 150.

Corte IDH. Caso *Claude Reyes y otros vs. Chile*. Fondo, Reparaciones y Costas. Sentencia de 19 de septiembre de 2006. Serie C, n° 151.

Corte IDH. Caso *Servellón García y otros vs. Honduras*. Fondo, Reparaciones y Costas. Sentencia de 21 de septiembre de 2006. Serie C, n° 152.

Corte IDH. Caso *Goiburú y otros vs. Paraguay*. Fondo, Reparaciones y Costas. Sentencia de 22 de septiembre de 2006. Serie C, n° 153.

Corte IDH. Caso *Almonacid Arellano y otros vs. Chile*. Excepciones Preliminares, Fondo, Reparaciones y Costas. Sentencia de 26 de septiembre de 2006. Serie C, n° 154.

Corte IDH. Caso *Vargas Areco vs. Paraguay*. Fondo, Reparaciones y Costas. Sentencia de 26 de septiembre de 2006. Serie C, n° 155.

Corte IDH. Caso de las *Niñas Yean Bosico vs. República Dominicana*. Demanda de Interpretación de la Sentencia de Excepciones Preliminares, Fondo, Reparaciones y Costas. Sentencia de 23 de noviembre de 2006. Serie C, n° 156.

Corte IDH. Caso *Acevedo Jaramillo y otros vs. Perú*. Interpretación de la Sentencia de Excepciones Preliminares, Fondo, Reparaciones y Costas. Sentencia de 24 de noviembre de 2006. Serie C, n° 157.

Corte IDH. Caso *Trabajadores Cesados del Congreso (Aguado Alfaro y otros) vs. Perú*. Excepciones Preliminares, Fondo, Reparaciones y Costas. Sentencia de 24 de Noviembre de 2006. Serie C, n° 158.

Corte IDH. Caso de la *Masacre de Pueblo Bello vs. Colombia*. Interpretación de la Sentencia de Fondo, Reparaciones y Costas. Sentencia de 25 de noviembre de 2006. Serie C, n° 159.

Corte IDH. Caso *del Penal Miguel Castro Castro vs. Perú*. Fondo, Reparaciones y Costas. Sentencia de 25 de noviembre de 2006. Serie C, n° 160.

Corte IDH. Caso *Nogueira de Carvalho y otro vs. Brasil*. Excepciones Preliminares y Fondo. Sentencia de 28 de Noviembre de 2006. Serie C, n° 161.

Corte IDH. *Caso La Cantuta vs. Perú*. Fondo, Reparaciones y Costas. Sentencia de 29 de noviembre de 2006. Serie C, n° 162.

Corte IDH. Caso de la *Masacre de la Rochela vs. Colombia*. Fondo, Reparaciones y Costas. Sentencia de 11 de de mayo de 2007. Serie C, n° 163.

Corte IDH. Caso *Bueno Alves vs. Argentina*. Fondo, Reparaciones y Costas. Sentencia de 11 de mayo de 2007. Serie C, n° 164.

Corte IDH. Caso *Escué Zapata vs. Colombia*. Fondo, Reparaciones y Costas. Sentencia de 4 de julio de 2007. Serie C, n° 165.

Corte IDH. Caso *Zambrano Vélez y otros vs. Ecuador*. Fondo, Reparaciones y Costas. Sentencia de 4 de julio de 2007. Serie C, n° 166.

Corte IDH. Caso *Cantoral Huamaní y García Santa Cruz vs. Perú*. Excepción Preliminar, Fondo, Reparaciones y Costas. Sentencia de 10 de julio de 2007. Serie C, n° 167.

Corte IDH. Caso *García Prieto y otros vs. El Salvador*. Excepciones Preliminares, Fondo, Reparaciones y Costas. Sentencia de 20 de noviembre de 2007. Serie C n° 168.

Corte IDH. Caso *Boyce y otros vs. Barbados*. Excepción Preliminar, Fondo, Reparaciones y Costas. Sentencia de 20 de noviembre de 2007. Serie C N° 169.

Corte IDH. Caso *Chaparro Álvarez y Lapo Íñiguez. vs. Ecuador*. Excepciones Preliminares, Fondo, Reparaciones y Costas. Sentencia de 21 de noviembre de 2007. Serie C n° 170.

Corte IDH. Caso *Albán Cornejo y otros. vs. Ecuador*. Fondo Reparaciones y Costas. Sentencia de 22 de noviembre de 2007. Serie C n° 171.

Corte IDH. Caso del *Pueblo Saramaka. vs. Surinam*. Excepciones Preliminares, Fondo, Reparaciones y Costas. Sentencia de 28 de noviembre de 2007. Serie C n° 172.

Corte IDH. Caso *La Cantuta vs. Perú*. Interpretación de la Sentencia de Fondo, Reparaciones y Costas. Sentencia de 30 de noviembre de 2007. Serie C n° 173.

Corte IDH. Caso *Trabajadores Cesados del Congreso (Aguado Alfaro y otros). vs. Perú.* Solicitud de Interpretación de la Sentencia de Excepciones Preliminares, Fondo, Reparaciones y Costas. Sentencia de 30 de Noviembre de 2007 Serie C n° 174.

Corte IDH. Caso de la *Masacre de la Rochela vs. Colombia.* Interpretación de la Sentencia de Fondo, Reparaciones y Costas. Sentencia de 28 de enero de 2008 Serie C n° 175.

Corte IDH. Caso *Cantoral Huamaní y García Santa Cruz vs. Perú.* Interpretación de la Sentencia de Excepción Preliminar, Fondo, Reparaciones y Costas. Sentencia de 28 de enero de 2008. Serie C n° 176.

Corte IDH. Caso *Kimel vs. Argentina.* Fondo, Reparaciones y Costas. Sentencia de 2 de mayo de 2008 Serie C n° 177.

Corte IDH. Caso *Escué Zapata vs. Colombia.* Interpretación de la Sentencia de Fondo, Reparaciones y Costas. Sentencia de 5 de mayo de 2008 Serie C n° 178.

Corte IDH. Caso *Salvador Chiriboga vs. Ecuador.* Excepción Preliminar y Fondo. Sentencia de 6 de mayo de 2008. Serie C n° 179.

Corte IDH. Caso *YvonNeptune vs. Haití.* Fondo, Reparaciones y Costas. Sentencia de 6 de mayo de 2008. Serie C n° 180.

Corte IDH. Caso *Del Penal Miguel Castro Castro vs. Perú.* Interpretación de la Sentencia de Fondo, Reparaciones y Costas. Sentencia de 2 de agosto de 2008 Serie C n° 181.

Corte IDH. Caso *Apitz Barbera y otros ("Corte Primera de lo Contencioso Administrativo") vs. Venezuela.* Excepción Preliminar, Fondo, Reparaciones y Costas. Sentencia de 5 de agosto de 2008. Serie C n°. 182.

Corte IDH. Caso *Albán Cornejo y Otros vs. Ecuador.* Interpretación de la Sentencia de Fondo, Reparaciones y Costas. Sentencia de 5 de agosto de 2008. Serie C n°. 183.

Corte IDH. Caso *Castañeda Gutman vs. México.* Excepciones Preliminares, Fondo, Reparaciones y Costas. Sentencia de 6 de agosto de 2008. Serie C n° 184.

Corte IDH. Caso del *Pueblo Saramaka vs. Surinam.* Interpretación de la Sentencia de Excepciones Preliminares, Fondo, Reparaciones y Costas. Sentencia de 12 de agosto de 2008 Serie C n° 185.

Corte IDH. Caso *Heliodoro Portugal vs. Panamá.* Excepciones Preliminares, Fondo, Reparaciones y Costas. Sentencia de 12 de agosto de 2008. Serie C n° 186.

Corte IDH. Caso *Bayarri vs. Argentina.* Excepción Preliminar, Fondo, Reparaciones y Costas. Sentencia de 30 de octubre de 2008. Serie C n° 187.

Corte IDH. Caso *García Prieto y otros vs. El Salvador*. Interpretación de la Sentencia de Excepciones Preliminares, Fondo, Reparaciones y Costas. Sentencia de 24 de noviembre de 2008 Serie C n° 188.

Corte IDH. Caso *Chaparro Álvarez y Lapo Íñiguez vs. Ecuador*. Interpretación de la Sentencia de Excepciones Preliminares, Fondo, Reparaciones y Costas. Sentencia de 26 de noviembre de 2008 Serie C n° 189.

Corte IDH. Caso *TiuTojín vs. Guatemala*. Fondo, Reparaciones y Costas. Sentencia de 26 de noviembre de 2008. Serie C n° 190.

Corte IDH. Caso *Ticona Estrada y otros vs. Bolivia*. Fondo, Reparaciones y Costas. Sentencia de 27 de noviembre de 2008. Serie C n° 191.

Corte IDH. Caso *Valle Jaramillo y otros vs. Colombia*. Fondo, Reparaciones y Costas. Sentencia de 27 de noviembre de 2008. Serie C n° 192.

Corte IDH. Caso *Tristán Donoso vs. Panamá*. Excepción Preliminar, Fondo, Reparaciones y Costas. Sentencia de 27 de enero de 2009 Serie C n° 193.

Corte IDH. Caso *Ríos y otros vs. Venezuela*. Excepciones Preliminares, Fondo, Reparaciones y Costas. Sentencia de 28 de enero de 2009. Serie C n° 194.

Corte IDH. Caso *Perozo y otros vs. Venezuela*. Excepciones Preliminares, Fondo, Reparaciones y Costas. Sentencia de 28 de enero de 2009. Serie C n° 195.

Corte IDH. Caso *Kawas Fernández vs. Honduras*. Fondo, Reparaciones y Costas. Sentencia de 3 de abril de 2009 Serie C n° 196.

Corte IDH. Caso *Reverón Trujillo vs. Venezuela*. Excepción Preliminar, Fondo, Reparaciones y Costas. Sentencia de 30 de junio de 2009. Serie C n° 197.

Corte IDH. Caso *Acevedo Buendía y otros ("Cesantes y Jubilados de la Contraloría") vs. Perú*. Excepción Preliminar, Fondo, Reparaciones y Costas. Sentencia de 1 de julio de 2009 Serie C n° 198.

Corte IDH. Caso *Ticona Estrada y otros vs. Bolivia*. Interpretación de la Sentencia de Fondo, Reparaciones y Costas. Sentencia de 1 de julio de 2009 Serie C n° 199.

Corte IDH. Caso *Escher y otros vs. Brasil*. Excepciones Preliminares, Fondo, Reparaciones y Costas. Sentencia de 6 de julio de 2009. Serie C n° 200.

Corte IDH. Caso *Valle Jaramillo y otros vs. Colombia*. Interpretación de la Sentencia de Fondo, Reparaciones y Costas. Sentencia de 7 de julio de 2009 Serie C n° 201.

Corte IDH. Caso *Anzualdo Castro vs. Perú*. Excepción Preliminar, Fondo, Reparaciones y Costas. Sentencia de 22 de Septiembre de 2009. Serie C n° 202.

Corte IDH. Caso *Garibaldi vs. Brasil*. Excepciones Preliminares, Fondo, Reparaciones y Costas. Sentencia de 23 de septiembre de 2009. Serie C n° 203.

Corte IDH. Caso *Dacosta Cadogan vs. Barbados*. Excepciones Preliminares, Fondo, Reparaciones y Costas. Sentencia de 24 de Septiembre de 2009. Serie C n° 204.

Corte IDH. Caso *González y otras ("Campo Algodonero") vs. México*. Excepción Preliminar, Fondo, Reparaciones y Costas. Sentencia de 16 de noviembre de 2009. Serie C n° 205.

Corte IDH. Caso *Barreto Leiva vs. Venezuela*. Fondo, Reparaciones y Costas. Sentencia de 17 de noviembre de 2009. Serie C n° 206.

Corte IDH. Caso *Usón Ramírez vs. Venezuela*. Excepción Preliminar, Fondo, Reparaciones y Costas. Sentencia de 20 de noviembre de 2009. Serie C n° 207.

Corte IDH. Caso *Escher y otros vs. Brasil*. Interpretación de la Sentencia de Excepciones Preliminares, Fondo, Reparaciones y Costas. Sentencia de 20 de noviembre de 2009. Serie C n° 208.

Corte IDH. Caso *Radilla Pacheco vs. México*. Excepciones Preliminares, Fondo, Reparaciones y Costas. Sentencia de 23 de Noviembre de 2009. Serie C n° 209.

Corte IDH. Caso *Acevedo Buendía y otros ("Cesantes y Jubilados de la Contraloría") vs. Perú*. Interpretación de la Sentencia de Excepción Preliminar, Fondo, Reparaciones y Costas. Sentencia de 24 de noviembre de 2009. Serie C n° 210.

Corte IDH. Caso *De la Masacre de las Dos Erres vs. Guatemala*. Excepción Preliminar, Fondo, Reparaciones y Costas. Sentencia de 24 de noviembre de 2009. Serie C n° 211.

Corte IDH. Caso *Chitay Nech y otros vs. Guatemala*. Excepciones Preliminares, Fondo, Reparaciones y Costas. Sentencia de 25 de mayo de 2010. Serie C n° 212.

Corte IDH. Caso *Manuel Cepeda Vargas vs. Colombia*. Excepciones Preliminares, Fondo, Reparaciones y Costas. Sentencia de 26 de mayo de 2010. Serie C n° 213.

Corte IDH. Caso *Comunidad Indígena Xákmok Kásek. vs. Paraguay*. Fondo, Reparaciones y Costas. Sentencia de 24 de agosto de 2010 Serie C n° 214.

Corte IDH. Caso *Fernández Ortega y otros. vs. México*. Excepción Preliminar, Fondo, Reparaciones y Costas. Sentencia de 30 de agosto de 2010 Serie C n° 215.

Corte IDH. Caso *Rosendo Cantú y otra vs. México*. Excepción Preliminar, Fondo, Reparaciones y Costas. Sentencia de 31 de agosto de 2010. Serie C n° 216.

Corte IDH. Caso *Ibsen Cárdenas e Ibsen Peña vs. Bolivia*. Fondo, Reparaciones y Costas. Sentencia de 1 de septiembre de 2010 Serie C n° 217.

Corte IDH. Caso *Vélez Loor vs. Panamá*. Excepciones Preliminares, Fondo, Reparaciones y Costas. Sentencia de 23 de noviembre de 2010 Serie C n° 218.

Corte IDH. Caso *Gomes Lund y otros (Guerrilha do Araguaia) vs. Brasil*. Excepciones Preliminares, Fondo, Reparaciones y Costas. Sentencia de 24 de noviembre de 2010. Serie C n° 219.

Corte IDH. Caso *Cabrera García y Montiel Flores vs. México*. Excepción Preliminar, Fondo, Reparaciones y Costas. Sentencia de 26 de noviembre de 2010. Serie C n° 220.

Corte IDH. Caso *Gelman vs. Uruguay*. Fondo y Reparaciones. Sentencia de 24 de febrero de 2011 Serie C n° 221.

Corte IDH. Caso *Salvador Chiriboga vs. Ecuador*. Reparaciones y Costas. Sentencia de 3 de marzo de 2011 Serie C n° 222.

Corte IDH. Caso *Abrill Alosilla y otros vs. Perú*. Fondo Reparaciones y Costas. Sentencia de 4 de Marzo de 2011. Serie C n° 223.

Corte IDH. Caso *Fernández Ortega y otros vs. México*. Interpretación de la Sentencia de Excepción Preliminar, Fondo, Reparaciones y Costas. Sentencia de 15 de mayo de 2011. Serie C n° 224.

Corte IDH. Caso *Rosendo Cantú y Otras vs. México*. Interpretación de la Sentencia de Excepción Preliminar, Fondo, Reparaciones y Costas. Sentencia de 15 de mayo de 2011. Serie C n° 225.

Corte IDH. Caso *Vera Vera y otra vs. Ecuador*. Excepción Preliminar, Fondo, Reparaciones y Costas. Sentencia de 19 de mayo de 2011. Serie C n° 226.

Corte IDH. Caso *Chocrón Chocrón vs. Venezuela*. Excepción Preliminar, Fondo, Reparaciones y Costas. Sentencia de 1 de julio de 2011. Serie C n° 227.

Corte IDH. Caso *Mejía Idrovo vs. Ecuador*. Excepciones Preliminares, Fondo, Reparaciones y Costas. Sentencia de 5 de julio de 2011. Serie C n° 228.

Corte IDH. Caso *Torres Millacura y otros vs. Argentina*. Fondo, Reparaciones y Costas. Sentencia de 26 de agosto de 2011. Serie C n° 229.

Corte IDH. Caso *Salvador Chiriboga vs. Ecuador*. Interpretación de la Sentencia de Reparaciones y Costas. Sentencia de 29 de agosto de 2011. Serie C n° 230.

Corte IDH. Caso *Grande vs. Argentina*. Excepciones Preliminares y Fondo. Sentencia de 31 de agosto de 2011. Serie C n° 231.

Corte IDH. Caso *Contreras y otros vs. El Salvador*. Fondo, Reparaciones y Costas. Sentencia de 31 de agosto de 2011 Serie C n° 232.

Corte IDH. Caso *López Mendoza vs. Venezuela*. Fondo Reparaciones y Costas. Sentencia de 1 de septiembre de 2011. Serie C n° 233.

Corte IDH. Caso *Barbani Duarte y Otros vs. Uruguay*. Fondo Reparaciones y costas. Sentencia de 13 de octubre de 2011. Serie C n° 234.

Corte IDH. Caso *Abrill Alosilla y otros vs. Perú*. Interpretación de la Sentencia de Fondo, Reparaciones y Costas. Sentencia de 21 de noviembre de 2011. Serie C n° 235.

Corte IDH. Caso *Fleury y otros vs. Haití*. Fondo y Reparaciones. Sentencia de 23 de noviembre de 2011. Serie C n° 236.

Corte IDH. Caso *Familia Barrios vs. Venezuela*. Fondo, Reparaciones y Costas. Sentencia de 24 de noviembre de 2011. Serie C n° 237.

Corte IDH. Caso *Fontevecchia y D`Amico vs. Argentina*. Fondo, Reparaciones y Costas. Sentencia de 29 de noviembre de 2011. Serie C n° 238.

Corte IDH. Caso *Atala Riffo y Niñas vs. Chile*. Fondo, Reparaciones y Costas. Sentencia del 24 de febrero de 2012. Serie C n° 239.

Corte IDH. Caso *González Medina y familiares vs. República Dominicana*. Excepciones Preliminares, Fondo, Reparaciones y Costas. Sentencia de 27 de febrero de 2012 Serie C n° 240.

Corte IDH. Caso *Pacheco Teruel y otros vs. Honduras*. Fondo, Reparaciones y Costas. Sentencia de 27 de abril de 2012. Serie C n° 241.

Corte IDH. Caso *Forneron e hija vs. Argentina*. Fondo, Reparaciones y Costas. Sentencia de 27 de abril de 2012. Serie C n° 242.

Corte IDH. Caso *Barbani Duarte y otros vs. Uruguay*. Solicitud de interpretación de la Sentencia de Fondo, Reparaciones y Costas. Sentencia de 26 de junio de 2012. Serie C n° 243.

Corte IDH. Caso *Díaz Peña vs. Venezuela*. Excepción preliminar, Fondo, Reparaciones y Costas. Sentencia de 26 de junio de 2012. Serie C n° 244.

Corte IDH. Caso *Pueblo Indígena Kichwa de Sarayaku vs. Ecuador*. Fondo y Reparaciones. Sentencia de 27 de junio de 2012. Serie C n° 245.

Corte IDH. Caso *Furlan y familiares vs. Argentina*. Excepciones preliminares, Fondo, Reparaciones y Costas. Sentencia de 31 de agosto de 2012. Serie C n° 246.

Corte IDH. Caso *Palma Mendoza vs. Ecuador*. Excepción preliminar y Fondo. Sentencia de 3 de septiembre de 2012. Serie C n° 247.

Corte IDH. Caso *Vélez Restrepo y familiares vs. Colombia*. Excepción preliminar, Fondo, Reparaciones y Costas. Sentencia de 3 de septiembre de 2012. Serie C n° 248.

Corte IDH. Caso *Uzcátegui y otros vs. Venezuela*. Fondo y Reparaciones. Sentencia de 3 de septiembre de 2012. Serie C n° 249.

Corte IDH. Caso *Masacres de Río Negro vs. Guatemala*. Excepción preliminar, Fondo, Reparaciones y Costas. Sentencia de 4 de septiembre de 2012. Serie C n° 250.

Corte IDH. Caso *Nadege Dorzema y otros vs. República Dominicana*. Fondo, Reparaciones y Costas. Sentencia de 24 de octubre de 2012. Serie C n° 251.

Corte IDH. Caso *Masacres de El Mozote y lugares aledaños vs. El Salvador*. Fondo, Reparaciones y Costas. Sentencia de 25 de octubre de 2012. Serie C n° 252.

Corte IDH. Caso *Gudiel Álvarez y otros (Diario Militar) vs. Guatemala*. Fondo, Reparaciones y Costas. Sentencia de 20 de noviembre de 2012. Serie C n° 253.

Corte IDH. Caso *Atala Riffo y Niñas vs. Chile*. Fondo, Reparaciones y Costas. Sentencia de 21 de noviembre de 2012. Serie C n° 254.

Corte IDH. Caso *Mohamed vs. Argentina*. Excepción preliminar, Fondo, Reparaciones y Costas. Sentencia de 23 de noviembre de 2012. Serie C n° 255.

Corte IDH. Caso *Castillo González y otros vs. Venezuela*. Fondo. Sentencia de 27 de noviembre de 2012. Serie C n° 256.

Corte IDH. Caso *Artavia Murillo y otros (Fertilización in vitro) vs. Costa Rica*. Excepciones preliminares, Fondo, Reparaciones y Costas. Sentencia de 28 de noviembre de 2012. Serie C n° 257.

Corte IDH. Caso *García y familiares vs. Guatemala*. Fondo, Reparaciones y Costas. Sentencia de 29 de noviembre de 2012. Serie C n° 258.

Corte IDH. Caso *Masacre de Santo Domingo vs. Colombia*. Excepciones preliminares, Fondo, Reparaciones y Costas. Sentencia de 30 de noviembre de 2012. Serie C n° 259.

Corte IDH. Caso *Mendoza y otros vs. Argentina*. Excepciones preliminares, Fondo y Reparaciones. Sentencia de 14 de mayo de 2013. Serie C n° 260.

Corte IDH. Caso *Suárez Peralta vs. Ecuador*. Excepciones preliminares, Fondo, Reparaciones y Costas. Sentencia de 21 de mayo de 2013. Serie C n° 261.

Corte IDH. Caso *Gudiel Álvarez y otros (Diario Militar) vs. Argentina*. Interpretación de la Sentencia de Fondo, Reparaciones y Costas. Sentencia de 19 de agosto de 2013. Serie C n° 262.

Corte IDH. Caso *Masacre de Santo Domingo vs. Colombia*. Solicitud de Interpretación de la Sentencia sobre Excepciones Preliminares, Fondo, Reparaciones y Costas. Sentencia de 19 de agosto de 2013. Serie C n° 263.

Corte IDH. Caso *Masacres de El Mazote y Lugares Aledaños vs. El Salvador*. Interpretación de la Sentencia de Fondo, Reparaciones y Costas. Sentencia de 19 de agosto de 2013. Serie C n° 264.

Corte IDH. Caso *Mémoli vs. Argentina*. Excepciones preliminares, Fondo, Reparaciones y Costas. Sentencia de 22 de agosto de 2013. Serie C n° 265.

Corte IDH. Caso de la *Corte Suprema de Justicia (Quintana Coello y otros) vs. Ecuador*. Excepción preliminar, Fondo, Reparaciones y Costas. Sentencia de 23 de mayo de 2013. Serie C n° 266.

Corte IDH. Caso *García Lucero y otras vs. Chile*. Excepción preliminar, Fondo y Reparaciones. Sentencia de 28 de agosto de 2013. Serie C n° 267.

Corte IDH. Caso del *Tribunal Constitucional (Camba Campos y otros) vs. Ecuador*. Excepciones preliminares, Fondo, Reparaciones y Costas. Sentencia de 28 de agosto de 2013. Serie C n° 268.

Corte IDH. Caso *Luna López vs. Honduras*. Fondo, Reparaciones y Costas. Sentencia de 1° de octubre de 2013. Serie C n° 269.

Corte IDH. Caso de las *Comunidades Afrodescendientes Desplazadas de la Cuenca del Río Cacarica (Operación Génesis) vs. Colombia*. Excepciones preliminares, Fondo, Reparaciones y Costas. Sentencia de 20 de noviembre de 2013. Serie C n° 270.

Corte IDH. Caso *Gutiérrez y familia vs. Argentina*. Fondo, Reparaciones y Costas. Sentencia de 25 de noviembre de 2013. Serie C n° 271.

Corte IDH. Caso *Familia Pacheco Tineo vs. Estado Plurinacional de Bolivia*. Excepciones preliminares, Fondo, Reparaciones y Costas. Sentencia de 25 de noviembre de 2013. Serie C n° 272.

Corte IDH. Caso *García Cruz y Sánchez Silvestre vs. Estados Unidos Mexicanos*. Fondo, Reparaciones y Costas. Sentencia de 26 de noviembre de 2013. Serie C n° 273.

Corte IDH. Caso *Osorio Rivera y Familiares vs. Perú*. Excepciones preliminares, Fondo, Reparaciones y Costas. Sentencia de 26 de noviembre de 2013. Serie C n° 274.

Corte IDH. Caso *J. vs. Perú.* Excepción preliminar, Fondo, Reparaciones y Costas. Sentencia de 27 de noviembre de 2013. Serie C nº 275.

Corte IDH. Caso *Liakat Ali Alibut vs. Surinam*. Excepciones preliminares, Fondo, Reparaciones y Costas. Sentencia de 30 de enero de 2014. Serie C nº 276.

INDICE GENERAL

Actividad legislativa democrática. Agotamiento de recursos internos dentro del Estado. Atentados contra el orden democrático. Carta Democrática Interamericana. Componentes fundamentales del ejercicio democrático. Condiciones para el respeto y la garantía de los derechos humanos. Control judicial (de constitucionalidad y de convencionalidad) de los juicios políticos. Defensa colectiva de la democracia. Delegación legislativa. Democracia integral. Democracia representativa formal y ejercicio efectivo. Derecho constitucional democrático. Derecho humano a la democracia. Derechos propios al juego democrático. Diferencias de trato en la democracia. Elementos esenciales de la democracia. Endeblez de la democracia. Ética democrática (medios y fines). Independencia de la judicatura. Instituciones judiciales. Interpretación democrática de la Convención. Justicia Constitucional. Límites de la libertad. Límite de las mayorías. Mecanismos políticos de garantía internacional. Nuevas formas de autoritarismo y derecho penal del enemigo .Nuevos desafíos del Estado y las organizaciones internacionales. Oposición en una sociedad democrática. Orden constitucional democrático y sujeción al poder. Piedra angular de la democracia. Poder fáctico de los medios de comunicación. Política del Estado democrático. Principio democrático de la división de poderes. Principio de pluralismo democrático. Principios y valores del sistema democrático. Protección convencional de la democracia. Protección internacional de derechos humanos. Roles del Estado, la sociedad y los individuos. Reorganización de las instituciones del Estado. Separación e independencia de los poderes públicos. Suspensión de la institucionalidad democrática. Tratados sobre derechos humanos y voluntarismo estatal. Tríada democrática.

Conceptualización y desafíos sobre derechos humanos. Control de constitucionalidad. Control de convencionalidad. Control judicial. Debido proceso y garantías. Derecho [de acceso] a la justicia. Estado de Derecho y legalidad democrática. Garantías judiciales y derecho a la tutela judicial efectiva. Garantías judiciales y legitimidad de la emergencia. Hábeas corpus y amparo. Impugnación de normas. Irretroactividad de la ley. Leyes. Leyes contrarias a la Convención Americana y su nulidad. Motivación de las decisiones judiciales y administrativas. Poder punitivo del Estado. Principios generales de Derecho. Principio de la legalidad. Proceso judicial democrático. Proyectos de ley. Sujeción constitucional a los tratados de derechos humanos.

Amnistías (o autoamnistías). Defensa y seguridad nacional. Impunidad y descrédito de la democracia. Indulto. Jurisdicción penal militar. Lucha contra el terrorismo y crímenes de lesa humanidad (violaciones graves de derechos humanos). Migraciones e instituciones democráticas. Principio de proporcionalidad. Orden Público y Bien Común. Responsabilidad del Estado. Restricciones a los derechos (justas exigencias de la democracia y especificidades de la vida en sociedad). Seguridad democrática.

Castigos corporales. Deber de investigar. Defensores de derechos humanos. Delitos graves y delitos más graves. Derecho a la igualdad y no discriminación. Derecho a la integridad personal. Derecho a la libertad personal. Derecho a la vida y mala praxis médica. Derecho al juez natural e imparcial. Derecho de circulación y residencia. Derecho penal y justicia democrática. Derechos de los detenidos e inconformidad democrática. Detenciones y su control. Gradación de las sanciones y prohibición de castigos corporales. Imparcialidad de la Justicia. Intervención penal mínima del Estado democrático. Juzgamiento de violaciones de derechos humanos. Medidas cautelares y de coerción (prisión preventiva). Prescripción. Prohibición de torturas y otros tratos crueles. Reparaciones y derecho a la verdad.

Verba volant, scripta manent

www.ingramcontent.com/pod-product-compliance
Lightning Source LLC
Chambersburg PA
CBHW022347280326
41935CB00007B/101